宋元學案

四部備要

子部

中華書局據清道光道州何氏刻本校刊

桐鄉陸費逵總勘
杭縣高時顯
杭縣吳汝霖輯校
杭縣丁輔之監造

濂溪學案表

- 周敦頤
  - 父輔成
  - 附鄭向
  - 高平講友
  - 子 壽
  - 子 燾
  - 程顥 別爲明道學案
  - 程頤 別爲伊川學案
  - 私淑 蘇軾 別見蜀學案
  - 黃庭堅 別見范呂諸儒學案
- 程珦
  - 子 顥 別爲明道學案
  - 子 頤 別爲伊川學案
- 胡宿
  - 從子 宗愈 別見廬陵學案
- 周文敏
  - 劉虹
- 傅耆
- 李初平
- 王拱辰

許渤

孔延之
並濂溪講友

子文仲

子武仲

子平仲

曾幾
別見武夷學案

趙抃
濂溪同調

宋元學案卷十一

餘姚黃宗羲原本　　後學慈谿馮雲濠校刊
男百家纂輯　　鄞縣王梓材重校
鄞縣全祖望次定　　道州何紹基重刊

濂溪學案上

祖望謹案濂溪之門二程子少嘗遊焉其後伊洛所得實不由于濂溪是在高弟滎陽呂公已明言之其孫紫微又申言之汪玉山亦云然今觀二程子終身不甚推濂溪並未得與馬邵之列可以見二呂之言不誣也晦翁南軒始確然以爲二程子所自出自是後世宗之而疑者亦踵相接焉然雖疑之而皆未嘗攷及二呂之言以爲證則終無據予謂濂溪誠入聖人之室而二程子未嘗傳其學則必欲溝而合之良無庸矣述濂溪學案

梓材案是卷學案謝山唯補講友數人

高平講友

元公周濂溪先生敦頤 父輔成附鄭向子壽燾

周敦頤字茂叔道州營道人元名敦實避英宗舊諱改父輔成爲賀州桂嶺縣令母鄭氏少孤養于舅龍圖閣學士鄭向家景祐三年向

奏授洪州分寧縣主簿時有獄久不決先生一訊立辨部使者薦爲南安軍司理參軍轉運使王逵慮囚失入吏無敢可否先生獨力爭之不聽則置手版歸取告身委之而去曰如此尚可仕乎殺人以媚人吾不爲也逵感悟囚得不死知郴州桂陽縣用薦改大理寺丞知南昌縣縣人喜曰是能辨分寧獄者吾無冤矣嘗得疾更一日夜始甦潘興嗣視其家服御之物止一敝篋錢不滿百以太子中舍簽書合州判官事遷國子博士通判虔州初在合州不爲部使者趙清獻公抃所知及趙公爲虔守熟視先生所爲大服之執其手曰今而後乃知周茂叔也移判永州已權知邵州熙寧初用趙公及呂正獻公公著薦轉虞部郎中廣東轉運判官提點本路刑獄雖荒崖絶島人跡所不到者衝瘴而往以洗冤抑以疾乞知南康軍因家廬山蓮花峯下取營道故居濂溪名之趙公再鎮蜀將奏用未及而卒年五十七歲熙寧六年六月七日也葬江州德化縣之清泉社二子壽司封郎中燾朝議大夫徽猷閣待制先生官南安時二程先生父珦攝通守事視其氣貌非常因與爲友使二子受學焉即明道先生顥伊川先生頤也嘉定十三年賜謚元公淳祐元年封汝南伯從祀孔子廟庭後改封道國公明嘉靖中祀稱先儒周子雲濠案陳直齋書錄解

題稱先生著有文集七卷攷朱竹君家藏本則編爲九卷凡遺書雜著二卷圖譜二卷諸儒議論及誌傳五卷

百家謹案孔孟而後漢儒止有傳經之學性道微言之絕久矣元公崛起二程嗣之又復橫渠諸大儒輩出聖學大昌故安定徂徠卓乎有儒者之矩範然僅可謂有開之必先若論闡發心性義理之精微端數元公之破暗也

通書

百家謹案通書周子傳道之書也朱子釋之詳矣月川曹端氏繼之爲述解則朱子之義疏也先遺獻嫌其于微辭奧旨尚有未盡曾取蕺山子劉子說箋註一過謹條載本文下閒竊附以鄙見性理首太極圖說茲首通書者以太極圖說後儒有尊之者亦有議之者不若通書之純粹無疵也說詳後

誠者聖人之本大哉乾元萬物資始誠之源也乾道變化各正性命誠斯立焉純粹至善者也故曰一陰一陽之謂道繼之者善也成之者性也元亨誠之通利貞誠之復大哉易也性命之源乎 誠上第一

劉蕺山曰乾元亨利貞乾天道也誠者天之道也四德之本也誠之者人之道也主靜所以立命也知幾其神所以事天也聖同天

信乎○濂溪爲後世儒者鼻祖通書一編將中庸道理又翻新譜直是勺水不漏第一篇言誠言聖人分上事句句言天之道也卻句句指聖人身上家當繼善成性即是元亨利貞本非天人之別

百家謹案繼善即元亨成性即利貞故易曰乾道變化各正性命保合太和乃利貞

人分上有元亨利貞後人只將仁義禮智配合猶屬牽強惟中庸臚出喜怒哀樂四字方有分曉○或問元亨誠之通利貞誠之復天道亦不能不乘時位爲動靜何獨人心不然曰在天地爲元亨利貞在人爲喜怒哀樂其爲一通一復同也記曰哀樂相生循環無窮正明目而視之不可得而見傾耳而聽之不可得而聞人能知哀樂相生之故者可以語道矣

百家謹案提出喜怒哀樂以接元亨利貞此子劉子宗旨

聖誠而已矣誠五常之本百行之原也靜無而動有至正而明達也五常百行非誠非也邪暗塞也故誠則無事矣至易而行難果而確無難焉故曰一日克己復禮天下歸仁焉 誠下第二

聖誠而已矣誠則無事更不須說第二義統說第二義只是明此誠而已故下章又說箇幾字

百家謹案薛文清曰通書一誠字括盡

誠無爲幾善惡德愛曰仁宜曰義理曰禮通曰智守曰信性焉安焉之謂聖復焉執焉之謂賢發微不可見充周不可窮之謂神 誠幾德第三

幾善惡卽繼之曰德愛曰仁宜曰義理曰禮通曰智守曰信此所謂德幾也道心惟微也幾本善而善中有惡言仁義非出于中正卽是幾之惡不謂忍與仁對乖與義分也先儒解幾善惡多誤○誠無爲如惡惡臭如好好色直是出乎天而不係乎人此中原不動些子何爲之有○幾者動之微不是前此有箇靜地後此又有動之者在而幾則界乎動靜之閒者審如此三截看則一心之中隨處是絕流斷港安得打合一貫故誠神幾非三事總是指點語

百家謹案幾字卽易知幾其神顏氏庶幾孟子幾希之幾有不善未嘗不知所謂知善知惡之良知也故念菴羅氏曰幾善惡者言惟幾故能辨善惡猶云非幾卽惡焉身必常戒懼常能寂然而後不逐于動是乃所謂研幾也

寂然不動者誠也感而遂通者神也動而未形有無之閒者幾也誠精故明神應故妙幾微故幽誠神幾曰聖人 聖第四

有無之閒謂不可以有言不可以無言故直謂之微中庸以一微字結一部宗旨究竟說到無聲無臭處然說不得全是無也

百家謹案後儒之言無者多引中庸無聲無臭爲言不知中庸所云僅言聲之無也臭之無也非竟云無也若論此心可以格鬼神貫金石豈無也哉儒釋之辨在于此

誠神幾曰聖人常人之心首病不誠不誠故不幾而著不幾故不神物焉而已

百家謹案明儒學案蔣道林傳周子之所謂動者從無爲中指其不泯滅者而言此生生不已天地之心也誠神幾名異而實同以其無爲謂之誠以其無而實有謂之幾以其不落于有無謂之神道林以念起處爲幾念起則形而爲有矣

動而正曰道用而和曰德匪仁匪義匪禮匪智匪信悉邪也邪動辱也甚焉害也故君子愼動　愼動第五

愼動卽主靜也主靜則動而無動斯爲動而正矣離幾一步便是邪

聖人之道仁義中正而已矣守之貴行之利廓之配天地豈不易簡豈爲難知不守不行不廓耳　道第六

百家謹案敬軒薛氏曰周子通書誠上誠下幾德聖慎動道六章只是一箇性字分作許多名目夏峯孫氏曰守之行之廓之正見知幾慎動

或問曰曷爲天下善曰師曰何謂也曰性者剛柔善惡中而已矣不達曰剛善爲義爲直爲斷爲嚴毅爲幹固惡爲猛爲隘爲彊梁柔善爲慈爲順爲巽惡爲懦弱爲無斷爲邪佞惟中也者和也中節也天下之達道也聖人之事也故聖人立教俾人自易其惡自至其中而止矣故先覺覺後覺暗者求于明而師道立矣師道立則善人多善人多則朝廷正而天下治矣 師第七

濂溪以中言性而本之剛柔善惡剛柔二字卽喜怒哀樂之別名剛而善則怒中有喜惡則只是偏于剛一味肅殺之氣矣柔而善則喜中有怒惡則只是偏于柔一味優柔之氣矣中便是善言于剛柔之閒認箇中非是于善惡之閒認箇中又非是于剛柔善惡之外別認箇中也此中字分明是喜怒哀樂未發之謂中故卽承之曰中也者和也中節也天下之達道也聖人之事也圖說言仁義中正仁義卽剛柔之別名中正卽中和之別解

百家謹案先遺獻孟子師說曰通書云性者剛柔善惡中而已

矣剛柔皆善有過不及則流而爲惡是則人心無所爲惡止有過不及而已此過不及亦從性來故程子言惡亦不可不謂之性也仍不礙性之爲善

人之生不幸不聞過大不幸無恥必有恥則可教聞過則可賢 幸第八

百家謹案孟子云恥之于人大矣茲云大不幸無恥無恥之人是非顛倒卽聞過不以爲過并有以己過自得意爲榮者矣此又諱過文過之變相也今比比漸成風俗矣噫

洪範曰思曰睿睿作聖無思本也思通用也幾動于此誠動于彼無思而無不通爲聖人不思則不能通微不睿則不能無不通是則無不通生于通微通微生于思故思者聖功之本而吉凶之幾也易曰君子見幾而作不俟終日又曰知幾其神乎 思第九

案通書此章最難解周子反覆言誠神幾不已至此指出箇把柄言思是畫龍點睛也思之功全向幾處用幾者動之微吉之先見者也知幾故通微通微故無不通無不通故可以盡神可以體誠故曰思者聖功之本而吉凶之幾也吉凶之幾言善惡由此而出非幾中本有善惡也幾動誠動言幾中之善惡方動于彼而爲善

去惡之實功已先動于思所以謂之見幾而作不俟終日所以謂之知幾其神幾非幾也言發動所由也○聖誠而已誠之動處是思思之覺處是幾寂然不動感而遂通處卽是神誠神幾曰聖人故曰思曰睿睿作聖然則學聖人者如之何曰思無邪

聖希天賢希聖士希賢伊尹顏淵大賢也伊尹恥其君不爲堯舜一夫不得其所若撻于市顏淵不遷怒不貳過三月不違仁志伊尹之所志學顏子之所學過則聖及則賢不及則亦不失于令名 志學第十

百家謹案此元公自道其所志學也伊尹之志雖在行道然自負爲天民之先覺志從學來顏子之學固欲明道然究心四代之禮樂學以志裕元公生平之寤寐惟此

天以陽生萬物以陰成萬物生仁也成義也故聖人在上以仁育萬物以義正萬民天道行而萬物順聖德修而萬民化大順大化不見其迹莫知其然之謂神故天下之衆本在一人道豈遠乎哉術豈多乎哉 順化第十一

百家謹案此聖人奉若天道以治萬民也道不遠術不多胡爲後世紛紛立法乎

十室之邑人人提耳而教且不及況天下之廣兆民之衆哉曰純其心而已矣仁義禮智四者動靜言貌視聽無違之謂純心純則賢才輔賢才輔則天下治純心要矣用賢急焉 治第十二

百家謹案治道之要在乎君心純其心斯成大順大化法天爲治也

禮理也樂和也陰陽理而後和君君臣臣父父子子兄兄弟弟夫夫婦婦萬物各得其理然後和故禮先而樂後 雲濠案底本此下有是天地之撰五字徧閱性理諸書並無之疑誤衍 ○ 禮樂第十三

百家謹案程子謂敬則自然和樂可以知禮樂之先後矣

實勝善也名勝恥也故君子進德修業孳孳不息務實勝也德業有未著則恐恐然畏人知遠恥也小人則僞而已矣故君子曰休小人曰憂 務實第十四

有善不及曰不及則學焉問曰有不善曰不善則告之以不善且勸曰庶幾有改乎斯爲君子有善一不善二則學其一而勸其二有語曰斯人有是之不善非大惡也則曰孰無過焉知其不能改改則爲君子矣不改爲惡惡者天惡之彼豈無畏邪烏知其不能改故君子悉有衆善無弗愛且敬焉 愛敬第十五

勉其善改其不善正是反身對證藥綿裏藏鍼卻從輭處煞緊不然雖懊悔一場亦無益吾輩須尋箇真自訟手段

動而無靜靜而無動物也動而無動靜而無靜神也動而無動靜而無靜非不動不靜也物則不通神妙萬物水陰根陽火陽根陰五行陰陽陰陽太極四時運行萬物終始混兮闢兮其無窮兮 動靜第十六

時位不能無動靜故有動有靜性本不與時位爲推遷故無動無靜

古者聖王制禮法修教化三綱正九疇敘百姓大和萬物咸若乃作樂以宣八風之氣以平天下之情故樂聲淡而不傷和而不淫入其耳感其心莫不淡且和焉淡則欲心平和則躁心釋優柔平中德之盛也天下化中治之至也是謂道配天地古之極也後世禮法不修政刑苛紊縱欲敗度下民困苦謂古樂不足聽也代變新聲妖淫愁怨導欲增悲不能自止故有賊君棄父輕生敗倫不可禁者矣嗚呼樂者古以平心今以助欲古以宣化今以長怨不復古禮不變今樂而欲至治者遠矣 樂上第十七

樂者本乎政也政善民安則天下之心和故聖人作樂以宣暢其和

心達于天地天地之氣感而大和焉天地和則萬物順故神祇格鳥獸馴樂中第十八

樂聲淡則聽心平樂辭善則歌者慕故風移而俗易矣妖聲豔辭之化也亦然樂下第十九

聖可學乎曰可曰有要乎曰有請問焉曰一爲要一者無欲也無欲則靜虛動直靜虛則明明則通動直則公公則溥明通公溥庶矣乎聖學第二十

百家謹案伊川至論本明則通下作動直則行行則傳明通行傳庶乎

欲原是人本無的物無欲是聖無欲便是學其有焉奈之何曰學焉而已矣其學焉何如曰本無而忽有去其有而已矣孰爲有處有水卽爲冰孰爲無處無冰卽爲水欲與天理虛直處只是一箇從凝處看是欲從化處看是理

公于己者公于人未有不公于己而能公于人也明不至則疑生明無疑也謂能疑爲明何啻千里公明第二十一

小害大賤害貴于己儘不公處疑是私意必也擇善乎學貴知疑是從悟處得來

厥彰厥微匪靈弗瑩剛善剛惡柔亦如之中焉止矣二氣五行化生萬物五殊二實二本則一是萬爲一一實萬分萬一各正小大有定

理性命第二十二

顏子一簞食一瓢飲在陋巷人不堪其憂而不改其樂夫富貴人所愛也顏子不愛不求而樂乎貧者獨何心哉天地閒有至貴至富可愛可求而異乎彼者見其大而忘其小焉爾見其大則心泰心泰則無不足無不足則富貴貧賤處之一也處之一則能化而齊故顏子亞聖 顏子第二十三

古人見道親切將盈天地閒一切都化了更說甚貧故曰所過者化顏子卻正好做工夫豈以彼易此哉此當境克己實落處

百家謹案化而齊者化富貴貧賤如一也處之一以境言化以心言

天地閒至尊者道至貴者德而已矣至難得者人人而至難得者道德有于身而已矣求人至難得者有于身非師友則不可得也已 師友上第二十四

道義者身有之則貴且尊人生而蒙長無師友則愚是道義由師友有之而得貴且尊其義不亦重乎其聚不亦樂乎 師友下第二十五

仲由喜聞過令名無窮焉今人有過不喜人規如護疾而忌醫寧滅其身而無悟也噫 過第二十六

天下勢而已矣勢輕重也極重不可反識其重而亟反之可也反之力也識不早力不易也力而不競天也不識不力人也天乎人也何尤 勢第二十七

造化在手宇宙在握

文所以載道也輪轅飾而人弗庸徒飾也況虛車乎文辭藝也道德實也篤其實而藝者書之美則愛愛則傳焉賢者得以學而至之是爲教故曰言之無文行之不遠然不賢者雖父兄臨之師保勉之不學也強之不從也不知務道德而第以文辭爲能者藝焉而已噫弊也久矣 文辭第二十八

不憤不啓不悱不發舉一隅不以三隅反則不復也子曰予欲無言天何言哉四時行焉百物生焉然則聖人之蘊微顏子殆不可見發聖人之蘊教萬世無窮者顏子也聖同天不亦深乎常人有一聞知恐人不速知其有也急人知而名也薄亦甚矣 聖蘊第二十九

看來曾子之唯不如顏子之愚孔顏天道曾子人道今且說顏子教萬世在何處

百家謹案通書屢津津于顏子蓋慕顏子默體聖蘊無些少表暴元公之學近之南軒張氏曰濂溪之學舉世不知爲南安獄掾日惟程太中始知之可見無分毫矜誇此方是樸實頭下工夫人嗟乎學問一道有諸內而矜誇者然且不可子劉子曰顏子死分付後人曰法天爾人即是天爾法爾天不必更尋題目了後來周子理會得

聖人之精畫卦以示聖人之蘊因卦以發卦不畫聖人之精不可得而見微卦聖人之蘊殆不可悉得而聞易何止五經之源其天地鬼神之奧乎 精蘊第三十

君子乾乾不息于誠然必懲忿窒欲遷善改過而後至乾之用其善是損益之大莫是過聖人之旨深哉吉凶悔吝生乎動噫吉一而已動可不慎乎 乾損益動第三十一

聖學之要只在慎獨獨者靜之神動之幾也動而無妄曰靜慎之至也是之謂主靜立極○乾乾不息其靜有常投閒抵隙多在動處動返于吉其靜不漓生而不匱其出無方其爲不止聖人原不曾動此二子學聖者宜如何曰慎動

治天下有本身之謂也治天下有則家之謂也本必端端本誠心而

已矣則必善善則和親而已矣家難而天下易家親而天下疏也家人離必起于婦人故睽次家人以二女同居其志不同行也堯所以釐降二女于嬀汭舜可禪乎吾茲試矣是治天下觀于家治家觀于身而已矣身端心誠之謂也誠心復其本善之動而已矣不善之動妄也妄復則无妄矣无妄則誠矣故无妄次復而曰先王以茂對時育萬物深哉 家人睽復无妄第三十二

最勘得親切此爲愼動

百家謹案家人睽二卦往來于巽離兌三女足徵家之離合廢興家人長中二女長巽順居上中離明在下木火相得家之和也睽中女離火猛烈少女兌澤邪媚火澤不相容炎上潤下相違家之睽乖也復德之本也惟復則无妄剛自外來而爲主于內妄字從亡從女女古汝字也言人之不誠者是喪失其本心亡乎汝矣今无妄是得復還乎天之所命故彖傳言天之命又卦震下乾上程子所謂動以天安有妄乎

君子以道充爲貴身安爲富故常泰無不足而銖視軒冕塵視金玉其重無加焉爾 富貴第三十三

顧諟謹案言寡尤行寡悔祿在其中矣故曰身安爲富仁義忠

信樂善不倦此天爵也故曰道充爲貴

聖人之道入乎耳存乎心蘊之爲德行行之爲事業彼以文辭而已者陋矣 陋第三十四

至誠則動動則變變則化故曰擬之而後言議之而後動擬議以成其變化 擬議第三十五

百家謹案吾儒之學以言動爲樞機惟恐有失必兢兢業業擬之而後言議之而後動擬議之熟極乎精義入神而後可從心所欲以造于至誠之天以成變化故此章以擬議名篇非如釋氏一任無心要用直須用擬心卽差者比也

天以春生萬物止之以秋物之生也既成矣不止則過焉故得秋以成聖人之法天以政養萬民肅之以刑民之威也欲動情勝利害相攻不止則賊滅無倫焉故得刑以治情僞微曖其變千狀苟非中正明達果斷者不能治也訟卦曰利見大人以剛得中也噬嗑曰利用獄以動而明也嗚呼天下之廣主刑者民之司命也任用可不愼乎 刑第三十六

聖人之道至公而已矣或曰何謂也曰天地至公而已矣 公第三十七

春秋正王道明大法也孔子為後世王者而修也亂臣賊子誅死者于前所以懼生者于後也宜乎萬世無窮王祀夫子報德報功之無盡焉 孔子上第三十八

道德高厚教化無窮實與天地參而四時同其惟孔子乎 孔子第三十九

童蒙求我我正果行如筮焉筮叩神也再三則瀆矣瀆則不告也山下出泉靜而清也汨則亂亂不決也慎哉其惟時中乎艮其背背非見也靜則止止非為也為不止矣其道也深乎 蒙艮第四十

百家謹案蒙艮二卦義似不相連通書以卒章者思四十章中屢言師道蓋元公以師道自任蒙以養正為聖功而艮有始終成物之義殆隱然欲以先覺覺後覺乎〇又案朱文公曰周子通書本號易通與太極圖說並出程氏以傳于世而其為說實相表裏大抵推一理二氣五行之分合以綱紀道體之精微決道義文辭利祿之取舍以振起俗學之卑陋至論所以入德之方經世之具又皆親切簡要不為空言顧其宏綱大用既非秦漢以來諸儒所及而其條理之密意味之深又非今世學者所能驟窺也東發黃文潔公曰周子通書誠上章主天而言故曰

誠者聖人之本言天之誠卽人之所得以爲聖者也誠下章主人而言故曰聖誠而已矣言人之聖卽所得于天之誠也誠幾德章言誠之得于天者皆自然而幾有善惡要當察其幾之動以全其誠爲我之德也聖章言由誠而達于幾爲聖人其妙用尤在于感而遂通之神蓋誠者不動幾者動之初神以感而遂通則幾之動也純于善此其爲聖也誠一而已人之不能皆聖者係于幾之動故愼動次之動而得正爲道故道次之得正爲道不論于性質之偏者能之而王者之師也故師次之人必有恥則可教而以聞過爲幸故幸次之聞于人必思于己故思次之師以問之矣思以思之矣在力行而已故志學次之凡此十章上窮性命之源必以體天爲學問之本所以修己之功既廣大而詳密矣推以治人則順化爲上與天同功也治爲次純心用賢也禮樂又其次治定而後禮樂可興也繼此爲務實章愛敬章又所以斟酌人品而休休然與之爲善蓋聖賢繼天立極之道備矣餘章皆反覆此意以丁戒人心使自知道德性命之貴而無陷辭章利祿之習開示聖蘊終以主靜庶幾復其不善之動以歸于誠而人皆可聖賢焉嗚呼周子之爲人心計也至

矣敬軒薛氏曰通書誠上誠下誠幾德聖愼動道六章只是一箇性字分作許多名目又曰周子論幾字如復之初九善幾也姤之初六惡幾也善幾不可不充惡幾不可不絕朱子所謂近則公私邪正遠則廢興存亡只于此處看破便斡轉了此實治己治人之至要也

宋元學案卷十二

餘姚黃宗羲原本　後學慈谿馮雲濠校刊
男百家纂輯　鄞縣王梓材重校
鄞縣全祖望修定　道州何紹基重刊

濂溪學案下

太極圖

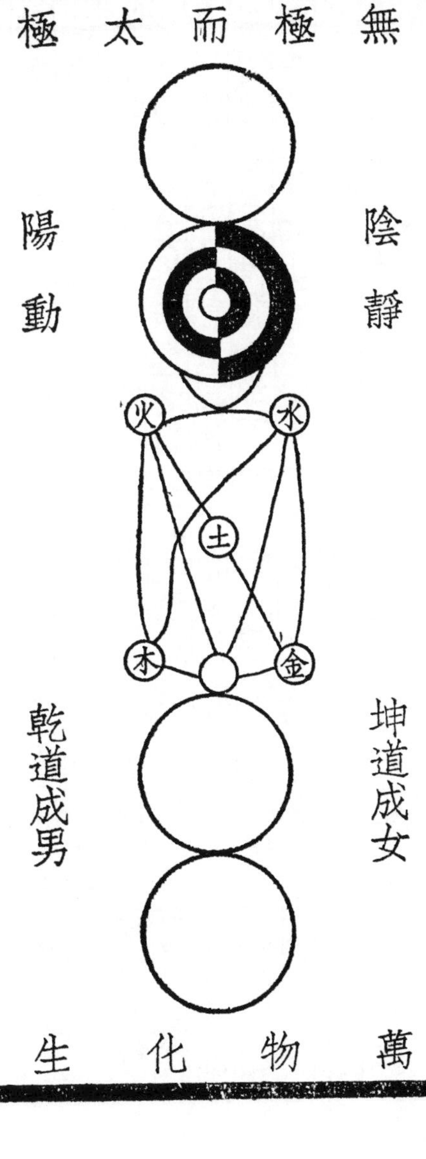

太極圖說

無極而太極太極動而生陽動極而靜靜而生陰靜極復動一動一靜互爲其根分陰分陽兩儀立焉陽變陰合而生水火木金土五氣順布四時行焉五行一陰陽也陰陽一太極也太極本無極也五行之生也各一其性無極之眞二五之精妙合而凝乾道成男坤道成女二氣交感化生萬物萬物生生而變化無窮焉惟人也得其秀而最靈形旣生矣神發知矣五性感動而善惡分萬事出矣聖人定之以中正仁義而主靜自註云無欲故靜立人極焉故聖人與天地合其德日月合其明四時合其序鬼神合其吉凶君子修之吉小人悖之凶故曰立天之道曰陰與陽立地之道曰柔與剛立人之道曰仁與義又曰原始反終故知死生之說大哉易也斯其至矣

劉蕺山曰一陰一陽之謂道卽太極也天地之閒一氣而已非有理而後有氣乃氣立而理因之寓也就形下之中而指其形而上者不得不推高一層以立至尊之位故謂之太極而實無太極之可言所謂無極而太極也使實有是太極之理爲此氣從出之母則亦一物而已又何以生生不息妙萬物而無窮乎今曰理本無形故謂之無極無乃轉落註腳太極之妙生生不息而已矣生陽

珍倣宋版印

生陰而生水火木金土而生萬物皆一氣自然之變化而合之只
是一箇生意此造化之蘊也惟人得之以爲人則太極爲靈秀之
鍾而一陽一陰分見于形神之際由是殽之爲五性而感應之塗
出善惡之介分人事之所以萬有不齊也惟聖人深悟無極之理
而得其所爲靜者主之乃在中正仁義之閒循理爲靜是也天地
此太極聖人此太極彼此不相假而若合符節故曰合德若必捐
天地之所有而畀之于物又獨鍾畀之于人則天地豈若是之勞
也哉自無極說到萬物上天地之始終也自萬事反到無極上聖
人之終而始也始終之說卽生死之說而開闢混沌七尺之去留
不與焉知乎此者可與語道矣主靜要矣致知亟焉○或曰周子
既以太極之動靜生陰陽而至于聖人立極處偏著一靜字何也
曰陰陽動靜無處無之如理氣分看則理屬靜氣屬動不待言矣
故曰循理爲靜非動靜對待之靜

宗羲案朱子以爲陽之動爲用之所以行也陰之靜爲體之所以
立也夫太極既爲之體則陰陽皆是其用如天之春夏陽也秋冬
陰也人之呼陽也吸陰也寧可以春夏與呼爲用秋冬與吸爲體
哉緣朱子以下文主靜立人極故不得不以體歸之靜先師云循

理爲靜非動靜對待之靜一語點破曠若發矇矣

附梨洲太極圖講義

通天地亙古今無非一氣而已氣本一也而有往來闔闢升降之殊則分之爲動靜有動靜則不得不分之爲陰陽然此陰陽之動靜也千條萬緒紛紜膠轕而卒不克亂萬古此寒暑也萬古此生長收藏也莫知其所以然而然是卽所謂理也所謂太極也以其不紊而言則謂之理以其極至而言則謂之太極識得此理則知一陰一陽卽是爲物不貳也其曰無極者初非别有一物依于氣而立附于氣而行或曰因易有太極一言遂疑陰陽之變易類有一物主宰乎其閒者是不然矣故不得不加無極二字造化流行之體無時休息中閒清濁剛柔多少參差不齊故自形生神發五性感動後觀之知愚賢不肖剛柔善惡中自有許多不同世之人一往不返不識有無渾一之常費隱妙合之體徇象執有逐物而遷而無極之真竟不可見矣聖人以靜之一字反本歸元蓋造化人事皆以收斂爲主發散是不得已事非以收斂爲靜發散爲動也一斂一發自是造化流行不息之氣機而必有所以樞紐乎是運旋乎是是則所謂靜也故曰主靜學者須要識得靜字分曉不

是不動是靜不妄動方是靜慨自學者都向二五上立腳既不知所謂太極則事功一切俱假而二氏又以無能生有于是誤認無極在太極之前視太極爲一物形上形下判爲兩截蕺山先師曰千古大道陸沈總緣誤解太極道之大原出于天此道不清楚則無有能清楚者矣

附朱陸太極圖說辯

陸象山與朱子書曰梭山兄謂太極圖說與通書不類疑非周子所爲不然或是其學未成時所作不然則或是傳他人之文後人不辨也蓋通書理性命章言中焉止矣二氣五行化生萬物五殊二實二本則一一曰一曰中卽太極也未嘗于其上加無極字動靜章言五行陰陽太極亦無無極之文假令太極圖說是其所傳或其少時所作則作通書時不言無極蓋已知其說之非矣此言殆未可忽也兄與梭山書云不言無極則太極同于一物而不足爲萬化根本不言太極則無極淪于空寂而不能爲萬化根本夫太極者實有是理聖人從而發明之耳非以空言立論使後人簸弄于頰舌紙筆之閒也其爲萬化根本固自素定其足不足能不能豈以人言不言之故邪易大傳曰易有太極聖人言有今乃言無

何也作大傳時不言無極太極何嘗同于一物而不足爲萬化根本邪洪範五皇極列在九疇之中不言無極太極亦何嘗同于一物而不足爲萬化根本邪後世又謂無極卽是無形太極卽是有理周先生恐學者錯認太極別爲一物故著無極二字以明之易之大傳曰形而上者謂之道又曰一陰一陽之謂道一陰一陽已是形而上者況太極乎曉文義者舉知之矣自有大傳至今幾年未聞有錯認太極別有一物者設有愚謬至此奚啻不能以三隅反何足上煩先生特地于太極上加無極二字以曉之乎且極字亦不可以形字釋之蓋極者中也言無極則是猶言無中也是奚可哉若懼學者泥于形器而申釋之則宜如詩言上天之載而于下贊之曰無聲無臭可也豈宜以無極字加于太極之上朱子發謂濂溪得太極圖于穆伯長伯長之傳出于陳希夷其必有攷希夷之學老氏之學也無極二字出于老子知其雄章吾聖人之書所無有也老子首章言無名天地之始有名萬物之母而卒同之此老氏宗旨也無極而太極卽是此旨老氏學之不正見理不明所蔽在此兄于此學用力之深爲日之久曾此之不能辨何也太極圖說以無極二字冠首而通書終篇未嘗一及無極字二程言

文論字至多亦未嘗一及無極字兄今攷訂註釋表顯尊信如此其至恐未得爲善祖述者也潘清逸豈能知濂溪者明道伊川親師承濂溪當時名賢居潘右者亦復不少濂溪之誌卒屬于潘可見其子孫之不能世其學也兄何據之篤乎

朱答曰來書反復其于無極太極之辨詳矣然以熹觀之伏羲作易自一畫以下文王演易自乾元以下皆未嘗言太極也而孔子言之孔子贊易自太極以下未嘗言無極也而周子言之夫先聖後聖豈不同條而共貫哉若于此有以灼然實見太極之眞體則知不言者不爲少而言之者不爲多矣何至若此之紛紛哉今既不然則吾之所謂理者恐其未足以爲羣言之折衷又况于人之言有所不盡者又非一二而已乎既蒙不鄙而教之熹亦不敢不盡其愚也且夫大傳之太極者何也卽兩儀四象八卦之理具于三者之先而蘊于三者之內者也聖人之意正以其究竟至極無名可名故特謂之太極猶曰舉天下之至極無以加此云爾初不以其中而命之也至如北極之極屋極之極皇極之極民極之極諸儒雖有解爲中者蓋以此物之極嘗在此物之中非指極字而訓之以中也極者至極而已以有形者言之則其四方八面合輳

將來到此築底更無去處從此推出四方八面都無向背一切停勻故謂之極耳後人以其居中而能應四外故指其處而以中言之非以其義爲可訓中也至于太極則又無形象方所之可言但以此理至極而謂之極耳今乃以中名之則是所謂理有未明而不能盡乎人言之意者一也通書理性命章其首二句言理次三句言性次八句言命故其章內無此三字而特以三字名其章以表之則章內之言固已各有所屬矣蓋其所謂靈所謂一者乃爲太極而所謂中者乃氣稟之得中與剛善剛惡柔善柔惡者爲五性而屬乎五行初未嘗以是爲太極也且曰中焉止矣而又下屬于二氣五行化生萬物之云是亦復成何等文字義理乎今乃指其中者爲太極而屬之下文則又理有未明而不能盡乎人言之意者二也若論無極二字乃是周子灼見道體迥出常情不顧旁人是非不計自己得失勇往直前說出人不敢說底道理令後之學者曉然見得太極之妙不屬有無不落方體若于此看得破方見此老真得千聖以來不傳之祕非但架屋下之屋疊牀上之牀而已也今必以爲未然是又理有未明而不能盡乎人言之意者三也至于大傳既曰形而上者謂之道矣而又曰一陰一陽之謂

道此豈眞以陰陽爲形而上者哉正所以見一陰一陽雖屬形器然其所以一陰一陽者是乃道體之所爲也故語道體之至極則謂之太極語太極之流行則謂之道雖有二名初無兩體周子所以謂之無極正以其無方所無形狀以爲在無物之前而未嘗不立于有物之後以爲在陰陽之外而未嘗不行乎陰陽之中以爲通貫全體無乎不在則又初無聲臭影響之可言也今乃深詆無極之不然則是直以太極爲有形狀有方所矣直以陰陽爲形而上者則又昧于道器之分矣又于形而上者之下復有況太極乎之語則是又以道上別有一物爲太極矣此又理有未明而不能盡乎人言之意者四也至熹前書所謂不言無極則太極同于一物而不足爲萬化根本不言太極則無極淪于空寂而不能爲萬化根本乃是推本周子之意以爲當時若不如此兩下說破則讀者錯認語意必有偏見之病聞人說有卽謂之實有見人說無卽謂之眞無耳自謂如此說得周子之意已是大殺分明只恐知道者厭其漏洩之過甚不謂如老兄者乃猶以爲未穩而難曉也請以熹書上下文意詳之豈謂太極可以人言而爲加損者哉是又理有未明而不能盡乎人言之意者五也來書又謂大傳明言易

有太極今乃言無何邪此尤非所望于高明者今夏因與人言易其人之論正如此當時對之不覺失笑遂至被劾彼俗儒膠固隨語生解不足深怪老兄平日自視爲何如而亦爲此言邪老兄且謂大傳之所謂有果如兩儀四象八卦之有定位天地五行萬物之有常形邪周子之所謂無是果虛空斷滅都無生物之理邪此又理有未明而不能盡乎人言之意者六也老子復歸于無極無極乃無窮之義如莊生入無窮之門以遊無極之野云爾非若周子所言之意也今乃引之而謂周子之言實出乎彼此又理有未明而不能盡乎人言之意者七也

陸曰來書本是主張無極二字而以明理爲說其要則曰于此有以灼然實見太極之真體九淵竊謂老兄未曾實見太極若實見太極上面必不更著無極字下面必不更著真體字上面加無極字正是疊牀上之牀下面著真體字正是架屋下之屋虛見之與實見其言固自不同也

朱曰熹亦謂老兄正爲未識太極之本無極而有真體故必以中訓極而又以陰陽爲形而上者之道虛見之與實見其言果不同也

陸曰繫辭言神無方矣豈可言無神言易無體矣豈可言無易老氏以無爲天地之始以有爲萬物之母以常無觀妙以常有觀竅直將無字搭在上面正是老氏之學豈可諱也

朱曰熹詳老氏之言有無以有無爲二周子之言有無以有無爲一正如南北水火之相反更請子細著眼未可容易譏評也

陸曰此理乃宇宙之所固有豈可言無若以爲無則君不君臣不臣父不父子不子矣

朱曰請詳看熹前書曾有無理二字否

陸曰極亦此理也中亦此理也五居九疇之中而曰皇極豈非以其中而命之乎民受天地之中以生而詩言立我烝民莫非爾極豈非以其中命之乎中庸曰中也者天下之大本也和也者天下之達道也致中和天地位焉萬物育焉此理至矣外此豈更復有太極哉

朱曰極是名此理之至極中是狀此理之不偏雖然同是此理然其名義各有攸當雖聖賢言之亦未敢有所差互也若皇極之極民極之極乃爲標準之意猶曰立于此而示于彼使其有所向望而取正焉耳非以其中而命之也立我烝民立與粒通卽書所謂

烝民乃粒莫非爾極則爾指后稷而言蓋曰使我衆人皆得粒食莫非爾后稷之所立者是望耳爾字不指天地極字亦非指所受之中中者天下之大本乃以喜怒哀樂之未發此理渾然無所偏倚而言太極固無偏倚而爲萬化之本然其得名自爲至極之極而兼有標準之義初不以中而得名也

陸曰以極爲中則爲不明理以極爲形乃爲明理乎

朱曰老兄自以中訓極熹未嘗以形訓極也

陸曰字義固有一字而數義者用字則有專一義者有兼數義者而字之指歸又有虛實虛字則但當論字義實字則當論所指之實則有非字義所能拘者如元字有始義有長義有大義坤五之元吉屯之元亨則是虛字專爲大義不可復以他義參之如乾元之元則是實字論其所指之實則文言所謂善所謂仁皆元也亦豈可以字義拘之哉極字亦如此太極皇極乃是實字所指之實豈容有二充塞宇宙無非此理豈容以字義拘之乎中卽至理何嘗不兼至義大學文言皆言知至所謂至者卽此理也語讀易者曰能知太極卽是知至語讀洪範者曰能知皇極卽是知至夫豈不可蓋同指此理則曰極曰中曰至其實一也一極備凶一極無

凶此兩極字乃是虛字專爲至義卻使得極者至極而已于此用而已字方用得當老兄最號爲精通詁訓文義者何爲尙惑于此

朱曰熹詳知至二字雖同而在大學則知爲實字至爲虛字兩字上重而下輕蓋曰心之所知無不到耳在文言則知爲虛字至爲實字兩字上輕而下重蓋曰有以知其所當至之地耳兩義既自不同而與太極之爲至極者又皆不相似請更詳之

陸曰直以陰陽爲形器而不得爲道此尤不敢聞命易之爲道一陰一陽而已先後始終動靜晦明上下進退往來闔闢盈虛消長尊卑貴賤表裏隱顯向背順逆存亡得喪出入行藏何適而非一陰一陽哉奇耦相尋變化無窮故曰其爲道也屢遷說卦曰是以立天之道曰陰與陽顧以陰陽爲非道而直謂之形器而孰爲昧于道器之分哉

朱曰若以陰陽爲形而上者則形而下者復是何物熹則曰凡有形有象者皆器也其所以爲是器之理者則道也如是則來書所謂始終晦明奇偶之屬皆陰陽所爲之器獨其所以爲是器之理如目之明耳之聰父之慈子之孝乃爲道耳

陸曰通書云中者和也中節也天下之達道也聖人之事也故聖

人立教俾人自易其惡自致其中而止矣周子之言中如此亦不輕矣外此豈更別有道理乃不得比虛字乎所舉理性命章五句但欲見通書言中言一而不言無極耳中焉止矣一句不妨自是斷章兄必見誣以屬之下文兄之爲辯失其指歸大率類此

朱曰周子言中而以和字釋之又曰中節又曰達道彼非不識字者而其言顯與中庸相戾則亦必有說矣蓋此中字是就氣稟發用而言其無過不及處耳非直指本體未發無所偏倚者而言也豈可以此而訓極爲中也哉

陸曰大傳洪範毛詩周禮與太極圖說孰古以極爲形而謂不得爲中以一陰一陽爲器而謂不得爲道無乃絀古書爲不足信而任胸臆之所裁乎

朱曰大傳洪範詩禮皆言極而已未嘗謂極爲中也先儒以此極處常在物之中央而爲四方之所面向而取正故因以中釋之蓋亦未爲甚失而後人遂直以極爲中則又不識先儒之本意矣

陸曰來書謂周子說出人不敢說底道理謂之無極誠令以無方所無形狀而言不知人有甚不敢道處但加之太極之上則吾聖門正不肯如此道耳

朱曰無極而太極猶曰莫之爲而爲莫之致而至又如曰無爲之爲皆語勢之當然非謂別有一物也其意則固若曰非如皇極民極屋極之有方所形象而但有此理之至極耳若曉此意則于聖門有何違判而不肯道乎上天之載是就有中說無無極而太極是就無中說有若實見得卽說有說無或先或後都無妨礙今必如此拘泥強生分別曾謂不尙空言專務事實而反如此乎

陸曰夫乾確然示人易矣夫坤隤然示人簡矣太極亦何嘗隱于人哉尊兄兩下說無說有不知漏洩得多少如所謂太極眞體不傳之祕無物之前陰陽之外不屬有無不落方體迥出常情超出方外等語莫是曾學禪宗所得如此平時既私其說以自妙及教學者則又往往祕此而多說文義此漏洩之說所從出也以實論之兩頭都無著實彼此只是葛藤末說氣質不美者樂寄此以神其姦不知繫絆多少好氣質底學者既以病己又以病人殆非一言一行之過兄其無以久習于此而重自反也

朱曰太極固未嘗隱于人然人之識太極者則少矣往往只是于禪學中認得箇昭昭靈靈能作用底便謂此是太極而不知所謂太極乃天地萬物本然之理亙古亙今顛撲不破者也迥出常情

等語只是俗談卽非禪家所能專有不應儒者反當回避況今雖偶然道著而其所見所說卽非禪家道理非如他人陰實祖用其說而改頭換面陽諱其所自來也如曰私其說以自妙而又祕之又曰寄此以神其姦又曰繫絆多少好氣質底學者則恐世閒自有此人可當此語熹雖無狀自省得與此語不相似也

宗羲案朱陸往復幾近萬言亦可謂無餘蘊矣然所爭只在字義先後之閒究竟無以大相異也惟是朱子謂無極卽是無形太極卽是有理在無物之前而未嘗不立于有物之後在陰陽之外而未嘗不行于陰陽之中此朱子自以理先氣後之說解周子亦未得周子之意也羅整菴困知記謂無極之眞二五之精妙合而凝三語不能無疑凡物必兩而後可以言合太極與陰陽果二物乎其爲物也果二則方其未合之先各安在邪朱子終身認理氣爲二物其原蓋出于此不知此三語正明理氣不可相離故加妙合以形容之猶中庸言體物而不可遺也非二五之精則亦無所謂無極之眞矣朱子言無形有理卽是是尋無極之眞于二五之精之外雖曰無形而實爲有物亦豈無極之意乎故以爲歧理氣出自周子者非也至于說中無欲故靜一語非其工夫之下手處乎

此語本孔安國仁者靜之注蓋先聖之微言也

王魯齋曰無極而太極一句朱子謂無形而有理非不明白然命詞之意咀嚼未破故象山未能釋然某妄意謂此是太極圖說只當就圖上說此一句不可懸虛說理若又有所謂無極之理蓋周子欲爲此圖以示人也而太極無形無象本不可以成圖然非圖則造化之淵微又難于模寫不得已畫爲圖象擬天之形指爲太極又苦無形無象故于圖首發此一語不過先釋太極之本無此圖象也

劉靜修記太極圖說後曰太極圖朱子發謂周子得于穆伯長而胡仁仲因之遂亦謂穆特周子學之一師陸子靜因之遂亦以朱錄爲有考而潘誌之不足據也蓋胡氏兄弟于希夷不能無少譏議是以謂周子爲非止爲种穆之學者陸氏兄弟以希夷爲老氏之學而欲其當謬加無極之責而有所顧藉于周子也然其實則穆死于明道元年而周子時年十四矣（梓材案周子生于天禧元年丁巳至明道元年壬申蓋年十六矣作十四誤）是朱氏胡氏陸氏不惟不考乎潘誌之過而又不考乎此之過也然始也朱子見潘誌知圖爲周子所自作而非有所受于人也于乾道己丑已敘

于通書之後矣後八年記書堂則亦曰不由師傳默契道體實天之所畀也又十年因見張詠事有陰陽之語與圖說意頗合以詠學于希夷者也故謂是說之傳固有端緒至于先生然後得之于心無所不貫于是始爲此圖以發其祕爾又八年而爲圖書注釋則復云莫或知其師傳之所自蓋前之爲說者乃復疑而未定矣豈亦不攷乎此故其爲說之不決于一也而或又謂周子與胡宿邵古同事潤州一浮屠而傳其易書此蓋與謂邵氏之學因其母舊爲某氏妾藏其亡夫遺書以歸邵氏者同爲浮薄不根之說也然而周子邵子之學先天太極之圖雖不敢必其所傳之出于一而其理則未嘗不一而其理之出于河圖者則又未嘗不一也夫河圖之中宮則先天圖之所謂無極所謂太極所謂道與心者也先天圖之所謂無極所謂太極所謂道與心者即太極圖之所謂無極而太極所謂太極本無極所謂人之所以最靈者也河圖之東北陽之二生數統乎陰之二成數則先天圖之左方震一離兌二乾三者也先天圖之左方震一離兌二乾三者即太極圖之左方陽動者也其兌離之爲陽中之陰即陽動中之爲陰靜之根者也河圖之西南陰之二生數統乎陽之二成數則先天圖之右方

巽四坎艮五坤六者也先天之右方巽四坎艮五坤六者卽太極圖之右方陰靜者也其坎艮之爲陰中之動者卽陰靜中之爲陽動之根者也河圖之奇偶卽先天太極圖之所謂陰陽而凡陽皆乾凡陰皆坤也河圖先天太極圖之左方皆離之象也右方皆坎之象也是以河圖水火居南北之極先天圖坎離列左右之門太極圖陽變陰合而卽生水火也

吳草廬曰太極者何也曰道也道而稱之曰太極何也曰假借之辭也道不可名也故假借可名之器以名之也以其天地萬物之所共由也則名之曰道道者大路也以其條派縷脈之微密也則名之曰理理者玉膚也皆假借而爲稱者也眞實无妄曰誠全體自然曰天主宰造化曰帝妙用不測曰神付與萬物曰命物受以生曰性得此性曰德具于心曰仁天地萬物之統會曰太極道也理也誠也天也帝也神也命也性也德也仁也太極也名雖不同其實一也極屋棟之名也屋之脊檁曰棟就一屋而言惟脊檁至高至上無以加之故曰極而凡物之統會處因假借其義而名爲極焉辰極皇極之類是也道者天地萬物之統會至尊至貴無以加者故亦假借屋棟之名而稱之曰極也然則何以謂之太曰太

之爲言大之至甚也夫屋極者屋棟爲一屋之極而已辰極者北辰爲天體之極而已皇極者人君一身爲天下衆人之極而已以至設官爲民之極京師爲四方之極皆不過指一物一處而言也道者天地萬物之極也雖假借極之一字強爲稱號而曾何足以擬議其髣髴哉故又盡其辭而曰太極者蓋曰此極乃甚大之極非若一物一處之極然彼一物一處之極極之小者耳此天地萬物之極極之至大者也故曰太極邵子曰道爲太極太祖問曰何物最大答者曰道理最大其斯之謂與然則何以謂之無極曰道爲天地萬物之體而無體謂之太極而非有一物在一處可得而指名之也故曰無極易曰神无方易无體詩曰上天之載無聲無臭其斯之謂與然則無極而太極何也曰屋極辰極皇極民極四方之極凡物之號爲極者皆有可得而指名者也是則有所謂極也道也者無形無象無可執著雖稱曰極而無所謂極也雖無所謂極而實爲天地萬物之極故曰無極而太極

許白雲答或人問曰太極圖之原出于易而其義則有前聖所未發者周子探大道之精微而筆成此書其所以包括大化原始要終不過二百餘字蓋亦無長語矣謂之去無極二字而無所損則

不可也太極者孔子名其道之辭無極者周子形容太極之妙二陸先生適不燭乎此乃以周子加無極字爲非蓋以太極之上不宜加無極一重而不察無極卽所以贊太極之語周子慮夫讀易者不知太極之義而以太極爲一物故特著無極二字以明之謂無此形而有此理也以此坊民至今猶有以太極爲一物者而謂可去之哉朱子辯之精而曉天下後世者亦至矣此固非後學之所敢輕議也此外則無可議可辯者矣非朱陸二子之思慮不及也太極兩儀之言圖本于易也而兩儀之義則微有不同然皆非天地之別名也易之兩儀指陰陽奇耦之畫而言圖之兩儀指陰陽互根之象而言也易以一而二二而四四而八八而十六十六而三十二三十二而六十四圖以一而二二而五五而一一而萬者也易以陰陽之消長而該括事物之變化圖明陰陽之流行而推原生物之本根圖固所以輔乎易也惟以兩儀爲天地則大不可以易之兩儀爲天地則四象八卦非天地所能生以圖之兩儀爲天地則五行亦非天地所可生也夫太極理也陰陽氣也天地形也合而言之則形稟是氣而理具于氣中析而言之則形而上形而下不可以無別所謂圖以陽先生于陰與太極生兩儀者異

此猶有可論者太極之中本有陰陽其動者爲陽靜者爲陰生則俱生非可以先後言也一元混淪而二氣分肇譬猶一木析之爲二兩半同形何先後之有易之辭簡故惟曰生兩儀圖之言詳故曰動而生陽動極而靜靜而生陰靜極復動陰陽既有兩端出言下筆必有先後其可同言而並著之乎況下文繼之曰一動一靜互爲其根則非先後矣而下文又曰分陰分陽兩儀立焉乃先言陰而後言陽此周子錯綜其文而陰陽無始之義亦可見矣當以上下文貫穿觀之不可斷章取義也雖然動靜亦不可謂無先後自一氣混沌其初始分須有動處乃其始也元會運世歲月日時大小不同理則一也其氣之運行皆先陽而後陰一歲之日春夏先而秋冬後春夏陽也一元之運子先而午後子至巳陽也數以一爲陽二爲陰一固先于二人以生爲陽死爲陰生固先于死孰謂陽不先于陰乎但未動之前亦只爲靜此乃互根之體終不可定以爲陽先耳所謂太極之下生陰陽陰陽之下生五行及乎男女成形萬物化生圖中各有次序則以太極與天地五行相離則又不可也陰陽不可名天地前既已言之矣太極陰陽五行下至于成男女而化生萬物此正推原生物之根柢乃發明天地之祕

而反以爲病何其異邪太極剖判此世俗相承之論非君子之言也太極無形何可剖判其所判者乃一元之氣閉物之後溟涬玄漠至開天之時則輕清者漸澄而爲天重濁者漸凝而爲地乃可言判耳太極陰陽五行之生非果如母之生子而母子各具其形也太極生陰陽而太極即具陰陽之中陰陽生五行而太極陰陽又具五行之中安能相離也何不即五行一陰陽陰陽一太極之言而觀之乎所謂乾道成男坤道成女則二氣不待交感而各自生物又不可也此一節自無極之真二五之精妙合而凝乾道成男坤道成女二氣交感化生萬物作一貫說下安得謂不交感而自化生邪成男成女朱子謂此人物之始以氣化而生者氣聚成形遂以形化而無窮真精合而有成而所成者則有陰陽之異其具陽之形者乾之道具陰之形者坤之道又合則又生至于無窮則不出乎男女也今所問之言果有所疑邪或直以周子之言未當也如其果疑則以前說求之或得其梗概直以言爲未當則非敢預聞此不韙也待承下問敢以爲復

百家謹案周子之作太極圖說朱子特爲之注解極其推崇至謂得千聖不傳之祕孔子後一人而已二陸不以爲然遂起朱

陸之同異至今紛紛奴主不已宗朱者詆陸以及慈湖白沙陽明宗陸者詆朱及周近且有詆及二程者矣夫周程朱陸諸君子且無論其學問之造詣破暗千古其立身行己俱萬仞壁立其在兩閒則斗杓華嶽也在人則宗祖父母也是豈可詆毀者且道理本公共之物諸君子即或有大純小疵處亦只合平心參酌必無可死守門戶先自存心于悖躁而有詆毀之理明嘉靖南禺豐氏坊作易辯辯太極圖說滔滔八千餘言故索垢瘢此不足述者至于其圖之授受來由雖見于朱漢上震之經筵表而未得其詳今節略先叔父晦木憂患學易中太極圖辯于此以俟後之君子或否或是焉

周子太極圖創自河上公乃方士修鍊之術也實與老莊之長生久視又屬旁門老莊以虛無爲宗無事爲用方士以逆成丹多所造作去致虛靜篤遠矣周子更爲太極圖窮其本而反于老莊可謂拾瓦礫而得精蘊但綴說于圖而又冒爲易之太極則不侔矣蓋夫子之言太極不過贊易有至極之理專以明易也非別有所謂太極而欲上乎羲文也周子之無極而太極則空中之造化而欲合老莊于儒也朱子得圖于葛長庚曰包犧未嘗言太極而孔

子言之孔子未嘗言無極而周子言之未免過于標榜矣攷河上公本圖名無極圖魏伯陽得之以著參同契鍾離權得之以授呂洞賓洞賓後與陳圖南同隱華山而以授陳陳刻之華山石壁陳又得先天圖于麻衣道者皆以授种放放以授穆修與僧壽涯修以先天圖授李挺之挺之以授邵天叟天叟以授子堯夫修以無極圖授周子周子又得先天地之偈于壽涯其圖自下而上以明逆則成丹之法其重在水火火性炎上逆之使下則火不熛烈惟温養而和煥水性潤下逆之使上則水不卑溼惟滋養而光澤滋養之至接續而不已温養之至堅固而不敗其最下圈名爲元牝之門元牝卽谷神牝者竅也谷者虛也指人身命門兩腎空隙之處氣之所由以生是爲祖氣凡人五官百骸之運用知覺皆根于此于是提其祖氣上升爲稍上一圈名爲鍊精化氣鍊氣化神鍊有形之精化爲微芒之氣鍊依希呼吸之氣化爲出有入無之神使貫徹于五臟六腑而爲中層之左木火右金水中土相聯絡之一圈名爲五氣朝元行之而得也則水火交媾而爲孕又其上之中分黑白兩相閒雜之一圈名爲取坎填離乃成聖胎又使復還于無始而爲最上之一圈名爲鍊神還虛復歸無極而功用至矣

蓋始于得竅次于鍊己次于和合次于得藥終于脫胎求仙真長生之祕訣也周子得此圖而顛倒其序更易其名附于大易以爲儒者之祕傳蓋方士之訣在逆而成丹故從下而上周子之意以順而生人故從上而下太虛無有有必本無乃更最上圈鍊神還虛復歸無極之名曰無極而太極太虛之中脈絡分辨指之爲理乃更其次圈取坎填離之名曰陰動陽靜氣生于理名爲氣質之性乃更第三圈五氣朝元之名曰五行各一性理氣既具而形質呈得其全靈者爲人人有男女乃更第四圈鍊精化氣鍊氣化神之名曰乾道成男坤道成女得其偏者蠢者爲萬物乃更最下圈元牝之名曰萬物化生願就是圖詳審之易有太極夫子贊易而言也不可云無極无方者神也无體者易也不可圖圓相有者无之无者有之恐非聖人本旨次圈判左右爲陰陽以陰陽推動靜就非貫穿不淆亂之處指之爲理此時氣尙未生安得有此錯綜之狀將附麗于何所觀其黑白之文實坎離兩卦成旣濟之象中含聖胎謂之取坎填離則明顯而彰著謂之陽動而陰靜則陽專屬諸離離專主動陰專屬諸坎坎專主靜豈通論哉五行始于洪範言天地之氣化運行若有似乎木火土金水者然其實木火土

金水萬物中之五物也非能生人者也此時人物未生此五者之性于何而辨易繫言乾道成男坤道成女亦謂乾之奇畫成男之象坤之偶畫成女之象非云生于天者爲男生于地者爲女也且天之生男女萬物在一氣中無分先後其下二圈在方士爲元牝鍊化自屬兩層乃男女萬物亦分二圈恐屬重出矣至其說曰太極動而生陽動極而靜靜而生陰靜極復動一動一靜互爲其根分陰分陽兩儀立焉陰陽雖有動靜之分然動靜非截然兩事陰陽一氣也一闔一闢謂之變往來不窮謂之通而何有乎分動靜無端陰陽無始而何有乎生分陰分陽與生生之謂易自易之爲書而言以明奇偶柔剛之疊用相生則可自造化而言以爲太極所生陰陽所分則不可儀者象也兩儀者卦中所函奇偶之象也今直以爲天地之名則不可天有陰陽地有柔剛斯道無往而不在非分陽而立天分陰而立地也曰陽變陰合而生水火木金土五氣順布四時行焉夫四時之序陰陽之運耳陰陽既合萬物齊生豈有先生水火木金土自爲一截待水火木金土之氣布而後四時得行乎若然則是又以五行生陰陽先生質而後生氣也曰五行一陰陽也陰陽一太極也太極本無極也五行之生也各一

其性無極之真二五之精妙合而凝五行各性性已紛雜復參以陰陽而七雜亂棼擾如何謂之精如何可以凝大傳曰天地絪縕萬物化醇男女構精萬物化生故三人損一以致一三且不能生況於七乎曰乾道成男坤道成女二氣交感化生萬物萬物生生而變化無窮焉乾男坤女顯然形質此時萬物無不備具何故又言二氣之交感而化生萬物也吾不知此男女合物之雌雄牝牡俱在內又不知專指人言如合雌雄牝牡則與圖之所分屬者不謀如專指人人無化生異類之事曰惟人也得其秀而最靈形既生矣神發知矣五性感動而善惡分萬事出矣性一也分天命氣質爲二已屬臆說況又析而爲五感動在事不在性四端流露觸物而成即以乍見孺子入井論之發爲不忍乃其仁往救乃其義救之而當乃其禮知其當救乃其智身心相應乃其信焉有先分五性然後感動之理五性之說大異乎夫子所云繼之者善成之者性子思天命之謂性孟子道性善之旨矣曰聖人定之以中正仁義而主靜立人極焉故聖人與天地合其德與日月合其明與四時合其序與鬼神合其吉凶君子修之吉小人悖之凶仁義者性之大端也循是而行謂之道然恐其行之也不免於過不及之

差則聖人立教使協於中而歸於正今以中正仁義對言而中正且先乎仁義則於天命之性率性之道修道之教之三言者何所施邪謂性有善惡而仁義待乎聖人之所定此告子杞柳桮棬之說也老氏之學致虛極守靜篤甘瞑於無何有之鄉慹然似非人內守而外不蕩歸根曰靜靜曰復命主靜立人極其亦本此與其後雜引文言說卦而以知生死爲易之至蓋自呈其所得之學立說之原爾

據此人能去其所存先入之見平心一一案之實可知此無極之太極絕無與夫子所云之易有太極宜乎爲二陸所疑謂非周子所作蓋周子之通書固粹白無瑕不若圖說之儒非儒老非老釋非釋也況通書與二程俱未嘗言及無極此實足徵矣百家所以不敢仍依性理大全之例列此圖說于首而止附于通書之後并載仲父之辯焉

祖望謹案晦木先生宗炎梨洲先生之仲弟也先生雅不喜先天太極之說因作圖學辯惑一卷自先天太極之圖出儒林疑之者亦多然終以其出於大賢不敢立異卽言之嗛嗛莫能盡也至先生而悉排之世雖未能深信而亦莫能奪也

附錄

先生名張宗範之亭曰養心而為之說曰孟子曰養心莫善于寡欲其為人也寡欲雖有不存焉者寡矣其為人也多欲雖有存焉者寡矣予謂養心不止於寡焉而存爾蓋寡焉以至于無無則誠立明通誠立賢也明通聖也是聖賢非性生必養心而至之養心之善有大焉如此存乎其人而已

荀子言養心莫善於誠先生曰荀子元不識誠明道曰既誠矣心焉用養邪

顧諟謹案子劉子曰告子原不識性故曰生之謂性買櫝而還珠荀子原不識誠故曰以誠養心握燈而索照若識得卽如此說亦不妨

嘉祐四年蒲宗孟泛蜀江道合州初見先生相與款洽連三日夜退而嘆曰世有斯人與乃以妹歸之先生初娶陸繼以蒲

祖望謹案宗孟能知先生而茫茫不能知先生之道以至阿附新法何邪

熙寧四年先生領廣東憲事以洗寃澤物為己任俄得疾聞水嚙母墓遂乞南康改葬畢曰強疾而來者為葬爾今欲以病汙麾紱邪

廬山之麓有溪焉發源於蓮花峯下潔清紺寒合於湓江先生濯纓而樂之築書堂其上名之曰濂溪志鄉閭在目中也

自合州歸王介甫提點江東刑獄與先生相遇語連日夜介甫退而精思不能得也

明道曰昔受學于周茂叔每令尋仲尼顏子樂處所樂何事

又曰自再見周茂叔後吟風弄月以歸有吾與點也之意

又曰吾年十六七時好田獵既見茂叔則自謂已無此好矣茂叔曰何言之易也但此心潛隱未發一日萌動復如初矣後十二年復見獵者不覺有喜心乃知果未也

顧諟謹案子劉子曰程子十二年化个喜獵心不得獵心躲在那學得成故曰有多少病在苦一旦消化得便一旦學成得不然十數年來竟費了幾場交戰又曰方未見時不知閃在何處了知此可知未發之中

又曰周茂叔窗前草不除去問之云與自家意思一般子厚觀驢鳴亦謂如此

伊川見康節伊川指食卓而問曰此卓安在地上不知天地安在何處康節爲之極論其理以至六合之外伊川歎曰平生唯見周茂叔

論至此

黃山谷曰濂溪先生胸懷灑落如光風霽月廉于取名而銳于求志薄于徼福而厚于得民菲于奉身而燕及煢嫠陋于希世而尙友千古

呂滎陽曰二程初從濂溪遊後青出于藍 補

呂紫微曰二程始從茂叔後更自光大 補

雲濠謹案此二條謝山學案劄記有之即序錄所本補入于此

胡五峯曰周子啓程氏兄弟以不傳之妙一回萬古之光明如日麗天將爲百世之利澤如水行地其功蓋在孔孟之閒矣人見其書之約也而不知其道之大也見其文之質也而不知其義之精也見其言之淡也而不知其味之長也患人以發策決科榮身肥家希世取寵爲事也則曰志伊尹之所志患人以知識聞見爲得而自畫不待賈而自沽也則曰學顏子之所學人有眞能立伊尹之志修顏子之學者然後知通書之言包括至大而聖門之事業無窮矣

補

汪玉山與朱子書曰濂溪先生高明純正然謂二程受學恐未能盡

朱子曰濂溪在當時人見其政事精絕則以爲宦業過人見其有山

林之志則以爲襟懷灑落有仙風道氣無有知其學者唯程太中知之宜其生兩程夫子也

又爲先生像贊曰道喪千載聖遠言湮不有先覺孰開後人書不盡言圖不盡意風月無邊庭草交翠

張南軒曰自秦漢以來言治者汨于五霸功利之習求道者淪于異端空虛之說而于先王發政施仁之術天理人倫之教莫克推尋而講明之故言治者若無豫于學而求道者反不涉于事民莫睹乎三代之盛可勝歎哉唯先生崛起于千載之後獨得微指于殘編斷簡中推本太極以及乎陰陽五行之流布人物之所以生化于是知人之爲至靈而性之爲至善萬理有其宗萬物循其則舉而措之可見先王之所以爲治者皆非私智之所出孔孟之意于以復明

黃勉齋曰周子以誠爲本以欲爲戒此周子繼孔孟不傳之緒也至二程則曰涵養須用敬進學在致知又曰非明則動無所之非動則明無所用而爲四箴以著克己之義焉此二程得統于周子者也

魏鶴山曰周子奮自南服超然獨得以上承孔孟垂絕之緒河南二程子神交心契相與疏瀹闡明而聖道復著曰誠曰仁曰太極曰性命曰陰陽曰鬼神曰義利綱條虡列分限曉然學者始有所準于是

知身之貴果可以位天地育萬物果可以為堯舜為周公仲尼而其求端用力又不出乎暗室屋漏之隱躬行日用之近固非若異端之虛寂百氏之支離也

又師友雅言曰黃帝書云地在太虛之中大氣舉之又云天在地外水在天外表裏皆水兩儀運轉乘氣而浮載水而行又云地乘氣載水氣無涯水亦無涯水亦氣也二程與康節論及六合之外以為唯聞之茂叔者恐是此補

黃東發曰諸子之書與凡文集之行于世者或累千百言而僅一二合于理或一意而敷繹至千百言獨周子文約理精言有盡而理無窮蓋易詩書語孟之流孔孟以來一人而已若其闡性命之根源多聖賢所未發尤有功于孔孟較之聖帝明王之事業所謂揭中天之日月者哉

吳草廬曰周子生于千載之下不由師授默契道妙士君子有志斯世大而宰天下小而宰一邑皆可以行志顧其人何如耳

羅整庵曰周子之言性有自其本而言者誠源誠立純粹至善是也有據其末而言者剛善剛惡柔亦如之中焉止矣是也然通書首章之言渾淪精密讀者或有所未察遂疑周子專以剛柔善惡言性其

亦疏矣

又曰通書四十章義精詞確其爲周子手筆無疑至于五殊二實一實萬分數語反覆推明造化之妙本末兼盡然語意渾然卽氣卽理絕無罅縫深有合乎易傳乾道變化各正性命之旨矣

高景逸曰元公之書字字與佛相反卽謂之字字闢佛可也元公謂聖人之道仁義中正而已矣會得此語可謂深于闢佛者矣

宗羲案周子之學以誠爲本從寂然不動處握誠之本故曰主靜立極本立而道生千變萬化皆從此出化吉凶悔吝之途而反覆其不善之動是主靜眞得力處靜妙于動動卽是靜無動無靜神也一之至也天之道也千載不傳之祕固在是矣而後世之異論者謂太極圖傳自陳摶其圖刻于華山石壁列元牝等名是周學出于老氏矣又謂周子與胡文恭同師僧壽涯是周學又出于釋氏矣此皆不食其胾而說味者也使其學而果是乎則陳摶壽涯亦周子之老聃萇宏也使其學而果非乎卽日取二氏而諄諄然辯之則范縝之神滅傅奕之昌言無與乎聖學之明晦也顧涇陽曰周元公不闢佛高忠憲答曰元公之書字字與佛相反卽謂之字字闢佛可也豈不信哉

百家謹案周子之學在于志伊尹之志學顏子之學已自明言之矣後之儒者不能通知其微尊之者未免太高抑之者未免過甚朱子曰宓戲作易自一畫以下文王演易自乾元以下皆未嘗言太極也而孔子言之孔子贊易自太極以下未嘗言無極也而周子言之先聖後聖豈不同條而共貫哉又曰無極二字真得千聖以來不傳之祕夫無極二字且無論出于外氏柳子厚曰無極之極邵康節曰無極之前陰含陽也有極之後陽分陰也是周子之前已有無極之說矣真西山曰元公直指無極太極以明道體殆與伏羲始畫八卦同功顧涇陽曰元公三代以下之包犧也又曰宛然一孔子也太極圖說直與河圖洛書相表裏夫河圖洛書原屬渺茫之事茲不具論顧既經羲皇之仰觀俯察則之以畫卦又經文王周公孔子一闡再闡三闡大著于天下必無盡廢四聖之所已著者而偶傳方士之圖換其名色便謂可與列聖齊肩且更謂周乃生知之聖而孔子僅九千鎰此則未免標榜尊之太高者晁氏謂元公師事鶴林寺僧壽涯而得百物先天地無形本寂寥能為萬象主不逐四時彫之偈性學指要謂元公初與東林總遊久之無所入總教之

靜坐月餘忽有得以詩呈曰書堂兀坐萬機休日暖風和草自幽誰道二千年遠事而今只在眼睛頭總肯之即與結青松社游定夫有周茂叔窮禪客之語豐道生謂二程之稱胡安定必曰胡先生不敢曰翼之于周一則曰茂叔再則曰茂叔雖有吟風弄月之游實非師事也至于太極圖兩人生平俱未嘗一言道及蓋明知爲異端莫之齒也先遺獻嘗辯之其過圓通寺詩有云何須孔墨話無徵者此也嗟乎儒釋分途冰炭迥別談學者動以禪學詆人殊可怪也夫大道本公吾儒之所以爲正道釋氏之所以爲異端非從門戸起見也蓋實因吾聖人之道由仁義禮智以爲道德忠孝愛敬以盡人倫慈祥恭儉以應事機財成輔相以理民物存順沒寧其視生死猶晝夜也而釋氏止以自了生死爲事背棄君親滅絕天理不娶不嫁斷絕人類不耕不織廢棄人事蝗蝻延蔓蟊賊生民總由其視生死事重豫辦死地雖生之日無異于死故自心性知識以至山河大地一切空之聽六根之交于六塵而應事無情任善惡之無主猖狂而有無不著此如憂廬室之崩頹而先自焚之也而其尤可痛惡者創輪迴之說謂父母爲今生之偶值使人愛親之心從此

衰歇而又設爲天堂地獄種種荒唐怪妄之談譸張鼜鼜所以爲異端也非謂凡從事于心性克己自治不願乎外深造自得者便可誣之爲禪也是故同一言性儒者之性善而釋氏之性空也同一言心儒者之心依乎仁而釋氏以無心爲心也同一言覺儒者以天理爲聞道而釋氏以無理爲悟也種種懸絶曷可勝言奈何全不知儒釋之根柢而妄加訾議乎試觀元公以誠爲五常之本百行之源以無欲主靜立人極其居懷高遠爲學精深孝于母至性悱惻過人又勤于政事宦業卓然此正與釋氏事事相反者若果禪學如此則亦何惡于禪學乎卽或往來于二林以資其清淨之意亦何害邪至于受學于周茂叔之言親出于明道之口豈以仲尼二字疑子思之不爲宣聖孫乎此皆未免有意抑之過甚者惟黄山谷曰茂叔人品甚高胸懷灑落如光風霽月好讀書雅意林壑初不爲人窘束廉于取名而銳于求志薄于徼福而厚于得民菲于奉身而燕及煢嫠陋于希世而尙友千古此則不亢不卑延平李氏謂是知德之言善形容乎有道氣象者也

太中程先生珦

程珦字伯溫洛陽人明道伊川之父也官至太中大夫嘗知龔鳳磁漢四州歷官十二任享祿六十年廉謹寬和孜孜夙夜七十致仕自爲墓誌年八十五

梓材謹案先生兵部侍郎羽之曾孫黃陂令遹之子也先生復爲黃陂尉有惠政秩滿不能歸遂家焉生明道伊川二子後歸洛中慶歷間起爲南安通守與濂溪遊因以二子受學云

祖望謹案濂溪之門人二程偉矣而不過少時師之其餘無見于世者其講學之友得數人焉曰胡文恭公宿曰周文敏曰傅者曰李君平梓材案君平蓋即初平傳寫之譌曰王君貺曰許渤

文恭胡先生宿

胡宿字武平常州晉陵人登第爲楊子尉縣大水民被溺令不能救先生率公私船活數千人以薦爲館閣校勘進集賢校理通判宣州知湖州前守滕宗諒大興學校費錢數十萬宗諒去通判僚吏皆疑以爲欺不肯書歷先生詬之曰君輩佐滕侯久矣苟有過盍不早正乃陰拱以觀侯其去而非之豈昔人分謗之意乎坐者大慚謝其後

湖學爲東南最先生之力爲多築石塘百里捍水患民號曰胡公塘而學者爲立生祠久之爲兩浙轉運使召修起居注知制誥入內慶歷六年京東兩河地震登萊尤甚先生兼通陰陽五行災異之學乃上疏曰明年丁亥歲之刑德皆在北宮陰生于午而極于亥然陰猶強而未即伏陽猶微而不能勝此所以震也是謂龍戰之會其位在乾若西北二邊不動恐有內盜起于河朔又登萊視京師爲東北少陽之位今二州置金坑多聚民鑿山谷陽氣耗洩故陰乘而動宜卽禁止以寧地道時以爲迂闊明年王則果以其州叛皇祐五年正月會靈宮災是歲冬至郊以二帝並配明年大旱先生言五行火禮也去歲火而今又旱其應在禮此殆郊丘並配之失也卽建言並配非古宜用迭配如初時議者謂士大夫年七十當致仕其不知止者請令有司按籍舉行之先生以爲非優老之義當少緩其期法武吏察其任事與否勿斷以年文吏使得自陳而全其節及言皇祐新樂與舊樂難並用禮部閱歲一貢士不便當用三年之制皆如其言拜樞密副使先生以老數乞謝事治平三年罷爲觀文殿學士知杭州明年以太子少師致仕未拜而卒年七十二贈太子太傅謚曰文恭先生爲人清謹忠實內剛外和羣居不譁笑與人言必思而後對故臨

事重慎不輒發發亦不可回止居母喪三年不至私室其當重任尤顧惜大體從子宗愈入元祐黨籍嘗受學于歐陽兖公 參史傳

附錄

先生嘗至潤州與濂溪遊或謂濂溪與先生同師潤州鶴林寺僧壽涯或謂邵康節之父邂逅先生于廬山從隱者老浮屠遊遂同受易書 濂溪志

周先生文敏 附門人劉虹

周文敏者安仁人也篤學敦行不求聞達嘗與濂溪講學廬山濂溪稱之曰一團和氣人也門人侍郎天台劉虹志之謂其直氣摩虹云
補

知州傅先生耆

傅耆字伯成 梓材案二程遺書附錄有伊川謝傅耆伯壽手謁稱長官秘書是先生當字伯壽 遂寧人也皇祐進士勵志爲學濂溪先生判合州聞其賢以書通訊先生往從之及歸遺書謝曰曩接高論默有所得不至墮時好矣 雲濠案濂溪志山陽度氏曰伯成從周子遊嘗有書謝其所寄姤說在永州又謝其所寄改定同人說 累官至知漢州 補

祖望謹案元公弟子甚少二程雖弱齡從學然據其得遺經于不傳之言則所自得者多呂滎陽汪玉山所言未可謂其不然而必謂太極通書之授受在洛下也先生雖言論風旨不傳然二百年後度正從其家以求元公之遺墨尚多有之安得不列之學案中邪蜀中學派當首先生其後范醇夫學于司馬氏譙天授謝持正學于程氏馬巨濟學于關中呂氏以啓南軒鶴山諸公之盛予故特表而出之

郡守李先生初平

李初平失其字慶歷六年元公令郴先生爲郡守知元公爲高賢不以屬吏遇之既薦諸朝又周其不給既聞元公論學先生歎曰吾欲讀書如何元公曰公老無及矣請爲公言之先生遂悉心聽教二年而有得皇祐初先生卒子幼元公爲護其喪歸葬之往來經紀其家始終不懈

百家謹案先生爲元公上官有謂不當列弟子者夫學以傳道爲事豈論勢位自古至今有弟子而不能傳道多矣以先生之虛懷問業悉心聽受二年有得與二程同列諸弟子之班足見先生之盛德又何嫌哉又何嫌哉梓材案主一是說亦有理顧

謝山于稿底濂溪門人抹去李先生之名是仍列講友而不列弟子也

懿恪王先生拱辰

王拱辰字君貺咸平人年十九舉進士第一雲濠案先生原名拱壽仁宗賜以今名故字曰君貺累官吏部尚書謚懿恪伊川程子曰君貺嘗見茂叔爲與茂叔世契便受拜及坐閒大風起說大畜卦君貺乃起曰適來不知受卻公拜今卻當請納拜茂叔走避參濂溪志

祕丞許先生渤

許渤字仲容其先許昌人也曾祖德恭終于華州蒲城主簿遂爲蒲城人先生天禧三年進士官至祕書丞卒年七十疾中爲文二篇以示子孫其大旨皆窮理盡性之言參范忠宣集

祖望謹案先生在潤州與范文正公胡文恭公同元公遊每日晨起問人天氣寒溫加減衣服一定終日不易與其子隔窗而寢其子讀書聲琅然竟若不聞也程子嘗曰此人持敬如此曷嘗有如此聖人予謂如斯人者蓋極力于爲學大非流俗可及惜其守之過堅不知通方之學也梓材案此條原稿有云許渤不知何所人也今以其爵里可攷而節之

提刑孔先生延之

孔延之字長源新淦人孔子四十六世孫雲濠案曾南豐誌墓作四十七世孫慶歷進士九年遷至司封郎中平生與濂溪友善在廣西寬恤民力改荆湖北路提點刑獄諸子並以文章顯世號臨江三孔參江西人物志

濂溪同調

清獻趙先生抃

趙抃字閱道西安人進士及第累薦爲殿中侍御史彈劾不避權倖京師目爲鐵面御史知成都匹馬入蜀以一琴一鶴自隨擢參知政事王介甫用事屢斥其不便乞去位知杭州改青州復知成都以太子少保致仕卒年七十七贈太子少師謚曰清獻參史傳

附錄

劉元城語錄曰趙清獻求絕欲挂父母像于臥牀王右軍不欲仕自誓于父母墳前且士大夫不爲則止耳何必爾

呂紫微童蒙訓曰滎陽公嘗言侯叔獻可比趙清獻正獻公曰清獻自守一世方成就如此後生有多少事豈可便比前輩既而叔獻果建水事求進

朱子跋清獻家問曰趙清獻公晚知濂溪先生甚深而先生所以告之者亦甚悉見于章貢道行之篇者可攷也而公于佛學蓋沒身焉何邪

濂溪門人

純公程明道先生顥別爲明道學案

正公程伊川先生頤別爲伊川學案

謝山周程學統論曰明道先生傳在哲宗實錄中乃范學士沖作伊川先生傳在徽宗實錄中乃洪學士邁作並云從學周子兩朝史局所據恐亦不秖呂芸閣東見錄一書但言二程子未嘗師周子者則汪玉山已有之玉山之師爲張子韶喻子才淵源不遠而乃以南安問道不過如張子之于范文正公是當時固成疑案矣雖然觀明道之自言曰自再見茂叔吟風弄月以歸有吾與點也之意則非于周子竟無所得者明道行狀雖謂其泛濫于諸家出入于佛老者幾十年反求諸六經而後得之而要其慨然求道之志得于茂叔之所聞者亦不能沒其自也侯仲良見周子三日而還伊川驚曰非從茂叔來邪則未嘗不心折之矣然則謂二程子雖少師周子而長而能得不傳之祕

者不盡由于周子可也謂周子竟非其師則過也若遺書中直稱周子之字則吾疑以爲門人之詞蓋因其師平日有獨得遺經之言故遂欲略周子而過之也朱子之學自溯其得力于延平至于籍溪屏山白水則皆以爲嘗從之遊而未得其要者然未嘗不執弟子之禮周子卽非師固太中公之友也而直稱其字若非門人之詞則直二程子之失也周子所得其在聖門幾幾顏子之風二程子之所以未盡其蘊者蓋其問學在慶歷六年周子卽以是歲遷秩而去追隨不甚久也潘興嗣志墓其不及二程子之從遊者亦以此張宣公謂太極圖出于二程子之手受此固攷之不詳而或因窮禪客之語致疑議于周子則又不知紀錄之不盡足憑也若夫周子之言其足以羽翼六經而大有功于後學者莫粹于通書四十篇而無極之眞原于道家者流必非周子之作斯則不易之論正未可以表章于朱子而墨守之也

濂溪私淑

文忠蘇東坡先生軾 別見蘇氏蜀學略

文節黃涪翁先生庭堅 別見范呂諸儒學案

程氏家學
純公程明道先生顥別爲明道學案
正公程伊川先生頤別爲伊川學案
胡氏家學
簡修胡先生宗愈別見廬陵學案
孔氏家學
舍人孔先生文仲
孔文仲字經父新喻人長源子元祐初哲宗召爲中書舍人三年同知貢舉先有寒疾及是晝夜不廢職疾甚卒呂申公曰經父本以伉直稱然惷不曉事爲諫議時乃爲浮薄輩所使以害善良晚乃知爲所紿憤鬱嘔血以致不起蓋指其劾伊川也後追貶梅州別駕元符末復其官參史傳
待制孔先生武仲
孔武仲字常父文仲弟元祐中累以寶文閣待制知洪州徙宣州坐元祐黨奪職居池州元符末追復之同上
郎中孔先生平仲
孔平仲字義父武仲弟用薦累官給事中言者詆其元祐時附會當

路譏毀先烈出知衡州徙韶州坐前上書之故責惠州别駕安置英州徽宗立召爲戸部金部郎中累帥鄜延環慶黨論再起罷主管兖州景靈宮卒同上

二孔門人長源再傳

文清曾茶山先生幾別見武夷學案

宋元學案卷十二

明道學案表

程顥 太中子 濂溪門人

劉絢
李籲 並為劉李諸儒學案
謝良佐 別為上蔡學案
楊時 別為龜山學案
游酢 別為廌山學案
呂大忠
呂大鈞
呂大臨 並為呂范諸儒學案
侯仲良
劉立之
朱光庭 並見劉李諸儒學案
田述古 別見安定學案
邵伯溫 別見百源學案

蘇昞別見呂范諸儒學案

邢恕別見劉李諸儒學案

私淑譙裁之—胡安國別爲武夷學案

陳瓘別爲陳鄒諸儒學案

程頤別爲伊川學案

張載別爲橫渠學案

呂希哲別爲滎陽學案

並明道學侶

韓維

王巖叟並見范呂諸儒學案

並明道同調

李俊民

明道續傳

宋元學案卷十三

餘姚黃宗羲原本　後學慈谿馮雲濠校刊
男百家纂輯　鄞縣王梓材重校
鄞縣全祖望次定　道州何紹基重刊

明道學案上

祖望謹案大程子之學先儒謂其近于顏子蓋天生之完器然哉然哉故世有疑小程子之言若傷我者而獨無所加于大程子述明道學案梓材案明道學案謝山分爲二卷當有增補特其稿未全

濂溪門人

純公程明道先生顥

程顥字伯淳世居中山後徙爲河南人高祖羽太宗朝三司使父珦太中大夫先生生而秀爽叔祖母任抱之釵墜不覺後數日方求之先生未能言以手指示其處得之踰冠中進士第調鄠縣主簿南山有石佛歲傳其首放光遠近聚觀先生謂其僧曰吾有職事俟復見爲吾取其首來觀之自是光不復見改上元縣盛夏隄決法當言之府府言之漕司然後興作先生曰若是苗槁久矣竟發民塞之歲乃

大熟上元當水運之衝設營以處病卒至者輒死先生曰病者給券而後得食待食數日奚而不死乃白漕司豫貯米營中死者減半仁宗登遐遺制官吏成服三日而除三日之朝府尹率屬吏將釋服先生進曰請盡今日若朝而除之所服止二日爾尹不從先生曰公自除之某非至夜不敢釋也一府相視無敢除者茅山有龍池其龍如蜥蜴而五色自昔嚴奉以爲神物先生捕而脯之使人不惑始至邑時見持竿以黏飛鳥者取其竿折之自是鄉民子弟不敢復畜禽鳥其不嚴而令行如此移晉城令河東財賦窘迫官所科買雖至賤之物價必騰湧先生度所需使富室豫儲以待及期定價買之貧富咸利縣庫有雜納錢數百千常借以補助民力部使者至則告之曰此錢令自用而不私請一切不問先生視民如子民以事至縣者必告之以孝悌忠信欲辨事者或不持牒徑至庭下先生從容理其曲直無不釋然度鄉村遠近爲保伍使之力役相助患難相卹而姦僞無所容凡孤煢殘廢者責之親戚鄉黨使無失所行旅出于其塗者疾病皆有所養鄉皆有校暇時親至召父老而與之語童兒所讀書親爲正句讀教者不善則爲易置鄉民爲社會爲立科條旌別善惡使有勸有恥在縣三年民無強盜及鬭死者秩滿吏夜叩門稱有殺人

者先生曰吾邑安有此誠有之必某村某人也問之果然或詢其故曰吾嘗疑此人惡少之匆革者也熙寧初用呂正獻公公著薦爲太子中允監察御史裏行神宗素知其名每召見從容咨訪將退則曰卿可頻來求對欲常相見耳一日議論甚久日官報午正先生始退中人相謂曰御史不知上未食邪務以誠意感動人主言人主當防未萌之欲神宗俯身拱手曰當爲卿戒之及論人才曰陛下柰何輕天下士神宗曰朕何敢如是前後進說未有一語及于功利嘗極陳治道神宗曰此堯舜之事朕何敢當先生愀然曰陛下此言非天下之福也王安石執政議更法令言者攻之甚力先生被旨赴中堂議事安石方怒言者厲色待之先生徐曰天下事非一家私議願平氣以聽安石爲之媿屈新法既行先生言智者若禹之行水行所無事自古興治立事未有中外人情交謂不可而能有成者就使徼倖小成而興利之臣日進尙德之風浸衰尤非朝廷之福乞去言職安石本與之善及是雖不合猶敬其忠信不深怒但出提點京西刑獄先生固辭改簽書鎭寧軍判官奄人程昉治河取澶卒八百天方大寒而虐用之衆逃歸羣僚畏昉欲勿納先生曰彼逃死自歸勿納必亂即親往啓門約少休三日後役衆讙呼而入具以事上得不遣昉後

過州見先生言甘而氣懾退而揚言于衆曰澶卒之潰程中允誘之吾且訴于上先生聞之笑曰彼方憚我故爲是言也果不敢訴曹村埽決先生謂郡守劉渙曰曹村決京師可虞請以廂兵見付事或可集渙以鎮印假之先生立走決所激諭士卒議者以爲勢不可塞徒勞人耳先生募善泅者銜細繩以渡決口得引大索兩岸並進數日而合遷太常丞知扶溝縣廣濟蔡河在縣境瀕河惡子脅取行舟財貨歲必焚舟十數先生捕得一人引其類得數十人不復根治但使分地挽舟督察作過者其患始息水災請發粟司農遣使閱實鄰邑多自陳穀且登無貸可也先生請貸不已得穀六千石饑者用濟司農視貸籍戶同等而所貸不等檄縣杖主吏先生言濟饑當以口之衆寡不以戶之高下令實爲之非吏罪乃已奄人王中正巡閱保甲權寵張甚諸邑供帳唯恐得罪至扶溝主吏以告先生曰吾邑貧安能效他邑取于民法所禁也獨有令故青帳可用爾中正亦憚之不敢入境有犯小盜者先生諭而遣之再發盜謂其妻曰我與大丞約不復爲盜今何面目見之邪遂自經除判武學李定劾其新法之初首爲異論罷復舊任已坐逸獄責監汝州酒稅哲宗立召爲宗正丞未行而卒元豐八年六月十五日也年五十四先生資性過人而充

養有道和粹之氣盎于面背門人交友從之數十年未嘗見其忿厲之容遇事優爲雖當倉卒不動聲色自十五六時與弟正叔聞汝南周茂叔論學遂厭科舉之習慨然有求道之志泛濫于諸家出入于老釋者幾十年返求諸六經而後得之秦漢而下未有臻斯理也文潞公採衆議而爲之表其墓曰明道先生嘉定十三年賜謚曰純公淳祐元年封河南伯從祀孔子廟庭明嘉靖中祀稱先儒程子

百家謹案宋乾德五年五星聚奎占啓文明之運逮後景德四年慶歷三年復兩聚而周子二程子生于其間朱子曰元公不由師傳默契道體建圖屬書根極領要當時見而知之者有程氏遂廣大而推明之使夫天理之微人倫之著事物之衆鬼神之幽莫不洞然畢貫于一而周孔孟氏之傳煥然復明此定論也顧二程子雖同受學濂溪而大程德性寬宏規模闊廣以光風霽月爲懷二程氣質剛方文理密察以峭壁孤峯爲體其道雖同而造德自各有殊也

識仁篇

學者須先識仁仁者渾然與物同體義禮智信皆仁也識得此理以誠敬存之而已不須防檢不須窮索若心懈則有防心苟不懈何防

之有理有未得故須窮索存久自明安待窮索此道與物無對大不足以明之天地之用皆我之用孟子言萬物皆備于我須反身而誠乃爲大樂若反身未誠則猶是二物有對以己合彼終未有之又安得樂訂頑意思橫渠西銘舊名訂頑乃備言此體以此意存之更有何事必有事焉而勿正心勿忘勿助長未嘗致纖毫之力此其存之之道若存得便合有得蓋良知良能元不喪失以昔日習心未除卻須存習此心久則可奪舊習此理至約惟患不能守既能體之而樂亦不患不能守也

劉蕺山曰程子首言識仁不是教人懸空參悟正就學者隨事精察力行之中先與識箇大頭腦所在便好容易下工夫也識得後只須用葆任法曰誠敬存之而已而勿忘勿助之閒其真用力候也蓋天理微妙之中著不得一毫意見伎倆與之湊泊纔用纖毫之力便是以己合彼之勞矣安得有反身而誠之樂誠者自明而誠之謂敬者一于誠而不二之謂誠只是誠此理敬只是敬此誠何力之有後人不識仁將天地閒一種無外之理封作一膜看因幷不識誠敬將本心中一點活潑之靈滯作一物用胥失之矣良知良能是本心昏昧放逸是習心向來不識此理故種種本心爲

習心用今來既識此理故種種習心爲本心轉又何患不存之又存而不能期月守也此程子見道分明語也乃先儒以爲地位高者之事非淺學可幾學者只合說克己復禮爲仁周海門先生深不然之以爲不識仁而能復禮者無有是處極爲有見而顧涇陽先生則云學者極喜舉程子識仁但昔人是全提後人只是半提仁者渾然與物同體義禮智信皆仁也此全提也後人只說得渾然與物同體而遺卻下句此半提也識得此理以誠敬存之不須防檢不須窮索此全提也後人只說得不須二句而遺卻上句此半提也尤見衞道之苦心矣

又曰朱子謂程子識仁篇乃地位高者之事故近思錄遺之然誠敬存之四字自是中道而立

又曰識仁一篇總只是狀仁體合下來如此當下認取活潑潑地不須著纖毫氣力所謂我固有之也然誠敬爲力乃是無著力處蓋把持之存終是人爲誠敬之存乃爲天理只是存得好便是誠敬誠敬就是存也存正是防檢克己是也存正是窮索擇善是也若泥不須防檢窮索則誠敬存之當在何處未免滋高明之惑子靜專言此意固有本哉

顧涇陽曰程伯子曰仁者渾然與物同體只此一語已盡何以又云義禮智信皆仁也始頗疑其爲贅及覩世之號識仁者往往務爲圓融活潑以外媚流俗而內濟其私甚而蔑棄廉恥決裂繩墨閃爍回互誑己誑人曾不省義禮智信爲何物猶偃然自命曰仁也然後知伯子之意遠矣

宗羲案明道之學以識仁爲主渾然太和元氣之流行其披拂于人也亦無所不入庶乎所過者化矣故其語言流轉如彈丸說誠敬存之便說不須防檢不須窮索說執事須敬便說不可矜持太過惟恐稍有留滯則與天不相似此即孟子說勿忘隨以勿助長救之同一埽跡法也鳶飛魚躍千載旦暮朱子謂明道說話渾淪然太高學者難看又謂程門高弟如謝上蔡游定夫楊龜山下稍皆入禪學去必是程先生當初說得高了他們只睥見上一截少下面著實工夫故流弊至此此所謂程先生者單指明道而言其實不然引而不發以俟能者若必魚筌兔跡以俟學人則匠羿有時而改變繩墨彀率矣朱子得力于伊川故于明道之學未必盡其傳也

百家謹案先遺獻孟子師說解必有事焉此與明道識仁之意

相合正是把捉之病忘是閒斷之病助是急迫之病故曰不須防檢不須窮索未嘗致纖毫之力蓋存得好就是誠敬誠敬就是存也存正是防檢克己是也存正是窮索擇善是也若外此而爲防檢窮索便是人爲未有不犯三家之病也

百家又憶姜定庵先生希轍嘗于其家雨水亭問先遺獻學而時習之解答云白虎通云學者覺也覺悟所未知也朱子曰學之爲言效也總是工夫之名荀子所謂誦數以貫之思索以通之爲其人以處之除其害以持養之皆是然必有所指之的則合其本體而已矣明道之識仁是也時習者孟子必有事焉而勿正心勿忘勿助長也明道識得此理以誠敬存之而已不須防檢不須窮索若心懈則有防心苟不懈何防之有理有未得故須窮索存久自明安待窮索蓋其閒調停節候如鳥之肆飛沖然自得便是說也

附百家求仁篇孔門之學莫大于求仁求仁之外無餘事矣顧未知仁之奚若于何求之故明道云學者須先識仁第仁道至大無可名言又非懸空想像可得卽識仁篇所言仁者渾然與物同體義禮智信皆仁也雖其言仁大旨已盡而在學者仍未

易識如何之爲渾然如何之爲義禮智信而爲仁也繼此云識得此理以誠敬存之而已則又是識後之工夫其識前之工夫止于不須窮索句中帶補出存久自明句而存之之道在必有事焉而勿正心勿忘勿助長是程子于識前識後俱以一存統之也而先儒以爲此地位高者之事非淺學可幾然則爲淺學者于何而可以識仁仁不易遽識仍當于未識前思所以求之之方此朱史求仁篇之所由作也夫天下沿流而不獲者則當溯其源求仁之言出于孔子則當還自孔子之言仁者以求之顏淵問仁子曰克己復禮爲仁禮天則也攝心之規矩也心不踰乎矩而有不仁者乎此以禮求仁也仲弓問仁子曰出門如見大賓使民如承大祭己所不欲勿施于人朱子曰敬以持己恕以及物則私意無所容而心德全矣此以敬恕求仁也司馬牛問仁子曰仁者其言也訒此言顧行行顧言心存乎慥慥而不自知其緘默以求仁也樊遲問仁子曰愛人曰先難而後獲曰居處恭執事敬與人忠此以仁者之心胞與爲懷自強遠利無在而不存以求仁也子貢問爲仁子曰事其大夫之賢者友其士之仁者此求仁于友輔者也子張問仁子曰能行五者于

天下爲仁矣此求仁于感應者也其在人而直與之以仁者于微箕比干則曰殷有三仁于伯夷叔齊則曰求仁而得仁蓋五人跡雖不同俱能以此惻怛之苦心懇摯婉轉于倫類閒而克全其至性者也于顏子曰三月不違與其不遷不貳復禮而庶幾也于管仲曰如其仁就其功亦可稱也至于仲弓可使南面矣子路可使治賦矣冉有可使爲宰矣子華可使掌朝會矣皆曰不知其仁不欲以才混德也子文之忠文子之清曰未知焉得仁不可以一節概生平也宰我之食稻衣錦季氏之舞佾歌雍直斥之爲不仁惡忘親嚴犯分也慨好仁惡不仁之未見中心安仁者天下一人言夫全德之難其人也一日用力力無不足我欲仁仁斯至言夫奮往之當決其機也其他如仁者不憂仁者有勇觀過知仁殺身成仁仁者靜仁能守立人達人能好人能惡人無終日之閒違仁力行剛毅木訥近仁亦既詳矣而後儒則以爲聖人之言仁雖多究未曾正定說出使學者有畫一可由之路于是紛紛各立宗旨以矜獨得一似乎孔子有漏義乃賴後儒之補救也曾不知聖人之言如詔入室學者得門八面皆可入況于哀公問政之對昭然已直揭其體實指其功

曰仁者人也親親爲大此聖人爾后之告實爲言仁之宗主當時之人孰不知之惟以聖門有此一言爲之主故其餘之言皆可因人隨事以指點總不失斯言之會歸耳試以證之孟子曰仁也者人也親親仁也仁之實事親是也孔孟之言仁如出一口柰何不察後之君子謂吾性中曷嘗有孝弟來而反以孝弟也者爲仁之本故解作好仁之本明自背于孔孟與總之後儒謂性生于有生之初知覺發于旣生之後性體也知覺用也性公也知覺私也不可卽以知覺爲性愛親敬長屬乎知覺故謂性中無孝弟而必推原其上一層不知性雖爲公共之物而天命于人必俟有身而後有性吾身由父母而生則性亦由父母而有性由父母而有似屬一人之私然人人由父母而有則仍是公共之物夫公共之物宜非止以自愛其親然人人之所以自愛其親正以見一本大同之道所以孔子曰夫孝天之經也謂之天經者蓋以此愛親之心具自孩提之童不學不慮一本乎天乃吾良知良能之知覺卽性體也及長而知敬兄者此也忠君者此也勇戰者此也仁民愛物者此也無二心也故曰孝弟之至通于神明光于四海堯舜之道孝弟而已矣而猶謂孝

弟之非仁乃藐之而他是求邪且佛氏之言性何嘗不精所以爲異端者正以不就人言性求性于父母未生前合含生蠢動以爲本覺于是其視父母也甚輕害道之大全在于此孔子言性止就人而言故孟子道性善亦曰人無有不善不合牛犬于內也言仁則曰親親以無父母卽無此身父母卽天地我與父母固結而不可解之心不知其所自來此天然之至性乃所謂仁也儒釋之界限惟此吾儒胡爲而復墮其霧乎王塘南曰聖學主于求仁而仁體最難識若未能識仁只從孝弟上懇惻以求盡其力當其真切于孝弟時此心油然藹然而不能自已則仁體卽此可默會先遺獻曰人生墮地分父母以爲氣質從氣質而有義禮則義理之發源在于父母人能事事以父母爲心便是天理便是仁也嗚呼孔孟求仁之學惟塘南與先遺獻可謂撥雲霧而睹青天矣

楊開沅謹案仁者渾然與物同體卽大學格物之物所謂有物有則也此道與物無對卽大學中庸必愼之獨天命之性體也惟萬物皆備于我所以同體推而放之四海而準所以無對

定性書

百家謹案橫渠張子問于先生曰定性未能不動猶累于外物
何如先生因作是篇

所謂定者動亦定靜亦定無將迎無內外苟以外物爲外牽己而從之是以己性爲有內外也且以己性爲隨物于外則當其在外時何者爲在內是有意于絕外誘而不知性之無內外也既以內外爲二本則又烏可遽語定哉夫天地之常以其心普萬物而無心聖人之常以其情順萬物而無情故君子之學莫若廓然而大公物來而順應易曰貞吉悔亡憧憧往來朋從爾思苟規規于外誘之除將見滅于東而生于西也非惟日之不足顧其端無窮不可得而除也人之情各有所蔽故不能適道大率患在于自私而用智自私則不能以有爲爲應迹用智則不能以明覺爲自然今以惡外物之心而求照無物之地是反鑑而索照也易曰艮其背不獲其身行其庭不見其人孟氏亦曰所惡于智者爲其鑿也與其非外而是內不若內外之兩忘也兩忘則澄然無事矣無事則定定則明明則尚何應物之爲累哉聖人之喜以物之當喜聖人之怒以物之當怒是聖人之喜怒不繫于心而繫于物也是則聖人豈不應于物哉烏得以從外者爲非而更求在內者爲是也今以自私用智之喜怒而視聖人喜怒之

正爲何如哉夫人之情易發而難制者唯怒爲甚第能于怒時遽忘其怒而觀理之是非亦可見外誘之不足惡而于道亦思過半矣

百家謹案先生他日又曰治怒爲難治懼亦難克己可以治怒明理可以治懼

劉蕺山曰此伯子發明主靜立極之說最爲詳盡而無遺也稍分六段看而意皆融貫不事更端亦不煩詮解今姑爲之次第首言動靜合一之理而歸之常定乃所以爲靜也是內非外非性也離動言靜非靜也天地之常以下卽天地之道以明聖人之道不離物以求靜也人之情以下言常人之情自私用智所以異于聖人而終失其照物之體也易曰以下又引大易孟子之言以明自私用智之必不然也聖人之喜以下又卽聖人應物之情以明外物之不足惡而夫人之情以下又借怒之一端于極難下手處得定性之法如此又以見外物之不足惡也合而觀之主靜之學性學也人生而靜天之性也感于物而動性之欲也聖人常寂而常感故有欲而實歸于無欲所以能盡其性也常人離寂而事感離感而求寂故去欲而還以從欲所以自汩其天也主靜之說本千古秘密藏卽橫渠得之不能無疑向微程伯子發明至此幾令千古

長夜矣

百家謹案性無內外云者羅整菴云內外只是一理也情順萬物而無情者先遺獻云此語須看得好孔子之哭顏淵堯舜之憂文王之怒所謂情順萬物也若是無情則內外兩截此正佛氏之消煞也無情只是無私情如下文聖人之喜怒以物之當喜怒而無自私用智之喜怒

百家又案嘉靖中胡柏泉松爲太宰疏解定性書會講于京師分作四層一者天地之常心普物而無心此是天地之定二者聖人之常情順物而無情此是聖人之定三者君子之學廓然大公物來順應此是君子之定四者吾人第于怒時遽忘其怒觀理是非此是吾人之定吾人希君子君子希聖人聖人希天地是日天下計吏俱在京咸會于象房所約五千餘人羅近溪耿天臺周都峯徐龍灣並參講席莫不飽飫斯義

語錄

詩書中凡有一箇主宰的意思皆言帝有一箇包涵徧覆的意思則言天有一箇公共無私的意思則言王上下千百歲中若合符契言天之自然者謂之天道言天之賦予萬物者謂之天命

繫辭曰形而上者謂之道形而下者謂之器又曰立天之道曰陰與陽立地之道曰柔與剛立人之道曰仁與義又曰一陰一陽之謂道陰陽亦形而下者也而曰道者惟此語截得上下最分明元來只此是道要在人默而識之也

忠信所以進德終日乾乾君子當終日對越在天也蓋上天之載無聲無臭其體則謂之易其理則謂之道其用則謂之神其命于人則謂之性率性則謂之道修道則謂之教孟子在其中又發揮出浩然之氣可謂盡矣故說神如在其上如在其左右大小疑事而只曰誠之不可掩徹上徹下不過如此形而上爲道形而下爲器須著如此說器亦道道亦器但得道在不繫今與後己與人

中庸言誠便是神

惟神也故不疾而速不行而至神無速亦無至須如此言者不如是不足以形容故也

冬夏寒暑陰陽也所以運用變化者神也神無方故易無體若如或者別立一天謂人不可以包天則有方矣是二本也

生生之謂易生生之用則神也

窮神知化化之妙者神也

劉蕺山曰神更不說體精義入神以致用也神無方化之妙處即是故以用言

楊開沅謹案誠便是神之體但體物不遺故不可以體言

鼓萬物而不與聖人同憂聖人人也故不能無憂天則不爲堯存不爲桀亡者也

天地日月一般月受日光而日不爲之虧然月之光乃日之光也地氣不上騰則天氣不下降天氣降而至于地地中生物者皆天氣也雖無成而代有終者地之道也

劉蕺山曰先升而後降如何

乾陽也不動則不剛其靜也專其動也直不專一則不能直遂坤陰也不靜則不柔其靜也翕其動也闢不翕聚則不能發散言有無則多有字言無無則多無字有無與動靜同如冬至之前天地閉可謂靜矣而日月星辰亦自運行而不息謂之無動可乎但人不識有無動靜耳

咸恆體用也體用無先後

劉蕺山曰神化原是一箇

天地萬物之理無獨必有對皆自然而然非有安排也每中夜以思

不知手之舞之足之蹈之也
萬物莫不有對一陰一陽一善一惡陽長則陰消善增則惡減斯理也推之其遠乎人只要知此耳
質必有文自然之理必有對待生生之本也有上則有下有此則有彼有質則有文一不獨立二則爲文非知道者孰能識之天文天之理也人文人之理也
劉蕺山曰一不獨立便是二不是一以生二正如月落萬川處處皆圓月本水之精卽水成象不是假象纔看是一个隨看卻是千萬个千萬个卻是一个在天非一在川非萬一者是質萬者是文
一陰一陽之謂道自然之道也繼之者善也有道則有用元者善之長也成之者卻只是性各正性命也故曰仁者見之謂之仁知者見之謂之知百姓日用而不知故君子之道鮮矣如此則亦無始亦無終亦無因甚有亦無因甚無亦無有處有亦無無處無
劉蕺山曰說陰陽不測之謂神便是不有道字幾落禪詮
古今異宜不惟人有所不便至于風氣亦自別也
視聽思慮動作天也人于其中要識得眞與妄耳
天下善惡皆天理謂之惡者非本惡但或過或不及便如此如楊墨

之類
事有善有惡皆天理也天理中物須有美惡蓋物之不齊物之情也
但當察之不可自入于惡流于一物
劉蕺山曰物有善惡神無善惡無善無惡乃爲至善吾輩時常動
一善念細揣之終是多這念有這念便有比偶有比偶便有負勝
譬如一疋絹纔說細便有麤者形他又有更細者形他故曰毛猶
有倫○盈天地閒皆道也學者須是擇乎中庸事之過不及處便
是惡事則念之有依著處便是惡念擇善卻不在事上直證本心
始得
問心有善惡否曰在天爲命在義爲理在人爲性主于身爲心其實
一也心本善發于思慮則有善有不善若既發則可謂之情不可謂
之心譬如水只謂之水至如流而爲派或行于東或行于西卻謂之
流也
劉蕺山曰遡流尋源其必由學乎學者但養得未發之中思過半
矣
嘗論以心知天猶居京師往長安但知出西門便可到長安此猶是
言作兩處若要至誠只在京師便是到長安更不可別求長安只心

便是天盡之便知性知性便知天當處便認取更不可外求

窮理盡性以至于命三事一時並了元無次序不可將窮理作知之事若實窮得理卽性命亦可了

昔在長安倉中閒坐後見長廊柱以意數之已尚不疑再數之不合不免令人一一聲言而數之乃與初數者無差則知越著心把捉越不定

劉戢山曰把捉正是障

人心不得有所繫

醫書言手足痿痹爲不仁此言最善名狀仁者以天地萬物爲一體莫非己也認得爲己何所不至若不有諸己自與己不相干如手足不仁氣已不貫皆不屬己故博施濟衆乃聖人之功用仁至難言故曰己欲立而立人己欲達而達人能近取譬可謂仁之方也已欲令如是觀仁可以得仁之體

切脈最可體仁

劉戢山曰脈脈不斷正此仁生生之體無閒斷故無痿痹一斷便死了不仁者如邵子所謂不知死過幾萬徧卻是不曾生一般

剛毅木訥質之近乎仁也力行學之近乎仁也若夫至仁則天地爲

一身而天地之閒品物萬形爲四肢百體夫人豈有視四肢百體而不愛者哉聖人仁之至也獨能體是心而已曷嘗支離多端而求之自外乎故能近取譬者仲尼所以示子貢求仁之方也醫書以手足風頑謂之四體不仁爲其疾痛不以累其心故也夫手足在我而疾痛不與知焉非不仁而何世之忍心無恩者其自棄亦若是而已

滿腔子是惻隱之心

百家謹案孟子師說滿腔子是惻隱之心此意周流而無閒斷卽未發之喜怒哀樂是也遇有感觸忽然迸出來無內外之可言也先儒言惻隱之有根源未嘗不是但不可言發者是情存者是性耳擴充之道存養此心使之周流不息則發政施仁無一非不忍人之心矣政又案但不可言發者是情存者是性二句一時恐未必得解人百世以俟聖人而不惑

不學便老而衰

百家謹案先遺獻每道此語且云體驗實然

舍己從人最爲難事己者我之所有雖痛舍之猶懼守己者固而從人者輕也

梓材謹案梨洲原本此下有明道見謝子記問一條今移爲附

錄

人語言緊急莫是氣不定否曰此亦當習習到自然緩時便是氣質變也學至氣質變方是有功

楊墨之害甚于申韓佛老之害甚于楊墨楊氏爲我疑于仁墨氏兼愛疑于義申韓則淺陋易見故孟子只闢楊墨爲其惑世之甚也佛氏其言近理又非楊墨之比此所以爲害尤甚楊墨之害亦經孟子闢之所以廓如也

百家謹案孟子師說曰仁義者無所爲而爲之者也楊氏爲我墨氏兼愛淳于髡先名實者爲人後名實者自爲卽此也戰國儀秦鬼谷凡言功利者莫不出此二途楊墨是其發源處故孟子言天下之言不歸楊則歸墨所以遂成戰國之亂害事謂凡人所行害政謂各國所爲若是推其流弊恐其後來何以言盈天下乎無父無君之禍正是指當時而言也朱子言無君只是潔身自高天下事教誰理會無父以其枯槁澹泊其孝不周據如此言卽有之亦是一身一家之事孟子何至痛切如此楊子雲謂古者楊墨塞路孟子辭而闢之廓如也真是夢語楊墨之道至今未熄程子曰楊墨之害甚于申韓佛老之害甚于楊墨

佛老其言近理又非楊墨之比愚以爲佛氏從生死起念只是一箇自爲其發願度衆生亦卽是一箇爲人何曾離得楊墨窠臼豈惟佛氏自科舉之學興儒門那一件不是自爲爲人自古至今只有楊墨之害更無他害朱子言孟子雖不得志于時然楊墨之害自是滅息而君臣父子之道賴以不墜是亦一治也豈其然哉孟子方痛其不能滅息而以口舌爭之所謂夫天未欲平治天下也庶幾望之後人之能言距楊墨者正是言其久亂而不治也

觀雞雛可以觀仁

劉蕺山曰豈惟雞雛盈天地閒並育並行莫不足觀仁

天地之大德曰生天地絪縕萬物化醇生之謂性萬物之生意最可觀此元者善之長也斯所謂仁也人與天地一物也而人特自小之何哉

孟子曰仁也者人也合而言之道也中庸所謂率性之謂道是也仁者仁此者也敬以直內義以方外仁也若以敬直內則便不直矣行仁義豈有不直乎必有事焉而勿正則直也夫能敬以直內義以方外則與物同矣故曰敬義立而德不孤是以仁者無對放之東海而

準放之西海而準放之南海而準放之北海而準

劉蕺山曰仁者人也識得此理存之卽是若不識本來面目強欲以人爲湊泊則遠人爲道矣敬卽念而存也義卽事而存也只此敬義工夫便將天地萬物打成一片都存在這裏了方成其爲人

楊開沅謹案敬義立則與物同卽物格也仁者無對卽愼獨而意誠也

博學而篤志切問而近思何以言仁在其中學者要思得之了此便是徹上徹下之道

仲尼言仁未嘗兼義獨于易曰立人之道曰仁與義而孟子言仁必以義配蓋仁者體也義者用也知義之爲用而不外焉者可以語道矣世之所論于義者多外之不然則混而無別非知仁義之說者

劉蕺山曰只是陰陽

士不可以不宏毅任重而道遠重擔子須是硬脊梁漢方擔得禮樂只在進反之閒便得性情之正

聖賢千言萬語只是欲人將巳放之心約之使反復入身來自能尋向上去下學而上達也

劉蕺山曰識此意方可言勿忘勿助不然亦是說夢

學只要鞭辟近裏著己而已故博學而篤志切問而近思則仁在其中矣言忠信行篤敬雖蠻貊之邦行矣言不忠信行不篤敬雖州里行乎哉立則見其參于前也在輿則見其倚于衡也夫然後行只此是學質美者明得盡渣滓便渾化卻與天地同體其次惟在莊敬持養及其至則一也

敬勝百邪

毋不敬儼若思安定辭安民哉君道也君道即天道也出門如見大賓使民如承大祭此仲弓之問仁而仲尼所以告之者以仲弓爲可以事斯語也雍也可使南面有君之德也

劉蕺山曰荀子二語並稱亦見他請事斯語分明篤恭而天下平氣象卻嫌四勿猶落聲臭支離在而象山又本程子之言以推尊仲弓不知孔子教人何嘗不皆是天道但不可得而聞耳仲弓資性厚重而用功于敬至此夫子只是要打成他一片處近乎一貫之呼矣荀子雖未爲無見抑亦佛老之學即是論性之解此派相沿誤盡後人總之不識所爲天道也

毋不敬可以對越上帝

中心斯須不和不樂則鄙詐之心入之矣此與敬以直內同理謂敬

爲和樂則不可然敬須和樂只是中心沒事也
學者須敬守此心不可急迫當栽培深厚涵泳于其閒然後可以自
得但急迫求之終是私己終不足以達道
執事須是敬又不可矜持太過
學在知其所有又在養其所有
若不能存養只是說話
天地設位而易行乎其中只是敬也敬則無閒斷
體物而不可遺者誠敬而已矣不誠則無物也詩曰維天之命於穆
不已於乎不顯文王之德之純純則無閒斷
天下雷行物與无妄天性豈有妄邪聖人以茂對時育萬物各使得
其性也无妄則一毫不可加安可往也往則妄矣无妄震下乾上動
以天安有妄乎動以人則有妄矣
欲當大任須是篤實
自明而誠雖多由致曲然亦有自大體中便誠者雖亦是自明而誠
謂之致曲則不可
以己及物仁也推己及物恕也忠恕一以貫之忠者天道恕者人道
忠者无妄恕者所以行乎忠也忠者體恕者用大本達道也此與違

道不遠異者動以天耳
學者不必遠求近取諸身只明人理敬而已矣便是約處
　劉蕺山曰此無欲學聖之旨
易之乾卦言聖人之學坤卦言賢人之學惟言敬以直內義以方外
敬義立而德不孤至于聖人亦止如是更無別途穿鑿繫累自非道
理故有道有理天人一也更不分別
　楊開沅謹案敬以直內卽忠也義以方外卽恕也聖人亦止如
是所以云一以貫之
浩然之氣乃吾氣也養而無害則塞乎天地一爲私意所蔽則欿然
而餒知其小也
論持其志曰只這箇也是私然學者不恁地不得
先難克己也
問不知如何持守曰且未說到持守持守甚事須先在致知
　百家謹案此已便開王陽明宗旨矣
悟則句句皆是這箇道理已明後無不是此事也
能近取譬反身之謂也
克己則私心去自然能復禮雖不學文而禮意已得勿忘勿助之閒

正當處也

良知良能皆無所由乃出于天不繫于人

人心莫不有知唯蔽于人欲則亡天德也

此實理也人知而信者爲難孔子曰朝聞道夕死可矣生死亦大矣

非誠知道則豈以夕死爲可乎

宗羲案父母全而生之原不僅在形體聞道則可以全歸矣

一行豈所以名聖人至于聖人則自不可見何嘗道聖人孝聖人廉

九思各專其一

致知在格物格至也或以格爲正物是二本矣

致知在格物格至也窮理而至于物則物理盡

儒者只合言人事不得言有數直到不得已處然後歸之命可也

昔受學于周茂叔每令尋仲尼顏子樂處所樂何事

劉蕺山曰便說樂道亦是只看道是何等物

人之學不進只是不勇

告神宗曰先聖後聖若合符節非傳聖人之道傳聖人之心也非傳聖人之心也傳己之心也己之心無異聖人之心廣大無垠萬善皆備欲傳聖人之道擴充此心焉耳

一命之士苟存心于愛物于人必有所濟
百家謹案此即是欲立欲達之體
知至則便意誠若有知而不誠者皆知未至爾知至而至之者知至而往至之乃幾之先見故曰可與幾也知終而終之則可與存義也死生存亡皆知所從來胸中瑩然無疑止此理耳孔子言未知生焉知死蓋略言之死之事即生是也更無別理
性與天道非自得之則不知故曰不可得而聞
大抵學不言而自得者乃自得也有安排布置者皆非自得也
性靜者可以爲學
且省外事但明乎善務進誠心其文章雖不中不遠矣所守不約汎濫無功
興于詩立于禮自然見有著力處至成于樂自然見無所用力毛猶有倫入毫釐絲忽終不盡
不哭的孩兒誰抱不得
自舜發于畎畝之中至孫叔敖舉于海若要熟也須從這裏過旣得後須放開不然只是守
神也者妙萬物而爲言若上竿弄瓶至于斲輪誠至則不可得而知

上竿初習數尺而後至于百尺習化其高矧聖人誠至之事豈可得而知

犯而不校校則私非樂天者也

學者識得仁體實有諸己只要義理栽培如求經義皆是栽培之意

世有以讀書爲文爲藝者曰爲文謂之藝猶之可也讀書謂之藝則求諸書者淺矣

梓材謹案原本下有二條今移爲附錄

生生之謂易天地設位而易行乎其中乾坤毀則無以見易易不可見乾坤或幾乎息矣易畢竟是甚又指而言曰聖人以此洗心退藏于密聖人示人之意至此深且明矣終無人理會易也此也密也是甚物

楊開沅謹案此卽意也卽獨也卽良知之本然物之當格者也陽明蕺山乃爲道破耳

學者須學文知道者進德而已有德則不習无不利未有學養子而後嫁蓋先得是道矣學文之功學得一事是一事二事是二事觸類至于千百至于窮盡亦只是學不是德有德者不如是故此言可爲知道者言不可爲學者言如心得之則施于四體四體不言而喻譬

如學書若未得者須心手相須而學苟得矣下筆便能書不必積學

某寫字時甚敬非是要字好卽此是學

　劉蕺山曰正是要字好

　百家謹案孟子師說解必有事焉引此當寫字時橫一爲學之心在內則事與理二便犯正之爲病更轉一語曰正是要字好

口將言而囁嚅若合開口時要他頭也須開口須是聽其言也厲

萬物皆備于我不獨人耳物皆然都自這裏出去只是物不能推人則能推之雖能推之幾時添得一分不能推之幾時減得一分百理具在平鋪放著幾時道堯盡君道添得些君道多舜盡子道添得些孝道多元來依舊

　百家謹案此則未免說得太高人與物自有差等何必更進一層翻孟子案以蹈生物平等撞破乾坤只一家禪詮

理則極高明行之只是中庸也

能盡飲食言語之道則可以盡去就之道能盡去就之道則可以盡死生之道飲食言語去就死生小大之勢一也故君子之學自微而顯自小而章

居處恭執事敬與人忠此是徹上徹下語聖人元無二語

太山爲高矣然太山頂上已不屬太山雖堯舜事業亦只是如太虛中一點浮雲過目

目畏尖物此事不得放過須與放下室中率置尖物須以理勝他尖必不刺人也何畏之有

除了身只是理便說合天人合天人已是爲不知者引而致之天人無閒夫不充塞則不能贊化育言贊化育已是離人而言之

言體天地之化已賸一體字只此便是天地之化不可對此箇別有天地

　楊開沅謹案若別有天地則不可謂獨矣故曰仁者與物同體

至誠可以贊天地之化育則可以與天地參贊者參贊之義先天而天弗違後天而奉天時之謂也非謂贊助只有一箇誠何助之有

　楊開沅謹案參贊皆是同體中事如人一身目視耳聽手持足行不可謂耳有助于目足有助于手總是一箇誠耳若手足痿痹便是不仁矣

大人者與天地合其德與日月合其明非在外也

天人本無二不必言合若不一本則安得先天而天弗違後天而奉天時

道一本也或謂以心包誠不若以誠包心以至誠參天地不若以至誠體人物是二本也知不二本便是篤恭而天下平之道範圍天地之化而不過者模範出一天地耳非在外也如此曲成萬物豈有遺哉

人須知自慊之道自慊者無不足也若有所不足則張子厚所謂有外之心不足以合天心者也

人心常要活則周流無窮而不滯于一隅

與叔所問今日宜不在有疑今尚差池者蓋爲昔有雜學故今日疑所進有相似處則遂疑養氣爲有助便休信此說蓋前日思慮紛擾今要虛靜故以爲有助前日思慮紛擾又非禮義又非事故如是則只是狂妄人耳懲此以爲病故要得虛靜其極欲得如槁木死灰又卻不是蓋人活物也又安得爲槁木死灰既活則須有動作須有思慮必欲爲槁木死灰除是死也忠信所以進德者何也閑邪則誠自存誠存斯爲忠信也如何是閑邪非禮而勿視聽言動邪斯閑矣以此言之又幾時要身如槁木心如死灰又如絕四後畢竟如何又幾時須如槁木死灰敬以直內則須君則是君臣則是臣凡事如此大小直截也

有形總是氣無形只是道

凡有氣莫非天凡有形莫非地

觀天地生物氣象

息止也止則便生不止則不生

生生之謂易是天之所以爲道也天只是以生爲道繼此生理者只是善也善便有一箇元的意思元者善之長萬物皆有春意便是繼之者善也成之者性也成卻待他萬物自成其性須得

生之謂性性卽氣氣卽性生之謂也人生氣稟理有善惡然不是性中元有此兩物相對而生也有自幼而善有自幼而惡是氣稟自然也善固性也然惡亦不可不謂之性也蓋生之謂性人生而靜以上不容說才說性便已不是性也凡人說性只是說繼之者善也孟子言人性善是也夫所謂繼之者善也猶水流而就下也皆水也有流而至海終無所汚此何煩人力之爲也有流而未遠固已漸濁有出而甚遠方有所濁有濁之多者有濁之少者清濁雖不同然不可以濁者不爲水也如此則人不可以不加澄治之功故用力敏勇則疾清用力緩怠則遲清其清也則卻只是元初水也亦不是將清來換卻濁亦不是取出濁來置在一隅也水之清則性善之謂也故不是

善與惡在性中爲兩物相對各自出來此理天命也順而循之則道也循此而修之各得其分則教也自天命以至于教我無加損焉此舜有天下而不與焉者也

寂然不動感而遂通者天理具備元無欠少不爲堯存不爲桀亡父子君臣常理不易何曾動來因不動故言寂然惟不動感便感非自外也

復卦非天地之心復則見天地之心聖人無復故未嘗見其心

心要在腔子裏

百家謹案孟子師說程子言心要在腔子裏腔子指身也此操存之法愚則反之曰腔子要在心裏今人大概止用耳目不曾用心識得身在心中則髮膚經絡皆是虛明佛氏有人識得心大地無寸土何處容其出入

百官萬務金革百萬之衆飲水曲肱樂在其中萬變俱在人其實無一事

不有躬無攸利不立己後雖向好事猶爲化物不得以天下萬物撓己己立後自能了當得天下萬物

自幼子常視毋誑以上便是教以聖人事

舞射便見人誠古之教人莫非使之成己自灑埽應對上便可到聖人事灑埽應對便是形而上者理無大小故也故君子只在愼獨學始于不欺闇室

楊開沅謹案純公處處提倡愼獨不待蕺山也

風竹是感應無心如人怒我勿留胸中須如風動竹德至于無我者雖善言善行莫非所過之化也

明德新民豈分人我是成德者事

學者今日無可添只有可減減盡便沒事

大凡把捉不定皆是不仁

知止則自定萬物撓不動非是別將箇定來助知止也

愚者指東爲東指西爲西隨象所見而已智者知東不必爲東西不必爲西惟聖人明于定分須以東爲東以西爲西

聞見如登九層之臺

坐井觀天非天小只被自家入井中被井筒拘束了然井何罪亦何可廢但出井中便見天大已見天如此大不爲井所拘卻入井中也不害

覺悟便是信

靜後見萬物皆有春意

須是大其心使開闊譬如爲九層之臺須大做脚始得

克勤小物最難

大抵有題目事易合

凡學之雜者終只是未有所止內自不足也譬如一物懸在室中苟無所依著則不之東則之西故須著摸他道理只爲自家內不足也譬之家藏良金不索外求貧者見人說金便借他的看

天地設位而易行乎其中矣乾坤毀則無以見易易不可見乾坤或幾乎息矣易是箇甚易又不只是這一部書是易之道也不要將易又是一箇事卽事盡天理便是易也

憂子弟之輕俊者只教以經學念書不得令作文字子弟凡百玩好皆奪志至于書札于儒者事最近然一向好著亦自喪志如王虞顏柳輩誠爲好人則有之曾見有善書者知道否平生精力一用于此非惟徒廢時日于道便有妨處只此喪志也

二氣五行剛柔萬殊聖人所由惟一理人須要復其初

李籲問每常遇事卽能知操存之意無事時如何存得熟曰古之人耳之于樂目之于禮左右起居盤盂几杖有銘有戒動息皆有養今

皆廢此獨有義理之養心耳但存此涵養意久則自熟矣敬以直內是涵養意言不莊不敬則鄙詐之心生矣貌不莊不敬則怠慢之心生矣

或問涵養曰若造得到更說甚涵養

一物不該非中也一事不爲非中也一息不存非中也何哉謂其偏而已矣故曰道也者不可須臾離也可離非道也修此道者戒愼乎其所不覩恐懼乎其所不聞而已由是而不息焉則上天之載無聲無臭可以馴致矣

惟善通變便是聖人

今學者敬而不見得又不安者只是心生亦是太以敬來做事得重此恭而無禮則勞也恭者私爲恭之恭也禮者非體之禮是自然的道理也只恭而不爲自然的道理故不自在也須是恭而安今容貌必端言語必正者非是道獨善其身要人道如何只是天理只如此本無私意只是箇循理而已

今至于義理而心不安樂者何也此則正是賸一箇助之長雖則心操之則存舍之則亡然而持之太甚便是必有事焉而正之也亦須且恁去如此者只是德孤德不孤必有鄰到德盛後自無窒礙左右

逢其源也

涵養到著落處心便清明高遠

人雖睡著其識知自完只是人與喚覺便是他自然理會得

吾學雖有所授受天理二字卻是自家體貼出來

百家謹案樂記已有滅天理而窮人欲之語至先生始發越大明于天下蓋吾儒之與佛氏異者全在此二字吾儒之學一本乎天理而佛氏以理爲障最惡夫理先生少時亦嘗出入老釋者幾十年不爲所染卒能發明孔孟正學于千四百年無傳之後者則以天理二字立其宗也

得此義理在此甚事不盡更有甚事出得視世之功名事業真譬如閑視世之仁義者其煦煦孑孑如匹夫匹婦之爲諒也自視天來大事處以此理又曾何足論若知得這箇義理便有進處若不知得則緣何仰高鑽堅在前在後也竭吾才則又見其卓爾

宋元學案卷十四

餘姚黄宗羲原本　　後學慈谿馮雲濠校刊
男百家纂輯　　鄞縣王梓材重校
鄞縣全祖望修定　　道州何紹基重刊

明道學案下

陳治法十事

臣竊謂聖人創法皆本諸人情通乎物理二帝三王之盛曷嘗不隨時因革稱事爲制乎然至于爲治之大原牧民之要道理之所不可易人之所賴以生則前聖後聖未有不同條而共貫者如生民之稱有窮則聖王之法可改故後世盡其道則大治用其偏則小康此歷代彰灼著明之效也苟或徒知泥古而不能施之于今姑欲循名而顧忘其實此固末世陋儒之見誠不足以進于治矣然儻謂今世人情已異于古先王之迹必不可復于今趨便目前不務高遠亦恐非大有爲之論而未足以濟當今之極弊也獨行之有先後用之有緩急耳古者自天子達于庶人未有不須師友而成其德者故舜禹文武之聖亦皆有所從受學今師傅之職不修友臣之義不著而尊德樂善之風未成此非有古今之異者也王者奉天建官故天地四時

之職二帝三王未之或改所以修百度而理萬化也唐存其略而紀綱小正今官秩淆亂職業廢弛太平之治鬱而未興此非有古今之異者也天生烝民立之君使司牧之必制之常產以厚其生經界必正井地必均此爲治之大本也唐尙存口分授田之制今益蕩然富者田連阡陌跨州縣而莫之止貧者日流離餓殍而莫之卹倖民猥多衣食不足而莫爲之制將生齒日繁轉死日促制之之道所當漸圖此亦非有古今之異者也古者政教始乎鄉里其法起于比閭族黨州鄉酇遂以聯屬統治其民故民安于親睦刑法鮮犯廉恥易格此亦人情之自然行之則效非有古今之異者也庠序學校之教先王所以明人倫化成天下者也今師學廢而道德不一鄉射亡而禮義不興貢舉不本于鄉里而行實不修秀士不養于學校而人材多廢此較然之事亦非有古今之異者也古者府史胥徒受祿公上而兵農未始判也今驕兵耗國力賈國財極矣禁衞之外不漸歸之于農將大貽深患府史胥徒之毒徧天下而目爲公人舉以入官不更其制何以善後此亦至明之理非有古今之異者也古者國有三十年之通餘九年之食以制國用無三年之食者則國非其國今天下耕之者少食之者衆地力不盡人功不勤雖富室強宗鮮有餘積況

其貧弱者乎一遇年歲之凶卽盜賊縱橫飢羸滿路如不幸有方三二千里之災或連年之歉當何以處之宜漸從古制均田務農俾公私交務于儲餘以豫爲之備未可以幸爲恃也古者四民各有常職而農者十居八九故衣食易給而民無所苦今京師浮民數逾百萬游手游食不可貲度其窮蹙辛苦孤貧疾病變詐巧僞以自求生而常不足以生日益歲滋宜酌古變今均多卹寡漸爲之業以振救其患聖人奉天理物之道在乎六府六府之任列之五官山虞澤衡各有常禁夫是以萬物阜豐而財用不乏也今五官不修六府不治用之無節取之不時林木焚赭斧斤殘傷而川澤漁獵之繁暴殘耗竭而侵尋不禁宜修古虞衡之職使將養之以成變通長久之利古冠婚喪祭車服器用差等分别莫敢逾僭故財用易給而民有常心今禮制未修奢靡相尚卿大夫之家莫能中禮而商販之類或踰王公禮制不足以檢飭人情名數不足以旌别貴賤詐虔攘奪人人求厭其欲而後已此大亂之道也因先王之法講求而損益之凡此皆非有古今之異者也然是特其端緒必可施行之驗也云爾如科條度數施爲注措之道必稽之經制而合施之人情而安惟聖明博擇其中

百家謹案先生所上神宗陳治法十事觀其文彩似乎不足案其時勢悉中肯綮無一語非本此中至誠之流露也此真明體達用之言胡敬齋曰若依他做三代之治可運之掌惜惑于王安石而不能用也

附錄

先生數歲即有成人之度賦酌貪泉詩中心如自固外物豈能遷已見志操矣

十五六歲與弟伊川受學于濂溪即慨然有為聖賢之志嘗自言再見茂叔後吟風弄月有吾與點也意

明道作縣常于坐右書視民如傷云顥每日嘗有愧于此觀其用心應是不到錯決撻了人

明道主簿上元時謝師直為江東轉運判官師宰來省其兄嘗從明道假公僕掘桑白皮明道問之曰漕司役卒甚多何為不使曰本草說桑白皮出土見日者殺人以伯淳所使人不欺故假之耳師宰之相信如此

伊川云謝師直尹洛時嘗談經與鄙意不合因曰伯淳亦然往在上元景温說春秋猶時見取至言易則皆曰非是頤謂曰二君皆通易

者也監司談經而主簿乃曰非是監司不怒主簿敢言非通易能如是乎

薦爲御史神宗召對問所以爲御史對曰使臣拾遺補闕裨贊朝廷則可使臣掇拾臣下短長以沽直名則不能神宗歎賞以爲得御史體

一日神宗縱言及于辭命先生曰人主之學惟當務爲急辭命非所先也神宗爲之動容

先生爲御史時神宗嘗使推擇人才所薦數十人以父表弟張載暨弟頤爲首天下咸稱允當

熙寧五年太中公告老而歸先生求折資監當以便養歸洛歲餘得監西京洛河竹木務家數清窶僦居洛城殆十餘年與弟從容親庭日以讀書講學爲事士大夫從遊者盈門自是身益退位益卑而名益高于天下

梓材謹案原本有明道見上稱介甫之學與神宗問安石之學二條今移入荆公新學略

王荆公嘗與明道論事不合因謂先生曰公之學如上壁言難行也明道曰參政之學如捉風後來逐不附己者而獨不怒明道且曰此

人雖未知道亦忠信人也
先生嘗曰熙寧初王介甫行新法並用君子小人君子正直不合介
甫以爲俗學不通世務斥去小人苟容諂佞介甫以爲有才能知通
變用之君子如司馬君實不拜同知樞密院以去范堯夫辭同修起
居注得罪張天祺自監察御史面折介甫被謫介甫性狠愎衆人皆
以爲不可則執之愈堅君子既去所用皆小人爭爲刻薄故害天下
益深使衆君子未用與之敵俟其勢久自緩委曲平章尚有聽從之
理俾小人無隙以乘其爲害不至此之甚也
扶溝地卑歲有水旱先生經畫溝洫之法以治之未及興工而去官
曰以扶溝之地盡爲溝洫必數年乃成吾爲經畫十里之地以開其
端後人知其利必有繼之者矣夫爲令之職必使境內之民凶年飢
歲免于死亡飽食逸居有禮義之訓然後爲盡故吾于扶溝開設學
校聚邑人子弟教之亦幾成而廢夫百里之施至狹也而道之興廢
繫焉是數事皆未及成豈不有命與然知而不爲徒責命之興廢則
非矣此吾所以不敢不盡心也
在澶州日修橋少一長梁曾博求之民閒後因出入見林木之佳者
必起計度之心因語以戒學者心不可有一事

明道終日坐如泥塑人然接人渾是一團和氣所謂望之儼然卽之也溫

張子厚學成德尊識者謂與孔子爲比然猶祕其學不多爲人講之其意若曰雖復多聞不務畜德徒善口耳而已故不屑與之言先生謂之曰道之不明于天下也久矣人善其所習自謂至足必欲如孔門不憤不啓不悱不發則師資勢隔而先王之道或幾乎息矣趣今之時且當隨其資而誘之雖識有明暗志有淺深亦各有得焉而堯舜之道庶可馴致子厚用其言故關中學者躬行之多與洛人並推其所自先生發之也

明道先生與門人講論有不合者則曰更有商量伊川則直曰不然

先生謂學者曰賢看某如此某煞用工夫見理後須開放不開放只是守開又近放倒故有禮以節之守幾于不自在故有樂以樂之樂卽是放開也

梓材謹案前二語梨洲原本所有下移上蔡語錄以足之

明道見謝子記問甚博曰賢卻記得許多謝子不覺面赤身汗先生曰只此便是惻隱之心

謝子曰吾嘗習忘以養生明道曰施之養生則可于道有害習忘可

以養生者以其不留情也學道則異于是夫必有事焉而勿正何謂乎且出入起居寧無事者正心以待之則先事而迎忘則涉乎去念助則近于留情故聖人之心如鑑孟子所以異于釋氏心也

程氏遺書曰學者先學文鮮有能至道至如博觀泛濫亦自爲害故先生嘗教謝良佐曰賢讀書慎不要循行數墨

又曰良佐昔錄五經語作一冊伯淳見之謂曰玩物喪志

上蔡曰先生善言詩他又不曾章解句釋但優游玩味吟哦上下便使人有得處

又曰昔伯淳先生教予只管看他言語伯淳曰與賢說話卻是扶醉漢救得一邊倒了一邊只怕人執著一邊

劉立之曰先生德性充完粹和之氣盎于面背樂易多恕終日怡悅未嘗見其忿厲之容某問以臨民曰使民各輸其情又問御史曰正己以格物

又曰先生平生與人交無隱情雖童僕必託以忠信故人亦不忍欺之嘗自澶淵遣奴持金詣京師貿用物計金之數可當二百千奴無父母妻子同列聞之莫不駭且誚既奴持物如期而歸衆始歎服

范淳夫曰顏子之不遷不貳惟伯淳有之

梓材謹案梨洲原本此條作陳忠肅公瓘嘗作責沈文送其姪孫淵幾叟云葉公沈諸梁問孔子于子路至自是以來嘗以寡陋自愧一大段今以其文與陳鄒諸儒學案複出以其前三十六字併入了齋附錄而僅留范公二語于此

邵伯温曰元豐八年三月五日神宗升遐詔至洛故相韓康公爲留守程宗丞伯淳爲汝州酒官會以檄來舉哀于府既罷謂康公之子兵部宗師曰顥以言新法不便忤大臣同列皆謫官顥獨除監司顥不敢當辭之念先帝見知之恩終無以報已而泣兵部曰今日朝廷之事如何宗丞曰司馬君實呂晦叔作相矣兵部曰二公果作相當如何宗丞曰當與元豐大臣同若先分黨與他日可憂兵部曰何憂宗丞曰元豐大臣皆嗜利者使自變其已甚害民之法則善矣不然衣冠之害未艾也君實忠直難與議晦叔解事恐力不足爾既而二公果並相召宗丞未行以疾卒宗丞爲温公申公所重使不早死更相調護協濟于朝則元祐朋黨之論無自而起矣論此事時范淳夫朱公掞杜孝錫伯温同聞之今年四十而其言益驗故表而出之

侯仲良曰朱公掞見明道于汝州歸謂人曰某在春風中坐了一月

劉左司曰誠意積于中者既厚則感動于外者亦深故伯淳所在臨

政上下響應 補
震澤記善錄曰明道云才說明日便是悠悠窮經進學須是日就月
將 補
呂氏童蒙訓曰明道先生言人心不同如其面不同者皆私心也至
于公則不然 補
張橫浦曰明道書窗前有茂草覆砌或勸之芟曰不可欲常見造物
生意又置盆池畜小魚數尾時時觀之或問其故曰欲觀萬物自得
意草之與魚人所共見唯明道見草則知生意見魚則知自得意此
豈流俗之見可同日而語 補
又曰孟子曰仁義禮智根于心其生色也睟然見于面盎于背施于
四體四體不言而喻予有一事可實其說游定夫訪龜山龜山曰公
適從何來定夫曰某在春風和氣中坐三月而來龜山問其所之乃
自明道處來也試涵泳春風和氣之言則仁義禮智之人其發達于
聲容色理者如在吾目中矣 補
葉水心習學記言曰案程氏答張氏論定性動亦定靜亦定無將迎
無內外當在外時何者爲內天地普萬物而無心聖人順萬事而無
情擴然而大公物來而順應有爲爲應迹明覺爲自然內外兩忘無

事則定定則明喜怒不繫于心而繫于物皆老佛語也程張攻斥老佛至深然盡用其學而不知者以易大傳誤之而又自于易誤解也

梓材案謝山注云蓋指无思无爲諸語子思雖漸失古人體統然猶未至此孟子稍萌芽其後儒者則無不然矣老佛之學所以不可入周孔之道者周孔以建德爲本以勞謙爲用故其所立能與天地相終始而吾身之區區不豫焉老佛則處身過高而以德業爲應世其偶可爲者則爲之所立未毫髮而自夸甚于邱山至于壞敗喪失使中國胥爲夷狄淪亡而不能救而不以爲己責也嗟夫未有自坐老佛病處而辯老佛以明聖人之道者也補

呂子約曰讀明道行狀可以觀聖賢氣象補

胡敬齋曰明道天資高本領純粹其學自大本上流出于細微處又精盡。

又曰明道才大德盛當時入朝建言若依他做三代之治可運于掌惜乎神宗惑于王安石功利之言而不能用也當時神宗甚欲有爲亦甚聰明安石亦才高故明道俱要格其心已被明道感動了明道雖去神宗眷眷懷之安石亦言感公誠意當時被張天祺等攻激太過遂不能從故明道深惜此機會以爲兩分其罪

羅整庵曰張子正蒙由太虛有天之名數語亦是將理氣看作二物其求之不爲不深但語涉牽合殆非性命自然之理也嘗觀程伯子之言有云上天之載無聲無臭其體則謂之易其用則謂之神其命于人則謂之性只將數字剔撥出來何等明白學者若于此處無所領悟吾恐其終身亂于多說未有歸一之期也

高景逸曰先儒惟明道先生看得禪書透識得禪弊真

又曰大學者聖學也中庸者聖心也匪由聖學寧識聖心發二書之祕教萬世無窮者先生也淵乎微乎非先生學者不識天理爲何物矣不識天理不識性爲何物矣是儒者至善極處是佛氏毫釐差處

唐一庵曰明道之學嫡衍周派一天人合內外主于敬而行之以恕明于庶物而察于人倫務于窮神知化而能開物成務就其民生日用而非淺陋固滯不求感而物應未施信而民從筮仕十疏足以占王道之端倪惜早世未極其止

百家謹案伊川之表先生墓謂孟軻死聖人之學不傳學不傳千載無真儒先生生于千四百年之後一人而已自斯言出後人羣然無異辭也而要識先生之所以爲真儒千四百年後之一人者何在蓋由其學本于識仁識仁斯可以定性然仁果何

以識先生曰存久自明則存養之功爲要也先生又曰學者識得仁體先實有諸己只要義禮栽培如求經義皆栽培之意又曰學以知爲本且未說到持守持守甚事須先在致知又曰悟則一句句皆是這箇道理已得後無不是此事也夫曰存久自明曰先實有諸己將經義只爲栽培曰學以知爲本曰悟將論先生之學者又疑爲禪矣不知儒釋之辨只在有理與無理而已非必凡內求諸己務求自得者便是禪懵懂失向沿門乞火者便是儒也先生自道天理二字是我自家體貼出來而伊川亦云性卽理也又云人只有箇天理卻不能存得更做甚人兩先生之言如出一口此其爲學之宗主所以克嗣續洙泗而迥異乎異氏之滅絕天理者也至于先生之德性和粹劉安禮謂從先生三十餘年未嘗見其忿厲之容而于興造禮樂制度文爲下及兵刑水利之事無不悉心精練使先生而得志有爲三代之治不難幾也顧裕陵亦有意于先生而不容于安石之徧拗且年壽亦不永富鄭公曰伯淳無福天下之人也無福信哉

明道學侶

正公程伊川先生頤別爲伊川學案

獻公張橫渠先生載別為橫渠學案
侍講呂原明先生希哲別為榮陽學案
明道同調
少師韓持國先生維
恭簡王彥霖先生巖叟並見范呂諸儒學案
明道門人濂溪再傳
博士劉質夫先生絢
校書李端伯先生籲並為劉李諸儒學案
監場謝上蔡先生良佐別為上蔡學案
文靖楊龜山先生時別為龜山學案
文肅游廌山先生酢別為廌山學案
龍學呂晉伯先生大忠
教授呂和叔先生大鈞
正字呂藍田先生大臨並為呂范諸儒學案
侯荊門先生仲良
承議劉先生立之
學士朱先生光庭並見劉李諸儒學案

簽判田先生述古 別見安定學案

修撰邵子文先生伯温 別見百源學案

博士蘇先生昞 別見呂范諸儒學案

尚書邢和叔恕 別見劉李諸儒學案

明道私淑

靳先生裁之

靳裁之穎昌人少聞伊洛程氏之學胡文定入太學時以師事之 參姓譜

靳先生語

士之品大概有三志于道德者功名不足以累其心志于功名者富貴不足以累其心志于富貴而已者則亦無所不至矣 補

忠肅陳了齋先生瓘 別爲陳鄒諸儒學案

靳氏門人

文定胡武夷先生安國 別爲武夷學案

明道續傳

莊靖李鶴鳴先生俊民

李俊民字用章澤州人少得河南程氏之學金承安中以經義舉進

士第一授應奉翰林文字未幾棄官歸教授鄉里其于理學淵源冥搜隱索務有根據金源南遷後隱嵩山再徙懷州俄復隱西山既而變起倉卒人服其先知先生在河南時隱士荆先生者授以皇極數學時知數者無出劉秉忠右亦自以爲弗及世祖在藩邸以安車召至延訪無虛日遽乞還山遣中貴護送之又嘗令張仲一問以禎祥及卽位其言始驗而先生已卒年八十餘賜諡莊靖先生從黃氏補本錄入

梓材謹案郝陵川爲明道伊川兩先生祠堂記云泰和中鶴鳴先生得先生之傳又得邵氏皇極之學廷試冠多士退而不仕教授鄉曲故先生之學復盛鶴鳴澤州人澤州學者多原于明道所謂先生之學蓋謂明道也

宋元學案卷十四

伊川學案表

程頤 明道弟 濂溪門人 安定

子 端中 — 孫 晫 別見和靖學案

劉絢 並爲劉李諸儒學案
李籲
呂希哲 別爲滎陽學案
謝良佐 別爲上蔡學案
楊時 別爲龜山學案
游酢 別爲廌山學案
呂大忠
呂大鈞
呂大臨 並爲呂范諸儒學案
尹焞 別爲和靖學案
郭忠孝 別爲兼山學案
王蘋 別爲震澤學案

周行己
許景衡 並爲周許諸儒學案
田述古 別見安定學案
邵伯溫 別見百源學案
李朴 別見范呂諸儒學案
范沖 別見華陽學案
蘇昞 別見呂范諸儒學案
楊國寶 別見王張諸儒學案
蕭楚 別見范許諸儒學案
陳淵 別爲默堂學案
羅從彥 別爲豫章學案
楊迪 別見龜山學案
呂義山 別見呂范諸儒學案
又二十九人見劉李諸儒學案
又九人見周許諸儒學案

私淑胡安國別爲武夷學案

陳瓘

鄒浩並爲陳鄒諸儒學案

趙霄

張煇

蔣元中

蔡元康

潘安固並見周許諸儒學案

劉子翬別見劉胡諸儒學案

羅靖

羅竦並見和靖學案

劉肅

張特立

李簡

司馬光 別爲涑水學案

呂公著 別爲范呂諸儒學案

韓維 別見范呂諸儒學案

並伊川講友

張載 別爲橫渠學案

朱長文 別見泰山學案

范祖禹 別爲華陽學案

方元案

父峻

並伊川學侶

孫翥 別見震澤學案

曾孫耒 別見劉胡諸儒學案

曾孫壬

曾孫禾 並見滄洲諸儒學案

趙復 別見魯齋學案

並伊川續傳

宋元學案卷十五

餘姚黃宗羲原本　　後學慈谿馮雲濠校刊

男百家纂輯　　鄞縣王梓材重校

鄞縣全祖望次定　　道州何紹基重刊

伊川學案上

祖望謹案大程子早卒向微小程子則洛學之統且中衰矣蕺山先生嘗曰小程子大而未化然發明有過于其兄者信哉述伊川學案　梓材案伊川先生爲安定大弟子謝山于安定學案序錄已及之而其于濂溪亦不可謂非及門也又案謝山學案劄記云小程子學者初稱廣平先生後居伊陽始稱伊川

胡周門人

正公程伊川先生頤

程頤字正叔河南人明道先生之弟也年十八上書闕下勸仁宗黜世俗之論以王道爲心游太學胡安定瑗試諸生以顏子所好何學得先生論大驚延見處以學職同學呂原明希哲卽以師禮事之治平熙寧閒大臣屢薦皆不起哲宗初司馬温公光呂申公公著共疏上其行義詔以爲西京國子監教授力辭尋召赴闕擢崇政殿說書

奏言輔養之道不可不至一日之中接賢士大夫之時多親宦官宮女之時少則氣質自然變化今閑日一講解釋數行爲益既少又自四月罷講直至中秋不接儒臣殆非古人日夕承弼之意又言邇英閣迫隘乞就崇正延和殿講讀給事中顧臨以殿上講讀爲不可先生曰祖宗以來並是殿上坐講仁宗始就邇英而講官立侍蓋從一時之便耳非若臨之意也臨之意不過以尊君爲說而不知尊君之道先生在經筵每當進講必宿齋豫戒潛思存誠冀以感動上意而其爲說常于文義之外反復推明歸之人主一日當講顏子不改其樂章門人或疑此章非有人君事也將何以爲說及講既畢章句入復言曰陋巷之士仁義在躬忘其貧賤人主崇高奉養備極苟不知學安能不爲富貴所移且顏子王佐才也而簞食瓢飲季氏魯國之蠹也而富于周公魯君用舍如此非後世之監乎聞者嘆服先生容貌莊嚴于上前不少假借時文潞公彥博以太師平章重事侍立終日不懈上雖諭以少休不去也或謂之曰君之嚴視潞公之恭孰爲得失先生曰潞公四朝大臣事幼主不得不恭吾以布衣職輔導亦不敢不自重也上在宮中漱水避蟻先生聞之問有是乎曰然誠恐傷之爾先生曰願陛下推此心以及四海則天下幸甚一日講罷未

退上折柳枝先生進曰方春發生不可無故摧折講書有容字哲宗藩邸嫌名中人以黃綾覆之講畢進言曰人主之勢不患不尊患臣下尊之過甚而驕心生爾此皆近習養成之不可以不戒請自今舊名嫌名皆勿復避神宗喪未除冬至百官表賀先生言節序變遷時思方切乞改賀爲慰既除喪有司請開樂置宴先生又言除喪而用吉禮當因事用樂今特設宴是喜之也呂申公范堯夫入侍經筵聞先生講說退而歎曰真侍講也士人歸其門者甚盛而先生亦以天下自任議論褒貶無所顧避方是時蘇子瞻軾在翰林有重名一時文士多歸之文士不樂拘檢迂先生所爲兩家門下迭起標榜遂分黨爲洛蜀會帝以瘡疹不御經筵先生曰上不御殿太皇太后不當獨坐且人主有疾大臣可不知乎宰相始奏請問疾由是大臣亦多不悅諫議孔文仲因奏先生爲五鬼之魁當放還田里遂出管句西京國子監屢乞致仕董敦逸以爲怨望去官紹聖閒黨論削籍竄涪州徽宗即位移峽州復其官崇寧二年范致虛言程頤以邪說詖行惑亂衆聽而尹焞張繹爲之羽翼事下河南府體究盡逐學徒復隸黨籍四方學者猶相從不舍先生曰尊所聞行所知可矣不必及吾門也五年復宣義郎致仕大觀元年九月庚午卒于家年七十五疾

華門人進曰先生平日所學正今日要用先生曰道著用便不是先生爲學本于至誠其見于言動事爲之間疏通簡易不爲矯異或說匍匐以弔喪誦孝經以追薦此出謗者之口尹和靖辯之明矣衣雖布素冠襟必整食雖簡儉蔬飯必潔致養其父細事必親贍給內外親黨八十餘口其接學者以嚴毅嘗瞑目靜坐游定夫楊龜山立侍不敢去久之乃顧曰日暮矣姑就舍二子者退則門外雪深尺餘矣明道嘗謂曰異日能使人尊嚴師道者吾弟也若接引後學隨人才而成就之則予不得讓焉嘉定十三年賜諡曰正公淳祐元年封伊川伯從祀孔子廟庭明稱先儒程子 雲濠案先生著有易傳四卷宋志作九卷

語錄

一人之心卽天地之心一物之理卽萬物之理一日之運卽一歲之運

天地之化既是兩物必動已不齊譬之兩扇磨行便其齒齊不得齒齊既動則物之出者何可得齊從此參差萬變巧歷不能窮也

楊開沅謹案此卽天地之氣有過不及而人性之所謂相近亦因之若動而齊則無過不及便是有心有心則有爲有爲則有

己而人性亦不必云相近矣

天地之化一息不留疑其速也然寒暑之變甚漸

楊開沅謹案此則天地之中氣所以萬古不易其大常而人性之所以善也

天地之化雖廓然無窮然而陰陽之度日月寒暑晝夜之變莫不有常此道之所以爲中庸

鑽木取火人謂火生于木非也兩物相戛用力極則陽生今以石相軋便有火出非特木也蓋天地間無一物無陰陽

葉六桐曰木石中火因鑽擊而始出非木石中本有火也然謂木石無火則鑽冰擊土何以火不可得學者須具可鑽可擊之質

真元之氣氣之所由生不與外氣相雜但以外氣涵養而已若魚之在水魚之性命非是水爲之但必以水涵養魚乃得生耳人居天地氣中與魚在水無異至于飲食之養皆是外氣涵養之道出入之息者闔闢之機而已所出之息非所入之氣但真元自能生氣所入之氣正當闢時隨之而入非假此氣以助真元也若謂既反之氣復將爲方伸之氣必資于此則殊與天地之化不相似天地之化自然生生不窮更復何資于既斃之形既返之氣以爲造化近取諸身其闔

闢往來見之鼻息然不必須假吸復入以爲呼氣則自然生人氣之生生于貞元天地之氣亦自然生生不窮至如海水陽盛而涸及陰盛而生亦不是將已涸之氣卻生水自然能生往來屈伸只是理也盛則便有衰晝則便有夜往則便有來天地中如洪爐何物不銷鑠

楊開沅謹案往來屈伸是氣往而必來屈而必伸處是理其實離氣無從見理以爲有前後際便不是

季明問先生說喜怒哀樂未發謂之中是在中之義不識何意曰只喜怒哀樂不發便是中也

楊開沅謹案喜怒哀樂之未發是中易以不字便不是

曰中莫無形體只是箇言道之題目否曰非也中有甚形體然既謂之中也須有箇形象曰當中之時耳無聞目無見否曰雖耳無聞目無見然見聞之理在始得曰中是有時而中否曰何時而不中以事言之則有時而中以道言之何時而不中曰固是所謂皆中然而觀于四者未發之時靜時自有一般氣象及至接物時又自別何也曰善觀者不如此卻于喜怒哀樂已發之際觀之賢且說靜時如何曰謂之無物則不可然自有知覺處曰既有知覺卻是動也怎生言靜人說復以靜見天地心非也復之卦下面一畫便是動也安得謂之

靜自古儒者皆言靜見天地之心惟某言動而見天地之心或曰莫是于動上求靜否曰固是然最難釋氏多言定聖人便言止且如物之好便道是好物之惡便道是惡物之好惡關我這裏甚事若說道我只是定更無所爲然物之好惡亦是在裏故聖人只言止所謂止如爲人君止于仁爲人臣止于敬之類是也易之艮言止之義曰艮其止止其所也言隨其所止而止之人多不能止蓋人萬物皆備遇事時各因其心之所重者更互而出纔見得這裏重便有這事出若能物各付物便是不出來也或曰先生于喜怒哀樂未發之前下動字下靜字曰謂之靜則可然靜中須有物始得這裏便難處學者莫若且理會得敬能敬則自知此矣或曰何以用功曰莫若主一

劉蕺山曰未發前謂之靜否曰非也謂之中○先生于動字靜字下不得一穩實字一則曰最難再則曰難處總是教人莫站足在動靜上又曰思卽是已發非也思正是未發爲是已發未發屬動已發屬靜然總是一箇故著不得偏屬字

楊開沅謹案不出來處卽是未發愈知前云不發謂之中之非

季明曰吶常患思慮不定或思一事未了他事如麻又生如何曰不可此不誠之本也須是習習能專一便好不拘思慮與應事皆要求

一或曰當靜坐時物之過乎前者還見不見曰看事如何若是大事如祭祀前旒蔽明黈纊充耳凡物之過者不見不聞也若無事時目須見耳須聞或曰當敬時雖見聞莫過焉而不留否曰不說道非禮勿視勿聽勿者禁止之辭纔說勿字便不得也

問雜說中以赤子之心爲已發是否曰已發而去道未遠也曰大人不失赤子之心若何曰取其純一近道也曰赤子之心與聖人之心若何曰聖人之心如明鏡止水

梓材謹案梨洲原本此下有論動靜之際一條今移入和靖學案

問孟子言心出入無時如何曰心本無出入孟子只是據操舍言之又問人有逐物是心之逐否曰心則無出入矣逐物是欲又言未感時知心何所寓曰操則存舍則亡出入無時莫知其鄉更怎生尋所寓只是有操而已操之之道敬以直內也

問孟子言心性天只是一理否曰然自理言之謂之天自稟受言之謂之性自存諸人言之謂之心又問凡運用處是心否曰是意也問意是心之所發否曰有心而後有意

百家謹案運用處固是意正惟以意爲心之主宰故能運用全

屬不得意爲心之所發也卽先生有心而後有意之言亦不屬
意于已發說甚長詳明儒蕺山學案

聖人之心未嘗有在亦無不在蓋其道合內外體萬物

學者先務固在心志有謂欲屏去聞見知思則是絕聖棄智有欲屏去思慮患其紛亂則須是坐禪入定如明鑑在此萬物畢照是鑑之常難爲使之不照人心不能不交感萬物亦難爲使之不思慮若欲免此惟是心有主如何爲主敬而已矣有主則虛虛謂邪不能入無主則實實謂物來奪之今夫瓶甖有水實內則雖江海之浸無所能入安得不虛無水于內則渟注之水不可勝注安得不實大凡人心不可二用用于一事則他事更不能入者事爲之主也事爲之主尙無思慮紛擾之患若主于敬又焉有此患乎所謂敬者主一之謂敬所謂一者無適之謂一且欲涵泳主一之義一則無二三矣言敬無如聖人之言易所謂敬以直內義以方外須是直內乃是主一之義至于不敢欺不敢慢尙不愧于屋漏是皆敬之事也但存此涵養久之自然天理明

呂與叔嘗言患思慮多不能驅除曰此正如破屋中禦寇東面一人來未逐得西面又一人至矣左右前後驅除不暇蓋其四面空疏盜

固易入人無緣作得主定又如虛器入水水自然入若以一器實之以水置之水中水何能入來蓋中有主則實實則外患不能入自然無事

百家謹案前言虛實重虛字此言虛實重實字所謂得主則頭頭是道橫說豎說只是一理

或問思慮果出于正亦無害否曰且如宗廟則主敬朝廷則主莊軍旅則主嚴此是也若發不以時紛然無度雖正亦邪

人心作主不定正如一箇翻車流轉動搖無須臾停所感萬端又如懸鏡空中無物不入其中有甚定形不學則卻都不察及有所學便覺察得是爲害著一箇意思則與人成就得箇甚好見識心若不做一箇主怎生奈何張天祺嘗自約數年自上著牀便不得思量事不思量事後須強把他這心來制縛亦須寄寓在一箇形象皆非自然君實自謂吾得術矣只管念箇中字此則又爲中繫縛且中字亦何形象若愚夫不思慮冥然無知此又過與不及之分也有人胸中嘗若有兩人焉欲爲善如有惡以爲之閒欲爲不善又若有羞惡之心者本無二人此正交戰之驗也持其志使氣不能亂此可大驗要之聖賢必不害心疾其他疾卻未可知他臟腑只爲原不曾養養之卻

在修養家

百家謹案能養身則德潤身心廣體胖他臟腑似無所不養

問曰中所不欲之事夜多見于夢此何故也曰只是心不定今人所夢見事豈特一日之間所有之事亦有數十年前之事夢見之者只爲心中舊有此事平日忽有事與此事相感或氣相感然後發出來故雖白日所憎惡者亦有時見于夢也譬如水爲風激而成浪風既息波猶洶湧未已也若存養久的人自不如此聖賢則無這箇夢只有朕兆便形于夢也人有氣清無夢者亦有氣昏無夢者聖人無夢氣清也若人困甚時更無夢只是昏氣蔽隔夢不得也若孔子夢周公之事與常人夢別人于夢寐閒亦可以卜所學之淺深如夢寐顛倒是心志不定操守不固

人有四百四病皆不由自家則是心須教由自家

劉戢山曰病由自病醫由自醫

問人心所繫著之事則夜見于夢所著事善則夜夢見之者莫不害否曰雖是善事心亦是動凡事有朕兆入夢者卻無害舍此皆是妄動或曰孔子嘗夢見周公如何曰此聖人存誠處也聖人欲行周公之道故雖一夢寐不忘周公及其既衰知道之不可行故不復夢見

然所謂夢見周公豈是夜夜與周公語也人心須要定使他思時方思乃是今人都由心曰心誰使之曰以心使心則可人心自由便放去也

百家謹案以心使心一語似未安一心聽使一心使心是一人有二心矣不若云心未能定聽其自由便放去也

氣有善有不善性則無不善也人之所以不知善者氣昏而塞之耳孟子所以養氣者養之至則清明純全而昏塞之患去矣或曰養心或曰養氣何也曰養心則勿害而已養氣則在有所帥也

劉蕺山曰不是兩樣

百家謹案孟子師說天地間只有一氣充周生人生物人稟是氣以生心卽氣之靈處所謂知氣在上也心體流行其流行而有條理者卽性也猶四時之氣和則爲春和盛而温則爲夏温衰而涼則爲秋涼盛而寒則爲冬寒衰則復爲春萬古如是若有界限于其閒流行而不失其序是卽理也理不可見見之于氣性不可見見之于心心卽氣也心失其養則狂瀾橫溢流行而失其序矣養氣卽是養心然言養心猶覺難把捉言養氣則動作威儀旦晝呼吸實可持循也佛氏明心見性以無能生氣

故必推原于生氣之本其所謂本來面目父母未生前語言道斷心行路絶皆是也至于參話頭則壅遏其氣使不流行離氣以求心性吾不知所明者何心所見者何性也

楊開沅謹案氣有善不善此是伊川先生分氣質義理爲二性之根從此無往不與孟子異矣夫人生也直如其本然而勿襲取助長以害之便爲善養豈因其不善而養之使善哉

不動心有二有造道而不動者有以義制心而不動者此義也此不義也義吾所當取不義吾所當舍此以義制心者也義在我由而行之從容自中非有所制也此不動之異

楊開沅謹案二者只分生熟非有異也

問仁與心何異曰心是所主言仁是就事言曰若是則仁是心之用否曰固是若說仁者心之用則不可心譬如身四端如四肢四肢固是身所用只可謂身之四肢如四端固具于心然亦未可便謂之心之用或曰譬如五穀之種必待陽氣而生曰非是陽氣發處卻是情也心譬如穀種生之性便是仁也

又問仁與聖何以異曰人只見孔子言何事于仁必也聖乎便謂仁小而聖大殊不知此言是孔子見子貢問博施濟衆問得來事大故

曰何止于仁必也聖乎蓋仁可以通上下言之聖則其極也聖人人倫之至也倫理也既造倫理之極更不可以有加若今人或一事是仁亦可謂之仁至于盡人道亦可謂之仁此通上下言之也如曰若聖與仁則吾豈敢此又卻仁與聖兩大也大抵盡仁道者卽是聖人非聖人則不能盡得仁道問曰人有言盡人道謂之仁盡天道謂之聖此語何如曰此語固無病然措意未是安有知人道而不知天道者乎道一也豈人道自是一道天道自是一道中庸言盡己之性則能盡人之性能盡人之性則能盡物之性能盡物之性則可以贊天地之化育此言可見矣楊子曰通天地人曰儒通天地而不通人曰技此亦不知道之言豈有通天地而不通于人者哉如止曰通天之文與地之理雖不能此何害于儒天地人只一道也纔通其一則餘皆通如後人解易言乾天道也坤地道也便是亂道論其體則天尊地卑如論其道豈有異哉

問必有事焉當用敬否曰敬只是涵養一事必有事焉須當集義只知用敬不知集義卻是都無事也又問義莫是中理否曰中理在事義在心內苟不主義浩然之氣從何而生理只是發而見于外者且如恭敬幣之未將者也恭敬雖因威儀而後發見然須心有此恭敬

然後著見若心無恭敬何以能爾所謂德者得也須是得之于己然後謂之德

問敬義何別曰敬只是持己之道義便知有是有非順理而行是爲義也若只守一箇敬不知集義卻是都無事也且如欲爲孝不成只守一箇孝字須是知所以爲孝之道所以奉侍當如何溫凊當如何然後能盡孝道也又問義只在事上如何曰內外一理豈特事上求合義也敬以直內義以方外合內外之道也

宗羲案此卽涵養用敬進學致知宗旨所由立也然曰敬以直內義以方外合內外之道仍是舍敬無以爲義義是敬之著敬是義之體非有二也

問人敬以直內氣便充塞天地否曰氣須是養集義所生積習既久方能生浩然氣象人但看所養何如養得一分便有一分養得二分便有二分只將敬安能便到充塞天地處且氣自是氣體所充自是一件敬自是敬怎生便合得如曰其爲氣也配義與道若說氣與義自別怎生便能使氣與義合

百家謹案配義與道一段師說云正釋上段氣之所以塞于天地之故言此氣自能有條理而不橫溢謂之道義流行之中有

主宰也若無此主宰便不流行則餒而不與天地相似豈能充塞哉石渠言若無義道雖欲行之而氣自餒矣是也

楊開沅謹案伊川之說理氣分而爲二師說理氣合而爲一不同處只在此

必有事焉有事于此也勿正者若思此而曰善然後爲之是正也勿忘則是必有事也勿助長則是勿正也後言之漸重須默識取主一之義

百家謹案孟子師說必有事焉正是存養工夫不出于敬伊川云有物始言養無物又養箇甚麽浩然之氣須是見一箇物如卓爾躍如是也又云必有事雖不出于敬然不曰敬而曰有事者程子曰若只守一箇敬不知集義卻是都無事也且如欲爲孝不成只守著一箇孝字須是知所以爲孝之道所以侍養當如何然後能盡孝道也蓋有事而始完得一敬誠中形外敬是空明之體若不能事事則昏暗仍屬不敬程子涵養須用敬進學在致知是一串工夫須用善看故又曰未有能致知而不在敬者

入道莫如敬未有能致知而不在敬者

涵養須用敬進學則在致知

劉蕺山曰易言敬義此卻代以致知皆是不孤之學此程門口訣聞見之知非德性之知物交物則知之非內也今之所謂博物多能者是也德性之知不假見聞

百家憶姜定菴先生問知之爲知之章先遺獻曰有知有不知此麗物之知動者也爲知之爲不知此照心也麗物之知有知有不知湛然之知則無乎不知也子路認此麗物者以爲知則流入于識神邊去此毫釐千里之差夫子一口道破點鐵成金矣若云由此而求之又有可知之理夫子豈向多寡上分疏所謂麗物之知湛然之知卽此聞見之知德性之知也

須是識在所行之先譬如行路須是光照

問忠信進德之事固可勉強然致知甚難曰子以誠敬爲可勉強且恁地說到底須是知了方能行事若不知只是覷了堯學他行事無堯許多聰明睿知怎生得如他動容周旋中禮有諸中必形諸外德容安可妄學如子所言是篤信而固守之非固有之也且如中庸九經修身也尊賢也親親也堯典克明俊德以親九族親親本合在尊賢上何故放在下須是知所以親親之道方得未致知怎生得行勉

強行者安能持久除非燭理明自然樂循理性本善循理而行是循理事本亦不難但爲人不知旋安排著便道難也知有多少般數煞有淺深向親見一人曾爲虎所傷因言及虎神色便變旁有數人見蕺說虎非不知虎之猛可畏然不如他說了有畏懼之色蓋真知虎者也學者深知亦如此且如膾炙貴公子與野人莫不皆知其美然貴人聞著便有欲嗜膾炙之色野人則不然學者須是真知纔知得便是泰然行將去也某年二十時解釋經義與今無異然思今日覺得意味與少時自別

劉蕺山曰古人只說真知更穩似良知

人苟有朝聞道夕死可矣之志則不肯一日安其所不安也何止一日須臾不能如曾子易簀須要如此乃安人不能若此者只爲不見實理實理得之于心自別若耳聞口道者心實不見若見得必不肯安于所不安人之一身儘有所不肯爲及至他事又不然若士者雖殺之使爲穿窬必不爲其他事未必然至于執卷者莫不知說禮義又如王公大人皆能言軒冕外物及其臨利害則不知就義理卻就富貴如此者只是說得不實見及其蹈水火則人皆避之是實見得須是有見不善如探湯之心則自然別得之于心是謂有得不待勉

強然學者則須勉強古人有捐軀殞命者若不實見得烏能如此須是實見得生不重于義生不安于死也故有殺身成仁者只是成就一箇是而已

如眼前諸人要特立獨行煞不難得只是要一箇知見難人只被知見不通透人謂要力行亦只是淺近語人既能知見豈有不能行一切事皆所當爲不待著意做纔著意做便有箇私心這一點意氣能得幾時了

宗羲案伊川先生已有知行合一之言矣

問前世所謂隱者或守一節或惇一行然不知有知道否曰若知道則不肯守一節一行也如此等人鮮明理多取古人一節事專行之孟子曰服堯之服行堯之行古人有殺一不義雖得天下不爲則我亦殺一不義雖得天下不爲古人有高尚隱逸不肯就仕則我亦高尚隱逸不仕如此人則倣效前人所爲耳于道鮮自得也是以東漢尚名節有雖殺身不悔者只是不知道也

問學何以有至覺悟處曰莫先致知能致知則思一日而愈明一日久而後有覺也學無覺則何益矣又奚學爲思曰睿睿作聖纔思便睿以至作聖亦是一箇思故曰勉強學問則聞見博而知益明又問

莫致知與力行兼否曰爲常人言才知得非禮不可爲須用勉強至于知穿窬不可爲則不待勉強是知亦有深淺也古人言樂循理之謂君子若勉強只是知循理非是樂也纔到樂時便是循理爲樂不循理爲不樂何苦而不循理自不須勉強也若夫聖人不勉而中不思而得此又上一等事

思曰睿思慮久後睿自然生若于一事上思未得且別換一事思之不可專守著這一事蓋人之知識于這裏蔽著雖強思亦不通也

百家謹案釋氏止于一件上□取決不他換

孔子曰棖也慾焉得剛甚矣慾之害人也人之爲不善慾誘之也誘之而弗知則至于天理滅而不知反故目則欲色耳則欲聲以至鼻則欲臭口則欲味體則欲安此則有以使之也然則何以窒其慾曰思而已矣學莫貴于思唯思爲能窒慾曾子之三省窒慾之道也

人思如湧泉汲之愈新

不深思則不能造于道不深思而得者其得易失然學者有無思無慮而得者何也以無思無慮而得者乃所以深思而得之也以無思無慮爲不思而自以爲得者未之有也

百家謹案深思之久方能于無思無慮忽然撞著

學者先要會疑

顧諟謹案王陽明先生曰古之君子唯有所不知也而後能知之後之君子唯無所不知是以容有不知也夫道有本而學有要是非之辨精矣義利之閒微矣斯吾未之能信焉曷亦姑無以爲知之也而姑疑之而姑思之乎發揮先要會疑之旨最爲精切

欲知得與不得于心氣上驗之思慮有得中心悅豫沛然有裕者實得也思慮有得心氣勞耗者實未得也强揣度耳嘗有人言此因學道思慮心虛曰人之氣血固有虛實疾病之來聖賢所不免然未聞聖賢因學而致心疾者

心欲窮四方上下所至且以無窮置卻則得若要真得直是體會

致知在格物非由外鑠我也我固有之也因物而遷迷而不悟則天理滅矣故聖人欲格之

顧諟謹案此伊川先生格物宗旨認得宗旨都放過不得

隨事觀理而天下之理得矣天下之理得然後可以至于聖人君子之學將以反躬而已矣反躬在致知致知在格物

格猶窮也物猶理也猶曰窮其理而已矣窮其理然後足以致知不

窮則不能致也物格者適道之始與欲思格物則固已近道矣是何也以收其心而不放也

宗羲案收其心而不放卽是敬朱子掇敬于格物之前已失伊川之旨

今人欲致知須要格物物不必謂事物然後謂之物也自一身之中至萬物之理但理會得多相次自然豁然有覺處

窮理亦多端或讀書講明義理或論古今人物別其是非或應接事物而處其當然皆窮理也或問格物須物物格之還是格一物而萬物皆知曰怎生便會該通若只格一物便通衆理雖顏子亦不能如此道須是今日格一件明日格一件積習既多然後脫然有貫通處

劉蕺山曰所謂今日一件明日一件蓋指上講明義理三項而言亦須格在吾身上後人引爲話柄過矣

姜定庵曰若格得大頭腦處則萬物自知以物異而理同也

問人有志于學然知識蔽錮力量不至則如之何曰只是致知若致知則知識當自漸明不曾見人有一件事終思不到也知識明則力量自進問曰何以致知曰在明理或多識前言往行識之多則理明然人全在勉強也

問觀物察己還因見物反求諸身否曰不必如此說物我一理纔明彼卽曉此合內外之道也語其大至天地之高厚語其小至一物之所以然學者皆當理會又問致知先求之四端如何曰求之性情固是切于身然一草一木皆有理須是察

觀物理以察己旣能燭理則無往而不識天下物皆可以理照有物必有則一物須有一理

生知者只是他生自知義理不待學而知縱使孔子是生知亦何害于學如問禮于老聃訪官名于郯子何害于孔子禮文官名旣欲知舊物又不可鑿空撰得出須是問他先知者始得

人患事繫累思慮蔽只是不得其要要在明善明善在乎格物窮理窮至于物理則漸久後天下之物皆能窮只是一

姜定庵曰所以貴識大頭腦

或問如何學可謂之有得曰大凡學問聞之知之皆不爲得得者須默識心通學者欲有所得須是篤誠意燭理上知則頼悟自別其次須以義理涵養而得之

自得者所守固而自信者所行不疑

學莫貴于自得非在外也故曰自得

信有二般有信人者有自信者如七十子之于仲尼得他言語便終身守之然未必知道這箇怎生是怎生非也此信于人者也學者須要自信既自信怎生奪亦不得

梓材謹案原本此下有謝艮佐與張繹說一條今移入上蔡學案

學者不可不通世務天下事譬如一家非我爲則彼爲非甲爲則乙爲

人惡多事或人憫之世事雖多盡是人事人事不教人做更責誰做

今人主心不定視心如寇賊而不可制不是事累心乃是心累事當知天下無一物是合少得者不可惡也

見一學者忙迫先生問其故曰欲了幾處人事曰某非不欲周旋人事者曷嘗似賢忙迫

今之學者如登山麓方其迤邐莫不闊步及到峻處便逡巡

古之學者優柔厭飫有先後次第今之學者卻做一場說話務高而已常愛杜元凱語若江海之浸膏澤之潤渙然冰釋怡然理順然後爲得也今之學者往往以游夏爲小不足爲然游夏一言一事卻總是實如子路公西赤言志如此聖人許之亦以此自是實事後之學

者好高如小人游心于千里之外然自身卻只在此學者好語高正如貧子說金說黃色堅輭道他不是又不可只是好笑不曾見富人說金如此

修養之所以引年國祚之所以祈天永命常人之至于聖人皆工夫到這裏則有此應

較事大小其究爲枉尺直尋之病

生而知之學而知之亦是才問生而知之要學否曰生而知固不待學然聖人必須學

螟蛉蜾蠃本非同類爲其氣同故祝則肖之又況人與聖人同類者大抵須是自強不息將來涵養成就到聖人田地自然氣貌改變

問人于議論多欲己直無含容之氣是氣不平否曰固是氣不平亦是量狹人量隨識長亦有人識高而量不長者是識實未至也大凡別事人都強得惟識量人強不得今人有斗筲之量有釜斛之量有鐘鼎之量有江河之量江河之量亦大矣然有涯有涯亦有時而滿惟天地之量則無滿故聖人者天地之量也聖人之量道也常人有量者天資也天資有量者須有限大抵六尺之軀力量只如此雖欲不滿不可得且如人有得一薦而滿者有得一官而滿者有改京官

而滿者有入兩府而滿者滿雖有先後而卒不免譬如器盛物初滿時尚可蔽護更滿則必出皆天資之量非知道者也昔王隨甚有器量仁宗賜飛白書曰王隨德行李淑文章當時以德行稱名望甚重及爲相有一人求作三路轉運使王薄之出鄙言當時人多驚怪到這裏位高後便動了人之量只如此古人亦有如此者多如鄧艾位三公年七十處得甚好及因下蜀有功便動了言姜維云云謝安聞謝元破苻堅對客圍棊報至不喜及歸折屐齒終強不得也更如人大醉後益謹者只益恭便動了雖與放肆者不同其爲酒所動一也又如貴公子位益高益謙卑只益謙卑便是動了雖與驕傲者不同其爲位所動一也然唯知道者量自然宏大不勉強而成今人有所見卑下者無他亦是識量不足也

梓材謹案原本此下有思叔詬詈僕夫一條今移爲附錄

問人有日誦萬言或妙絕技藝此可學否曰不可大凡所受之才雖加勉強止可少進而鈍者不可使利也惟理可進除是積學旣久能變化得氣質則愚必明柔必強蓋大賢以下卽論才大賢以上卽不論才聖人與天地合德與日月合明六尺之軀能有多少技藝人有身須有才聖人忘己更不論才也

或問人有恥不能之心如何曰人恥其不能而爲之可也恥其不能而掩藏之不可也問技藝之事恥己之不能何如曰技藝不能安足恥爲士者當知道己不知道可恥也恥之何如亦曰勉之而已人安可嫉人之能而諱己之不能也

離了陰陽更無道所以陰陽者是道也陰陽氣也氣是形而下者道是形而上者形而上者則是密也

百家謹案離了陰陽更無道此語已極直截又云所以陰陽者是道也猶云陰陽之能運行者是道也卽易一陰一陽之謂道之意所以二字要善理會

神是極妙之語

二三立則一之名亡矣

又語及太虛先生曰亦無太虛遂指虛曰皆是理安得謂之虛天下無實于理者

或謂許大太虛先生謂此語便不是這裏論甚大與小

問鳶飛戾天魚躍于淵莫是上下一理否曰到這裏只是點頭

百家謹案生生之體洋溢兩閒流行之機通徹無礙察者識之精從敦化而見川流卽可從川流而見其畫一聶雙江謂鳶飛

魚躍渾是率性全無一毫意必程子謂活潑潑地與必有事焉
而勿正心勿忘同意

稱性之善謂之道道與性一也以性之善如此故謂之性善性之本謂之命性之自然者謂之天性之有形者謂之心性之有動者謂之情凡此數者皆一也聖人因事以制名故不同若此而後之學者隨文析義求奇異之說而去聖人之意遠矣

道孰爲大性爲大千里之遠數千歲之久其所動靜起居隨若亡矣然時而思之則千里之遠在乎目前數千歲之久無異數日之近人之性則亦大矣噫人之自小者亦可哀也夫人之性一也而世之人皆曰吾何能爲聖人是不自信也其亦不察乎

動物有知植物有知其性自異但賦形于天地其理則一

問喜怒出于性否曰固是纔有生識便有性有性便有情無性安得情又問喜怒出于外如何曰非出于外感于外而發于中也問性之有喜怒猶水之有波否曰然湛然平靜如鏡者水之性也及遇沙石或地勢不平便有湍激或風行其上便有波濤洶湧此豈水之性哉人性中只有四端又豈有許多不善的事然無水安得波浪無性安得情也

論性不論氣不備論氣不論性不明

性相近也習相遠也性一也何以言相近曰此只言氣質之性也如俗言性急性緩之類性安有緩急此言性者生之謂性也又問上知下愚不移是性否曰此是才須理會得性與才所以分處乃若其情則可以爲善若夫爲不善非才之罪此言人陷溺其心者非關才事才猶言材料曲可以爲輪直可以爲棟梁若是毀鑿壞了豈關才事下面不是說人皆有是四者之心或曰人材有美惡豈可言非才之罪曰才有美惡者是舉天下言之也若說一人之才如因富歲而賴凶歲而暴豈才質使之然也

百家謹案子劉子論語學案解性相近章性相近猶言相同言性善也聖人就有生以後氣質用事雜糅不齊之中指點粹然之體此無嗇彼無豐但人生有氣質此性若囿于氣質之中氣習用事各任其所習而往或相倍蓰什伯千萬無算此豈性之故哉夫習雖不能不歧乎遠然苟知其遠而亟返之則遠者復歸于近卽習卽性性體著矣此章性解紛紛只是模一近字記云執柯以伐柯其則不遠睨而視之猶以爲遠此近之說也兩下只作一處看故曰夫道一而已矣千萬人千萬世較量只是

一箇若是彷彿相違便是善與利之間差之毫釐繆以千里矣此箇爭差些子不得今說習相遠亦只差些便了難說相近是一尺遠是尋丈如兩人面貌相像畢竟種種不同安得爲近且所謂近果善乎惡乎善惡混乎善只是一箇惡亦是一箇有善有惡便是天淵豈有善惡總在一處者如說惡則惡是一箇如說無善無惡則近在何處蓋孔子分明說性善也說者謂孔子言性只言近孟子方言善言一只爲氣質之性義理之性分析後便令性學不明故說孔子言性是氣質之性孟子言性是義理之性愚謂氣質還他是氣質如何扯著性性是氣質中指點義理者非氣質卽爲性也清濁厚薄不同是氣質一定之分爲習所從出者氣質就習上看不就性上看以氣質言性是以習言性也聖人正恐人混性于習故判別兩項分明若此曰相近云者就兩人尋性善相同也後人不解相近之說始有無善無不善可以爲善可以爲不善有善有不善之說至荀卿直曰惡楊子善惡混種種濫觴極矣

楊開沅謹案蕺山云氣質就習上看則可若以氣質爲習所從出似不盡然胎教以前氣質由于習既生以後則有習由于氣

質者然究竟氣質由習而成者多

問人性本明因何有蔽曰此須索理會也孟子言人性善是也雖荀楊亦不知性也孟子所以獨出諸儒者以能明性也性無不善而有不善者才也性卽是理理則自堯舜至于塗人一也才稟于氣氣有清濁稟其清者爲賢稟其濁者爲愚又問愚可變否曰可孔子謂上知與下愚不移然亦有可移之理惟自暴自棄者則不移也曰下愚所以自暴棄者才乎曰固是也然卻道不可移不得性只一般豈不可移卻被他自暴自棄不肯去學故移不得使肯學時亦有可移之事

百家謹案孟子云非天之降才爾殊也又云乃若其情則可以爲善矣若夫爲不善非才之罪也明明言無不善之才矣今夫麰麥播種能抽芽發穗結實成熟者其才也就其中之生意爲性蓋性之善由才之善而見不可言性善而後才善也又惡可言性善而才有不善也然而上知下愚實不可移將謂才無不善降無爾殊乎嗟乎此從來言性學之葛藤最難剖斷于是後儒遂謂有氣質之性義理之性孔子之言近言上知下愚氣質之性也孟子之言善義理之性也將一性歧而二之不知性者

從氣質中指其義理之名義理無氣質從何托體氣質無義理不成人類氣質義理一物也卽一性也試爲從本言之易傳不云乎一陰一陽之謂道繼之者善也成之者性也自繼之而言陰陽天命之流行尙未著于人物其時道體之沖和於穆粹然至善者也及其有所賦予或成而人或成而物就人之氣質得陰陽天命之全而性善焉是性者因氣質而有也有是氣質而後有是性則性之善亦因氣質之善而善之也如將一粒麥種看生意是性生意默默流行便是氣生意顯然成象便是質如何將一粒分作兩項曰性善氣質不善然而知愚賢不肖生來不等者天命至精著于生初當其在胎之時卽有習染所以古人有胎教之言如此麰麥落地而有肥磽雨露人事之不齊說不得麰麥之性不同也孔子言習相遠習不僅在墮地之後其在胎時卽有習矣總之于天命之性無與也

性卽理也所謂理性是也天下之理原其所自未有不善喜怒哀樂之未發何嘗不善發而中節則無往而不善發不中節然後爲不善故凡言善惡皆先善而後惡言是非皆先是而後非言吉凶皆先吉而後凶

劉蕺山曰性卽理也卽伯子所謂天理

百家謹案孟子師說程子性卽理也之言截得清楚然極須理會單爲人性言之則可欲以該萬物之性則不可卽孟子之言性善亦是據人性言之不以此通之于物也若謂人物皆稟天地之理以爲性人得其全物得其偏便不是夫所謂理者仁義禮智是也禽獸何嘗有是如虎狼之殘忍牛犬之頑鈍皆不可不謂之性具此知覺卽具此性晦翁言人物氣猶相近而理絕不同不知物之知覺絕非人之知覺其不同先在乎氣也理者純粹至善者也安得有偏全人雖桀紂之凶惡未嘗不知此事是惡是陷溺之中其理亦全物之此心已絕豈可謂偏者猶在乎若論其統體天以氣之精者生人粗者生物雖一氣而有精粗之判故氣質之性但可言物不可言人在人雖有昏明厚薄之異總之是有理之氣禽獸之所稟者是無理之氣非無理也其不得與人同者正是天之理也

問舍則亡心有亡何也曰否此是說心無形體纔主著事時便在這裏纔過了便不見如出入無時莫知其鄉此句亦須要人理會心豈有出入亦以操舍而言也放心謂心本善而流于不善是放也

百家謹案心之為物靈明不測出入之易而保守之難惟在操之有要耳敬以直內操之之法也出入無時莫知其鄉正形容舍則亡也

人心惟危道心惟微心道之所在微道之體也心與道渾然一也對放其良心者言之則謂之道心放其良心則危矣惟精惟一所以行道也

心生道也有是心斯有是形以生惻隱之心人之生道也雖桀跖不能無是以生但戕賊之以滅天耳始則不知愛物俄而至于忍安之以至于殺充之以至于好殺豈人理也哉

問人之形體有限量心有限量否曰論心之形則安得無限量又問心之妙用有限量否曰自是人有限量以有限之形有限之氣苟不通之以道安得無限量孟子曰盡其心知其性心卽道也在天為命在人為性論其所主為心其實只是一箇道苟能通之以道又豈有限量天下更無性外之物若曰有限量除是性外有物始得

顧諟謹案傳習錄曰心卽理也與心卽道也如出一口陽明先生因後人求理于事物故屢屢提掇此義不知者遂駭為特創耳

天地之閒只有一箇感與應而已更有甚事

沖穆無眹萬象森然已具未應不是先已應不是後如百尺之木自根本至枝葉皆是一貫不可道上面一段是無形無兆卻待人旋安排引出來教入塗轍既是塗轍卻只是一箇塗轍

楊開沅謹案此段發明道器一貫最爲明白知此則理生氣纔說性便不是性人性中曷嘗有孝弟來皆頭上安頭屋上架屋矣

寂然不動感而遂通此已言人分上事若論道則萬理皆具更不說感與未感

寂然不動萬物森然已具感而遂通感則只是自內感不是外面將一件物來感于此也

蘇季明問中之道與喜怒哀樂未發謂之中同否曰非也喜怒哀樂未發是言在中之義只一箇中字但用不同或曰喜怒哀樂未發之前求中可否曰不可既思于喜怒哀樂未發之前求之又卻是思也既思卽是已發便謂之和不可謂之中也又問呂學士言當求于喜怒哀樂未發之前信斯言也恐無著摸如之何而可曰看此語如何地下若言存養于喜怒哀樂未發之時則可若言求中于喜怒哀樂

未發之時則不可又問學者于喜怒哀樂發時固當勉強裁抑于未發之前當如何用功曰于喜怒哀樂未發之前更怎生求只平日涵養便是涵養久則喜怒哀樂自中節或曰有未發之中有既發之中曰非也既發時便是和矣發而中節固是得中只是將中和來分說便是和也

凡物有本末不可分本末爲兩段事洒埽應對是其然必有所以然

楊開沅謹案大學物有本末似兩段事然合之總完一至善仍是一是也卽云修齊治平是其然格致誠正是其所以然亦得

易曰閑邪存其誠閑邪則誠自存而閑其邪者乃在于言語飲食進退與人交接而已矣

問行狀云盡性至命必本于孝弟不識孝弟何以能盡性至命也曰後人便將性命別作一般事說了性命孝弟只是一統的事就孝弟中便可盡性至命至如洒埽應對與盡性至命亦是一統的事無有本末無有精粗亦被後來人言性命者別作一般高遠說故舉孝弟是于人切近者言然今時非無孝弟之人而不能盡性至命者由之而不知也

百家謹案：姜定庵先生問孝弟爲仁之本先遺獻曰凡人氣聚成形無一物帶來而愛親敬長最初只有這些子後來盛德大業皆原于此故曰仁之本集註爲仁猶曰行仁謂性中只有箇仁義禮智曷嘗有孝弟來蓋以孝弟屬心心之上一層方纔是性有性而後有情故以孝弟爲行仁之本不可爲仁之本李見羅道性編皆發此意愚以爲心外無性氣外無理如孟子曰惻隱之心仁也羞惡之心義也恭敬之心禮也是非之心智也蓋因惻隱羞惡恭敬是非而後見其爲仁義禮智非是先有仁義禮智而後發之爲惻隱羞惡恭敬是非也人無此心則性種斷滅矣是故理生氣之說其弊必至于語言道斷心行路絕而後已程子曰盡性至命必本于孝弟孰謂孝弟不可爲仁之本與

養心莫善于寡欲所欲不必沈溺只有所向便是欲

劉蕺山曰心齋又加箇有所見

曷之用二簋可用享損者損過而就中損乎末而就本實者聖人以寧儉爲禮之本故損發明其義以享祀之禮其文最繁然以誠敬爲本多儀備物所以將飾其誠敬之心飾過其誠則爲僞矣損飾所以存誠也故云曷之用二簋可用享二簋之約可用享祭言在乎誠而

已誠爲本也天下之害無不由末之勝也峻宇雕牆本于宮室酒池肉林本于飲食淫酷殘忍本于刑罰窮兵黷武本于征伐凡人欲之過者皆本于奉養其流之遠則爲害矣先王制其本者天理也後人流于末者人欲也損之義損人欲以復天理而已

問不遷怒不貳過何也語錄有怒甲不遷乙之說是否曰是曰若此則甚易何待顏氏而後能曰只被說得粗了諸公便道最易此莫是最難須是理會得因何不遷怒如舜之誅四凶怒在四凶舜何與焉蓋因是人有可怒之事而怒之聖人之心本無怒也譬如明鏡好物來時便見是好惡物來時便見是惡鏡何嘗有好惡也世之人固有怒于室而市于色且如怒一人對那人說話能無怒色否有能怒一人而不怒別人者能忍得如此已是煞知義理若聖人因物而未嘗有怒此莫是甚難君子役物小人役于物今人見有可喜可怒之事自家著一分陪奉他此亦勞矣聖人心如止水

有恐懼心亦是燭理不明亦是氣不足須知義理之悅我心猶芻豢之悅我口玩理以養心如此蓋人有小稱意事猶喜悅有淪肌浹體如春和意思何況義理然窮理亦當知用心緩急但苦勞而不知悅處豈能養心

爲人處世閒見事無可疑處多少快活

有疑病者事未至時先有疑端在心周羅事者先有周羅事之端在心皆病也

罪己責躬不可無然亦不當長留在心胸爲悔

視聽言動非禮不爲卽是禮禮卽是理也不是天理便是私欲人雖有意于爲善亦是非理無人欲卽皆天理

顧諟謹案傳習錄曰既去惡念便是善念便復心之本體矣譬如日光被雲來遮蔽雲去光已復矣若惡念既去又要存箇善念卽是日光之下添然一燈此有意爲善亦是非理之旨

敬卽便是禮無己可克

公則一私則萬殊至當歸一精義無二人心不同如面正是私心

大而化則己與理一一則無己

大抵人有身便有自私之理宜其與道難一

要息思慮便是不息思慮

人多思慮不能自寧只是做他心主不定要作得心主定惟是止于事爲人君止于仁之類如舜之誅四凶四凶已作惡舜從而誅之舜何與焉人不止于事只得攬他事不能物各付物則是役物爲物所

役則是役于物者物必有則須是止于事
人不能袪思慮只是吝吝故無浩然之氣

問仁曰在此諸公自思之將聖賢所言仁處類聚觀之體認出來孟子曰惻隱之心仁也後人遂以愛爲仁惻隱固是愛也愛自是情仁自是性豈可專以愛爲仁孟子言惻隱爲仁蓋謂前已言惻隱之心仁之端也既曰仁之端則不可便謂之仁退之言博愛之謂仁非也仁者固博愛然便以博愛爲仁則不可

百家謹案孔子亦曰愛人以愛爲仁恐不在後人也仁者心之德愛之理自是無病

仁之道要之只消道一公字公卽是仁之理不可將公便喚做仁公而以仁體之故爲仁只爲公則物兼照故仁所以能恕所以能愛恕則仁之施愛則仁之用也

問愛人是仁否伊川曰愛人乃仁之端非仁也某謂仁者公而已矣伊川曰何謂也曰仁者能愛人能惡人伊川曰善涵養

百家謹案蕺山語錄惻隱之心仁也又曰惻隱之心仁之端也說者以爲端緒外見耳此中仍自不出來與仁也語意稍傷不知人皆有不忍人之心只說仁的一端因就仁推義禮智去故

曰四端如四體判下一般說得最分明後人錯看了又以誣仁也因以孟子誣中庸未發爲性已發爲情雖喙長三尺向誰說葢子劉子意以仁義禮智之性由惻隱羞惡辭讓是非而名故惻隱卽仁也時位有動靜性體無動靜非未發爲性已發爲情中和盡屬性也情者性之情不得與性對此開闢以來之特解須細心體會

仁則一不仁則二

問先生前日教某思君子和而不同某思之數日便覺胸次開闊其意味有不可言述竊有一喻今有人焉久寓遠方一日歸故鄉至中塗適遇族兄者俱抵旅舍異居而食相視如塗人彼豈知爲族弟此豈知爲族之兄邪或告曰彼之兄公之族兄某人也彼之弟公之族弟某人也旣歡然相從無有二心向之心與今之心豈或異哉知與不知而已今學者苟知大本則視天下猶一家亦自然之理也先生曰此乃善喻也

問學者須志于大何如曰志無大小且莫說道將第一等讓于別人且做第二等才如此說便是自棄雖與不能居仁由義者差等不同其自小則一也言學便以道爲志言人便以聖爲志自謂不能者自

賊者也謂其君不能者賊其君者也

或問人或倦怠豈志不立乎曰若是氣體勞後須倦若是志怠生倦得人只爲氣勝志故多爲氣所使人少而勇老而怯少而廉老而貪此爲氣所使者也若是志勝氣時志既一定更不可易如曾子易簀之時其氣之微可知只爲他志已定故雖死生許大事亦動他不得蓋有一絲髮氣在則志猶在也

學者爲氣所勝習所奪只可責志

顧諟謹案王陽明先生曰凡一毫私欲之萌只責此志不立卽私欲便退聽一毫客氣之動只責此志不立卽客氣便消除蓋無一息而非立志責志之時無一事而非責志立志之地故責志之功其于去人欲有如烈火之燎毛太陽一出而魍魎潛消也

聖人不記事所以常記得今人忘事以其記事不能記事處事不精皆出于養之不完固

梓材謹案原本此下有謝艮佐見伊川一條幷載山語今移爲附錄

艮其背不獲其身行其庭不見其人无咎人之所以不能安其止者

動于欲也欲牽于前而求其止不可得也故艮之道當艮其背所見者在前而背乃背之是所不見也止于所不見則無欲以亂其心而止乃安不獲其身不見其身也謂忘我也無我則止矣不能無我無可止之道行其庭不見其人庭除之閑至近也在背則雖至近不見謂不交于物也外物不接內欲不萌如是而止乃得止之道于止爲无咎也

百家謹案闔林氏兆思專言艮背之學謂聖人以此洗心退藏于密即艮其背也

艮其所止其所也艮其止謂止之而止也止之而能止者由止得其所也止而不得其所則無可止之理矣夫子曰于止知其所止謂當止之所也夫有物必有則父止于慈子止于孝君止于仁臣止于敬萬物庶事莫不各有其所得其所則安失其所則悖聖人所以能使天下順治非止爲物作則也唯使之各得其所而已

忘物與累物之弊等

梓材謹案原本此下有尹焞嘗請一條今移爲附錄

人于天地閑並無窒礙處大小快活

顧諟謹案中庸所謂無入不自得論語所謂坦蕩蕩孟子所謂

不淫不移不屈曾有絲毫窒礙否

君子之學在于意必固我既忘之後而復于喜怒哀樂未發之前則學之至也

嚴威儼恪非持敬之道然敬須自此入

閑邪則誠自存不是外面捉一箇誠將來存養今人外面役役于不善于不善中尋箇善來存著如此則豈有入善之理只是閑邪則誠自存故孟子言性善皆由內出只爲誠便存閑邪更著甚工夫但唯動容貌整思慮則自然生敬敬只是主一也主一則既不之東又不之西如是則只是中既不之此又不之彼如是則只是內存此則自然天理明白學者須是將敬以直內涵養此意直內是本

閑邪則固一矣主一則不消閑邪有以一爲難見不可不下工夫如何一者無他只是嚴肅整齊則心便一一則自無非僻之干此意但涵養久之天理自然明白

梓材謹案原本此條自然明白下有先生曰初見伊川時至有箇省覺處一百四十三字與百家案語今移併和靖學案

人之于儀形有是持養者有是修飾者

記中說君子莊敬日強安肆日偷蓋常人之情纔放肆則日就曠蕩

纔檢束則日就規矩

問出門如見大賓使民如承大祭方其未出門使民時如何曰此儼若思之時也當出門時其敬如此未出門時可知也且見乎外者出乎中者也使民出門者事也非因是事上方有此敬蓋素敬也如人接物以誠人皆曰誠人蓋是素來誠非因接物而始有此誠也儼然正其衣冠尊其瞻視其中自有箇敬處雖曰無狀敬自可見

忘敬而後無不敬

劉蕺山曰主一之謂敬心本有主主還其主便是主一　今日乃打破敬字

居敬自然簡居簡而行簡則似乎太簡矣然乃所以爲不簡蓋先有心于簡則多卻一簡字矣居敬則中心無物是乃簡也

問人之燕居形體怠惰心不慢可否曰安有箕踞而心不慢者學者須恭敬但不可令拘迫拘迫則難久也

志道懇切固是誠意若迫切不中禮則反爲不誠蓋實理中自有緩急不容如是之迫觀天地之化乃可知

涵養吾一

无妄元亨利貞其匪正有眚不利有攸往无妄者至誠也至誠者天

之道也天之化育萬物生生不窮各正其性命乃无妄也人能合无妄之道則所謂與天地合其德也无妄有大亨之理利在貞正失貞正則妄雖無邪心苟不合正理則妄也妄乃邪心也故有匪正則爲過眚既已无妄不宜有往往則妄也

六二不耕穫不菑畬則利有攸往凡理之所當然者非妄也人所欲爲者乃妄也故以耕穫菑畬譬之六二居中得正又應九五之中正居動體而柔順爲能順乎中正乃无妄也故極言无妄之義耕農之始穫其成終也田一歲曰菑三歲曰畬不耕而穫不菑而畬謂不首造其事而因其事理所當然也首造其事則是人心所作爲乃妄也因事之當然則是順理應物非妄也穫與菑是也蓋耕則必有穫菑則必有畬是事理之當然耳非心意之所造作也如是則爲无妄不妄則所往利而無害也或曰聖人制作以利天下者皆造端也豈非妄乎曰聖人隨時制作合乎風氣之宜未嘗先時而開之也若不待時則一聖人足以盡爲矣豈待累聖繼作也時乃事之端也聖人隨時而爲也聖人與理爲一故無過不及中而已矣其他皆是以心處這箇道理故賢者常失之過不肖者常失之不及

問君子時中莫是隨時否曰是也中字最難識須是默識心通且試

言一廳則中央爲中一家則廳非中而堂爲中一國則堂非中而國之中爲中推此類可見矣且如物初寒時則薄裘爲中在盛寒而用初寒之裘則非中也更如三過其門不入在禹稷之世爲中若居陋巷則不中矣居陋巷在顏子之時爲中若三過其門不入則非中也或曰男女不授受之類皆然曰是也男女不授受中也在喪祭則不如此矣

漢儒以反經合道爲權故有權變權術之論皆非也權只是經也自漢以來無人識權字

葉六桐曰權乃是一定不移之物

問舜執其兩端與湯執中如何曰執只是一箇執兩端是執持而不用湯執中而不失將以用之也若子莫執中卻是子莫見楊墨過不及遂于過不及二者之閒執之卻不知有當摩頂放踵利天下時有當拔一毛利天下不爲時執中而不通變與執一無異

孟子養氣一章諸君潛心玩索須是實識得方可勿忘勿助長只是養氣之法如不識怎生養有物始言養無物又養箇甚麼浩然之氣須是見一箇物如顏子如有所立卓爾孟子言躍如也卓爾躍如分明見得方可

宗羲案伊川此段與明道識仁之意相合又曰昔有問浩然之氣塞乎天地何處見得周海門曰何處見不得此即鳶飛魚躍察乎上下之意然非勿忘勿助活潑潑地如何見之

古之學者爲己其終至于成物今之學者爲人其終至于喪己

學也者使人求于內也不求于內而求于外非聖人之學也何謂不求于內而求于外以文爲主者是也學也者使人求于本也不求于本而求于末非聖人之學也何爲不求于本而求于末攷詳略採同異者是也是二者皆無益于吾身君子弗學

道無精粗言無高下

語高則指遠言約則義微大率六經之旨涵蓄無有精粗欲言精微言多則愈粗

六經之言在涵蓄中默識心通

文字上無閑暇終是少工夫然思慮則儘不廢于外事雖奔迫然思慮儘悠悠

古之學者先由經以識義理蓋始學時盡是傳授後之學者卻須先識義理方始看得經蓋不得傳授之意云耳如易繫辭所以解易今人須看了易方始看繫辭

解義理若一向靠書策何由得居之安資之深不惟自失兼以誤人論語孟子只詳讀著便自意足學者須是玩味若以語言解著意便不足其始作此二書文字既而思之又似贅只有先儒錯會處卻待與整理過爲學者要不爲文字所拘故文義雖解錯而道理可通行者不害也

宗羲案橫看側看面面皆山

安有識得易後不知退藏于密

問窮神知化由通于禮樂何也曰此句須自家體認人往往見禮樂亡不知禮樂未嘗亡也如國家一日存時尚有一日之禮樂由有上下尊卑之分也除是禮樂亡盡然後國家始亡雖盜賊至爲不道者然亦有禮樂蓋必有總屬必相聽順乃能爲盜不然則叛亂無統不能一日相聚而爲盜也禮樂無處無之學者須要識得問明則有禮樂幽則有鬼神何也曰鬼神只是一箇造化天尊地卑乾坤定矣鼓之以雷霆潤之以風雨是也

梓材謹案原本此下有尹焞偶學虞書一條今移爲附錄

古者八歲入小學十五入大學擇其才可教者聚之不肖者復之田畝蓋士農不易業既入學則不治農然後士農判在學之養若士大

夫之子則不慮無養雖庶人之子則亦必有養古之仕者自十五入學至四十方仕中閒自有二十五年學又無利祿可趨則所志可知趨善便自此成德後之人自童稚閒已有汲汲趨利之意何由得向善故古人必使四十而仕然後志定只營衣食卻無害惟利祿之誘最害人

人多說某不教人習舉業某何嘗不教人習舉業也人若不習舉業而望及第是責天理而不修人事但舉業既可以及第卽已若更去向上盡力求必得之道是惑也

梓材謹案原本此下有伊川與和靖論義命一條今移入和靖學案又范淳夫之女及有患心疾二條移爲附錄

敬以直內有主于內則虛自然無非僻之心如是則安得不虛必有事焉須把敬來做件事看此道最是簡最是易又省工夫爲此語雖近似常人所論然持之必別

人心緣境出入無時人亦不覺

有一物而可以相離者如形無影不害其成形水無波不害其爲水有兩物而必相須者如心無目則不能視目無心則不能見

心具天德心有不盡處是天德處未能盡何緣知性知天盡己心則

能盡人盡物與天地參贊化育贊則直養之而已
人多言天地之外不知天地如何說內外外面畢竟是箇甚若言著
外則須是似有箇規模
天地安有內外言天地之外便是不識天地也人之在天地如語默
猶晝夜晝夜猶死生死生猶古今
靜中便有動動中便有靜
冬至一陽生卻須陡寒正如欲明而反暗也陰陽之際亦不可截然
不相接廝侵過便是道理天地之閒如是者極多艮之爲義終萬物
始萬物此理最妙須玩索這箇理
陰陽于天地閒雖無截然爲陰爲陽之理須至參錯然一箇生殺升
降之分不可無也
問張子曰陰陽之精互藏其宅然乎曰此言甚有味由人如何看水
離物不得故水有離之象火能入物故火有坎之象
凡氣參和交感則生不和分散則死
天地之閒有者只是有譬之人之知識聞見經歷數十年一日念之
了然胸中這箇道理在那裏放著來
天之賦與謂之命稟之在我謂之性見于事業謂之理

人夢不惟聞見思想亦有五臟所感者
大圭黄鐘全沖和氣
觀天理亦須放開意思開闊得心胸便可見
凝然不動便是聖人
忿欲忍與不忍便見有德無德
匹夫悍卒見難而能死者有之矣惟情欲之牽妻子之愛斷而不惑者鮮矣
多驚多怒多憂只去一事所偏處自克克得一件其餘自正
驚怒皆是主心不定
忿懥怒也治怒爲難治懼亦難克己所以治怒明理所以治懼人患乎懾怯者蓋氣不充不素養故也
雖公天下事若用私意爲之便是私
思慮不得至于苦
有言養氣可以爲養心之助曰敬則只是敬敬字上更添不得譬之敬父矣又豈得道更將敬兄助之如今端坐附火是敬于向火矣又豈須道更將敬于水以助之猶之有人曾到東京又曾到西京又曾到長安若一處上心來則他處不容參然在心心裏著兩件物不得

百家謹案養氣養心原是一事分不得兩件
致知但知止于至善如爲人子止于孝爲人父止于慈之類不須外
面只務觀物理泛然正如遊騎無所歸也
造道深後雖聞常人言語淺近莫非義理
梓材謹案原本此下有一條其謝顯道習舉業至且靜坐五十
八字移入上蔡學案其伊川見人靜坐十一字叉游定夫問陰
陽一條並移爲附録
人皆可以至聖人而君子之學必至于聖人而後已不至于聖人而
後已者皆自棄也孝其所當孝弟其所當弟自是而推之則亦聖人
而已矣
懈心一生便是自暴自棄
小人小丈夫不合小了他本不是惡
梓材謹案此下有尹彥明問于程子一條移爲附録
人少長須激昂自進中年以後自至成德者事方可自安
不廳爲總是非道
只外面有些罅縫便走了
九德最好

存養熟然後泰然行將去

聖人之責人也常緩只是欲事正無顯人過惡之意聖人責己感處多責人應處少

義理與客氣常相勝又看消長分數多少爲君子小人之別義理所得漸多則自然知得客氣消散得漸少消盡者是大賢

古之學者爲己今之學者爲人古之仕者爲人今之仕者爲己古之强有力者將以行禮今之强有力者將以作亂

今之學者歧而爲三能文者謂之文士談經者謂之講師惟知道者乃儒學也

聖人凡一言便全體用

梓材謹案此下有蘇季明一條移入呂范諸儒學案

學者多蔽于解釋註疏不須用功深

學有所得不必在談經論道閒當于行事動容周旋中禮者得之

學禮者考文必求先王之意得意乃可沿革

門人有言曰吾與人居視其有過而不告則于心有所不安告之而人不受則柰何曰與之居而不告其過非忠也要使誠意之交通于未言之前則言出而人信矣

責善之道要使誠有餘而言不足則于人有益而在我者自無辱矣

以富貴爲賢者不欲卻反人情

夫內之得有淺深外之來有輕重內重則可勝外之輕得深則可以見誘之小

舉業不患妨功惟患奪志

仁人此義宜此事親仁之實從兄義之實須于一道中別出

誠然後敬未及誠時卻須敬而後能誠

無妄之謂誠不欺其次矣

劉蕺山曰無妄亦無誠

聖人于天下事自不合與只順他天理茂對時育萬物

去氣偏處發便是致曲去性上修便是直養然同歸于誠

不能動人只是誠不至于事厭怠皆是無誠處

誠則自然無累不誠則有累

敬而無失便是喜怒哀樂未發之謂中也敬不可謂之中但敬而無失卽爲中也

萬物無一物失所便是天理謂中也

聖人憂勞中其心則樂安靜中卻有至憂

發于外者謂之恭有諸中者謂之敬

君子之遇事無巨細一于敬而已簡細故以自崇非敬也飾私智以棄奇非敬也要之非敢慢而已語曰居處恭執事敬雖之夷狄不可爲也然則執事敬者固爲仁之端也推是心而誠之則篤恭而天下平矣

孔子言仁只說出門如見大賓使民如承大祭看其氣象便須心廣體胖動容周旋中禮自然可見惟愼獨便是守之之法聖人修己以敬以安百姓篤恭而天下平唯上下一于恭敬則天地自位萬物自育氣無不和四靈畢至此體信達順之道聰明睿智皆由此出以此事天饗帝故中庸言鬼神之德盛而終之以微之顯誠之不可揜如此

孟子謂必有事焉而勿正心勿忘勿助長正是著意忘則無物勿忘勿助必有事焉只中道上行

聖人之明猶日月不可過也過則不明

世之人務窮天地萬物之理不知反之一身五臟六腑毛髮筋骨之所存鮮或知之善學者取諸身而已自一身以觀天地

致知在格物物來則知起物各付物不役其知則意誠不動意誠自

定則心正始學之事也

所務于窮理者非道須盡窮了天地萬物之理又不道是窮得一理便到只是要積累多後自然見去

冠昏喪祭禮之大者今人都不理會豺獺皆知報本今士大夫家多忽此厚于奉養而薄于先祖甚不可也某嘗修六禮原注冠昏喪祭鄉相見大略家必有廟廟必有主月朔必薦新時祭用仲月冬至祭始祖立春祭先祖季秋祭禰忌日遷主祭于正寢凡事死之禮當厚于奉生者人家能存得此等事幼者可漸使知禮義

學佛者多要忘是非是非安可忘得自有許多道理何事忘爲夫事外無心心外無事世人只被爲物所役便覺苦事多若物各付物便役物也世人只爲一齊在那昏惑迷暗海中拘滯執泥坑裏便事事轉動不得沒著身處

百家謹案學佛者之忘是非正爲有許多道理所以要忘昏迷拘泥所以爲物所役能自己轉動得人便不昏迷拘泥

閱機事之久機心必生蓋方其閱時心必喜既喜則如種下種子

百家謹案此真爲至言然不唯機事凡兵陳刑名以及權術之書後生看慣卽便下著毒種多致後日有喪身敗德之事教子

孫者不可不蒙養以正

敬則自虛靜不可把虛靜喚做敬

一陰一陽之謂道此理固深說則無可說所以陰陽者道既曰氣則便是二言開闔已是感既二則便有感所以開闔者道開闔便是陰陽老氏言虛而生氣非也陰陽開闔本無先後不可道今日有陰明日有陽如人有形影蓋形影一時不可言今日有形明日有影有便齊有

近取諸身百理皆具屈伸往來之義只于鼻息之閒見之屈伸往來只是理不必將既屈之氣復爲方伸之氣生生之理自然不息如復言七日來復其閒元不斷續陽已復生物極必返其理須如此有生便有死有始便有終

大凡人心不可二用用于一事則他事更不能入者事爲之主也事爲之主尚無思慮紛擾之患若主于敬又焉有此患乎所謂敬者主一之謂敬所謂一者無適之謂一且欲涵泳主一之義一則無二三矣至于不敢欺不敢慢尚不愧于屋漏皆是敬之事也

學者不泥文義者又全背卻遠去理會文義者又滯泥不通如子濯孺子爲將之事孟子只取其不背師之意人須就上面理會事君之

道如何也又如萬章問舜完廩浚井事孟子只答他大意人須要理會浚井如何出得來完廩又怎生下得來若此之學徒費心力

宋元學案卷十五

宋元學案卷十六

餘姚黃宗羲原本　後學慈谿馮雲濠校刊

男百家纂輯　鄞縣王梓材重校

鄞縣全祖望修定　道州何紹基重刊

伊川學案下

四箴幷序

顏淵問克己復禮之目孔子曰非禮勿視非禮勿聽非禮勿言非禮勿動四者身之用也由乎中而應乎外制乎外所以養其中也顏淵事斯語所以進于聖人後之學聖人者宜服膺而勿失也因箴以自警

黃東發曰視聽言動箴在由中應外制外養中兩語

心兮本虛

陳北溪曰心之爲體其中洞然本無一物只純是理而已然理亦未嘗有形狀也

應物無迹

心虛靈知覺事物纔觸卽動而應無蹤迹之可尋捉處

操之有要視爲之則

人之接物視最為先即此處而操存之庶乎得其要而有一定之準

蔽交于前

蔽指物欲之私而言

其中則遷

中指心之體而言即天理之謂也物欲之蔽接于前則心體逐之而去矣

制之于外以安其內

物欲克去于外則無以侵撓吾內而天理寧定矣

克己復禮

上以一節言此以全體言

久而誠矣視箴

誠者真實無妄之理也克復工夫真積力久則私欲淨盡徹表裏一于誠純是天理之流行而無非仁矣

人有秉彝本乎天性

陳北溪曰人均執此常道而生其原于天之所賦而人受之以為性者也

知誘物化

知指形氣之感而言物欲至而知覺萌遂爲之引去矣化則與之相忘如一而無彼我之閒也

遂亡其正

正以理言至是則天理俱滅而無復存矣

卓彼先覺

悟此理之全而體之者

知止有定

事事物物各有所當止之處卽理之當然者是也能一一知其然則此心明徹于日用應接皆有定理不爲之誘而化矣

閑邪存誠

邪者物欲之私誠者天理之實閑外邪不使之入則所存于心者徹表裏一于誠純是天理之流行而仁矣

非禮勿聽聽箴

總結之

人心之動因言以宣

陳北溪曰一念之動于中或善或惡必由言以宣之則後見于外

發禁躁妄

疾而動曰躁虛而亂曰妄人之爲言大槪不出此二者皆人欲之所爲也故必禁之

內斯靜專

靜安專一皆天理之所存也外不躁則內靜外不妄則內專此二句爲一篇之關要處

矧是樞機

門之闢闔所繫在樞弩之張弛所繫在機人心之動有善惡由言以宣之而後見于外是亦人之樞機也

興戎出好

言非禮則有躁妄而起爭言以禮則無躁妄而生愛

吉凶榮辱惟其所召

興戎則凶而辱出好則吉而榮

傷易則誕

易者輕快之謂躁則傷于易誕者欺誑之謂而易中之病也

傷煩則支

煩者多數之謂妄則傷于煩支猶木之枝從身之旁而逆出者乃

煩中之失也

己肆物忤

傷易而誕則無有成法在己者肆而與物忤矣內何復靜之云

出悖來違

傷煩而支則不合正理所出者悖而來亦違矣內何復專之云

非法不道

法謂先王之法言

欽哉訓辭 言箴

欽謂敬謹所出而無躁妄也

哲人知幾

陳北溪曰幾者善惡欲動而未形之閒其兆甚微哲人心通理明

能燭于其先

誠之于思

于一念微動而未形之閒便已知覺而實之無妄則天理之本然

者流行無壅矣

志士厲行

見于所行之謂行志士激厲能勇于有行

守之于爲

爲事動之已著者也至此方知覺而守之不放則事亦中理而無過舉矣

順理則裕從欲惟危

結上文二者之動雖微顯不同然循天理之公則皆無餒于中故裕逐人欲之私則易陷于下故危此正舜跖二路之所由分其發軔之始尤不可以不謹之也

造次克念

雖急遽苟且之時亦必誠之于思則其涵養之功密矣

戰兢自持

常恐懼戒謹守之于爲則其操存之力篤矣

習與性成

習慣如自然則莫非天理之流行而仁熟矣

聖賢同歸 動箴

自賢入聖同一歸宿卽其止于至善之地者也

顏子所好何學論

聖人之門其徒三千獨稱顏子爲好學夫詩書六藝三千子非不習

而通也然則顏子所獨好者何學也學以至聖人之道也聖人可學而至與曰然學之道如何曰天地儲精得五行之秀者爲人其本也眞而靜其未發也五性具焉曰仁義禮智信形既生矣外物觸其形而動于中矣其中動而七情出焉曰喜怒哀懼愛惡欲情既熾而益蕩其性鑿矣是故覺者約其情使合于中正其心養其性故曰性其情愚者則不知制之縱其情而至于邪僻牿其性而亡之故曰情其性凡學之道正其心養其性而已中正而誠則聖矣君子之學必先明諸心知所養然後力行以求至所謂自明而誠也故學必盡其心盡其心則知其性知其性反而誠之聖人也故洪範曰思曰睿睿作聖誠之之道在乎信道篤信道篤則行之果行之果則守之固仁義忠信不離乎心造次必于是顚沛必于是出處語默必于是久而弗失則居之安動容周旋中禮而邪僻之心無自生矣故顏子所事則曰非禮勿視非禮勿聽非禮勿言非禮勿動仲尼稱之則曰得一善則拳拳服膺而弗失之矣又曰不遷怒不貳過有不善未嘗不知知之未嘗復行也此其好之篤學之之道也視聽言動皆禮矣所異于聖人者聖人則不思而得不勉而中從容中道顏子則必思而後得必勉而後中故曰顏子之與聖人相去一息孟子曰充實而有光輝

之謂大大而化之之謂聖聖而不可知之謂神顏子之德可謂充實而有光輝矣所未至者守之也非化之也以其好學之心假之以年則不日而化矣故仲尼曰不幸短命死矣蓋傷其不得至于聖人也所謂化之者入于神而自然不思而得不勉而中之謂也孔子曰七十而從心所欲不踰矩是也或曰聖人生而知之者也今謂可學而至其有稽乎曰然孟子曰堯舜性之也湯武反之也性之者生而知之者也反之者學而知之者也又曰孔子則生而知也孟子則學而知也後人不達以謂聖本生知非學可至而為學之道遂失不求己而求諸外以博文強記巧文麗辭為工榮華其言鮮有至于道者則今之學與顏子所好異也

劉蕺山曰此伊川得統于濂溪處

附錄

先生母夫人有知人之鑒二先生幼時勉之讀書因書綫帖上曰吾惜勤讀書兒又並書二行前曰殿前及第程延壽次曰處士後皆驗夫人已知之于童穉中矣明道幼時名延壽

百家謹案二程母夫人侯郡君好讀書博知古今二程父有所怒必為之寬解唯諸子有過則不掩嘗曰子之所以不肖者由

毋蔽其過而父不知也行而或踣則曰汝若徐行寧至踣乎嘗絜羹曰幼求稱欲長當何如與人爭忿雖直不右曰患其不能屈不患其不能伸在廬陵公宇多怪家人報曰有鬼執扇曰天熱爾他日又報曰鬼鳴鼓曰與之椎自是怪絕

梓材謹案原本附錄首條爲先生父太中至書八十五凡四十三字今據爲太中立傳移入濂溪學案

二程隨侍太中知漢州宿一僧寺明道入門而右從者皆隨之先生入門而左獨行至法堂上相會先生自謂此是某不及家兄處蓋明道和易人皆親近先生嚴重人不敢近也

明道猶有謔語嘗聞一名公解中庸至人莫不飲食鮮能知味有疑笑曰我將謂天命之謂性便應疑了伊川直是謹嚴坐閑無問尊卑長幼莫不肅然補

經筵承受張茂則嘗招講官啜茶觀畫先生曰吾平生不啜茶亦不識畫竟不往

貶涪州渡江中流船幾覆舟中人皆號哭先生獨正襟安坐如常已而及岸同舟有父老問曰當船危時君獨無怖色何也曰心存誠敬爾父老曰心存誠敬固善然不若無心先生欲與之言父老徑去不

顧

伊川涪陵之行過灩澦波濤中舟人皆失措伊川凝然不動岸上有樵者厲聲問曰舍去如斯達去如斯方欲答之而舟已行 補

先生被謫時李邦直尹洛令都監來見伊川才出見之便請上轎先生欲略見叔母亦不許莫知朝命云何是夜宿于都監廳明日差人管押成行至龍門邦直遣人賫金百星先生不受既歸門人問何為不受曰渠是時與某不相知豈可受

韓公維與二先生善屈致于頴昌暇日同游西湖命諸子侍行次有言貌不莊敬者伊川回視厲聲叱之曰汝輩從長者行敢笑語如此韓氏孝謹之風衰矣韓遂皆逐去之

先生與韓公維約候韓公年八十一往見之是歲元日因子弟賀正乃曰某今年有一債未還當暫往頴昌見持國乃往造焉久留頴川韓早晚伴食體貌加敬一日韓密謂其子彬叔曰先生遠來無以為意我嘗有黃金藥楪一重三十兩似可為先生壽未敢遽言之我當以他事使汝侍食從容道我意彬叔侍食如所戒試啓之曰頤與乃翁道義交故不遠而來奚以此為詰朝遂歸持國謂其子曰我不敢言正為此耳再三謝過而別

呂汲公以百縑遺伊川伊川辭之時族兄子公孫在旁謂伊川曰勿爲已甚姑受之伊川曰公之所以遺頤者以頤貧也公爲宰相能進天下之賢隨材而任之則天下受其賜也何獨頤貧也天下之貧者亦衆矣公帛固多恐公不能周也

崇寧二年謂張思叔曰吾受氣甚薄三十而寖盛四十五十而後完今生七十二年校其筋骨無損也思叔曰先生豈以受氣之薄而厚爲保生邪先生默然曰吾以忘生徇欲爲深耻

尹和靖年二十始登先生之門嘗得朱公掞所鈔雜說呈先生問先生此書可觀否先生留半月一日請曰前日所呈雜說如何先生曰某在何必觀此若不得某心只是記得他意和靖自此不敢復讀

易傳成書已久學者莫得傳授或以爲請曰自量精力未衰尚覬有少進耳其後寢疾始以授和靖思叔

南方學者從先生既久有歸者或問曰學者久從學于門誰是最有得者先生曰豈敢便道有得處且只是指與他箇蹊徑令他尋將去不錯了已是忒大嫐若夫自得尤難其人謂之得者便是已有也若論隨力量而有見處則不無其人也

問先生曾定六禮今已成未曰舊日作此已及七分後被召入朝既

在朝廷則當行之朝廷不當爲私書既遭憂又病疾數年今始無事更一二年可成也曰聞有五經解已成否曰惟易須親撰諸經則關中諸公分去以頤說撰成之禮之名數陝西諸公刪定已送呂與叔與叔今死矣不知其書安在也然所定卽禮之名數若禮之文亦非親作不可也

鮮于侁問顏子在陋巷不改其樂不知所樂者何事先生曰尋常道顏子所樂者何侁曰不過是說所樂者道先生曰若有道可樂便不是顏子鄒志完曰伊川見處極高

伊川見人靜坐便歎其善學

游定夫問陰陽不測之謂神伊川曰賢是疑了問是揀難底問靜坐獨處不難居廣居應天下爲難

謝艮佐往見伊川伊川曰近日事如何對曰天下何思何慮伊川曰是則是有此理賢卻發得太早在伊川直是會鍛鍊說了又道恰好著工夫也

劉蕺山曰此事本不易承當然不教人不承當亦不得

尹焞嘗請曰焞今日解得心廣體胖之義伊川正色曰何如和靖曰莫只是樂否伊川曰樂亦沒處著

尹焞偶學虞書伊川曰賢那得許多工夫
尹彥明問于程子如何是道程子曰行處是
思叔詬詈僕夫伊川曰何不動心忍性思叔慚謝
范淳夫之女讀孟子至出入無時語人曰孟子不識心心豈有出入
先生聞之曰此女雖不識孟子卻能識心
有患心疾見物皆獅子伊川教之以見卽直前捕執之無物也久之
疑疾遂愈
梓材謹案以上八條本在語錄以有實指移入于此
司馬溫公呂申公嘗言于朝曰程頤之爲人言必忠信動遵禮義眞
儒者之高蹈聖世之逸民
朱光庭又言曰程頤道德純備學問淵博有經天緯地之才有制禮
作樂之具實天民之先覺聖代之眞儒也
呂申公又言曰程頤年三十四有特立之操出羣之資洞明經術通
古今治亂之要有經世濟物之才非同拘儒曲士徒有偏長使在朝
廷必爲國器
王巖叟嘗言于朝曰程頤學極聖人之精微行全君子之純粹與其
兄顥俱以德名顯于時

又曰頤抱道養德之日久而潛神積慮之功深靜而閱天下之義理者多必有嘉言以新聖聽

胡文定公言于朝曰伏見元祐之初宰臣秉政當國急于得人首薦河南處士程頤乞加召命擢以不次遂起韋布超居講筵自司勸講不爲辯辭解釋文義所以積其誠意感通聖心者固不可得而聞也及當官而行舉動必由乎禮奉身而去進退必合乎義其修身行法規矩準繩獨出諸儒之表門人高弟莫或繼焉雖崇寧閒曲加防禁學者私相傳習不可遏也其後頤之門人如楊時劉安節許景衡馬伸吳給等稍稍進用于是傳者浸廣士大夫爭相淬礪而其閒志于利祿者託其說以自售學者莫能別其真僞而河洛之學幾絕矣自是服儒冠者以伊川門人妄自標榜無以屈服士人之心故衆論洶洶深加詆誚夫有爲伊洛之學者皆欲屏絕其徒而乃上及于伊川臣竊以爲過矣夫聖人之道所以垂訓萬世無非中庸非有甚高難行之說此誠不可易之至論也然中庸之義不明久矣自頤兄弟始發明之然後其義可思而得也不然則或謂高明所以處己中庸所以接物本末上下析爲二途而其義愈不明矣士大夫之學宜以孔孟爲師庶幾言行相稱可濟時用此亦不易之至論也然孔孟之道

不傳久矣自頤兄弟始發明之而後其道可學而至也不然則或以六經語孟之書資口耳取世資以干利祿愈不得其門而入矣今欲使學者蹈中庸師孔孟而禁使不得從頤之學是入室而不由戶也不亦誤乎夫頤之文于易則因理以明象而知體用之一源于春秋則見諸行事而知聖人之大用于諸經語孟則發其微旨而知求仁之方入德之序然則狂言怪語淫說鄙論豈其文也哉頤之行其行己接物則忠誠動于州里其事親從兄則孝弟顯于家庭其辭受取舍非其道義則一介不以取與諸人雖祿之千鍾有必不顧也其餘則亦與人同爾然則幅巾大袖高視闊步豈其行也哉伏望特降指揮裒集遺書便于學者傳習羽翼六經以推尊仲尼孟子之道使邪說者不得乘閒而作而天下之道術定豈曰小補之哉

呂氏童蒙訓曰伊川嘗言今僧家讀一卷經便要一卷經中道理受用儒者讀書卻只閑讀了都無用處補

又曰宿州高朝奉述伊川先生嘗說義者宜也知者知此者也禮者節文此者也皆訓詁得盡惟仁字古今訓詁不盡或以爲仁者愛也愛惟仁之一端然喜怒哀懼愛惡欲情也非性也故孟子云仁者人也補

張橫浦曰伊川之學自踐履中入故能深識聖賢氣象如曰孔子元氣也顏子景星卿雲也孟子有泰山巖巖氣象自非以心體之安能別白如此

又曰伊川妙處全在要人力行所以不欲苦言用意深者當自得之言之又不免作夢

汪玉山與朱子書曰伊川于濂溪若止云少年嘗從學則無害矣 補

又曰康節子孫大抵不取程子蓋私意也 補

朱子曰伊川言性卽理也與橫渠言心統性情此二句顛破不得

又曰伊川說話如今看來中間寧無小小不同只是大綱統體說得極善如性卽理也一語直是孔子後惟是伊川說得盡這一句便是千萬世說性之根基是箇公共底物事不解會不善人做不是失了性卻不是壞了著修

劉剛中問程伊川粹然大儒何故使蘇東坡竟疑其奸朱子答曰伊川繩趨矩步子瞻脫岸破崖氣盛心粗知德者鮮矣夫子所以致歎夫由也 補

葉水心習學記言曰程氏視聽言動箴其辭緩其理散舉雜而病不切 補

祖望謹案此言太過

黃東發曰伊川十八上書仁宗謂應時而出自比諸葛其後應聘爲哲宗講官則自講讀之外無他說不特其時至慮易而然蓋時與位既不同而哲宗尚幼惟以培養爲急耳其他論濮議論薄葬代呂公著上神宗書無不深切著明然則天下事非得其位當其可則固未易輕言也若三學看詳反爲禮部所駁則本朝文密之弊固難與俗吏言久矣

又曰伊川嘗言今日之禍亦是元祐做成愚謂理亦有此但諸賢一時爲天下救急有不柰何恐不可赦小人而反責君子耳豈責備果春秋意邪然無元祐諸賢恐不待靖康而後南渡雖南渡未必人心戴宋如此

又曰明道之歿伊川狀其行求銘于韓持國而文潞公題其墓伊川歿洛人畏黨禍送喪惟四人曰張繹范域孟厚尹焞又薄暮出城乙夜方至者爲邵溥迨晦庵朱先生始訪其事爲年譜云

吳草廬曰夫修己以敬吾聖門之教也然自孟子之後失其傳至程子乃復得之遂以敬之一字爲聖傳心印程子初年受學于周子周子之學主靜而程子易之以敬蓋敬則能主靜矣

薛敬軒曰伊川爲講官以三代之上望其君從與否則在彼而已其肯自貶以徇之哉

又曰伊川經筵疏皆格心之論三代以下爲人臣者但論政事人才而已未有直從本原如程子之論也

劉蕺山曰叔子篤信謹守其規模自與伯子差別然見到處更較穩實其云性卽理也自是身親經歷語

葉六桐曰明道不廢觀釋老書與學者言有時偶舉示佛語伊川一切屏除雖莊列亦不看其實儒釋之根本懸殊下種既異卽偶資其灌溉終不能變桃爲李亦不必有意深絕也孔子于老子亦嘆其猶龍何曾染得孔子

百家謹案朱子云釋老書後來須看不看無緣知他道理蓋謂儒釋判然吾本既立惡能爲累卽舉其語所以取之異也乃茫昧者遂引以爲儒釋渾同之左券更有妄子瞎摘盲取二程語錄中之微近高渾者并誣兩先生盡屬瞿曇之異學此其蚍蜉撼樹本不足言但嘆世風之變幻日深毫不識儒釋之根柢本是天淵隔絕強取先儒說同說異妄加批駁置方寸于岑樓者何多也

翁祖石曰先生之在經筵哲宗可謂敬信之甚矣但進說于人君之前自當擇其大者柳枝之諫爲哲宗所不悅由是見疏宜乎呂正獻聞而嘆息此言之太瑣也

宗羲案明道伊川大旨雖同而其所以接人伊川已大變其說故朱子曰明道宏大伊川親切大程夫子當識其明快中和處小程夫子當識其初年之嚴毅晚年又濟以寬平處是自周元公主靜立人極開宗明道以靜字稍偏不若專主于敬然亦唯恐以把持爲敬有傷于靜故時時提起伊川則以敬字未盡益之以窮理之說而曰涵養須用敬進學在致知又曰只守一箇敬字不知集義卻是都無事也然隨曰敬以直內義以方外合內外之道蓋恐學者作兩項工夫用也舍敬無以爲義義是敬之著敬是義之體實非有二自此旨一立至朱子又加詳焉于是窮理主敬若水火相濟非是則隻輪孤翼有一偏之義矣後之學者不得其要從事于零星補湊而支離之患生故使明道而在必不爲此言也兩程子接人之異學者不可不致審焉

百家謹案黃文潔公曰自孔孟歿後異端紛擾者千四百年中閒唯董仲舒正誼明道二語與韓文公原道一篇爲得議論之

正逮二程得周子之傳然後有以窮極性命之根柢發揮義理之精微議者謂比漢唐諸儒說得向上一層愚謂豈特視漢唐爲然風氣日開議論日精濂洛之言雖孔孟亦所未發特推其旨要不越于孔孟云耳此評論之得當者而唐一庵樞謂明道之學一天人合內外已打成一片而伊川居敬又要窮理工夫似未合併尚欠一格此但知先生涵養須用敬進學在致知而忘卻先生未有致知而不在敬者之語恐未是深知先生者也蓋語學至二程諸儒之中更醇乎其醇矣第大程質性高明而先生從踐履入非聖人之書不觀其功在于密察邊耳至于大程之表大學中庸先生之易傳更足爲萬世經術斗杓也

伊川講友

文正司馬涑水先生光別爲涑水學案

正獻呂晦叔先生公著別爲范呂諸儒學案

少師韓持國先生維別見范呂諸儒學案

伊川學侶

獻公張橫渠先生載別爲橫渠學案

正字朱樂圃先生長文別見泰山學案

正獻范華陽先生祖禹 別爲華陽學案

推官方先生元寀 父峻

方元寀字道輔莆田人父峻聚徒講學鑿井舍傍禱曰願子孫居官如此水初官潤州識程太中珦及卒明道爲作行狀范華陽祖禹爲墓道碑先生少與伊川遊書問往來積數十帖有曰經所以載道也誦其言解其訓詁而不及道乃無用之糟粕耳覬足下由經以求道勉之又勉異日見卓爾有立于前然後不知手之舞之足之蹈之又曰足下非混俗之流其志道之士朱子刻于白鹿書院其後曰伊川先生德威言重不輕與人今其眷眷如此則方公之賢可知也元祐三年以特科出身終威武軍節度推官 參道南源委

伊川家學

知軍程先生端中

程端中字□□伊川長子舉進士南渡後徙家池州建炎中知六安軍事金人攻六安先生固守城破死之池州都統制程全收其骨葬于池 參一統志

附錄

序伊川文集曰不肖孤既無以嗣聞斯道姑用記其言且又使姪昺

編次其遺文俾後之學者觀其經術之通明論議之純一謀慮之宏深出處之完潔雖于先生之道未能備見其純全亦將庶幾焉

縣令程先生暐 別見和靖學案

伊川門人 胡周再傳

博士劉質夫先生絢

校書李端伯先生籲 並爲劉李諸儒學案

侍講呂原明先生希哲 別爲滎陽學案

監場謝上蔡先生良佐 別爲上蔡學案

文靖楊龜山先生時 別爲龜山學案

文肅游廌山先生酢 別爲廌山學案

龍學呂晉伯先生大忠

教授呂和叔先生大鈞

正字呂藍田先生大臨 並爲呂范諸儒學案

肅公尹和靖先生焞 別爲和靖學案

提刑郭兼山先生忠孝 別爲兼山學案

著作王福清先生蘋 別爲震澤學案

正字周浮沚先生行己

忠簡許橫塘先生景衡別爲周許諸儒學案

簽判田先生述古別見安定學案

修撰邵子文先生伯温別見百源學案

祕監李章貢先生朴別見范呂諸儒學案

龍圖范元長先生沖別見華陽學案

博士蘇先生昞別見呂范諸儒學案

楊先生國寶別見王張諸儒學案

清節蕭三顧先生楚別見范許諸儒學案

御史陳默堂先生淵別爲默堂學案

文質羅豫章先生從彥別爲豫章學案

太學楊先生迪別見龜山學案

呂先生義山別見呂范諸儒學案

梓材謹案程門弟子自別見諸學案外並見劉李諸儒學案周許諸儒學案

伊川私淑

文定胡武夷先生安國別爲武夷學案

忠肅陳了齋先生瓘

忠公鄒道鄉先生浩並爲陳鄒諸儒學案
學正趙先生霄
學錄張草堂先生煇
上舍蔣先生元中
上舍蔡先生元康
潘先生安固並見周許諸儒學案
觀使劉屏山先生子翬別見劉胡諸儒學案
教授羅先生靖
羅先生竦並見和靖學案
方氏家學
正字方次雲先生翥別見震澤學案
縣令方先生耒別見劉胡諸儒學案
主簿方先生壬
方先生禾並見滄洲諸儒學案
伊川續傳
文獻劉佚庵先生肅
劉肅字太卿號佚庵洺州人金興定初詞賦進士累官戸部主事金

亡依東平嚴實元中統初擢真定宣撫使後商議中書省事致仕先生性舒緩有執守嘗集諸家易說曰讀易備忘後追封邢國公謚文獻 參姓譜

判官張中庸先生特立

張特立字文舉曹州東明人初名永避金衞紹王諱易今名登泰和三年進士第授萊州節度判官不赴躬耕杞之韋城談經自樂正大四年以薦拜監察御史屢劾權貴左遷邳州軍事判官金亡優游田里日與門弟子講學世祖在潛邸首傳旨曰特立養素邱園易代如一今年幾七十研究聖經誨人不倦無過不及學者宗之宜錫嘉名以光潛德可賜號曰中庸先生既即位復降璽書襃諭卒年七十五素通程氏易所著有易集說歷年繫事記 從黃氏補本錄入

通判李蒙齋先生簡

李簡字蒙齋信都人官泰安州通判著學易記九卷 同上

學易記序

伊川先生嘗云學易者當看王輔嗣胡翼之王介甫三家文字令通貫然後卻有用心處時先生易傳未出也及溫陵曾獻之集大易粹言傳于世則學者知有所宗而三家之說不無去取歲壬寅予挈家

東平時張中庸劉佚庵二先生與王仲徽輩方聚諸家易集解而節取之得廁講席之末前後數載凡讀六七過其書始成然人之所見不能盡同其去取之閒則亦不無稍異大抵張與王意在省文劉之設心務歸一說僕之所取寧失之多以俟後來觀者去取僕居萊蕪幾二載常時所讀之易止有王輔嗣與粹言而已諸家之說未見也六百日之閒節取粹言凡三度前賢之說或中心有所不安則思之夜以繼日脫有所得隨卽書之以待他年讀之驗其學之進否比還東平積謬說百餘條及得胡安定王荆公南軒晦庵誠齋諸先生全書及楊彬夫所集五十家解單渢所集三十家解讀之謬說暗與前賢相合者十有二三私心始頗自信今卷中凡無名字者以兼採諸人之意合爲一說不能主名亦或有區區管見輒不自揆而廁于其閒者己未歲承乏倅泰安山城事少遂取向所集學易記重加去取而付諸梓獲譽獲謗皆由此書他日必有能辨之者時中統建元庚申歲也

梓材謹案張李二先生並據黃氏補本增入

隱君趙江漢先生復別見魯齋學案

橫渠學案表

張載　父迪　附焦寅　高平門人

呂大忠

呂大鈞

呂大臨

范育　並爲呂范諸儒學案

又九人　並見呂范諸儒學案

私淑　晁說之　別爲景迂學案

蔡發　附見西山蔡氏學案　橫渠續傳

張戩

程顥　別爲明道學案

程頤　別爲伊川學案

呂希哲　別爲滎陽學案

並橫渠學侶

宋元學案卷十七

餘姚黃宗羲原本　　　後學慈谿馮雲濠校刊

男百家纂輯　　　鄞縣王梓材重校

鄞縣全祖望次定　　　道州何紹基重刊

橫渠學案上

祖望謹案横渠先生勇于造道其門戶雖微有殊于伊洛而大本則一也其言天人之故閒有未當者梨洲稍疏證焉亦横渠之忠臣哉述横渠學案梓材案是卷慈谿鄭氏二老閣亦有刊本特其體例有未協處略爲校正

高平門人

獻公張横渠先生載父迪附焦寅

張載字子厚世居大梁父迪仕仁宗朝殿中丞知涪州卒官諸孤皆幼不克歸以僑寓爲鳳翔郿縣横渠鎮人先生少孤自立志氣不羣喜談兵因與邠人焦寅遊當康定用兵時年十八慨然以功名自許欲結客取洮西之地上書謁范文正公公知其遠器責之曰儒者自有名教可樂何事于兵手中庸一編授焉遂翻然志于道已求諸釋老乃反求之六經嘉祐初至京師見二程子二程于先生爲外兄弟

之子卑行也先生與語道學之要厭服之因渙然曰吾道自足何事旁求于是盡棄異學淳如也當是時先生已擁皐比講易京邸聽從者甚衆先生謂之曰今見二程至深明易道吾不及也可往師之卽日輟講文潞公以使相判長安聘延先生于學宮命士子矜式焉舉進士仕爲雲巖令以敦本善俗爲先月吉具酒食召父老高年者親與勸酬爲禮使人知養老事長之義因問民所苦每鄉長受事至輒諄諄與語令歸諭其里閭民因事至庭或行遇于道必問某時命某告若曹某事若豈聞之乎聞則已否則詰責其受命者故教命出雖僻壤婦人孺子畢與聞俗用不變熙寧初遷著作佐郎簽書渭州軍事判官用中丞呂正獻公薦召對問治道對曰爲治不法三代終苟道也神宗方勵精于大有爲悅之曰卿宜日與兩府議政朕且大用卿謝曰臣自外官赴召未測新政所安願徐觀旬月後當有所獻替上然之除崇文院校書時王安石執政謂先生曰新政之更懼不能任求助于子何如先生曰公與人爲善孰敢不盡若教玉人琢玉則固有不能者矣安石不悅以按獄浙東出之程純公時官御史爭之曰張載以道德進不宜使治獄安石曰淑問如皐陶然且讞囚庸何傷獄成還朝會弟御史戩爭新法爲安石所怒遂託疾歸橫渠終日

危坐一室左右簡編俯讀仰思冥心妙契雖中夜必取燭疾書曰吾學既得諸心乃修其辭命命辭無失然後斷事斷事無失吾乃沛然蓋其志道精思未始須臾息也告諸生以學必如聖人而後已以爲知人而不知天求爲賢人而不求爲聖人此秦漢以來學者之大蔽也故其學以易爲宗以中庸爲的以禮爲體以孔孟爲極患近世喪祭無法期功以下未有衰麻之變祀先之禮襲用流俗于是一循古禮爲倡教童子以灑掃應對女子未嫁者使觀祭祀納酒漿以養遜弟就成德嘗曰事親奉祭豈可使人爲之于是關中風俗一變而至于古熙寧九年呂汲公薦召同知太常禮院會言者欲講行冠婚喪祭之禮以善俗禮官持不可先生力爭之適三年郊禮官不致嚴疏正之俱不能得復謁告歸中道疾作抵臨潼沐浴更衣而寢旦視之逝矣時十年十二月也年五十八囊笥蕭然明日門人在長安者咸奔哭致賻襚乃克斂詔賜館職賻奉喪還葬于涪州先生氣質剛毅望之儼然與之居久而日親居恆以天下爲念道見餓殍輒咨嗟對案不食者終日雖貧不能自給而門人無貲者輒麤糲與共慨然有志于三代之法以爲仁政必自經界始經界不正卽貧富不均教養無法雖欲言治牽架而已與學者將買田一方畫爲數井以推明先

王之遺法未就而卒所著曰東銘西銘正蒙雲濠案謝山學案劄記有云橫渠易說十卷嘉定中賜諡淳祐初追封郿伯從祀學宮太常初擬曰達衆論未叶再擬曰誠又擬曰明俱未用最後定諡曰獻

百家謹案先生少喜談兵本跅弛豪縱士也初受裁于范文正遂翻然知性命之求又出入于佛老者累年繼切磋于二程子得歸吾道之正其精思力踐毅然以聖人之詣爲必可至三代之治爲必可復嘗語云爲天地立心爲生民立命爲往聖繼絕學爲萬世開太平自任之重如此始不輕與人言學大程曰道之不明久矣人各善其所習自謂至足必欲如孔門不憤不啓則師資勢隔道幾息矣隨其資而誘之雖識有明暗志有淺深亦皆各有得焉先生用其言所至搜訪人才惟恐失其成就故關中學者鬱興得與洛學爭光猗與盛哉但先生覃測陰陽造化其極深至精處固多先儒所未言而其憑心臆度處亦頗有後學所難安者至于好古之切謂周禮必可行于後世此亦不能使人無疑夫周禮之的爲僞書姑置無論聖人之治要不在制度之細竊恐周官雖善亦不過隨時立制豈有不度世變之推移可一一泥其成迹哉況乎周官之繁瑣黷擾異常先生法

三代宜不在周禮是又不可不知也

西銘

百家謹案先生嘗銘其書室之兩牖東曰砭愚西曰訂頑伊川曰是起爭端不若曰東銘西銘二銘雖同作于一時而西銘旨意更純粹廣大程子曰訂頑之言極純無雜秦漢以來學者所未到意極完備乃仁之體也又曰訂頑立心便可達天德朱子曰程門專以西銘開示學者

乾稱父坤稱母予茲藐焉乃渾然中處故天地之塞吾其體天地之帥吾其性民吾同胞物吾與也大君者吾父母宗子其大臣宗子之家相也尊高年所以長其長慈孤弱所以幼其幼聖其合德賢其秀也凡天下疲癃殘疾惸獨鰥寡皆吾兄弟之顛連而無告者也于時保之子之翼也樂且不憂純乎孝者也違曰悖德害仁曰賊濟惡者不才其踐形唯肖者也知化則善述其事窮神則善繼其志不愧屋漏爲無忝存心養性爲匪懈惡旨酒崇伯子之顧養育英才穎封人之錫類不弛勞而厎豫舜其功也無所逃而待烹申生其恭也體其受而歸全者參乎勇于從而順令者伯奇也富貴福澤將厚吾之生也貧賤憂戚庸玉女于成也存吾順事沒吾寧也

張横浦曰乾吾父坤吾母吾乃乾坤之子與人物渾然處于中閒者也吾之體不止吾形骸塞天地閒如人如物如山川如草木如禽獸昆蟲皆吾體也吾之性不止于視聽言貌凡天地之閒若動作若流峙若生植飛翔潛泳必有造之者皆吾之性也既爲天地生成則凡與我同生于天地者皆同胞也既同處于天地閒則凡林林而生蠢蠢而植者皆吾黨與也吾爲天地之子大君主天地之家事是吾父母宗子也大臣相天子以繼天地之業是宗子之家相也高年先我生于天地間有若吾兄吾能尊之是長天地之長也孤兒幼子後吾生于天地間有若吾弟吾能慈之是幼天地之幼也聖人合天地之德賢人特天地之秀也人之有疲癃殘疾惸獨鰥寡是乃吾兄弟顛連而無告訴者也于時保恤之是子之能翼天以代養此窮民也吾能樂天地之命雖患難而不憂此天地純孝之子也違天地之心是不愛其親者故謂之悖德害天地之仁是父母之賊也世濟其惡是天地不才之子踐履天地之形以貌言視聽思之形爲恭從聰明睿之用是克肖天地之德也天地之事不過乎化天地之志不過乎神知化窮神則善述善繼天地之事志者也天地之心無幽明之間不愧屋漏之隱者乃無忝

于天地心性卽天地夙夜存心養性是夙夜匪懈以事天地也崇伯之子禹也酒能亂德惡旨酒乃顧天地父母之養也穎谷封人請遺羹于母以起鄭莊公之孝今我育天地所生之英才則是以孝心與其類也舜夔夔齊慄不弛勞而致父母之悅豫吾能竭力爲善以致天地之喜是舜之功也大舜逢父怒大杖則走小杖則受申生不明乎道以死爲恭成父之惡不可爲訓橫渠之意以爲遭遇讒邪此命也順受其死以恭順乎天地如申生之恭可也曾子得正而斃吾能處其正順受而全歸于天地是有曾參之孝也伯奇尹吉甫之子吉甫惑于後妻虐其子無衣無履而使踐霜挽車伯奇順父之令無怨尤于天地是乃若伯奇之孝也富貴福澤固天地之厚吾生貧賤憂戚亦天地之愛汝玉成于我也吾存則順事天地而不逆沒則安其心志而不亂是乃始終聽命于天地而爲天地至孝之子焉

劉蕺山曰訂頑云者醫書以手足痿痹爲不仁視人之但知有己而不知有人其病亦猶是則此篇乃求仁之學也仁者以天地萬物爲一體眞如一頭兩足合之百體然蓋原其付畀之初吾體吾性卽是天地吾胞吾與本同父母而君相任家督之責聖賢表合

德之選皆吾一體中人也然則當是時而苟有一夫不得其所其能自已于一體之痛乎于時保之畏天以保國也樂且不憂樂天以保天下也反是而違天則自賊其仁甚焉濟惡亦天之戮民而已然則君子宜何如以求其所爲一體之脈而通于民物乎必也反求諸身卽天地之所以與我者一一而踐之踐之心卽是窮神踐之事卽是知化而工夫則在不愧屋漏始于是有存養之功焉繼之有省察之要焉進之有推己及人以及天下萬世者焉天之生斯民也使先知覺後知使先覺覺後覺如是而已矣庶幾以之稱天地之肖子不虛耳若夫所遇之窮通順逆君子有弗暇問者功足以格天地贊化育尙矣其或際之屯亦無所逃焉道足以守身而令終幸也其或瀕之辱亦惟所命焉凡以善承天心之仁愛而死生兩無所憾焉斯已矣此之謂立命之學至此而君子眞能通天地萬物以爲一體矣此求仁之極則也歷引崇伯子以下言之皆以孝子例仁人云

東銘

戲言出于思也戲動作于謀也發乎聲見乎四支謂非己心不明也欲人無己疑不能也過言非心也過動非誠也失于聲繆迷其四體

謂己當然自誣也欲他人己從誣人也或者以出于心者歸咎爲己戲失于思者自誣爲己誠不知戒其出汝者歸咎其不出汝者長傲且遂非不知孰甚焉

劉蕺山曰此張子精言心學也戲言戲動人以爲非心而不知其出于心思與謀心之本乎人者也過言過動人以爲是心而不知其非心誠者心之本乎天者也心之本乎人者當如何以省察之而其不本乎天者當如何以克治之則學問之能事畢矣今也指其本乎心者曰吾戲耳而不知戒又指其不本乎心者曰是亦吾心也而不知咎則戲而不已必長其傲過而不已必遂其非適以自欺其本心之明不智孰甚焉夫學因明至誠而已矣然則西銘之道天道也東銘其盡人者與

正蒙

太和篇第一

太和所謂道中涵浮沈升降動靜相感之性是生絪緼相盪勝負屈伸之始其來也幾微易簡其究也廣大堅固起知于易者乾乎效法于簡者坤乎散殊而可象爲氣清通而不可象爲神不如野馬絪緼不足謂之太和語道者知此謂之知道學易者見此謂之見易不如

是雖周公才美其智不足稱也已

高忠憲曰太和陰陽會合沖和之氣也易曰一陰一陽之謂道張子本易以明器卽是道故指太和以名道蓋理之與氣一而二二而一者也理無形而難窺氣有象而可見假有象者而無形者可默識矣浮沈升降動靜者陰陽二氣自然相感之理是其體也絪緼交密之狀二氣摩盪勝負屈伸如日月寒暑之往來是其用也始猶資始之始變化皆從此始也幾微易簡謂此氣流行始則潛孚默運而已廣大堅固謂如亨利之時則富有日新雖金石無閑也起猶始也知猶主也效猶呈也法謂造化之詳密可見者此氣一鼓初無形迹而萬物化生不見其難者為乾之易及庶物露生洪纖畢達有迹可見亦不覺其勞者為坤之簡乾以此始物坤以此成物明非有他也散殊可象有彷彿之謂清通不可象明其不可測之意明非有二也野馬出莊子喻氣之浮沈升降如野馬飛騰無所羈絡而往來不息言太和之盛大流行充塞無閑也太和卽陰陽也易卽道也故知此謂之知道見此謂之見易明非陰陽之外別有所謂道也

太虛無形氣之本體其聚其散變化之客形爾至靜無感性之淵源

有識有知物交之客感爾客感客形與無感無形惟盡性者一之

　百家謹案此則最爲諦當盡性者能一之合性與命體用一源
　不落有無之見也

天地之氣雖聚散攻取百塗然其爲理也順而不妄氣之爲物散入無形適得吾體聚爲有象不失吾常太虛不能無氣氣不能不聚而爲萬物萬物不能不散而爲太虛循是出入是皆不得已而然也然則聖人盡道其閒兼體而不累者存神其至矣彼語寂滅者往而不反徇生執有者物而不化二者雖有閒矣以言乎失道則均焉聚亦吾體散亦吾體知死之不亡者可與言性矣

　百家謹案天地之間只一氣之循環而已著于物而有聚散而理無聚散性無聚散也順而不妄實理之自然也散入無形本非有減聚爲有象本非有增故曰適得吾體不失吾常焉高忠憲公曰聖人原始反終知夭壽不二故樂天安土存順沒寧所以爲存神之至彼二氏之失道則均焉又曰性無生死也何亡之有

知虛空卽氣則有無隱顯神化性命通一無二顧聚散出入形不形能推本所從來則深于易者也若謂虛能生氣則虛無窮氣有限體

用殊絶入老氏有生于無自然之論不識所謂有無混一之常若謂萬象爲太虛中所見之物則物與虛不相資形自形性自性形性天人不相待而有陷于浮屠以山河大地爲見病之説此道不明正由懵者略知體虛空爲性不知本天道爲用反以人見之小因緣天地明有不盡則誣世界乾坤爲幻化幽明不能舉其要遂躐等妄意而然不悟一陰一陽範圍天地通乎晝夜三極大中之矩遂使儒佛老莊混然一途語天道性命者不罔于恍惚夢幻則定以有生于無爲窮高極微之論入德之途不知擇術而求多見其蔽于詖而陷于淫矣

百家謹案先生以虛能生氣有生于無爲詖淫足見先生之學粹然可爲吾道大中之準蓋虛空卽氣爲物不二者也若謂虛能生氣則有無自相隔礙凡夫理氣心性體用動靜無之非二矣此二氏以無爲眞常有爲幻妄之根本也大傳曰一陰一陽之謂道陰陽迭運者氣也兩閒無無氣之處

氣坱然太虛升降飛揚未嘗止息易所謂絪緼莊生所謂生物以息相吹野馬者與此虛實動靜之機陰陽剛柔之始浮而上者陽之清降而下者陰之濁其感遇聚散爲風雨爲霜雪萬品之流形山川之

融結糟粕煨燼無非教也

百家謹案坱說文謂霧昧塵埃也狀氣絪緼盛大之象朱子曰坱然太虛此張子所謂虛空卽氣也

氣聚則離明得施而有形氣不聚則離明不得施而無形方其聚也安得不謂之客方其散也安得遽謂之無故聖人仰觀俯察但云知幽明之故不云知有無之故盈天地之間者法象而已文理之察非離不相覩也方其形也有以知幽之因方其不形也有以知明之故

百家謹案但云知幽明之故不云知有無之故一語使人豁然

氣之聚散于太虛猶冰凝釋于水知太虛卽氣則無無故聖人語性與天道之極盡于參伍之神變易而已諸子淺妄有有無之分非窮理之學也

太虛爲清清則無礙無礙故神反清爲濁濁則礙礙則形

程子曰一氣相涵周而無餘謂氣外有神神外有氣是兩之也清者爲神濁者何獨非神乎

凡氣清則通昏則壅清極則神故聚而有閒則風行而聲聞具達清之驗與不行而至通之極與

由太虛有天之名由氣化有道之名合虛與氣有性之名合性與知

覺有心之名

朱子曰本只是一箇太虛漸細分得密耳且太虛便是四者之總體而不離乎四者而言由氣化有道之名氣化是陰陽造化寒暑晝夜雨露霜雪山川木石金水火土皆是只此便是太虛但雜卻氣化說雖雜氣化說而實不離乎太虛未說到人物各具當然之理處合虛與氣有性之名有這氣道理便隨在裏面無此氣則道理無安頓處心之知覺又是那氣之虛靈底聰明視聽作爲運用皆是有這知覺方運用得這道理所以張子說人能宏道是心能盡性非道宏人是性不知檢其心

鬼神者二氣之良能也聖者至誠得天之謂神者太虛妙應之目凡天地法象皆神化之糟粕爾

天道不窮寒暑也衆動不窮屈伸也鬼神之實不越二端而已矣

兩不立則一不可見一不可見則兩之用息兩體者虛實也動靜也聚散也清濁也其究一而已

高忠憲曰本一氣而已而有消長故有陰陽有陰陽而後有虛實動靜聚散清濁之別也

感而後有通不有兩則無一故聖人以剛柔立本乾坤毀則無以見

易
游氣紛擾合而成質者生人物之萬殊其陰陽兩端循環不已者立天地之大義
日月相推而明生寒暑相推而歲成神易無方體一陰一陽陰陽不測皆所謂通乎晝夜之道也
晝夜者天之一息乎寒暑者天之晝夜乎天道春秋分而氣易猶人一寤寐而魂交魂交成夢百感紛紜對寤而言一身之晝夜也氣交爲春萬物糅錯對秋而言天之晝夜也氣本之虛則湛本無形感而生則聚而有象有象斯有對對必反其爲有反斯有仇仇必和而解故愛惡之情同出于太虛而卒歸于物欲倏而生忽而成不容有毫髮之閒其神矣夫
百家謹案列子曰神遇爲夢形接爲事所謂魂交卽神遇也蓋魄交魂而爲寤魂交魄而爲寐猶日出地而爲晝日入地而爲夜陽氣發生而爲春夏陽氣收藏而爲秋冬也
造化所成無一物相肖者以是知萬物雖多其實一物無無陰陽者以是知天地變化二端而已
萬物形色神之糟粕性與天道云者易而已矣心所以萬殊者感外

物爲不一也天大無外其爲感者絪緼二端而已
物之所以相感者利用出入莫知其鄉一萬物之妙者與
氣與志天與人有交勝之理聖人在上而下民咨氣壹之動志也鳳
凰儀志壹之動氣也

參兩篇第二

地所以兩分剛柔男女而效之法也天所以參一太極兩儀而象之
性也

高忠憲曰天輕清故理氣屬之地重濁故形質屬之剛柔男女皆
以兩而成形故地數兩者效其法而兩之太極兩儀本乎一而爲
二故天數三者象其性而三之男女兼人物言

一物兩體氣也一故神（兩在故不測）兩故化（推行于一）此天之所以
參也

高忠憲曰一物兩體即太極兩儀也太極理也而曰氣者氣以載
理理不離氣也氣惟一物故無在無不在而神是兩者以一而神
妙也氣惟兩體故一陰一陽而化是一者以兩而變化也

地純陰凝聚于中天浮陽（雲濠案浮陽一作純陽）運旋于外此天地
之常體也恆星不動純繫乎天與浮陽運旋而不窮者也日月五星

逆天而行幷包乎地者也地在氣中雖順天左旋其所繫辰象隨之稍遲則反移徙而右爾閒有緩速不齊者七政之性殊也月陰精反乎陽者也故其右行最速日爲陽精然其質本陰故其右行雖緩亦不純繫乎天如恆星不動金水附日前後進退而行者其理精深存乎物感可知矣鎭星地類然根本五行雖其行最緩亦不純繫乎地也火者亦陰質爲陽萃焉然其氣比日而微故其遲倍日惟木乃歲一盛衰故歲歷一辰辰者日月一交之次有歲之象也

百家謹案恆星不動純繫乎天此舊說也後歷悟恆星亦動但極微耳此歲差之所由生一歲右行五十秒二萬五千餘年一周天日月五星逆天而行先生本自不錯黃瑞節解日月五星亦順天左旋但其行稍遲反移徙而右若逆天而行者此言大謬矣蓋天左旋以北極爲樞恆星與七政右旋皆以黃道極爲樞日月五星各有其道每日所行各有度次如蟻行磨盤所謂日月麗乎天宿離不忒若果皆順天左旋則無所謂黃道白道躔離次舍日日滉瀁游移將日月亦不麗乎天而宿離焉能不忒哉且惟天左旋諸曜右旋左右勢力相抵而地得渾然中凝若俱左旋則地亦隨偏顛倒宇宙亦不得成世界矣種種諸繆

詳百家所作天旋篇蓋諸曜右旋是歷家從來本論儒者未得
以臆見強奪之右行日遲月速之說日月之高下懸殊則旋轉
之路有遠近此遲速之由也月精反陽日質本陰與五星之說
俱屬未然

凡圜轉之物動必有機既謂之機則動非自外也古今謂天左旋此
直至粗之論爾不考日月出沒恆星昏曉之變愚謂在天而運者惟
七曜而已恆星所以爲晝夜者直以地氣乘機左旋于中故使恆星
河漢因北爲南日月因天隱見太虛無體則無以驗其遷動于外也

百家謹案地轉之說西人歌白泥立法最奇太陽居天地之正
中永古不動地球循環轉旋太陰又附地球而行依法以推薄
食陵犯不爽纖毫蓋彼國歷有三家一多祿茂一歌白泥一第
谷三家立法迥然不同而所推之驗不異究竟地轉之法難信

天左旋處其中者順之少遲則反右矣

百家謹案先生前既言日月五星逆天而行又曰日月右行最
速今此言無乃自相矛盾乎

地物也天神也物無踰神之理顧有地斯有天若其配然爾

朱子曰天包乎地天之氣又行乎地之中故橫渠云地對天不過

地有升降日有修短地雖凝聚不散之物然二氣升降其閒相從而不已也陽日上地日降而下者虛也陽日降地日進而上者盈也此一歲寒暑之候也至于一晝夜之盈虛升降則以海水潮汐驗之爲信然閒有小大之差則繫日月朔望其精相感

百家謹案地有升降固是四游荒唐之說卽余襄公圖序云潮之消息皆係于月亦非定論惟朱有中之潮蹟其說最精潮之升降大小應乎節氣節氣輪轉潮汛隨之然以之論淞浙之潮則合而他方之潮有一日一長者有一日四長者有一月兩長者有一年一長者有潛滋暗長者有來如排山烱電者此又何以例之百家私忖造物凡創設一種類必極盡其變化假觀木類松葉細如針桃葉大如蓋種種奇形異狀不可勝數飛潛動植土石之類皆然何于水獨不然海之有潮猶婦人之行經以一月爲期而有信然亦有逾月者有不及月者有四季者有暗轉者種種不一可無疑于潮矣

日質本陰月質本陽故于朔望之際精魄反交則交爲之食矣

吳臨川曰由北直南而從分之謂之度由東至西而橫截之謂之道月二十九日半有奇而與日同度是爲朔十四日九時有奇而

與日對度是爲望合朔之時從雖同度橫不同道若橫亦同道則月揜日而日蝕對望之時從雖對度橫不對道若橫亦對道則日射月而月蝕其蝕之分數由同道對道所交之多寡

百家謹案鮑雲龍天原發微比日月于離坎卦中畫之陰陽先生所云日質本陰月質本陽即此說也至于日食則由日高月卑朔日月行密近于黃白交道日體爲月魄所掩故光爲之食月食則由日大月小地球小于日輪大于月輪當望時地球閼于日月之中有景在天是名闇虛此時月行交道內外遠于黃道則地影不能及月體則不食若當望時月行交道近黃白相交之處經由地景之中日光不照則月食疑者以爲春秋二分食于卯酉之正日月相望其平如衡地猶在下烏有影能蔽月乎不知此由清蒙氣之能使物象升卑爲高也其詳在百家所纂明史歷志中

虧盈法月于人爲近日遠在外故月受日光常在于外人視其終初如鉤之曲及其中天也如半璧然此虧盈之驗也

百家謹案古今皆言月有闕惟沈存中云無闕蓋月受日光其一面常圓但人從下視之月與日相近時日在上則其光所見

如鉤月與日對照時則其光滿如璧耳

月所位者陽故受日之光不受日之精相望中弦則光爲之食精之不可以二也

日月雖以形相物考其道則有施受健順之差焉星月金水受光于火日陰受而陽施也

陰陽之精互藏其宅則各得其所安故日月之形萬古不變若陰陽之氣則循環迭至聚散相盪升降相求絪緼相糅蓋相兼相制欲一之而不能此其所以屈伸無方運行不息莫或使之不曰性命之理謂之何哉

日月得天得自然之理也非蒼蒼之形也

閏餘生于朔不盡周天之氣而世傳交食法與閏異術蓋有不知而作者爾

劉近山曰日之行三十日五時而歷一辰則爲一月之氣月之行二十九日六時有奇而與日會則爲一月之朔每月氣盈五時有奇朔虛六時不滿積十二氣盈凡五日三時不滿積十二朔虛凡五日七時有奇一歲氣盈朔虛共十日十一時有奇將及三歲則積之三十日而置閏曰行所多爲氣盈又曰陽贏月行所少爲朔

虛又曰陰縮氣盈朔虛之積是爲閏餘氣之分與朔之分至十九年而皆齊所謂氣朔分齊而爲一章此但云朔不盡者就周天二十四氣言之月有大小朔不得盡其氣而置閏也雖言朔虛而氣盈在其中矣然此置閏之法其日月交食之法亦當類此而推非與閏異術也

百家謹案推置閏術易推交食法難此由先生不諳歷法臆度言之上數節大略皆然

陽之德主于遂陰之德主于閉

陰性凝聚陽性發散陰聚之陽必散之其勢均散陽爲陰累則相持爲雨而降陰爲陽得則飄揚爲雲而升故雲物班布太虛者陰爲風驅斂聚而未散者也凡陰氣凝聚陽在內者不得出則奮擊而爲雷霆陽在外者不得入則周旋不舍而爲風其聚有遠近虛實故雷風有大小暴緩和而散則爲霜雪雨露不和而散則爲戾氣曀霾陰常散緩受交于陽則風雨調寒暑正

百家謹案此先生以陰陽之氣測想風雨露雷之由也近代西人之說甚詳略述大旨自地而上二百六十里有奇爲氣域氣域分爲三際近地者爲和際中爲冷際上爲熱際種種變化悉

在此氣中下地水火土爲天行所吸則騰聚于氣中鬱然成雲散而爲雨當其未散火在于中爲氣水所束不得出走則殷殷有聲破裂而出遂成大響而雹正其光之奔飛者也火既破氣而出成爲雷霆若火已盡則不復風或火勢盛未得及土橫而行地上則風雷交作其有風而不雨者火之升也不受水迫卽返下土爲氣遏抑未獲遽達遂橫奔動氣而爲風水上升而火不上則有雨而無風火上升而水不上則有風而無雨火土並蒸則或風止而繼之以雨或甚而風以散之或甚而風雨並作總視其勢之先後盛衰焉水土並上土多于水則爲霧土自獨上奔散之際則成霾水升僅達氣之和際則爲雨爲露入于冷際遂成霜雪入冷再深則爲雹然霜雪在冬而雹在夏者夏時炎烈上升之勢銳能直入冷之最深處故結而爲雹冬則上升之勢緩僅及冷際遂爲霜雪也然夏時何以無霜雪蓋夏時和際之氣暖能爲冷際之氣解惟入最冷處凝而爲雹始不能爲之解也且夏時之雨狹而速雲興卽雨不待至冷際而已降矣其直上不降至最冷際而爲雹者偶然也冬雲需緩而廣非經數日雲氣不成故至冷際而結爲霜雪者常然也種種變化悉

出于自然而其所從感因日月星辰往來運動能吸引下地之
火氣水土四行不特月離于箕則多風離于畢則多雨也經緯
星辰性情不齊各能施效故精于天文及分野者推此年之躔
度卽可知此年之水旱也

天象者陽中之陰風霆者陰中之陽
雷霆感動雖速然其所由來亦漸爾能窮神化所從來德之盛者與

火日外光能直而施金水內光能闢而受受者隨材各得施者所應
無窮神與形天與地之道與

百家謹案日火外景金水內景說本淮南天以陽神爲用故直
而施能照萬物而不可犯地以陰形爲質故闢而受隨物肖形
而可親狎是火日神之屬有天之道金水形之屬有地之道道
家謂日火揚光于外故有食有滅金水潛光于內故無窮以爲
收視返聽潛神不曜養生之法

木曰曲直能旣曲而反申也金曰從革一從革而不能自反也水火
氣也故炎上潤下與陰陽升降土不得而制焉木金者土之華實也
其性有水火之雜故木之爲物水漬則生火然而不離也蓋得土之
浮華于水火之交也金之爲物得火之精于土之燥得水之精于水

之濡故水火相待而不相害鑠之反流而不耗蓋得土之精實于水火之際也土者物之所以成始而成終地之質也化之終也水火之所以升降物兼體而不遺者也

高忠憲曰曲直從革書傳本謂曲而又直從而又革張子則作一義說水之濡當作土之濡朱子曰五行之說正蒙說得最好不輕下一字

冰者陰凝而陽未勝也火者陽麗而陰未盡也火之炎水之蒸有影無形能散而不能受光者其氣陽也

陽陷于陰爲水附于陰爲火

百家謹案參兩篇尤先生之極深思索以談造化者也但歷法一道至今愈加精密凡各曜之遠近大小行度薄食陵犯灼然可見可推非可將虛話臆度也伊川云正蒙中說得有病處殆此類與

天道篇第三

天道四時行百物生無非至教聖人之動無非至德夫何言哉

天體物不遺猶仁體事無不在也禮儀三百威儀三千無一物而非仁也昊天曰明及爾出王昊天曰旦及爾游衍無一物之不體也

朱子曰此數句從赤心片片說出來荀楊豈能到

劉蕺山曰天無一物不體處即是仁無一事不在處

上天之載有感必通聖人之爲得爲而爲之也

高忠憲曰上天之載寂然不動而感則必通聖人之心寂然無爲而得爲則爲明其順應而無所矯強也

天不言而四時行聖人神道設教而天下服誠于此動于彼神之道與

天不言而信神不怒而威誠故信無私故威

天之不測謂神神而有常謂天

孫鍾元曰天與神非二見聖人即天

運于無形之謂道形而下者不足以言之

高忠憲曰即有形之中而指言其無形之道曰運于無形非外形而別有運于無形之道也

鼓萬物而不與聖人同憂天道也聖不可知也無心之妙非有心所及也

不見而章已誠而明也不動而變神而化也無爲而成爲物不貳也

已誠而明故能不見而章不動而變無爲而成

富有廣大不禦之盛與日新悠久無疆之道與

天之知物不以耳目心思然知之之理過于耳目心思天視聽以民明威以民故詩書所謂帝天之命主于民心而已焉

化而裁之存乎變存四時之變則周歲之化可裁存晝夜之變則百刻之化可裁推而行之存乎通推四時而行則能存周歲之通推晝夜而行則能存百刻之通

高忠憲曰此借易語言人之存心蓋吾心之神即天地之一闔一闢之變往來不窮之通存之而四時晝夜之變通不外于是也

神而明之存乎其人不知上天之載當存文王默而成之存乎德行學者常存德性則自然默成而信矣存文王則知天載之神存衆人則知物性之神

高忠憲曰此亦欲人之存心文王純亦不已即上天之載也故存文王所存則知天載之神德性者衆人所受于天之正理常存德性所謂存衆人也故知物性之神

谷之神也有限故不能通天下之聲聖人之神唯天故能周萬物而知

高忠憲曰谷神本老子語谷而謂之神者言谷之虛也故聲達焉

則嚮應之然其神有限故不能通天下之聲聖人之神卽天也故知周萬物

聖人有感無隱正猶天道之神

形而上者得意斯得名得名斯得象不得名非得象者也故語道至于不能象則名言亡矣

高忠憲曰象者猶言性情情狀凡有實得者必可名言可名斯可象如實見天道斯得其元亨利貞之名得其名斯得其生長收藏之象苟恍惚不可爲象豈復有可名言哉

世人知道之自然未始識自然之爲體爾

有天德然後天地之道可一言而盡

貞明不爲日月所眩貞觀不爲天地所遷

神化篇第四

神天德化天道德其體道其用一于氣而已

高忠憲曰不外乎陰陽故曰一于氣而已

神无方易无體大且一而已爾

高忠憲曰旣大且一故無方所無形體之可求也

虛明照鑒神之明也無遠近幽深利用出入神之充塞無閒也

天下之動神鼓之也辭不鼓舞則不足以盡神

鬼神往來屈伸之義故天曰神地曰示人曰鬼神示者歸之始歸往者來之終

百家謹案往來屈伸之義與天神人鬼地示何相關合昔嘗思之一陰一陽一氣之往來時屈而歸謂之鬼時伸而來謂之神總之陰陽之靈氣也太虛生人生物知氣變化靈爽不測無處無靈爽卽無處非鬼神在天爲化育時行物生是也在人爲精神聰明靈爽是也在人爲魂魄生死聚散是也在事爲動靜起居作息是也在墠壝宗廟爲天祖日星嶽瀆下而至于門行井竈皆是也所以中庸言鬼神之爲德其盛矣乎視之而弗見聽之而弗聞體物而不可遺夫體物而不可遺明以兩閒之氣化言鬼神矣而下忽接言祭祀又曰誠之不可揜如此此言鬼神之至精也蓋鬼神既爲陰陽之靈氣無處非鬼神而人尤爲鬼神之會蓋物之靈者莫過于人心而人心之與鬼神相接者尤在祭祀當其愾然肅然不見者如或見之不聞者如或聞之是祭祀者正所以通幽明洽人神以吾心之精誠對鬼神之靈爽焄蒿悽愴洋洋如在爲物爲變情狀畢露矣此先生具是意于

言中而未發者也

形而上者得辭斯得象矣神爲不測故緩辭不足以盡神化爲難知故急辭不足以體化

朱子曰神自是急底物事緩辭如何形容之如陰陽不測之謂神神无方易无體皆是急辭化是漸漸而化若急辭以形容之則不可也

氣有陰陽推行有漸爲化合一不測爲神其在人也知義用利則神化之事備矣德盛者窮神則知不足道知化則義不足云天之化也運諸氣人之化也順夫時非氣非時則化之名何有化之實何施中庸曰至誠爲能化孟子曰大而化之皆以其德合陰陽與天地同流而無不通也所謂氣也者非待其蒸鬱凝聚接于目而後知之苟健順動止浩然湛然之得言皆可名之象爾然則象若非氣指何爲象時若非象指何爲時世人取釋氏銷礙入空學者舍惡趨善以爲化此直可爲始學遣累者薄乎云爾豈天道神化所同日語哉

朱子曰神化二字雖程子說得亦不甚分明惟是橫渠推出來曰推行有漸爲化合一不測爲神又曰一故神兩在故不測言兩在者或在陰或在陽在陰時全體都是陰在陽時全體都是陽化是

逐一挨將去底一日復一日一月復一月節節挨將去便成一年這是化

高忠憲曰天地有陰陽在人有知義知藏于中爲事之幹者神也義形于外制事之宜者化也知義用利者知與義用之利也至德盛而窮神知化則知義皆下學之事而不足言矣時卽氣之推行者

變則化由粗入精也化而裁之謂之變以著顯微也谷神不死故能微顯而不揜

高忠憲曰變有形化無迹故曰由粗入精化而裁之者如一歲之化裁作四時之變以變顯化也皆神之所爲故至微至顯昭著而不可揜前言谷神有限此又借谷神以明神也

鬼神常不死故誠不可揜人有是心在隱微必乘閑而見故君子雖處幽獨防亦不懈

百家謹案鬼神體物不遺散在兩閒而其所聚則尤在人心蓋人心之靈卽鬼神之靈也本渾合無間二之不得故人心纔動氣卽感通無隱不見相在爾室君子之慄慄危懼雖欲不愼獨不可得也

神化者天之良能非人能故大而位天德然後能窮神知化大可爲也大而化不可爲也在熟而已易謂窮神知化乃德盛仁熟之致非智力能強也

大而化之能不勉而大也不已而天則不測而神矣

先後天而不違順至理以推行知無不合也雖然得聖人之任者皆可勉而至猶不害于未化爾大幾聖矣化則位乎天德矣大則不驕化則不吝

無我而後大大成性而後聖聖位天德不可致知謂神故神也者聖而不可知

見幾則義明動而不括則用利屈伸順理則身安而德滋窮神知化與天爲一豈有我所能勉哉乃德盛而自致爾

精義入神事豫吾內求利吾外也利用安身素利吾外致養吾內也窮神知化乃養盛自致非思勉之能強故崇德而外君子未或致知也

高忠憲曰括結礙也見事之幾微則事得其宜動而不括矣故能屈伸順理身安而德崇易曰知幾其神乎精義入神者知幾而已精義入神妙處使事理素定于內而用乃利豫利吾外而內乃安

蓋內外交相養皆崇德之事若夫窮神知化乃德盛自致君子無容心焉先難後獲也

神不可致思存焉可也化不可助長順焉可也存虛明久至德順變化達時中仁之至義之盡也知微知彰不舍而繼其善然後可以成人性矣

葉六桐曰陰陽不測之謂神故不可致思推行有漸之謂化故不可助長存此心之虛明則成至德所以存神而爲仁之至也順天理之變化而達時中所以順化而爲義之盡也微者神之妙彰者化之著知微知彰不舍而繼善成性與一陰一陽之天道無殊矣

聖不可知者乃天德良能立心求之則不可得而知之聖不可知謂神莊生繆妄又謂有神人焉

惟神爲能變化以其一天下之動也人能知變化之道其必知神之爲也

翁祖石曰羣動萬殊神妙萬物故曰一天下之動變化卽神也聖人存神而達化人果知變化之道則上文聖不可知謂神神亦奚不可知

見易則神其幾矣

知幾其神由經正以貫之則寧用終日斷可識矣幾者象見而未形也形則涉乎明不待神而後知也吉之先見云者順性命則所先皆吉也

百家謹案易知幾其神之幾卽異于禽獸幾希之幾此所謂天良人之所以爲人者全在此靜則中存動則先見不容蓋藏孩提愛敬乍見惻隱與不爲不欲之心凡聖之所同也何有不貫何有不知但此先見之幾無有不吉而一轉念則惡聲納交要譽等心紛然並至惟能奉此先心而無違如無爲其所不爲無欲其所不欲此卽聖人順性命之理故所先皆吉也

知神而後能饗帝饗親見易而後能知神是故不聞性與天道而能制禮作樂者未矣

精義入神豫之至也

徇物喪心人化物而滅天理者乎存神過化忘物累而順性命者乎

高忠憲曰徇物欲卽滅天理忘物累卽順性命閒不容髮者乎

敦厚而不化有體而無用也化而自失焉徇物而喪己也大德敦化然後仁智一而聖人之事備性性爲能存神物物爲能過化

無我然後得正己之盡存神然後妙應物之感範圍天地之化而不

過過則溺于空淪于靜既不能存夫神又不能知夫化矣
旁行不流圓神不倚也百姓日用而不知溺于流也
義以反經爲本經正則精仁以敦化爲深化行則顯義入神動一靜
也仁敦化靜一動也仁敦化則無體義入神則無方
葉六桐曰處事之謂義存心之謂仁義入神仁敦化卽易顯諸仁
藏諸用意也

動物篇第五

動物本諸天以呼吸爲聚散之漸植物本諸地以陰陽升降爲聚散之漸物之初生氣日至而滋息物生既盈氣日反而游散至之爲神以其伸也反之爲鬼以其歸也

氣于人生而不離死而游散者謂魂聚成形質雖死而不散者謂魄

海水凝則冰浮則漚然冰之才漚之性其存其亡海不得而與焉推是足以究死生之說（伊川程子改與爲有）

有息者根于天不息者根于地根于天者不滯于用根于地者滯于方此動植之分也

生有先後所以爲天序小大高下相並而相形焉是爲天秩天之生物也有序物之既形也有秩知序然後經正知秩然後禮行

凡物能相感者鬼神施受之性也不能感者鬼神亦體之而化矣

高忠憲曰凡物能交感者固鬼神施受之性如草木之不能感者鬼神亦體之而變化見鬼神之體物不遺也

物無孤立之理非同異屈伸終始以發明之則雖物非物也事有始卒乃成非同異有無相感則不見其成不見其成則雖物非物故一屈伸相感而利生焉

獨見獨聞雖小異怪也出于疾與妄也共見共聞雖大異誠也出陰陽之正也

賢才出國將昌子孫才族將大

人之有息蓋剛柔相摩乾坤闔闢之象也

寤形開而志交諸外也夢形閉而氣專乎內也寤所以知新于耳目夢所以緣舊于習心醫謂饑夢取飽夢與凡寤夢所感專語氣于五藏之變容有取焉爾

聲者形氣相軋而成兩氣者谷響雷聲之類兩形者桴鼓叩擊之類形軋氣羽扇敲矢之類氣軋形人聲笙簧之類是皆物感之良能人皆習之而不察者爾

林鬳齋曰敲莊子作嚆即鳴鏑今響箭也

形也聲也臭也味也温涼也動靜也六者莫不有五行之別同異之變皆帝則之必察者歟

誠明篇第六

誠明所知乃天德良知非聞見小知而已

天人異用不足以言誠天人異知不足以盡明所謂誠明者性與天道不見乎小大之別也

義命合一存乎理仁知合一存乎聖動靜合一存乎神陰陽合一存乎道性與天道合一存乎誠

百家謹案義命合一存乎理一語此先生破荒之名言先儒多忽略看過不得其解百家讀明儒學案孫文介淇澳傳而有悟于先生斯語之精世儒說天命義理之外別有一種氣運之命雜糅不齊文介謂孟子曰天之高也星辰之遠也苟求其故千歲之日至可坐而致也是在天氣運之行無不齊也而獨命人于氣運之際顧有不齊乎哉蓋氣之流行往來必有過必有不及顧寒暑不能不錯雜治亂不能不循環以世人畔援歆羨之心當死生得喪之際無可奈何而歸之運命寧有可齊之理然天惟福善禍淫其所以福善禍淫全是一段至善一息如是千

古如是不然則千古生理滅息矣此萬有不齊中一點真主宰

此卽先生義命合一存乎理之真詮也

天所以長久不已之道乃所謂誠仁人孝子所以事天誠身不過不已于仁孝而已故君子誠之爲貴

誠有是物則有終有始僞實不有何終始之有故曰不誠無物

自明誠由窮理而盡性也自誠明由盡性而窮理也

性者萬物之一源非有我之得私也惟大人爲能盡其道是故立必俱立知必周知愛必兼愛成不獨成彼自蔽塞而不知順吾理者則亦末如之何矣

天能爲性人謀爲能大人盡性不以天能爲能而以人謀爲能故曰天地設位聖人成能

高忠憲曰性雖有自然之天能大人必循其當然之理以盡之今世之語自然而諱言思勉者其亦不知聖人成能之旨矣

葉雨垓曰人能者大人裁成輔相以補天地之所不能以自成其能

盡性然後知生無所得則死無所喪

高忠憲曰生死者形也性豈有生死哉是以君子夭壽不貳實見

其無二也

孫鍾元曰生順没寧無得亦無喪

未嘗無之謂體體之謂性

天所性者通極于道氣之昏明不足以蔽之天所命者通極于性遇之吉凶不足以戕之不免乎蔽之戕之者未之學也性通乎氣之外命行乎氣之內氣無內外假有形而言爾故思知人不可不知天盡其性然後能至于命

高忠憲曰人受爲性天賦爲命受者受于天故亦爲天所性通者通達無閒極者推致其極天所性者囿于氣中有昏明之不同矣然通極于道則雖愚必明也氣之昏明何足以蔽之天所命者各有分限有吉凶之不同矣然通極于性雖殺身亦以成仁遇之吉凶何足以戕之通極處皆學也不學則未免于蔽之戕之矣性通氣之外命行氣之內內外者以人之成形而言天人一也更不分別人不知天則塊然形骸而已知則可以盡性而至于命也

知性知天則陰陽鬼神皆吾分內爾

葉六桐曰世人妄談陰陽鬼神而不知即在吾身初非有二

天性在人正猶水性之在冰凝釋雖異爲物一也受光有小大昏明

其照納不二也
高忠憲曰以水喻天以冰喻人以凝釋喻生死以受光喻氣稟之不同以照納喻性之不二

天良能本吾良能顧爲有我所喪爾

上達反天理下達徇人欲者與

性其總合兩也命其受有則也不極總之要則不至受之分盡性窮理而不可變乃吾則也天所自不能已者謂命不能無感者謂性雖然聖人猶不以所可憂而同其無憂者有相之道存乎我也

百家謹案此節講性命語頗艱澀難解朱子亦謂其語未親切然細案之亦可咀味性無有二宇宙以來只此一物故云性其總以其爲總會處也人人各得有合兩之象人受命于天夭壽窮達不齊各有一定之則不窮理盡性推極其總之要則不能致于命而得其所受之分逮窮理盡性而所受之命不可變蓋知吾受分之有則也然此命也天亦莫知其所以然而自不能已者至于性之在人則爲天下古今之所總通極于道有感必應上文所謂氣之昏明不足以蔽之何不可知人知天盡性以至命也下言聖人之憂蓋天與聖人一也而聖人有憂者欲盡

其輔相之道而不能同天地之無憂也
湛一氣之本攻取氣之欲口腹于飲食鼻舌于臭味皆攻取之性也知德者屬厭而已不以嗜欲累其心不以小害大末喪本焉爾
心能盡性人能宏道也性不知檢其心非道宏人也
盡其性能盡人物之性至于命者亦能至人物之命莫不性諸道命諸天我體物未嘗遺物體我知其不遺也至于命然後能成己成物而不失其道
以生爲性既不通晝夜之道且人與物等故告子之妄不可不詆
百家謹案生者氣也生之理性也人有人之生物有物之生則人有人之性物有物之性生之謂性未嘗不是惟是告子渾羽雪玉于白同牛犬于人入于儱侗開後世禪門之路徑所以可詆
性于人無不善繫其善反不善反而已過天地之化不善反者也命于人無不正繫其順與不順而已行險以僥倖不順命者也
形而後有氣質之性善反之則天地之性存焉故氣質之性君子有弗性者焉
程子曰學至氣質變化方是有功

朱子曰氣質之說起于張程極有功于聖門有補于後學前此未曾說到故張程之說立則諸子之說泯矣

黃勉齋曰自孟子言性善而荀卿言性惡楊雄言善惡混韓文公言三品及至橫渠分爲天地之性氣質之性然後諸子之說始定蓋自其理而言之不雜乎氣質而爲宗則是天地賦與萬物之本然者而寓乎氣質之中也故其言曰善反之則天地之性存焉蓋謂天地之性未嘗離乎氣質之中也其以天地爲言特指其純粹至善乃天地賦予之本然也曰形而後有氣質之性其所以有善惡之不同者何也曰氣有偏正則所受之理隨而偏正氣有昏明則所受之理隨而昏明木之氣盛則金之氣衰故仁常多而義常少金之氣盛則木之氣衰故義常多而仁常少若此者氣質之性有善惡也曰既言氣質之性有善惡則不復有天地之性矣子思子又有未發之中何也曰性固爲氣質所雜矣然方其未發也此心湛然物欲不生則氣雖偏而理自正氣雖昏而理自明氣雖有羸乏而理則無勝負及其感物而動則或氣動而理隨之或理動而氣挾之由是至善之理聽命于氣善惡由之而判矣此未發之前天地之性純粹至善而子思之所謂中也記曰人生而靜天之

性也程子曰其本也真而靜其未發也五性具焉則理固有寂感
而靜則其本也動則有萬變之不同焉嘗以是質之先師答曰未
發之前氣不用事所以有善而無惡至哉此言也

真西山曰張子有言爲學大益在自求變化氣質此卽所謂善反
之者也

百家謹案先生雖言有氣質之性下卽言君子有弗性焉是仍
不以氣質之性爲性也奈何後之言性者竟分天命氣質爲性
乎楊晉庵東明曰氣質之外無性盈宇宙只是渾淪元氣生天
生地生人物萬殊都是此氣爲之而此氣靈妙自有條理便謂
之理夫惟理氣一也則得氣清者理自昭著得氣濁者理自昏
暗蓋氣分陰陽中含五行不得不雜糅不得不偏勝此人性所
以不皆善也然太極本體立二五根宗雖雜糅而本質自在縱
偏勝而善根自存此人所以無不善也先遺獻謂晉庵之言可
謂一洗理氣爲二之謬而其閒有未瑩者則以不皆善者之認
爲性也夫不皆善者是氣之雜糅而非氣之本然其本然者可
指之爲性其雜糅者不可以言性也天地之氣寒暑往來寒必
于冬暑必于夏其本然也有時冬而暑夏而寒是爲愆陽伏陰

失其本然之理矣失其本然便不可名之爲理也然天地不能無愆陽伏陰之寒暑而萬古此冬夏寒暑之常道則一定之理也人生之雜糅偏勝卽愆陽伏陰也而人皆有不忍人之心所謂厥有恆性豈可以雜糅偏勝者當之雜糅偏勝不恆者也是故氣質之外無性氣質卽性也第氣質之本然者是性失其本然者非性此毫釐之辨

百家又案先生言善反之則天地之性存焉此則所謂變化氣質也夫湯武之反不遠之復由違乎性故須反復乎性也若既以氣質之外無性則性又何須變化乎呂巾石懷由先生之說專以變化氣質爲宗旨以爲氣質由身而有不能無偏猶水火木金各以偏氣相勝偏氣勝則心不能統之矣皆因心同形異是生等差故學者求端于天不爲氣質所局矣此言似是而有辨先遺獻曰氣之流行不能無過不及故人之所稟不能無偏氣質雖偏而中正者未嘗不在也猶天之寒暑雖有過不及而盈虛消息卒歸于太和以此證氣質之善無待于變化理不能離氣以爲理心不能離身以爲心若氣質必待變化是心亦須變化也今曰心之本來無病由身之氣質而病則身與心判然

爲二物矣孟子言陷溺其心者爲歲未聞氣質之陷溺其心也蓋橫渠之失渾氣質于性巾石之失離性于氣質總由看習不清楚耳

百家又案氣質之性與變化氣質之說先遺獻辨之明矣猶有疑氣質卽性又不須變化然則人皆聖人無不善之人與百家曰惡是何言也夫所謂氣質卽性者謂因氣質而有天命之性離氣質無所謂性也性旣在此氣質性無二性又安所分爲義理之性氣質之性乎然氣質實有清濁厚薄之不同而君子不以爲性者以性是就氣質中之指其一定而有條不紊乃天下古今之所同然無異者而言故別立一性之名不然只云氣質足矣又何必添造別設一性之名乎子劉子曰氣質還他是氣質如何扯著性性是氣質中指點義理者非氣質卽爲性也清濁厚薄不同是氣質一定之分爲習所從出者氣質就習上看不就性上看以氣質言性是以習言性也可謂明切矣所謂氣質無待于變化者以氣質之本然卽人之恆性無可變化若氣質之雜糅偏勝者非氣質之本然矣故曰氣質無待變化非謂高明可無柔克沈潛可無剛克也

人之剛柔緩急有才與不才氣之偏也天本參和不偏養其氣反之本而不偏則盡性而天矣性未成則善惡混故亹亹而繼善者斯爲善矣惡盡去則善因以亡故舍曰善而曰成之者性

百家謹案先生之言才就人有氣質之偏故有才有不才言性亦因有氣質之偏之混故必待盡性而後成性若論其本然孟子言性善又曰若夫爲不善非才之罪則性固不待人爲而後成才亦無有才不才之別何以言之氣質者天地生人之本宇宙聖愚之所同也因氣質而指其有性是性者卽從氣質之本然者而名之非氣質之外別有性也性旣是氣質則氣質之偏者非惟不可言性幷不可言氣質也奈何將氣質之偏者混擾于性中乎蓋氣質之偏者習也習不因墮地後而始有五方土地之風俗父母胎中之習養此卽麰麥之肥磽人事雨露也豈得謂麰麥之才有殊乎先遺獻曰氣質卽是情才由情才之善而見性善不可言性善而後情才善也若氣質有不善便是情才不善情才不善則荀子之性惡不可謂非矣至于成性與盡性則大有分別盡性屬人力成性則本成之性是天之所生人力絲毫不得而與故但有知性而無爲性之理先生之言性由

人而成失大易之旨矣

楊開沅謹案成性之說始于董子天人策張子未能擺脫其說亦氣質之性誤之也氣質自氣質如何云性況氣質本無不善哉

德不勝氣性命于氣德勝其氣性命于德窮理盡性則性天德命天理氣之不可變者獨死生修夭而已故論死生則曰有命以言其氣也語富貴則曰在天以言其理也此大德所以必受命易簡理得而成位乎天地之中也所謂天理也者能悅諸心能通天下之志之理也能使天下悅且通則天下必歸焉不歸焉者所乘所遇之不同如仲尼與繼世之君也舜禹有天下而不與焉者正謂天理馴致非氣稟當然非志意所與也必曰舜禹云者餘非乘勢則求焉者也

高忠憲曰性者天所命德者己所成氣血氣也德不勝氣則性命皆由于氣德勝其氣則性命皆由于德窮理盡性則德勝其氣故性能全天德命能順天理而氣變矣其不可變者獨死生修夭故曰有命言其氣之一定也若富貴則曰在天言有當得之理也故有易簡之大德必受命而成位乎天地之中以天理能悅心通志爲天下所必歸有不歸者如仲尼益伊尹周公有繼世之君所乘

所遇之不同也舜禹正由天理馴致天下之歸非氣稟當然非志意所與故曰有天下而不與其餘有天下者非乘勢則求焉不可謂其不與矣

利者爲神滯者爲物是故風雷有象不速于心心禦見聞不宏于性

高忠憲曰禦止也爲見聞所梏也風雷猶有象故不如心之速心禦見聞故不如性之宏然則人心無物則不滯而神矣

上智下愚習與性相遠既甚而不可變者也

楊開沅謹案先生解上智下愚句以習言蒙上相遠句不以性言也故曰氣質之性君子有弗性者焉與程子解殊別

纖惡必除善斯成性矣察惡未盡雖善必粗矣

不識不知順帝之則有思慮知識則喪其天矣君子所性與天地同流異行而已焉

在帝左右察天理而左右也天理者時義而已君子教人舉天理以示之而已其行己也述天理而時措之也

高忠憲曰大雅文王之詩本謂文王之神無時不在上帝之左右張子借在爲察謂察天理而左右不違也時義者隨時之義時中之謂也舉此以教人述此以行己所謂在帝左右也

和樂道之端乎和則可大樂則可久天地之性久大而已矣莫非天也陽明勝則德性用陰濁勝則物欲行領惡而全好者其必由學乎

黃文潔曰按誠明篇語性之廣大無如萬物一源之語論性之精切無如氣質弗性之語此陽明陰濁分别尤淨

劉蕺山曰若領好以用惡手勢更捷然在學者分上只得倒做

不誠不莊可謂之盡性窮理乎性之德也未嘗僞且慢故知不免乎僞慢者未嘗知其性也

勉而後誠莊非性也不勉而誠莊所謂不言而信不怒而威者與

生直理順則吉凶莫非正也不直其生者非幸福于回則免難于茍也

屈伸相感而利生感以誠也情僞相感而利害生雜之僞也至誠則順理而利僞則不循理而害順性命之理則所謂吉凶莫非正也逆理則凶爲自取吉其險幸也

高忠憲曰情實也天以屈伸相感則萬物生生而無不利人以情僞相感則有利有害以雜之僞焉耳

莫非命也順受其正順性命之理則得性命之正滅理窮欲人爲之

招也

高忠憲曰滅理窮欲以取禍則人爲之招而非命之正矣

大心篇第七

大其心則能體天下之物物有未體則心爲有外世人之心止于聞見之狹聖人盡性不以見聞梏其心其視天下無一物非我孟子謂盡心則知性知天以此天大無外故有外之心不足以合天心見聞之知乃物交而知非德性所知德性所知不萌于見聞

朱子曰性理流行脈絡貫通無有不到苟一物有未體則便有不到處包括不盡是心爲有外蓋私意閒隔而物我對立則雖至親且未必能無外矣又曰今人理會學先于見聞上做工夫到然後脫然貫通蓋尋常見聞一事只知得一箇道理若到貫通便都是一理

高忠憲曰心與天一而已矣心大無外天大無外天體物而不以故物有未體則心爲有外有外之心不足以合天心也世人之心梏于見聞之狹聖人窮理以盡其心之全體則知性知天而無有外之心矣不萌于見聞不因見聞而萌也

百家謹案心處身中纔方寸耳而能彌六合而無外者由其虛

竅爲氣之橐籥而最靈也蓋盈天地閒惟此於穆乾知其氣流行不已其凝聚者在人身而身之氣又朝宗于心故此人人各具之一心實具天地萬物之全氣氣全而理卽全非謂我一人之心僅爲分得之家當也是故論斯心之本體聖不加多愚不加少箇箇人心有仲尼原不待體物而始無外也由一心以措天地萬物則無不貫由天地萬物以補湊此心則眼中之金屑矣先生之云物有未體則心爲有外正言聖人盡性天下無一物非我所謂德性之知非世人見聞之知也若恃見聞以體物物可勝體乎適足以梏其心而已

由象識心徇象喪心知象者心存象之心亦象而已謂之心可乎

百家謹案天下之物皆象也由耳目口鼻父子君臣以至云爲事物皆是也格物致知則由象可以悟心玩物喪志則徇象適以喪心存象之心心滯于象而自失其虛明矣

人謂己有知由耳目有受也人之有受由內外之合也知合內外于耳目之外則其知也過人遠矣

天之明莫大于日故有目接之不知其幾萬里之高也天之聲莫大于雷霆故有耳屬之莫知其幾萬里之遠也天之不禦莫大于太虛

故心知廓之莫究其極也人病其以耳目見聞累其心而不務盡其心故思盡其心者必知心所從來而後能

耳目雖爲性累然合內外之德知其爲啓之之要也

百家謹案耳目之爲性累人自累之耳若言人之自累則心亦足爲性累不特耳目原天之生是耳目耳司聽目司視固以通導天下之萬物于我心知此始可見萬物之皆備于我欲以合內外之德能舍聰明之用乎高忠憲公曰徇于物則爲性累通乎理則爲啓之之要聖人由聞見以窮理盡性合內外之德也

成吾身者天之神也不知以性成身而自謂因身發智貪天功爲己力吾不知其知也民何知哉因物同異相形萬變相感耳目內外之合貪天功而自謂己知爾

體物體身道之本也身而體道其爲人也大矣道能物身故大不能物身而累于身則藐乎其卑矣

能以天體身則能體物也不疑

成心忘然後可與進于道成心者私意也

化則無成心矣成心者意之謂與

無成心者時中而已矣

心存無盡性之理故聖不可知謂神此章言心者亦指私心爲言也

以我視物則我大以道體物我則道大故君子之大也大于道大于我者容不免狂而已

燭天理如向明萬象無所隱窮人欲如專顧影閒區區于一物之中爾

釋氏不知天命而以心法起滅天地以小緣大以末緣本其不能窮而謂之幻妄所謂疑冰者與夏蟲疑冰以其不識

百家謹案維天之命於穆不已此道之大原也釋氏以理能生氣天道之運行氣也求道于未有天地之先而曰有物先天地無形本寂寥以真空爲宗反以其心法之所謂空者而起滅天地遂謂山河大地皆覺迷所生緣心起滅悉屬幻妄于是揑造三十六諸天種種譸張之說是以小緣大以末緣本總由其不知天命不識理卽是氣之本然離氣無所謂理妄認氣上一層別有理在理無窮而氣有盡視天地乃理之所生轉覺其運行覆載之多事真所謂夏蟲之疑冰者與

釋氏妄意天性而不知範圍天用反以六根之微因緣天地明不能盡則誣天地日月爲幻妄蔽其用于一身之小溺其志于虛空之大

此所以語大語小流遁失中其過于大也塵芥六合其蔽于小也夢幻人世謂之窮理可乎不知窮理而謂盡性可乎謂之無不知可乎塵芥六合謂天地爲有窮也夢幻人世明不能究所從也

百家謹案高忠憲公曰釋氏之失在不能窮理一言以蔽之矣蓋聖人窮理盡性故能範圍天地之化釋氏以理爲障以性爲空凡諸所有悉屬緣生故以無任運聽六根交于六塵謂思慮一萌卽是識神無心之眼不視而無不見無心之耳不聽而無不聞無心之鼻舌手足不臭味持行而無不臭味持行苟動視聽臭味持行之念則眼耳有視聽卽有不視聽鼻舌手足有臭味持行卽有不臭味持行矣既無是心豈有人我豈有天地虛空豈有世閒一切法故以天地日月六合人世爲幻妄塵夢譸張其說小者大之大者小之總由無理以爲之主宰遂成無星之稱無界之尺誕漫流蕩不可準用也

中正篇第八

百家謹案自中正篇至王禘篇九篇中雜說論語孟子易書詩禮雖閒有精語然不得經旨者亦甚多昔伊川嘗有書荅先生曰所論大概有竭力苦心之象而無寬裕溫柔之氣非明睿所

照而考索至此故意屢偏而言多窒黃東發曰橫渠所說經閒與近世諸儒未合似有思之太遠者此非後學一人之所敢妄議也以後閒發明其有關係者餘僅存正文不復一一詳註

中正然後貫天下之道此君子之所以大居正也蓋得正則得所止得所止則可以宏而致于大樂正子顏淵知欲仁矣樂正子不致其學足以爲善人信人志于仁無惡而已顏子好學不倦合仁與知具體聖人獨未至聖人之止爾

學者中道而立則有位以宏之無中道而宏則窮大而失其居失其居則無地以崇其德與不及者同此顏子所以克己研幾必欲用其極也未至聖而不已故仲尼賢其進未得中而不居故惜夫未見其止也

大中至正之極文必能致其用約必能感其通未至于此其視聖人恍惚前後不可爲像此顏子之歎乎

高忠憲曰文必能致其用則非汗漫之博約必能感其通則非枯槁之約

可欲之謂善志仁則無惡也誠善于心之謂信充內形外之謂美塞乎天地之謂大大能成性之謂聖天地同流陰陽不測之謂神

高明不可窮博厚不可極則中道不可識蓋顔子之歎也
高忠憲曰高明不可窮仰彌高也博厚不可極鑽彌堅也中道不
可識瞻之在前忽焉在後也
君子之道成身成性以為功者也未至于聖皆行而未成之地爾
百家謹案讀此益知學者當立為聖之志知至至之知終終之
蓋盡人道而能踐其形者成身也成身則成性矣未至于聖皆
行而未成是未成其為人也凡有身性者俱當猛省
大而未化未能有其大化而後能有其大
知德以大中為極可謂知至矣擇中庸而固執之乃至之之漸也惟
知學然後能勉能勉然後日進而不息可期矣
體正則不待矯而宏未正必矯矯而得中然後可大故致曲于誠者
必變而後化
極其大而後中可求止其中而後大可有
大亦聖之任雖非清和一體之偏猶未忘于勉而大爾若聖人則性
與天道無所勉焉
無所雜者清之極無所異者和之極勉而清非聖人之清勉而和非
聖人之和所謂聖者不勉不思而至焉者也

勉蓋未能安也思蓋未能有也

葉雨垓曰讀正蒙至思蓋未能有也一句不知何以使我恍然旨哉此言

不尊德性則問學從而不道不致廣大則精微無所立其誠不極高明則擇乎中庸失時措之宜矣

百家謹案學不求諸心則無所歸宿道問學者所以尊德性也然不能尊德性問學如何去道譬如先有一粒穀種而後可施栽培灌溉之功先有一星真火而後可用傳薪繼明之法先得一泓原泉而後可加導引疏決之方今漫然求理于天地萬物而不知反求諸己是猶無種望歲沿門乞火就燥掘泉不卻枉費勞勞乎是故不能尊德性則不能道問學不致廣大則不能立誠以窮理不極高明則雖擇中庸而失時措之宜也先生此則有關于學術足爲後學發矇

絕四之外心可存處蓋必有事焉而聖不可知也

不得已當爲而爲之雖殺人皆義也有心爲之雖善皆意也正己而物正大人也正己而正物猶不免有意之累也有意爲善利之也假之也無意爲善性之也由之也有意在善且爲未盡況有意于未善

邪仲尼絕四自始學至成德竭兩端之教也

不得已而後爲至于不得爲而止斯智矣夫

意有思也必有待也固不化也我有方也四者有一焉則與天地爲不相似

天理一貫則無意必固我之鑿意必固我一物存焉非誠也四者盡去則直養而無害矣

妄去然後得所止得所止然後得所養而進于大矣無所感而起妄也感而通誠也計度而知昏也不思而得素也

百家謹案無所感而起妄也不思而得素也二語精透凡游思妄想俱不待有感而憧憧我本然之素知無事于旁搜冥索之擾擾

事豫則立必有教以先之盡教之善必精義以研之精義入神然後立斯立動斯和矣

志道則進據者不止矣依仁則小者可游而不失和矣

志學然後可與適道強禮然後可與立不惑然後可與權博文以集義集義以正經正經然後一以貫天下之道

將窮理而不順理將精義而不徙義欲資深且習察吾不知其智也

高忠憲曰無實踐之功而望資深習察不智甚矣
智仁勇天下之達德雖本之有差及所以知之成之則一也蓋謂仁者以生知以安行此五者智者以學知以利行此五者勇者以困知以勉行此五者
中心安仁無欲而好仁無畏而惡不仁天下一人而已惟責己一身當然爾
行之篤者敦篤云乎哉如天道不已而然篤之至也
君子于天下達善達不善無物我之私循理者共悅之不循理者共改之改之者過雖在人如在己不忘自訟共悅者善雖在己蓋取諸人而爲必以與人焉善以天下不善以天下是謂達善達不善
善人云者志于仁而未致其學能無惡而已君子名之必可言也如是
善人欲仁而未致其學者也欲仁故雖不踐成法亦不陷于惡有諸己也不入于室由不學故無自而入聖人之室也
惡不仁故不善未嘗不知徒好仁而不惡不仁則習不察行不著是故徒善未必盡義徒是未必盡仁好仁而惡不仁然後盡仁義之道
篤信好學篤信不好學不越爲善人信士而已好德如好色好仁爲

甚矣見過而內自訟惡不仁而不使加乎其身惡不仁爲甚矣學者
不如是不足以成身故孔子未見其人必嘆曰已矣乎思之甚也

高忠憲曰篤信只是志仁未能造好惡之甚也仁不仁之介甚微
惟明足以察其幾惟健足以致其決非好學孰能之

孫其志于仁則得仁孫其志于義則得義惟其敏而已

博文約禮由至著入至簡故可使不得叛而去溫故知新多識前言
往行以畜德繹舊業而知新益思昔未至而今至緣舊所見聞而察
來皆其義也

責己者當知天下國家無皆非之理故學至于不尤人學之至也

百家謹案恕尤之生只見在人之非而不知反求諸己君子惟
見在己者未盡自治不暇何暇責人又曰無皆非一語直可佩
服終身

聞而不疑則傳言之見而不殆則學行之中人之德也聞斯行好學
之徒也見而識其善而未果于行愈于不知者耳世有不知而作者
蓋鑿也妄也夫子所不敢也故曰我無是也

以能問不能以多問寡私淑艾以教人隱而未見之仁也

爲山平地此仲尼所以惜顏回未至蓋與互鄉之進也

高忠憲曰爲山未成一簣顏子未見其止也平地方覆一簣互鄉方與其進也
學者四失爲人則失多好高則失寡不察則易苦難則止
高忠憲曰爲人則有徇外之多好高則寡取善之益不察則忽易妄行苦難則逡巡自畫釋學記之意
學者捨禮義則飽食終日無所猷爲與下民一致所事不踰衣食之閒燕游之樂爾
高忠憲曰循此而之去禽獸不遠矣學者所宜省
百家謹案子劉子曰小人閒居爲不善閒居時有何不善可爲只是一種嬾散精神漫無著落處便是萬惡淵藪正是小人無忌憚處可畏哉
以心求道正猶以己知人終不若彼自立彼爲不思而得也
考求迹合以免罪戾者畏罪之人也故曰考道以爲無失
儒者窮理故率性可以謂之道浮屠不知窮理而自謂之性故其說不可推而行
百家謹案程子性卽理也之言乃有功于聖學之最大者儒者以理爲性故窮理盡性率循其性之自然卽無適而非道不待

求之于日用彝倫之外也佛氏以性爲空故以理爲障惟恐去之不盡故其視天地萬物人世一切皆是空中起滅俱屬幻妄所以背棄人倫廢離生事其說之不可推行者皆由乎無理以爲主宰也是故有理與無理此是吾儒與釋氏之分別遠若天淵奈何絶不知儒釋根柢紛紛妄扯瞎誣乎

致曲不貳則德有定體體象誠定則節文著見一曲致文則餘善兼照明能兼照則必將徙義誠能徙義則德自通變能通其變則圓神無滯

有不知則有知無不知則無知是以鄙夫有問仲尼竭兩端而空空易無思無爲受命乃如響聖人一言盡天下之道雖鄙夫有問必竭兩端而告之然問者隨才分各足未必能兩端之盡也

教人者必知至學之難易知人之美惡當知誰可先傳此誰將後倦此若灑掃應對乃幼而孫弟之事長後教之人必倦弊惟聖人于大德有始有卒故事無大小莫不處極今始學之人未必能繼妄以大道教之是誣也

知至學之難易知德也知其美惡知人也知其人且知德故能教人使入德仲尼所以問同而答異以此

蒙以養正使蒙者不失其正教人者之功也盡其道其惟聖人乎
洪鐘未嘗有聲由叩乃有聲聖人未嘗有知由問乃有知有如時雨
之化者當其可乘其間而施之不待彼有求有爲而後教之也
志常繼則罕譬而喻言易入則微而臧
黃文潔曰人能繼其志者少所譬曉已默喻矣言易入者雖微言
而已中心藏之不忘也釋學記之意
凡學官先事士先志謂有官者先教之事未官者使正其志焉志者
教之大倫而言也
高忠憲曰亦釋學記大倫猶言大節
道以德者運于物外使自化也故諭人者先其意而孫其志可也蓋
志意兩言則志公而意私爾
朱子曰志者心之所之是一直去底意又是志之經營往來底凡
營爲謀度皆意也
能使不仁者仁仁之施厚矣故聖人幷答仁智以舉直錯諸枉
以責人之心責己則盡道所謂君子之道四某未能一焉者也以愛
己之心愛人則盡仁所謂施諸己而不願亦勿施于人者也以衆人
望人則易從所謂以人治人改而止者也此君子所以責己責人愛

人之三術也

有受教之心雖蠻貊可教爲道既異雖黨類難相爲謀

大人所存蓋必以天下爲度故孟子教人雖貨色之欲親長之私達諸天下而後已

子而孚化之衆好者翼飛之則吾道行矣

百家謹案以鳥喻民弱者孚育善者升舉之孚蒲標切從爪從子鳥之抱卵也衆好謂善人翼飛謂升舉其旨甚明何從來解未及

至當篇第九

至當之謂德百順之謂福德者福之基福者德之致無入而非百順故君子樂得其道

循天下之理之謂道得天下之理之謂德故曰易簡之善配至德

大德敦化仁智合一厚且化也小德川流淵泉時出之也

大德不踰閑小德出入可也大者器則小者不器矣

德者得也凡有性質而可有者也

日新之謂盛德過而不有不凝滯于心知之細也

百家謹案不有不凝不滯無宿物于心所以謂日新之盛非不

二過之解也知之細句頗無謂先生意謂心既浩然太虛而又
　須周知文理密察日新方兼富有
浩然無害則天地合德照無偏繫則日月合明天地同流則四時合序酬酢不倚則鬼神合吉凶天地合德日月合明然後能無方體能無方體然後能無我
禮器則藏諸身用無不利禮運云者語其達也禮器云者語其成也達與成體與用之道合體與用大人之事備矣禮器不泥于小者則無非禮之禮非義之義蓋大者器則出入小者莫非時中也子夏謂大德不踰閑小德出入可也斯之謂爾
　高忠憲曰禮器皆言修身謹禮之事故曰藏諸身禮運則言禮樂因革移風俗和天人運而無積故曰語其達
禮器則大矣修性而非小成者與運則化矣達順而樂亦至焉爾
萬物皆備于我言萬物皆有素于我也反身而誠謂行無不慊于心則樂莫大焉
未能如玉不足以成德未能成德不足以孚天下修己以安人修己而不安人不行乎妻子况可愾于天下
　高忠憲曰愾至也禮記愾乎天下矣

正己而不求于人不願乎外之慼者與
仁道有本近譬諸身推以及人乃其方也必欲博施濟衆擴之天下
施之無窮必有聖人之才能宏其道
制行以己非所以同乎人
百家謹案表記曰聖人之制行也不制以己使民有所勸勉愧
恥以行其言此則反禮之意謂制行當本己非所徇人也
必物之同者己則異矣必物之是者己則非矣
高忠憲曰天下之理出于至當則人心大同有不知其所以然而
然者而可必物之同必物之是乎此所謂制行以己者也
能通天下之志者為能感人心聖人同乎人而無我故和平天下莫
慼于感人心
道遠人則不仁
百家謹案道本人心人心卽天理凡天下之不近人情者鮮不
為大奸慝故先生直以不仁斥大哉斯言
易簡理得則知幾知幾然後經可正天下達道五其生民之大經乎
經正則道前定事豫立不疑其所行利用安身之要莫先焉
性天經然後仁義行故曰有父子君臣上下然後禮義有所錯

仁通極其性故能致養而靜以安義致行其知故能盡文而動以變義仁之動也流于義者于仁或傷仁體之常也過于仁者于義或害

高忠憲曰斷制太過則傷于仁惻怛太過則害于義仁義相爲體用而不可偏也

立不易方安于仁而已乎

安所遇而敦仁故其愛有常心有常心則物被常愛也

大海無潤因暍者有潤至仁無恩因不足者有恩樂天安土所居而安不累于物也

孫鍾元曰天地父母之恩予受兩忘也若求人德我而爲仁則累于物多矣

愛人然後能保其身寡助則親戚畔之能保其身則不擇地而安不能有其身則資安處以置之不擇地而安蓋所達者大矣大達于天則成性成身矣

高忠憲曰君子不以保身而愛人物我一體天理自合當愛也

上達則樂天樂天則不怨下學則治己治己則無尤

不知來物不足以利用不通晝夜未足以樂天聖人成其德不私其身故乾乾自強所以成之于天爾

高忠憲曰吉凶悔吝皆來物也知之則不疑所行而足以利用矣死生鬼神皆晝夜也通之則夭壽不二而足以樂天矣聖人無我乾乾自強以成其天德而已

君子于仁聖爲不厭誨不倦然且自謂不能蓋所以爲能也能不過人故與人爭能以能病人大則天地合德自不見其能也

君子之道達諸天故聖人有所不能夫婦之智淆諸物故大人有所不與

匹夫匹婦非天之聰明不成其爲人聖人天聰明之盡者爾

大人者有容物無去物有愛物無徇物天之道然天以直養萬物代天而理物者曲成而不害其直斯盡道矣

志大則才大事業大故曰可大又曰富有志久則氣久德性久故曰可久又曰日新

清爲異物和爲徇物

金和而玉節之則不過知運而貞一之則不流道所以可久可大以其肖天地而不離也與天地不相似其違道也遠矣

久者一之純大者兼之富

大則直不絞方不劌故不習而无不利

易簡然後能知險阻易簡理得然後一以貫天下之道易簡故能悅諸心知險阻故能研諸慮知幾爲能以屈爲伸

君子無所爭彼伸則我屈知也彼屈則吾不伸而伸之矣又何爭無不容然後盡屈伸之道至虛則無所不伸矣君子無所爭知幾于屈伸之感而已精義入神交伸于不爭之地順莫甚焉利莫大焉

天下何思何慮明屈伸之變斯盡之矣

百家謹案天下之思慮擾擾止在計較屈伸之途今能明屈伸之變伸固伸也屈亦伸也至虛無所不伸無入不自得則又何思慮乎

勝兵之勝勝在至柔明屈伸之神爾

敬斯有立有立斯有爲

敬禮之輿也不敬則禮不行

恭敬撙節退讓以明禮仁之至也愛道之極也

己不勉明則人無從倡道無從宏教無從成矣

熊勿軒曰明明禮也人必以禮倡率道必以禮宏大教必以禮成就

禮直斯清撓斯昏和斯利樂斯安

將致用者幾不可緩思進德者徙義必精此君子所以立多凶多懼之地乾乾德業不少懈于趨時也

動靜不失其時義之極也義極則光明著見唯其時物前定而不疚有吉凶利害然後人謀作大業生若無施不宜則何業之有

百家謹案吉凶利害雖無定應之對當則能反凶爲吉轉害爲利說苑亦謂力勝貧謹勝禍慎勝害戒勝災此人謀大業之所由起也若聖人則大公無我順應萬事幷無大業之可言也

天下何思何慮行其所無事斯可矣

知崇天也形而上也通晝夜而知其知崇矣

知及之而不以禮性之非己有也故知禮成性而道義出如天地位而易行

知德之難言知之至也孟子謂我于辭命則不能又謂浩然之氣難言易謂不言而信存乎德行又以尚辭爲聖人之道非知德達乎是哉

闇然修于隱也的然著于外也

梓材謹案二老閣刊本第十七卷止此以下爲第十八卷僅刻數版今以正蒙統歸十七卷所以防斷簡也

作者篇第十

作者七人伏羲神農黃帝堯舜禹湯制法興王之道非有述于人者也

高忠憲曰制法興王謂八卦書契稼穡醫藥宮室衣裳歷象律呂畫野分州井田封建治水革命等事皆非有述于前也

以知人爲難故不輕去未彰之罪以安民爲難故不輕變未厭之君及舜而去之堯君德故得以厚吾終舜臣德故不敢不虔其始

高忠憲曰未彰之罪四凶也未厭之君三苗也君德則于人無不容臣德則于分有不敢也

稽衆舍己堯也與人爲善舜也聞善言則拜禹也用人惟己改過不吝湯也不聞亦式不諫亦入文王也

別生分類孟子所謂明庶物察人倫者與

高忠憲曰生姓也別其姓分其族類皆聖人明庶物察人倫處也

象憂憂舜亦憂喜喜所過者化也與人爲善也隱惡也所覺者先也好問好察邇言隱惡揚善與人爲善象憂亦憂象喜亦喜皆行其所無事也過化也不藏怒也不宿怨也

舜之孝湯武之武雖順逆不同其爲不幸均矣明庶物察人倫然後

能精義致用性其仁而行湯放桀有慙德而不敢赦執中之難也如是天下有道而已在人在己不見其閑也立賢無方也如是

立賢無方此湯所以公天下而不疑周公所以于其身望道而必吾見也舊註周公上疑有坐以待旦四字

帝臣不蔽言桀有罪己不敢違天縱赦既已克之今天下莫非上帝之臣善惡皆不可揜惟帝擇而命之己不敢不聽

虞芮質厥成訟獄者不之紂而之文王文王之生所以縻縶于天下由多助于四友之臣爾

以杞包瓜文王事紂之道也厚下以防中潰盡人謀而聽天命者與上天之載無聲臭可象正惟儀刑文王當冥契天德而萬邦信悅故易曰神而明之存乎其人不以聲色爲政不革命而有中國默順帝則而天下自歸者其惟文王乎

高忠憲曰詩上天之載無聲無臭儀刑文王萬邦作孚蓋聖人者有形之天道求天道于天則微而難見求天道于聖人則有體而可法也故易曰神而明之存乎其人謂能冥契也皇矣之詩曰不大聲以色不長夏以革不識不知順帝之則正冥契天德而萬邦自然信悅不求革命而有天下也

可願可欲雖聖人之知不越盡其才以勉焉而已故君子之道四雖孔子自謂未能博施濟衆修己安百姓堯舜病諸是知人能有願有欲不能窮其願欲

周有八士記善人之富也

重耳婉而不直小白直而不婉

魯政之弊馭法者非其人而已齊因管仲遂併壞其法故必再變而後至于道

孟子以智之于賢者爲有命如晏嬰智矣而獨不智于仲尼非天命邪

山楶藻梲爲藏龜之室祀爰居之義同歸于不智宜矣

使民義不害不能教愛猶衆人之母不害使之義禮樂不興僑之病與

獻子者忘其勢五人者忘人之勢不資其勢而利其有然後能忘人之勢若五人者有獻子之家則反爲獻子之所賤矣

顓臾主祀東蒙既魯地則是已在邦域之中矣雖非魯臣乃吾事社稷之臣也

三十篇第十一

三十器于禮非強立之謂也四十精義致用時措而不疑五十窮理盡性至天之命然不可自謂之至故曰知六十盡人物之性聲入心通七十與天同德不思不勉從容中道

常人之學日益而不自知也仲尼學行習察異于他人故自十五至于七十化而知裁其德進之盛者與

窮理盡性然後至于命盡人物之性然後耳順與天地參無意必固我然後範圍天地之化從心而不踰矩老而安死然後不夢周公從心莫如夢夢見周公志也不夢欲不踰矩也不願乎外也順之至也老而安死也故曰吾衰也久矣

困而不知變民斯爲下矣不待困而喻賢者之常也困之進人也爲德辨爲感速孟子謂人有德慧術知者存乎疢疾以此自古困于內無如舜困于外無如孔子以孔子之聖而下學于困則其蒙難正志聖德日躋必有人所不及知而天獨知之者矣故曰莫我知也夫知我者其天乎

立斯立道斯行綏斯來動斯和從欲風動神而化也

仲尼生于周從周禮故公旦法壞夢寐不忘爲東周之意使其繼周而王則其損益可知矣

滔滔忘反者天下莫不然如何變易之天下有道某不與易知天下無道而不隱者道不遠人且聖人之仁不以無道必天下而棄之也

仁者先事後得先難後獲故君子事事則得食不以事事雖有粟吾得而食諸仲尼少也國人不知委吏乘田得而食之矣及德備道尊至是邦必聞其政雖欲仕貧無從以得之今召我者而豈徒哉庶幾得以事事矣而又絕之是誠繫滯如匏瓜不食之物也

不待備而勉于禮樂先進于禮樂者也備而後至于禮樂後進于禮樂者也仲尼以貧賤者必待文備而後進則于禮樂終不可得而行矣故自謂野人而必爲所謂不願乎其外也

功業不試則人所見者藝而已

鳳至圖出文明之祥伏羲舜文之瑞不至則夫子之文章知其已矣

魯禮文闕失不以仲尼正之如有馬者不借人以乘習不曰禮文而曰史之闕文者祝史所任儀章器數而已舉近者而言約也

師摯之始樂失其次徒洋洋盈耳而已焉夫子自衞反魯一嘗治之其後伶人賤工識樂之正及魯益下衰三桓僭妄自太師以下皆知散之四方逾河蹈海以去亂聖人俄頃之助功化如此用我者期月而可豈虛語哉

與與如也君或在朝在廟容色不忘向君也君召使擯趨進翼如此翼如左右在君也沒階趨進翼如張拱而翔賓不顧矣相君送賓賓去則白曰賓不顧而去矣紓君敬也上堂如揖恭也下堂如授其容紓也

冉子請粟與原思爲宰見聖人之用財也

聖人于物無畔援雖佛肸南子苟以是心至教之在我爾不爲已甚也如是

子欲居九夷不遇于中國庶遇于九夷中國之陋爲可知欲居九夷言忠信行篤敬雖蠻貊之邦可行何陋之有

栖栖者依依其君而不能忘也固猶不回也

仲尼應問雖叩兩端而竭然言必因人爲變化所貴乎聖人之詞者以其知變化也

富而可求也雖執鞭之士吾亦爲之不憚卑以求富求之有可致之道也然得乃有命是求無益于得也

愛人以德喻于義者常多故罕及于利盡性者方能至命未達之人告之無益故不以亟言仁大難名人未易及故言之亦鮮

顏子于天下有不善未嘗不知知之未嘗復行故怒于人者不使加

乎其身愧于己者不輒貳之于後也

顏子之徒隱而未見行而未成故曰吾聞其語而未見其人也

用則行舍則藏惟我與爾有是夫顏子龍德而隱故遯世不見知而

不悔與聖者同

龍德聖修之極也顏子之進則欲一朝而至焉可謂好學也已矣

回非助我者無疑問也有疑問則吾得以感通其故而達夫異同者

矣

放鄭聲遠佞人顏回爲邦禮樂法度不必教之惟損益三代蓋所以

告之也法立而能守則德可久業可大鄭聲佞人能使爲邦者喪其

所守故放遠之

天下有道則見無道則隱君子疾沒世而名不稱蓋士而懷居不可

以爲士必也去無道就有道遇有道而貧且賤君子耻之舉天下無

道然後窮居獨善不見知而不悔中庸所爲唯聖者能之仲尼所以

獨許顏回惟我與爾爲有是也

盧中庵曰懷隱居之志者雖有道不見至沒世而名不稱非士君

子本心必至天下皆無道然後安于隱也此則聖人之事在孔門

惟顏子爲是耳

仲由樂善故車馬衣裘喜與賢者共敝顏子樂進故願無伐善施勞聖人樂天故合內外而成其仁

高忠憲曰樂善故重義輕利樂進故不自滿足樂天故因物成就合萬物爲一己故曰合內外成其仁

子路禮樂文章未足盡爲政之道以其重然諾言爲衆信故片言可以折獄如易所謂利用折獄利用刑人皆非爻卦盛德適能是而已焉

顏淵從師進德于孔子之門孟子命世修業于戰國之際此所以潛見之不同

犂牛之子雖無全純然使其色騂且角縱不爲大祀所取次祀小祀終必取之言大者苟立人所不棄也

有德篇第十二

有德者必有言能爲有也志于仁而無惡能爲無也

行修言道則當爲人取不務徇物强施以引取乎人故往教妄說皆取人之弊也

言不必信行不必果志正深遠不務硜硜信其小者

辭取意達則止多或反害也

君子寧言之不顧不規規于非義之信寧身被困辱不徇人以非禮之恭寧孤立無助不失親于可賤之人三者知和而能以禮節之者也與上有子之言文相屬而不相蒙者凡論語孟子發明前文義各未盡者皆挈之他皆放此

德主天下之善善原天下之一善同歸治故王心一言必主德故王言大

言有教動有法晝有爲宵有得息有養瞬有存

朱子曰此語極好君子終日乾乾不可食息閒亦不必終日讀書或靜坐存養亦是學者長喚令此心不死則日有進

君子于民導使爲德而禁其爲非不大望于愚者之道與禮謂道民以言禁民以行斯之謂耳

無徵而言取不信啓詐妄之道也杞宋不足徵吾言則不言周足徵則從之故無徵不信君子不言

便辟足恭善柔令色便佞巧言

節禮樂不使流離相勝能進反以爲文也

驕樂侈靡宴樂宴安

言形則卜如響以是知蔽固之私心不能默然以達于性與天道

人道知所先後則恭不勞慎不葸勇不亂直不絞民化而歸厚矣

膚受陽也其行陰也象生法必效故君子重夫剛者

歸罪爲尤罪己爲悔言寡尤者不以言得罪于人也

己所不欲勿施于人能恕己以仁人也在邦無怨在家無怨己雖不施不欲于人然人施于己能無怨也

敬而無失與人接而當也恭而有禮不爲非禮之恭也

聚百順以事君親故曰孝者畜也又曰畜君者好君也

事父母先意承志故能辨志意之異然後能教人

藝者曰爲之分義涉而不有過而不存故曰游

高忠憲曰分義職分所宜也有之存之則玩物喪志矣

天下有道道隨身出天下無道身隨道屈

安土不懷居也有爲而重遷無爲而輕遷皆懷居也

老而不死是爲賊幼不率教長無循述老不安死三者皆賊生之道也

樂驕樂則佚欲樂宴樂則不能徙義

不僭不賊其不忮不求之謂乎

不穿窬義也謂非其有而取之曰盜亦義也惻隱仁也如天亦仁也

故擴而充之不可勝用

自養薄于人私也厚于人私也稱其財隨其等無驕吝之弊斯得之矣

罪己則無尤

困辱非憂取困辱爲憂榮利非樂忘榮利爲樂

勇者不懼死且不避而反不安貧則其勇將何施邪不足稱也仁者愛人彼不仁而疾之深其仁不足稱也皆迷謬不思之甚故仲尼卒歸諸亂云

擠人者人擠之侮人者人侮之出乎爾者反乎爾理也勢不得反亦理也

鄭眉軒曰以出爾反爾爲理所以警擠人侮人者也以勢不得反爲理所以教受擠侮者也橫逆不報是也

克己行法爲賢樂己可法爲聖聖與賢迹相近而心之所至有差焉辟世者依乎中庸沒世不遇而無嫌辟地者不懷居以害仁辟色者遠恥于將形辟言者免害于禍辱此爲士清濁淹速之殊也辟世辟地雖聖人亦同然憂樂于中與賢者其次者爲異故曰迹相近而心之所至者不同

進賢如不得已將使卑踰尊疏踰戚之意與表記所謂事君難進而易退則位有序易進而難退則亂也相表裏

弓調而後求勁焉馬服而後求良焉士必慤而後智能焉不慤而多能譬之豺狼不可近

高忠憲曰調者木心正脈理直制作如法也服馴也良善走也見荀子

谷神能象其聲而應之非謂能報以律呂之變也猶卜筮叩以是言則報以是物而已易所謂同聲相應是也王弼謂命呂者律語聲之變非此之謂也

行前定而不疚光明也大人虎變夫何疚之有

言從作乂名正其言易知人易從聖人不患爲政難患民難喻

有司篇第十三

有司政之綱紀也始爲政者未暇論其賢否必先正之求得賢才而後舉之

爲政不以德人不附且勞

子之不欲雖賞之不竊欲生于不足則民盜能使無欲則民不爲盜假設以子不欲之物賞子使竊其所不欲子必不竊故爲政者在乎

足民使無所不足不見可欲而盜必息矣

爲政必身倡之且不愛其勞又益之以不倦

天子討而不伐諸侯伐而不討雖湯武之舉不謂之討而謂之伐陳恆弒君孔子請討之此必因周制鄰有弒逆諸侯當不請而討孟子又謂征者上伐下敵國不相征然湯十一征非賜鈇鉞則征討之名至周始定乎

野九一而助郊之外助也國中什一使自賦郊門之內通謂之國中田不井授故使什而自賦其一也

道千乘之國不及禮樂刑政而云節用而愛人使民以時言能如是則法行不能如是則法不徒行禮樂刑政亦制數而已爾

富而不治不若貧而治大而不察不若小而察

報者天下之利率德而致善有勸不善有沮皆天下之利也小人私己利于不治君子公物利于治

大易篇第十四

大易不言有無言有無諸子之陋也

張南軒曰形而上者謂之道形而下者謂之器易之論道器特以一形上下言之也然道雖非器而道必託于器如禮樂刑賞是治

天下之道也禮雖非玉帛而禮不可以虛拘樂雖非鐘鼓而樂不可以徒作刑本遏惡也必託于甲兵必寓于鞭扑賞本揚善也必表之以旂常銘之以鐘鼎故形而上者之道託于器而後行形而下者之器得其道而無弊故聖人悟易于心覺易于性在道不溺于無在器不墮于有是大易不言有無明矣言有無如有生于無則分而爲二矣又如自無而有自有而無皆老莊之陋也

易語天地陰陽情僞至隱賾而不可惡也諸子馳騁說辭窮高極幽而知德者厭其言故言爲非難使君子樂取之爲貴

易一物而三才陰陽氣也而謂之天剛柔質也而謂之地仁義德也而謂之人

高忠憲曰一物而三才其實一物而已矣

易爲君子謀不爲小人謀故撰德于卦雖爻有小大及繫辭其爻必諭之以君子之義

一物而兩體其太極之謂與陰陽天道象之成也剛柔地道法之效也仁義人道性之立也三才兩之莫不有乾坤之道

陰陽剛柔仁義之本立而後知趨時應變故乾坤毀則無以見易

六爻各盡利而動所以順陰陽剛柔仁義性命之理也故曰六爻之

動三極之道也

陽偏體衆陰衆陰共事一陽理也是故二君共一民一民事二君上與下皆小人之道也一君而體二民二民而宗一君上與下皆君子之道也

吉凶變化悔吝剛柔易之四象與悔吝由贏不足而生亦兩而已

尙辭則言無所苟尙變則動必精義尙象則法必致用尙占則謀必知來四者非知神之所爲孰能與于此

易非天下之至精則辭不足待天下之問非深不足通天下之志非通變極數則文不足以成物象不足以制器幾不足以成務非周知兼體則其神不能通天下之故不疾而速不行而至

示人吉凶其道顯矣知來藏往其德行神矣語蓍龜之用也

顯道者危使平易使傾懼以終始其要无咎之道也神德行者寂然不動冥會于萬化之感而莫知爲之者也受命如嚮故可與酬酢曲盡鬼謀故可以佑神

開物于幾先故曰知來明患而弭其故故曰藏往極數知來前知也前知其變有道術以通之君子所以措于民者遠矣

潔淨精微不累其迹知足而不賊則于易深矣

天下之理得元也會而通亨也說諸心利也一天下之動貞也
乾之四德終始萬物迎之隨之不見其首尾然後推本而言當父母
萬物
彖明萬物資始故不得不以元配乾坤其偶也故不得不以元配坤
仁統天下之善禮嘉天下之會義公天下之利信一天下之動
六爻擬議各正性命故乾道旁通不失太和而利且貞也
顏氏求龍德正中而未見其止故擇中庸得一善則拳拳服膺歎夫
子之忽焉前後也
乾三四位過中重剛庸言庸行不足以濟之雖大人之盛有所不安
外趨變化內正性命故其危其疑艱于見德者時不得舍也九五大
人化矣天德位矣成性聖矣故既曰利見大人又曰聖人作而萬物
覩亢龍以位畫爲言若聖人則不失其正何亢之有
聖人用中之極不勉而中有大之極不爲其大大人望之所謂絕塵
而奔峻極于天不可階而升者也
盧中庵曰聖人之用其中有其大皆自然而然初非勉而爲者大
人則猶待于勉爲此所以望之不可及也
乾之九五曰飛龍在天利見大人乃大人造位天德成性躋聖者爾

若夫受命首出則所性不存焉故不曰位乎君位而曰位乎天德不曰大人君矣而曰大人造也

陳潛室曰橫渠此說不作得時位大人看要作孔子看所謂君有君用臣有臣用聖人有聖人用學者有學者用此善學易者若專指爲堯舜湯武則不識易矣

庸言庸行蓋天下經德達道大人之德施于是者溥矣天下之文明于是者著矣然非窮變化之神以時措之宜則或陷于非禮之禮非義之義此顏子所以求龍德正中乾乾進德思處其極未敢以方體之常安吾止也

高忠憲曰庸言庸行此守經也方體之常也德施溥者卽此庸言庸行之德及于庶物也天下文明者卽此庸言庸行之化被于天下也然非窮變化之神以時措之宜亦未爲達權之聖人安知不陷于非禮之禮非義之義哉此顏子所以乾乾進德未敢以守經之道自安而止之也

惟君子爲能與時消息順性命躬天德而誠行之也精義時措故能保合太和健利且貞孟子所謂始終條理集大成于聖智者與易曰大明終始六位時成時乘六龍以御天乾道變化各正性命保合太

和乃利貞其此之謂乎

成性則躋聖而位天德乾九二正位于內卦之中有君德矣而非上
治也九五言上治者言乎天之德聖人之性故舍曰君而謂之天見
大人德與位之皆造也

大而得易簡之理當成位乎天地之中時舍而不受命乾九二有焉
及夫化而聖矣造而位天德矣則富貴不足以言之

樂則行之憂則違之主于求吾志而已無所求于外故善世博化龍
德而見者也若潛而未見則爲己而已未暇及人者也

成德爲行德成自信則不疑所行日見乎外可也

乾九三修辭立誠非繼日待旦如周公不足以終其業九四以陽居
陰故曰在淵能不忘于躍乃可以免咎非爲邪也終其義也

至健而易至順而簡故其險其阻不可階而升不可勉而至仲尼猶
天九五飛龍在天其致一也

坤至柔而動也剛乃積大勢成而然也

乾至健無體爲感速故易知坤至順不煩其施普故簡能
盧中庵曰無體者圓神不滯感速者一氣所感頃刻不留故曰乾
知大始乾以易知不煩者無造始之勞施普者承天之施隨物成

就故坤作成物坤以簡能
坤先迷不知所從故失道後能順聽則得其常矣
造化之功發乎動畢達乎順形諸明養諸容載遂乎說潤勝乎健不匱乎勞終始乎止
健動陷止剛之象順麗入說柔之體
巽爲木萌于下滋于上爲繩直順以達也爲工巧且順也爲白所遇而從也爲長爲高木之性也爲臭風也入也于人爲寡髮廣顙躁人之象也
坎爲血卦周流而勞血之象也爲赤其色也
離爲乾卦于木爲科上槁附且躁也
艮爲小石堅難入也爲徑路通或寡也
兌爲附決內實則外附必決也爲毀折物成則上柔者必折也
坤爲文衆色也爲衆容載廣也
乾爲大赤其正色爲冰健極而寒甚也
震爲萑葦爲蒼莨竹爲旉皆蕃鮮也
一陷溺而不得出爲坎一附麗而不能去爲離
艮一陽爲主于兩陰之上各得其位而其勢止也易言光明者多艮

之象著則明之義也
蒙無遽亨之理由九二循循行時中之亨也
不終日貞吉言疾正則吉也仲尼以六二以陰居陰獨無累于四故其介如石雖體柔順以其在中而靜何俟終日必知幾而正矣
坎維心亨故行有尙外雖積險苟處之心亨不疑則雖難必濟而往有功也
中孚上巽施之下說承之其中必有感化而出焉者蓋孚者覆乳之象有必生之理
物因雷動雷動不妄則物亦不妄故曰物與无妄
靜之動也無休息之期故地雷爲卦言反又言復終則有始循環無窮人指其化而裁之爾深其反也幾其復也故曰反復其道又曰出入無疾
益長裕而不設益以實也妄加以不誠之益非益也
井渫而不食強施行惻然且不售作易者之歎與
闔戶靜密也闢戶動達也形開而目覩耳聞受于陽也
高忠憲曰人身一乾坤也寤寐一闔闢也形閉則藏于陰形開則受于陽

辭各指其所之聖人之情也指之以趨時盡利順性命之理臻三極之道也能從之則不陷于凶悔矣所謂變動以利言者也然爻有攻取愛惡本情素動因生吉凶悔吝而不可變者乃所謂吉凶以情遷者也能深存繫辭所命則二者之動見矣又有義命當吉當凶當否當亨者聖人不使避凶趨吉一以貞勝而不顧如大人否亨有隕自天過涉滅頂凶无咎損益龜不克違及其命亂也之類三者情異不可不察

高忠憲曰易傳曰聖人之情見乎辭辭也者各指其所之蓋聖人之繫辭無非指人趨避之方順天理之正使不陷於凶悔而已所謂變動以利言者也因聖人之指變動以從之則盡利矣本情者本爻之情近而不相得則惡而攻相得則愛而取本情素動而生吉凶悔吝所謂吉凶以情遷者也爻情如是不可得而變凡繫辭所命不過二者之動而已又有義命當吉當凶當否當亨聖人使人一以正勝而不當顧其吉凶者如否之六二曰大人否亨則必否而後道亨也姤之九五曰有隕自天則休命自天而降也大過上六曰過涉滅頂凶无咎則殺身成仁于義无咎也損之六五益之六二皆曰或益之十朋之龜不克違則義所當得不能違也泰

之上六曰城復于隍則其命當亂不可逃也皆命之所定義之當安不使人趨避者也故曰三者情異不可不察

因爻象之既動明吉凶于未形故曰爻象動乎內吉凶見乎外

富有者大無外也日新者久無窮也

顯其聚也隱其散也顯且隱幽明所以存乎象聚且散推盪所以妙乎神

高忠憲曰氣聚而有象則顯氣散而無形則隱顯則明隱則幽幽明一存乎象之聚散聚散一妙于神之推盪也

變化進退之象云者進退之動也微必驗之于變化之著故察進退之理爲難察變化之象爲易

憂悔吝者存乎介欲觀易象之小疵宜存志靜知所動之幾微也

往之爲義有已往有方往臨文者不可不察

樂器篇第十五

樂器有相周召之治與其有雅太公之志乎雅者正也直己而行正也故訊疾蹈厲者太公之事邪詩亦有雅亦正言而直歌之無隱諷譎諫之巧也

高忠憲曰樂記曰始奏以文復亂以武治亂以相訊疾以雅文謂

拊鼓武謂金鐃樂之始奏先擊鼓故曰始奏以文亂卒章之節欲退則擊金鐃故曰復亂以武相卽拊也以其節樂而治其亂有相之道故謂之相訊亦治也過而失節謂之疾雅亦樂器以其訊樂之節奏而不失于雅是以謂之雅樂記本言武亂皆坐爲周召之治張子以相爲周召之治所謂治亂以相而周召似之本言發揚蹈厲爲太公之志而張子以雅爲太公之志所謂訊疾以雅而太公似之詩亦有雅卽今大小雅也

象武武王初有天下象文王武功之舞歌維清以奏之大武武王沒嗣王象武王之功之舞歌武以奏之酌周公沒嗣王以武功之成由周公告其成于宗廟之歌也

興己之善觀人之志羣而思無邪怨而止禮義入可事親出可事君但言君父舉其重者也

志至詩至有象必可名有名斯有體故禮亦至焉

高忠憲曰孔子閒居曰志之所至詩亦至焉詩之所至禮亦至焉詩言志故志至而詩至志既發爲詩則有象之名及其見諸踐履則體實具焉故禮亦至也如象雎鳩之物則有雎鳩之名情摯有別雎鳩之體亦雎鳩之禮也

幽贊天地之道非聖人而能哉詩人謂后稷之穡有相之道贊化育之一端也

禮矯實求稱或文或質居物後而不可常也他人才未美故絢飾之以文莊姜才甚美乃更絢之用質素下文繪事後素素謂其材字雖同而義施各異故設色之工材黃白者必繪以青赤材赤黑者必絢以粉素

陟降庭止上下無常非爲邪也進德修業欲及時也在帝左右所謂欲及時也與

江沱之媵以類行而欲喪朋故無怨嫡以類行而不能喪其朋故不以媵備數卒能自悔得安貞之吉乃終有慶而其嘯也歌

采卷耳議酒食女子所以奉賓祭厚君親者足矣又思酌使臣之勞推及求賢審官王季文王之心豈是過與

甘棠初能使民不忍去中能使民不忍傷卒能使民知心敬而不瀆之以拜非善教寖明能取是于民哉

振振勸使勉也歸哉歸哉序其情也

卷耳念臣下小勞則思小飲之大勞則思大飲之甚則知其怨苦吁歎婦人能此則險詖私謁害政之心知其無也

綢直如髮貧者紒縰無餘順其髮而直韜之耳
蓼蕭裳華有譽處兮皆謂君接己温厚則下情得伸讒毀不入而美
名可保也
商頌顧予烝嘗湯孫之將言祖考來顧以助湯孫也
鄂不韡韡兄弟之見不致文于初本諸誠也
采苓之詩舍旃則無然爲言則求所得所譽必有所試厚之至也
簡略也無所難也甚則不恭焉賢者仕祿非迫于饑寒不恭莫甚焉
簡兮簡兮雖刺時君不用然爲士者不能無太簡之譏故詩人陳其
容色之威善御之強與夫君子由房由敖不語其材武者異矣
破我斧缺我斨言四國首亂爲能有爲徒破缺我斧斨而已周公征
而安之愛人之至也
伐柯言正當加禮于周公取人以身也其終見書予小子其新逆
九罭言王見周公當大其禮命則大人可致也
狼跋美周公不失其聖卒能感人心于和平也
甫田歲取十千一成之田九萬畝公取十千畝九一之法也
后稷之生當在堯舜之中年而詩云上帝不寧疑在堯時高辛子孫
爲二王後而詩人稱帝爾

唐棣枝類棘枝隨節屈曲則其華一偏一反左右相矯因得全體均正偏喻管蔡失道反喻周公誅殛言我豈不思兄弟之愛以權宜合義主在遠者爾唐棣本文王之詩此一章周公制作序己情而加之仲尼以不必常存而去之

日出而陰升自西日迎而會之雨之候也喻婚姻之得禮者也日西矣而陰生于東喻婚姻之失道者也

鸛鳴而子和言出之善者與鸛鳴魚潛畏聲聞之不臧者與

歛彼晨風鬱彼北林晨風雖摯擊之鳥猶時得退而依深林而止也

漸漸之石言有豕白蹢烝涉波矣豕之負塗曳泥其常性也今豕足皆白衆與涉波而去水患之多爲可知也

君子所貴乎道者三猶王天下有三重焉言也動也行也

苟造德降則民誠和而鳳可致故鳴鳥聞所以爲和氣之應也

百家謹案苟當作耉書君奭耉造德不降我則鳴鳥不聞言耉老成人之德下及于民也則鳴鳥有聲此周公留召公之意

九疇次敘民資以生莫先天材故首曰五行君天下必先正己故次五事己正然後邦得而治故次八政政不時舉必昬故次五紀五紀明然後時措得中故次建皇極求大中不可不知權故次三德權必

有疑故次稽疑可徵然後決疑故次庶徵福極徵然後可不勞而治故九以嚮勸終焉五爲數中故皇極處之權過中而合義者也故三德處六

親親尊尊又曰親親尊賢義雖各施然而親均則尊其尊尊均則親其親爲可矣若親均尊均則齒不可以不先此施于有親者不疑若尊賢之等則于親尊之殺必有權而後行急親賢爲堯舜之道然則親之賢者先得之于疏之賢者爲必然堯明俊德于九族而九族睦章俊德于百姓而萬邦協黎民雍臯陶亦以惇敘九族庶明勵翼爲邇可遠之道則九族勉敬之人固先明之然後遠者可次序而及大學謂克明峻德爲自明其德不若孔氏之註愈

義民安分之良民而已俊民俊德之民也官能則準牧無義民治昏則俊民用微

五言樂語歌詠五德之言也

卜不習吉言卜官將占先決問人心有疑乃卜無疑則否朕志無疑人謀僉同故無所用卜鬼神必依龜筮必從故不必卜筮玩習其吉以瀆神也

衍忒未分有悔吝之防此卜筮之所由作也

王禘篇第十六

禮不王不禘則知諸侯歲闕一祭爲不禘明矣至周以祠爲春以禴爲夏宗廟歲六享則二享四祭爲六矣諸侯不禘其四享與夏商諸侯夏特一祫王制謂祫則不禘禘則不嘗假其名以見時祀之數爾作記者不知文之害意過矣

高忠憲曰不王不禘喪小記及大傳之言諸侯歲闕一祭者諸侯歲朝南方諸侯春祭畢則夏來朝故闕禘祭西方諸侯夏祭畢則秋來朝故闕嘗祭四方皆然重王事也夏商之祭春礿夏禘秋嘗冬烝禘列于四者之中周則改爲春祠夏礿而嘗烝仍其舊祫禘二享不與四祭之內故爲六享諸侯有祫不禘又歲闕一祭故爲四享蓋夏商諸侯夏當禘而不禘而特一祫此所以有祫不禘王制謂礿則不禘禘則不嘗假禘之名以見時祀之數耳遂使人以不禘爲由于礿而非由于不王則文之害意甚矣礿與禴同薄也春物未成祭品鮮薄也禘者次第也夏時物雖成宜依時次第而祭之嘗者新穀熟而嘗也烝衆也冬時物成者衆也祠食也禘天子宗廟之大祭凡廟皆有主皆居室中東面之位爲獨尊禘則獨于始祖廟中特設所自出之主于東面而始祖之主退居南面以

配之祫合也合祭祖考也時祭之祫則羣廟之主皆升而合食于太祖之廟毀廟之主不與三年大祫則毀廟之主亦與也禘于夏周爲春夏嘗于夏商爲秋冬作記者交舉以二氣對互而言爾

高忠憲曰禘祭夏行于夏周行于春嘗祭夏行于秋商行于冬蓋礿禘用物薄主于灌獻順乎陽春夏之用也嘗烝用物多主于饋食順乎陰秋冬之用也故郊社以禘嘗對言二氣之義也

享嘗云者享爲追享朝享禘亦其一爾嘗以配享亦對舉秋冬而言也夏商以禘爲時祭知追享之必在夏也然則夏商天子歲乃五享禘列四祭并祫而五也周改禘爲禴則天子享六諸侯不禘又歲闕一祭則亦四而已矣王制所謂天子犆礿祫禘祫嘗祫烝既以禘爲時祭則祫可同時而舉諸侯礿犆禘一犆一祫言于夏禘之時正爲一祭特一祫而已然則不王不禘又著見于此矣下又云嘗祫烝祫則嘗烝且祫無疑矣若周制亦當闕一時之祭則當云諸侯祠則不禴禴則不嘗

高忠憲曰禮記祭法王立七廟遠廟爲祧有二祧享嘗乃止謂四時之常祀周禮司尊彝追享朝享謂四時之閒祀蓋五年之夏有

禘謂之追享三年之冬有祫謂之朝享張子以享爲追享朝享兼常祀閒祀言也嘗乃秋祭享當在夏故嘗以配享亦春夏對舉秋冬而言特礿者天子春祭時物不備故每廟特祭夏物稍成秋物大成冬物畢成故禘嘗烝皆合祭羣主于祖廟也礿犆卽特礿也一犆一祫本謂今歲犆則來歲祫祫之明年又犆張子主不王不禘而言故謂一祭特一祫而已嘗祫烝祫則皆如天子之合祭此夏殷之制也

庶子不祭祖不止言王考而已明其宗也明宗子當祭也不祭禰以父爲親之極甚者故又發此文明其宗也庶子不爲長子斬不繼祖與禰故也此以服言不以祭言故又發此條

高忠憲曰適士立二廟祭禰及祖若兄弟二人一嫡一庶而俱爲適士其庶子止得立禰廟不得立祖廟而祭祖者明其宗有所在也若庶子非適士或未仕則雖禰廟亦不得立故不得祭禰明其宗之有在也有事則具牲物稟宗子而祭之庶子不爲己之長子服斬者以己非繼祖之宗又非繼禰之宗則長子非祖父之正統不敢如宗子斬其長也

庶子不祭殤與無後者註不祭殤者父之庶蓋以殤未足語世數特

以己不祭禰故不祭之不祭無後者祖之庶也雖無後以其成人備世數當祔祖以祭之己不祭祖故不得而祭之也祖庶之殤則自祭之也言庶孫則得祭其子之殤者以己爲其祖矣無所祔之也凡所祭殤者惟適子此據禮天子下祭殤五皆適子適孫之類故知凡殤非適皆不當特祭惟當從祖祔食無後者謂昆弟諸父殤與無後者如祖廟在小宗之家祭之如在大宗見曾子問註

高忠憲曰殤與無後皆從祖祔食者也己爲父之庶子不得立父廟故不得自祭其殤子己爲祖之庶孫不得立祖廟故不得祭無後之兄弟皆具牲物而宗子主其禮者也祭祖庶之殤者以己爲祖庶孫而或庶子之所生之殤則己亦爲祖矣無所祔食故自祭之祭殤惟適子者適子有廟得特祭也祭法曰天子下祭殤五諸侯三大夫二以尊祭卑故曰下祭五謂適子適孫適曾孫適元孫適來孫曾子問曰凡殤與無後者祭于宗子之家鄭氏註曰凡祖廟在小宗之家祭之亦然小宗者別子之庶子以庶子所生之長子乃小宗子也大宗者次適爲別子別子所生之子爲大宗子也殷而上七廟自祖考而下五幷遠廟爲祧者二無不遷之太祖廟至周有百世不毀之祖則三昭三穆四爲親廟二爲文武二世室幷始

祖而七諸侯無二祧故五大夫無不遷之祖則一昭一穆與祖考而三故以祖考通謂爲太祖若祫則請于其君幷高祖干祫之干祫之不當祫而特祫之也孔註王制謂周制亦粗及之而不詳爾

劉近山曰殷而上謂成湯以前爲天子者其廟制則七世祖考始祖也而下爲高曾祖禰四親廟也遠廟爲祧者二則高祖之父祖當遞遷者其主所藏之廟也皆無不遷之太祖廟至周始有百世不毀之祖禰四爲親廟二爲文武世室幷后稷始封之祖而七曰世室者不毀之名其祧則先公之遷主藏于太祖后稷之廟先王之遷主藏于文武世室羣穆于文羣昭于武也諸侯無二祧無高祖以上之祧廟也五謂高曾祖禰及始祖也祫謂合祭請于其君幷高祖干祫之者諸侯五廟其祫固及其始祖矣大夫三廟有大事不敢私自舉行必省問于君而君賜之乃得行焉而其合也亦上及于高祖干者自下干上之義以卑行尊者之禮也

鋪筵設同几疑左右几一云交鬼神異于人故夫婦而同几求之或于室或于祊也

高忠憲曰祭統曰鋪筵設同几爲依神也詔祝于室而出于祊此交神明之道也筵席也几所憑以爲安同几夫婦共一几蓋人生

則形體異故夫婦之倫在有別死則精氣無閒故曰交鬼神異于人廟門謂之祊設祭在門外之西旁故因名爲祊言不知神于彼饗之乎于此饗之乎無方以求之也

祭社稷五祀百神者以百神之功報天之德爾故以天事鬼神事之至也理之盡也

劉近山曰社土神稷穀神五祀門行戶竈中霤百神如日月星辰山川邱陵之類祭雖以百神之功而實報天之德百神而曰天以見百神無非天也故以事天之道事鬼神則事之極而理之盡也

天子因生以賜姓諸侯以字爲諡蓋以尊統上卑統下之義

朱子曰姓是大總腦處氏是後來分別處如魯本姬姓其後有孟氏季氏同本姬姓而氏不同諸侯以字爲諡竊恐諡本氏字傳寫之訛如舜生嬀汭武王遂賜胡公滿爲嬀姓卽因生賜姓也鄭之國氏本子國之後駟氏本子駟之後卽以字爲氏因以爲族也尊統上者天子以生賜姓統諸侯卑統下者諸侯以字分族統大夫也

天子因生以賜姓難以命于下之人亦尊統上之道也

據玉藻疑天子聽朔于明堂諸侯則于太廟就藏朔之處告祖而行

方氏曰天子聽朔于南門示受之于天諸侯聽朔于太廟示受之于祖原其所自也

受命祖廟作龜禰宮次序之宜

高忠憲曰郊特牲言卜郊之事也告于祖廟而行事尊祖也用龜以卜而于禰宮親考也

公之士及大夫之衆臣爲衆臣公之卿大夫卿大夫之室老及家邑之士爲貴臣上言公士所以別士于公者也下言室老士所以別士于家者也衆臣不以杖即位疑義與庶子同

高忠憲曰儀禮喪服謂公士大夫之衆臣爲其君布帶繩屨公之士爲公之衆臣公之卿大夫爲公之貴臣卿大夫之室老及家邑之士爲卿大夫之貴臣其餘爲卿大夫之衆臣室老家相之老家邑之士即家相衆臣之與貴臣猶庶子之于嫡子禮庶子不以杖即位謂父母之喪嫡子則執杖進阼階哭位庶子至中門外則去之矣衆臣之不以杖即位其義疑與此同也

適士疑諸侯薦于天子之士及王朝爵命之通名蓋二命方受位天子之朝一命再命受職受服者疑官長自辟除未有位于王朝故謂之官師而已

劉近山曰適士諸侯之上士也蓋諸侯薦于天子三命方受位于王朝若一命受職再命受服者皆諸侯之官長自辟除未有位王朝故謂之官師而已謂但爲一官之長非若適士爲王朝爵命之通名也

小事則專達蓋得自達于其君不俟聞于長者禮所謂達官者也所謂達官之長者得自達之長也所謂官師者次其長者也然則達官之長必三命而上者官師則中士而再命者庶士則一命爲可知賜官使臣其屬也

高忠憲曰周禮九儀之命六命賜官使得以臣其屬也

祖廟未毀教于公宮則知諸侯于有服族人亦引而親之如家人焉

下而飲者不勝者自下堂而受飲也其爭也爭爲謙讓而已

百家憶姜定庵先生問君子無所爭章先遺獻曰射義云事之盡禮樂而可數爲以立德行者莫如射故聖王務焉是射者所以教讓者也君子無所爭無從而見而見之于射揖讓而升下而飲皆無爭之事也凡所以爲此者蓋爭欲爲君子耳若謂惟于射而後有爭在射既不見有爭之事豈兩耦心競各不相下與如是何以觀德與此爭爲謙讓意合

君子之射以中爲勝不必以貫革爲勝侯以布鵠以革其不貫革而墜于地者中鵠爲可知矣此爲力不同科之一也

知死而不知生傷而不弔畏壓溺可傷尤甚故特致哀死者不弔生者以異之且如何不淑之詞無所施焉

博依善依永而歌樂之也雜服雜習于制數服近之文也

春秋大要天子之事也故曰知我者其惟春秋乎罪我者其惟春秋乎

苗而不秀者與下文不足畏也爲一說

乾稱篇第十七

凡可狀皆有也凡有皆象也凡象皆氣也氣之性本虛而神則神與性乃氣所固有此鬼神所以體物而不可遺也舍氣有象否非象有意否

沈毅齋曰天地附于氣則由地以上皆天氣也蒼蒼者極遠之色耳然人涵育于天地之中其呼吸假天氣以爲消息猶魚之在水而不知也吾之氣卽天之氣爾寧有不相爲流通者乎

至誠天性也不息天命也人能至誠則性盡而神可窮矣不息則命行而化可知矣學未至知化非真得也

高忠憲曰天性無妄天命不已性卽神命卽化故至誠無息而性命神化一以貫之矣何以能誠妄復于無妄而已

有無虛實通爲一物者性也不能爲一非盡性也飲食男女皆性也是烏可滅然則有無皆性也是豈無對莊老浮屠爲此說久矣果暢真理乎

天包載萬物于內所感所性乾坤陰陽二端而已無內外之合無耳目之引取與人物蕞然異矣人能盡性知天不爲蕞然起見則幾矣

高忠憲曰所感氣也化也所性理也神也無內外之合無心也無耳目之引取無形也與人物蕞然之小者異矣不爲蕞然起見無我也

有無一內外合庸聖同此人心之所自來也若聖人則不專以聞見爲心故能不專以聞見爲用無所不感者虛也感卽合也咸也以萬物本一故一能合異以其能合異故謂之感若非有異則無合天性乾坤陰陽也二端故有感本一故能合天地生萬物所受雖不同皆無須臾之不感所謂性卽天道也

高忠憲曰有無一內外合此人心之所自來蓋太虛之□□也人病其以耳目見聞累其心故思盡其心者必知心所自來而後能

聖人惟不專以聞見爲心故能不專以聞見爲用所謂德性所知不萌于見聞也不以耳目見聞累其心虛之極也虛故無所不感所以有感者以其合異所以能合者以其本一乾坤陰陽一物而兩體兩體故有感一物故能合天地無須臾之不感萬物亦然在萬物爲性在造化爲天道性卽天道也

感者性之神性者感之體（在天在人其究一也）惟屈伸動靜終始之能一也故所以妙萬物而謂之神通萬物而謂之道體萬物而謂之性

高忠憲曰感者性之妙用性者感之本體屈伸動靜終始之能一兩體而一物也神也道也性也一而已矣

至虛之實實而不固至靜之動動而不窮實而不固則一而散動而不窮則往且來

性通極于無氣其一物爾命稟同于性遇乃適然焉人一己百人十己千然有不至猶難語性可以言氣行同報異猶難語命可以言遇

高忠憲曰通極猶言究極性超乎氣氣其一物耳命同于性遇乃氣數之適然稟者人物所稟曰猶難語性猶難語命則人不可以氣與遇之異而不求性命之同也

浮屠明鬼謂有識之死受生循環遂厭苦求免可謂知鬼乎以人生爲妄可謂知人乎天人一物輒生取舍可謂知天乎孔孟所謂天彼所謂道惑者指游魂爲變爲輪迴未之思也大學當先知天德知天德則知聖人知鬼神今浮屠極論要歸必謂死生轉流非得道不免謂之悟道可乎自其說熾傳中國儒者未容窺聖學門牆已爲引取淪胥其閒指爲大道其俗達之天下致善惡智愚男女臧獲人人著信使英才閒氣生則溺耳目恬習之事長則師世儒宗尚之言遂冥然被驅因謂聖人可不修而至大道可不學而知故未識聖人心已謂不必求其迹未見君子志已謂不必事其文此人倫所以不察庶物所以不明治所以忽德所以亂異言滿耳上無禮以防其僞下無學以稽其弊自古詖淫邪遁之詞翕然並興一出于佛氏之門者千五百年自非獨立不懼精一自信有大過人之才何以正立其閒與之較是非計得失

高忠憲曰有識之死謂人死而識神復循環受生也天人取舍者棄人事以求天性也孔孟所謂天彼則謂之道易所謂游魂爲變彼則謂之輪迴似是而實非皆以不知天德不知天德則以未嘗格物窮理而徒欲得道以免生死輪轉卽此發本要歸尚可謂之

悟道乎求其迹考其行也事其文讀其書也趙伯循曰此條學者當日誦一通庶幾知崇正學而可與明道

釋氏語實際乃知道者所謂誠也天德也其語到實際則以人生爲幻妄有爲爲疣贅以世界爲蔭濁遂厭而不有遺而弗存就使得之乃誠而惡明者也儒者則因明致誠因誠致明故天人合一致學而可以成聖得天而未始遺人易所謂不遺不流不過者也彼語雖似是觀其發本要歸與吾儒二本殊歸矣道一而已此是則彼非此非則彼是固不當同日而語其言流遁失守窮大則淫推行則詖致曲則邪求之一卷之中此弊數數有之大率知晝夜陰陽則能知性命能知性命則能知聖人知鬼神彼欲直語太虛不以晝夜陰陽累其心則是未始見易未始見易則雖欲免陰陽晝夜之累末由也已易且不見又烏能更語真際舍真際而談鬼神妄也所謂實際彼徒能語之而已未始心解也

易謂原始反終故知死生之說者謂原始而知生則求其終而知死必矣此夫子所以直季路之問而不隱也

體不偏滯乃可謂無方無體偏滯于晝夜陰陽者物也若道則兼體而無累也以其兼體故曰一陰一陽又曰陰陽不測又曰一闔一闢

又曰通乎晝夜語其推行故曰道語其不測故曰神語其生生故曰易其實一物指事異名爾

大率天之爲德虛而善應其應非思慮聰明可求故謂之神老氏況諸谷以此

太虛者氣之體氣有陰陽屈伸相感之無窮故神之應也無窮其散無數故神之應也無數雖無窮其實湛然雖無數其實一而已陰陽之氣散則萬殊人莫知其一也合則混然人不見其殊也形聚爲物形潰反原反原者其游魂爲變與所謂變者對聚散存亡爲文非如螢雀之化指前後身而爲說也

高忠憲曰天地之閒一氣而已氣湛然太虛而已雖屈伸聚散無窮無數而其體不易其爲物不貳此所以爲神也湛合謂萬物散歸太虛潰散也反原卽合也游魂爲變者有聚散存亡之變而非如螢雀前後身之變

益物必誠如天之生物日進日息自益必誠如川之方至日增日得施之妄學之不勤欲自益且益人難矣哉易曰益長裕而不設信夫將修己必先厚重以自持厚重知學德乃進而不固矣忠信進德惟尚友而急賢欲勝己者親無如改過之不吝

宋元學案卷十八

餘姚黃宗羲原本　　後學慈谿馮雲濠校刊
男百家纂輯　　鄞縣王梓材重校
鄞縣全祖望修定　　道州何紹基重刊

橫渠學案下

橫渠理窟

治天下不由井地終無由得平周道止是均平

天官之職須襟懷洪大方看得蓋其規模至大若不得此心欲事事上致曲窮究湊合此心如是之大必不能得也

井田至易行但朝廷出一令可以不笞一人而定蓋人無敢據土者又須使民悅從其多有田者使不失其爲富借如大臣有據土千比者不過封與五十里之國則已過其所有其他隨土多少與一官使有租稅人不失故物治天下之術必自此始今以天下之土棋畫分布人受一方養民之本也後世不制其產止使其力又反以天子之貴專利公自公民自民不相爲計百姓足君孰與不足百姓不足君孰與足其術自城起首立四隅一方正矣又增一表又治一方如是百里之地不日可定何必毀民廬舍墳墓但見表足矣方既正表自

無用待軍賦與治溝洫者之田各有處所不可易旁加損井地是也百里之國爲方十里者百十里爲成成出革車一乘是百乘也然開方計之百里之國南北東西各三萬步一夫之田爲方步者萬今聚南北一步之博而會東西三萬步之長則爲方步者三萬也是三夫之田也三三如九則百里之地得九萬夫也革車一乘甲士三人步卒七十二人以千乘計之凡用七萬五千人今有九萬夫故百里之國亦可言千乘也以地計之足容車千乘然取之不如是之盡其取之亦什一之法也其閒有山陵林麓不在數

井田亦無他術但先以天下之地棋布畫定使人受一方則自是均前日大有田產之家雖以其田授民然不得如分種如租種矣所得雖差少然使之爲田官以掌其民使人旣喻此意人亦自從雖少不願然悅者衆而不悅者寡矣又安能每每恤人情如此其始雖分公田與之及一二十年猶須別立法始則因命爲田官自後則是擇賢欲求古法亦先須熟觀文字使上下之意通貫大其胸懷以觀之井田卒歸于封建乃定封建功有大功德者然後可以封建當未封建前天下井邑當如何爲治必立田大夫治之今旣未可議封建只使守令終身亦可爲也所以必要封建者天下之事分得簡則治之精

不簡則不精故聖人必以天下分之于人則事無不治者聖人立法必計後世子孫使周公當軸雖攬天下之政治之必精後世安得如此且爲天下者奚爲紛紛必親天下之事今便封建不肖者復逐之有何害豈有以天下之勢不能正一百里之國使諸侯得以交結以亂天下自非朝廷大不能治安得如此而後世乃謂秦不封建爲得策此不知聖人之意也

周禮盟詛之屬必非周公之意以上周禮

管攝天下人心收宗族厚風俗使人不忘本須是明譜系世族與立宗子法宗法不立則人不知統系來處古人亦鮮有不知來處者宗子法廢後世尚譜牒猶有遺風譜牒又廢人家不知來處無百年之家骨肉無統雖至親恩亦薄

宗子之法廢則朝廷無世臣今日大臣之家且可方宗子法朝廷有制曾任兩府則宅舍不許分以上宗法

今之人自少見其父祖從仕或見其鄉閭仕者其心正欲得利祿縱欲于義理更不留意有天生性美則或能孝友廉節者不美者縱惡而已性元不曾識磨礪禮樂

變化氣質孟子曰居移氣養移體況居天下之廣居者乎居仁由義

自然心和而體正更要約時但拂去舊日所為使動作皆中禮則氣質自然全好禮曰心廣體胖心既宏大則自然舒泰而樂也若心但能宏大不謹敬則不立若但能謹敬而心不宏大則入于隘須寬而敬大抵有諸中者必形諸外故君子心和則氣和心正則氣正其始也固亦須矜持古之為冠者以重其首為履以重其足至于盤盂几杖為銘皆所以慎戒之

學者有息時一如木偶人牽搐則動舍之則息一日而萬生萬死學者有息時亦與死無異是心死也身雖生身亦物也天下之物多矣學者本以道為生道息則死也終是偽物當以木偶人為譬以自戒知息為大不善因設惡譬如此只欲不息

欲事立須是心立心不欽則怠墮事無由立

不知疑者只是不便實作既實作則須有疑必有不行處是疑也譬之通身會得一邊或理會一節未全則須有疑是問是學處也無則只是未嘗思慮來也

人之氣質美惡與貴賤夭壽之理皆是所受定分如氣質惡者學即能移今人所以多為氣所使而不得為賢者蓋為不知學古之人在鄉閭之中其師長朋友日相教訓則自然賢者多但學至于成性則

氣無由勝孟子謂氣壹則動志動猶言移易若志壹亦能動氣必學至于如天則能成性

多聞見適足以長小人之氣君子莊敬日強始則須拳拳服膺出于牽勉至于中禮卻從容如此方是爲己之學鄉黨說孔子之形色之謹亦是敬此皆變化氣質之道也

求心之始如有所得久思則茫然復失何也夫求心不得其要鑽研太甚則惑心之要只是欲平曠熟後無心如天簡易不已今有心以求其虛則是已起一心無由得虛切不得令心煩求之太切則反昏惑孟子所謂助長也孟子亦只言存養而已此非可以聰明思慮力所能致也然而得博學于文以求義理則亦動其心乎夫思慮不違是心而已尺蠖之屈以求伸也龍蛇之蟄以存身也精義入神以致用也利用安身以崇德也此相交養之道夫屈者所以求伸也勤學所以修身也博文所以崇德也惟博文則可以力致人平居又不可以全無思慮須是考前言往行觀昔人制節如此以行其事而已故動焉而無不中理以上氣質

梓材謹案梨洲原本所錄氣質八條其一條移附天祺先生傳後

嘗謂文字若史書歷過見得無可取則可放下如此則一日之力可以了六七卷書又學史不爲爲人對人恥有所不知意只在相勝醫書雖聖人存此亦不須大段學不會亦不甚害事會得不過惠及骨肉閒延得頃刻之生決無長生之理若窮理盡性則自會得如文集文選之類看得數篇無所取便可放下如道藏釋典不看亦無害既如此則無可得看唯是有義理也故唯六經則須著循環能使晝夜不息理會得六七年則自無可得看若義理則儘無窮待自家長得一格則又見得別

今之性滅天理而窮人欲今復反歸其天理古之學者便立天理孔孟而後其心不傳如荀楊皆不能知

顧諟謹案明道程子曰天理二字是自家體貼出來先生亦拈天理而曰歸曰立發明自家體貼之意尤爲喫緊

學貴心悟守舊無功

爲學大益在自能變化氣質不爾卒無所發明不得見聖人之奥故學者先須變化氣質變化氣質與虛心相表裏

仁不得義則不行不得禮則不立不得智則不知不得信則不能守此致一之道也

學不能推究事理只是心粗至如顏子未至于聖人處猶是心粗讀書少則無由考校得義精蓋書以維持此心一時放下則一時德性有懈讀書則此心常在不讀書則終看義理不見書須成誦精思多在夜中或靜坐得之不記則思不起但通貫得大原後書亦易記所以觀書者釋己之疑明己之未達每見每知所益則學進矣于不疑處有疑方是進矣

常人教小童亦可取益絆己不出入一益也授人數次己亦了此文義二益也對之必正衣冠尊瞻視三益也嘗以因己而壞人之才爲之憂則不敢惰四益也

某觀中庸義二十年每觀每有義已長得一格六經循環年欲一觀

觀書以靜爲心但只是物不入心然人豈能長靜須以制其亂以上義理

書多閱而好忘者只爲理未精耳理精則須記了無去處也仲尼一以貫之蓋只著一義理都貫卻學者但養心識明靜自然可見死生存亡皆知所從來胸中瑩然無疑止此理爾孔子言未知生焉知死蓋略言之死之事只生是也更無別理

既學而先有以功業爲意者于學便相害既有意必穿鑿創意作起

事也德未成而先以功業爲事是代大匠斲希不傷手也
戲謔直是大無益出于無敬心戲謔不已不惟害事志亦爲氣所流
不戲謔亦是持氣之一端善戲謔之事雖不爲無傷
正心之始當以己心爲嚴師凡所動作則知所懼如此一二年閒守
得牢固則自然心正矣 以上學大原上

劉蕺山曰心爲嚴師以本無不正故此絕頂話頭
慕學之始猶聞都會紛華盛麗未見其美而知其有美不疑步步進
則漸到畫則自棄也觀書解大義非聞也必以了悟爲聞
今人爲學如登山麓方其迤邐之時莫不闊步大走及到峻峭之處
便止須是要剛決果敢以進
心清時常少亂時常多其清時卽視明聽聰四體不待羈束而自然
恭謹其亂時反是如此者何也蓋用心未熟客慮多而常心少也習
俗之心未去而實心未全也有時如失者只爲心生若熟後自不然
心不可勞當存其大者存之熟後小者可略
顧諟謹案子劉子喫緊三關本實心未全也全字作完字此下
云人又要得剛大柔則入于不立亦有人生無喜怒者則又要
得剛剛則守得定不回進道勇敢載則比他人自是勇處多與

此不同存考

人當平物我合內外如是以身鑒物便偏見以天理中鑒則人與己皆見猶持鏡在此但可鑒彼于己莫能見也以鏡居中則盡照只為天理常在身與物均見則自不私己亦是一物人常脫去己身則自明然身與心常相隨無奈何有此身假以接物則舉措須要是今見人意我固必以為當絕于己乃不能絕卽是私己是以大人正己而物正須待自己者皆是著見于人物自然而正以誠而明者既實而行之明也明則民斯信矣己未正而正人便是有意我固必鑒己與物皆見則自然心洪而公平意我固必只為有身便有此至如恐懼憂患忿好懥樂亦只是為其身處亦欲忘其身賊害而不顧只是兩公平不私于己無適無莫義之與比也

學者不論天資美惡亦不專在勤苦但觀其趨嚮著心處如何

顧諟謹案此先生立志之說也朱子曰書不記熟讀可記義不精深思可精惟有志不立直是無著力處與此同旨

學者以堯舜之事須刻日月要得之猶恐不至有何愧而不為此始學之良術也

義理有疑則濯去舊見以來新意心中苟有所開卽便劄記不思則

還塞之矣更須得朋友之助日閒朋友論著則一日閒意思差別須日日如此講論久則自覺進也

在可疑而不疑者不曾學學則須疑譬之行道者將之南山須問道路之出自若安坐則何嘗有疑

顧提謹案前云有不行處是疑此云學則須疑更不待不行矣語意尤爲警醒

學者只是于義理中求譬如農夫是穮是蓘雖有饑饉必有豐年蓋求之則須有所得

凡所當爲一事意不過則推類如此善也一事意得過以爲且休則百事廢其病常在謂之病者爲其不虛心也又病隨所居而長至死只依舊爲子弟則不能安灑掃應對在朋友則不能下朋友有官長不能下官長爲宰相不能下天下之賢甚則至于徇私意義理都喪也只爲病根不去隨所居所接而長人須一事事消了病則常勝故要克己克己下學也下學上達交相培養蓋不行則成何德行哉

顧提謹案學大原上內一節曰古者惟國家則有有司士庶人皆子弟執事又古人于孩提時已教之禮今世學不講男女從

幼便驕惰壞了到長益凶狠只爲未嘗爲子弟之事則于其親已有物我不肯屈下病根常在朱子小學本自世學不講以下合于此節又病隨所居而長之上共爲一節至則常勝止子劉子喫緊三關本從之今據張子全書分爲兩節而記其不同于左

學者大不宜志小氣輕志小則易足易足則無由進氣輕則虛而爲盈約而爲泰亡而爲有以未知爲已知未學爲已學人之有恥于就問便謂我好勝于人只是病在不知求是爲心故學者當無我以上學大原下

某學來三十年自來作文字說義理無限其有是者皆只是億則屢中譬之穿窬之盜將竊取室中之物而未知物之所藏處或探知于外人或隔牆聽人之言終不能自到說得皆未是實觀古人之書如探知于外人聞朋友之論如聞隔牆之言皆未得其門而入不見宗廟之美室家之好比歲方似入至其中知其中是美是善不肯復出天下之議論莫能易此譬如既鑿一穴已有見又若既至其中卻無燭未能盡室中之有須索移動方有所見言移動者謂逐事要思譬之昏者觀一物必貯目于一不如明者舉目皆見此某不敢自欺亦

不敢自謙所言皆實事學者又譬之知有物而不肯捨去者有之以爲難入不濟事而去者有之

某向時謾說以爲已成今觀之全未也然而得一門庭知聖人可以學而至更自期一年如何今且專與聖人之言爲學閑書未用閱閑書者蓋不知學之不足

思慮要簡省煩則所存都昏惑中夜因思慮不寐則驚魘不安某近來雖終夕不寐亦能安靜卻不求寐此其驗也

某始持期喪恐人非笑己亦自若羞恥自後雖大功小功亦服之人亦以爲熟己亦熟之天下事大患只是畏人非笑不養車馬食麤衣惡居貧賤皆恐人非笑不知當生則生當死則死今日萬鍾明日棄之今日富貴明日饑餓亦不卹惟義所在

祭祀用分至四時正祭也其禮特牲行三獻之禮朔望用一獻之禮取時之新物因薦以是日無食味也元日用一獻之禮不特殺有食寒食十月皆一獻之禮喪自齊衰以下朔不可廢祭

某自今日欲正經爲事不柰何須著從此去自古聖賢莫不由此始也況如今遠者大者又難及得惟于家庭閑行之庶可見也今左右前後無尊長可事欲經之正故不免須責于家人輩家人輩須不喜

亦不柰何或以爲自尊大亦不柰何蓋不如此此則經不明若便行之不徒其身之有益亦爲其子孫之益者也

某既閑居横渠說此義理自有横渠未嘗如此如此地又非會衆教化之所或有賢者經過若此則似繫著在此某雖欲去此自是未有一道理去得如諸葛孔明在南陽便逢先主相召入蜀居了許多時日作得許多功業又如周家發迹于邠遷于岐遷于鎬春積漸向冬漢積漸入秦皆是氣使之然大凡能發見卽是氣至若仲尼在洙泗之閒修仁義興教化歷後千有餘年用之不已今倡此道不知如何自來元不會有人說著如楊雄王通又皆不見韓愈又只尚閑言詞今則此道亦有與聞者其已乎其有遇乎以上自道

語錄

上智下愚不移充其德性則爲上智安于見聞則爲下愚不移者安于所執而不移也

子貢謂夫子之言性與天道不可得而聞既云夫子之言則是居常語之矣聖門學者以仁爲己任不以苟知爲得必以了悟爲聞因有是說明賢思之

學者當須立人之性仁者人也當辨其人之所謂人學者學所以爲

人
多求新意以開昏蒙吾學不振非強有力者不能自奮足下信篤持
謹何患不至正惟求自粹美得之最近
萬物皆有理若不知窮理如夢過一生釋氏便不窮理皆以爲見病
所致莊生儘能明理及至窮極亦以爲夢故稱孔子與顏淵語曰吾
與爾皆夢也蓋不如易之窮理也
有志于學者都更不論氣之美惡只看志如何匹夫不可奪志也惟
患學者不能堅勇
大率玩心未發可求之平易勿迂也若始求太深恐自茲愈遠
百家謹案此卽程氏相傳未發氣象之旨
太虛者自然之道行之要在思故曰思誠
虛心然後能盡心
虛心則無外以爲累
人生固有天道人事當行不行則無誠不誠則無物故須行實事惟
聖人踐形爲實之至得人之形可離非道也
與天同原謂之虛須得事實故謂之實此叩其兩端而竭焉更無去
處

天地之道無非以至虛爲實人須于虛中求出實聖人虛之至故擇善自精心之不能虛者有物榛礙金鐵有時而腐山嶽有時而摧凡有形之物卽易壞惟太虛無動搖故爲至實詩云德輶如毛毛猶有倫上天之載無聲無臭至矣

靜者善之本虛者靜之本猶對動虛則至一

氣之蒼蒼目之所止也日月星辰象之著也當以心求天之虛大人不失其赤子之心赤子之心今可知也以其虛也

天地以虛爲德至善者虛也虛者天地之祖天地從虛中來

氣者自萬物散殊時各有所得之氣習者自胎胞中以至于嬰孩時皆是習也

某所以使學者先學禮者只爲學禮則便除去了世俗一副常習熟纏繞譬之延蔓之物解纏繞卽上去上去卽是理明矣又何求苟能除去了一副當世習便自然脫灑也又學禮則可以守得定

古之小兒便能敬事長者與之提攜則兩手奉長者之手問之掩口而對蓋稍不敬事便不忠信故教小兒且先安詳恭敬

孟子曰人不足與適也政不足與閒也惟大人爲能格君心之非非惟君心至于朋游學者之際彼雖議論異同未欲深校惟整理其心

使歸之正豈小補哉

文集

所訪物怪神姦此非難說顧語未必信耳孟子所論知性知天學至于知天則物所從出當源源自見知所從出則物之當有當無莫不心喻亦不待語而知諸公所論但守之不失不爲異端所劫進進不已則物怪不須辨異端不必攻不踰期年吾道勝矣若欲委之無窮付之以不可知則學爲疑撓智爲物昏交來無閒卒無以自存而溺于怪妄必矣

朝廷以道學政術爲二事此正自古之可憂者巽之謂孔孟可作將推其所得而施諸天下邪將以其所不爲而強施之于天下歟大都君相以父母天下爲王道不能推父母之心于百姓謂之王道可乎所謂父母之心非徒見于言必須視四海之民如己之子設使四海之內皆爲己之子則講治之術必不爲秦漢之少恩必不爲五霸之假名巽之謂朝廷言人不足與適政不足與閒能使吾君愛天下之人如赤子則治德必日新人之進者必良士帝王之道不必改途而成學與政不殊心而得矣 以上答范巽之書

竊嘗病孔孟既沒諸儒囂然不知反約窮源勇于苟作持不逮之資

而急知後世明者一覽如見肺肝然多見其不知量也方且創艾其弊默養吾誠顧所患日夕不足而未果他爲也

始學之要當知三月不違與日月至焉內外賓主之辨使心意勉勉循循而不能已過此幾非在我者□□□□□□□

性理拾遺

天下凡謂之性者如言金性剛火性熱牛之性馬之性也莫非固有凡物莫不有是性由通蔽開塞所以有人物之別由蔽有厚薄故有智愚之別塞者牢不可開厚者可以開而開之也難薄者開之也易開則達于天道與聖人一

心統性情者也

有形則有體有性則有情

發于性則見于情發于情則見于色以類而應也

道所以可久可大以其肖天地而不雜也與天地不相似其違道也遠矣

事無大小皆有道在其閒能安分則謂之道不能安分謂之非道顯諸仁天地生萬物之功則人可得而見也所以造萬物則人不可得而見是藏諸用也

接物處皆是小德統會處便是大德

洪鐘未嘗有聲由叩乃有聲聖人未嘗有知由問乃有知或謂聖人無知則當不問之時其猶木石乎曰有不知則有知無不知則無知故曰聖人未嘗有知由問乃有知也聖人無私無我故功高天下而無一介累于其心蓋有一介存焉未免乎私己也

明善爲本固執之乃立擴充之則大易視之則小在人能宏之而已

利利于民則可謂利利于身利于國皆非利也利之言利猶言美之爲美利誠難言不可一槪而言

近思錄拾遺

敦篤虛靜者仁之本不輕妄則是敦篤也無所繫閡昏塞則是虛靜也此難以頓悟苟知之須久于道實體之方知其味夫仁亦在乎熟之而已 孟子說

有潛心于道忽忽爲他慮引去者此氣也舊習纏繞未能脫灑畢竟無益但樂于舊習耳古人欲得朋友與琴瑟簡編常使心在于此惟聖人知朋友之取益爲多故樂得朋友之來 論語說

舜之事親有不悅者爲父頑母嚚不近人情若中人之性其愛惡略無害理姑必順之親之故舊所喜者當極力招致以悅其親凡于父

毋賓客之奉必竭力營辦不計家之有無然爲養又須使不知其勉強勞苦苟使見其爲而不易則亦不安矣 記說

斯干詩言兄及弟矣式相好矣無相猶矣言兄弟宜相好不要厮學猶似也人情大抵患在施之不見報則輟故恩不能終不要相學己施之而已 詩說

古者有東宮有西宮有南宮有北宮異宮而同財此禮亦可行古人慮遠目下雖似相疏其實如此乃能久相親蓋數十百口之家自是飲食衣服難爲得一又異宮乃容子得伸其私所以避子之私也子不私其父則不成爲子古之人曲盡人情必也同宮有叔父伯父則爲子者何以獨厚于其父爲父者又烏得而當之父子異宮爲命士以上愈貴則愈嚴故異宮猶今世有逐位非如異居也 樂說

梓材謹案原本此下有謂范巽之一條及載山語今移爲附錄

未知立心惡思多之致疑既知所立惡講治之不精講治之思莫非術內雖勤而何厭所以急于可欲者求立吾心于不疑之地然後若決江河以利吾往遜此志務時敏厥修乃來故雖仲尼之才之美然且敏以求之今持不逮之資而欲徐徐以聽其自適非所聞也

爲天地立心爲生民立命爲往聖繼絕學爲萬世開太平

人多以老成則不肯下問故終身不知又爲人以道義先覺處之不可復謂有所不知故亦不肯下問從不肯問遂生百端欺妄人我寧終身不知 *論語說*

梓材謹案此下有孔孟既沒及始學之要二條併歸文集

附錄

先生氣質剛毅德威貌嚴然與人居久而日親其治家接物大要正己以感人人未之信反躬自治不以語人雖有未喻安行而無悔故識與不識聞風而畏聞人之善喜見顏色答問學者雖多不倦有不能者未嘗不開其端可語者必丁寧以誨之惟恐其成就之晚

先生在渭渭帥蔡公子正特所尊禮軍府之政小大咨之先生夙夜從事所以贊助之力爲多並塞之民常苦乏食而貸于官帑不能足又屬歲旱先生力言于府取軍儲數十萬以救之又言戍兵徒往來不可爲用不若損數以募土人爲便 *以上呂與叔撰行狀*

謂范巽之曰吾輩不及古人病源何在巽之請問先生曰此非難悟設此語者蓋欲學者存意之不忘庶游心浸熟有一日脫然如大寐之得醒耳

劉蕺山曰醒來只是舊時人

橫渠著正蒙時處處置筆硯得意卽書明道云子厚卻如此不熟

　張采謹案是子厚謹愼處若到熟時便是聖人言聖人事矣子厚既不能若未到熟時率意著作如何得有西銘極純無雜來

橫渠嘗言吾十五年學箇恭而安不成明道曰可知是學不成有多少病在

　張采謹案恭而安是學不得工夫在恭而安前

明道曰張子厚聞皇子生喜甚見餓莩者食便不美

又曰西銘某得此意只是須得子厚如此筆力他人無緣做得孟子以後未有人及此得此文字省多少言語要之仁孝之理備于此須與而不于此則便不仁不孝也

又曰孟子之後只有原道一篇其閒言語固多病然大要儘近理若西銘則是原道之宗祖也原道卻只說道元未到西銘意思據子厚之文醇然無出此文也自孟子後蓋未見此書

問西銘如何明道曰此橫渠文之粹者也曰充得盡時如何曰聖人也橫渠能充盡否曰言有兩端有有德之言有造道之言有德之言說自己事如聖人言聖人事也造道之言則智足以知此如賢人說聖人事也橫渠道儘高言儘醇自孟子後儒者都無他見識

明道嘗與橫渠在興國寺講論終日而曰不知舊日曾有甚人于此處講此事

伊川答橫渠書曰觀吾叔之見志正而謹嚴深探遠賾豈後世學者所嘗慮及然以大概氣象言之則有苦心極力之象而無寬裕温和之氣非明睿所照而考索至此故意屢偏而言多窒小出入時有之更望完養思慮涵泳義理他日當自條暢

子厚言關中學者用禮漸成俗正叔言自是關中人剛勁敢爲子厚言亦是自家規矩寬大

伊川曰關中學者以今日觀之師死而遂倍之卻未見其人只是更不復講

又曰藻鑑人物自是人才有通悟處學不得也張子厚善鑑裁其弟天祺學之便錯

又曰子厚以禮教學者最善使學者先有所據守

又曰某接人治經論道者亦甚多肯言及治體者誠未有如子厚

問橫渠言由明以至誠由誠以至明此言恐過當伊川曰由明以至誠此句卻是由誠以至明則不然誠卽明也孟子曰我知言我善養吾浩然之氣只我知言一句已盡橫渠之言不能無失類若此若西

銘一篇誰說得到此今以管窺天固是見北斗別處雖不得見北斗不可謂不是也

問橫渠之言有迫切處否伊川曰子厚謹嚴纔謹嚴便有迫切氣象無寬舒之氣

橫渠之沒門人欲謚爲明誠夫子質于明道先生先生疑之訪于溫公以爲不可答書云昨日承問張子厚謚倉卒奉對以漢魏以來此例甚多無不可者退而思之有所未盡竊惟子厚平生用心欲率今世之人復三代之禮者也漢魏以下蓋不足法郊特牲曰古者生無爵死無謚爵謂大夫以上也檀弓記禮所由失以爲士之有誄自縣賁父始子厚官比諸侯之大夫則已貴宜有謚矣然曾子問曰賤不誄貴幼不誄長禮也惟天子稱天以誄之諸侯相誄非禮也諸侯相誄猶爲非禮況弟子而誄其師乎孔子之沒哀公誄之不聞弟子復爲之謚也子路欲使門人爲臣孔子以爲欺天門人厚葬顏淵孔子歎不得視猶子也君子愛人以禮今關中諸君欲謚子厚而不合于古禮非子厚之志與其以陳文範陶靖節王文中孟貞曜爲比其尊之也曷若以孔子爲比乎承關中諸君決疑于伯淳而伯淳謙遜復謀及于淺陋不敢不盡所聞而獻之以備萬一惟伯淳擇而折衷之

呂與叔作行狀有見二程盡棄其學之語伊川語和靖曰表叔平生議論謂頤兄弟有同處則可若謂學于頤兄弟則無是事頃年屬與叔删去之不謂尚存幾于無忌憚矣

祖望謹案與叔其後卒改此語

楊龜山致書伊川疑西銘言體而不及用恐其流于兼愛曰横渠立言誠有過者乃在正蒙若西銘明理以存義擴前聖所未發與孟子性善養氣之論同功豈墨氏之比哉西銘理一而分殊墨氏則二本而無分子比而同之過矣且謂言體而不及用彼欲使人推而行之本爲用也反謂不及不亦異乎

龜山曰西銘只是發明一箇事天底道理所謂事天者循天理而已

又曰西銘只是要學者求仁而已

尹和靖曰見伊川後半年方得大學西銘看

又曰人本與天地一般大只爲人自小了若能自處以天地之心爲心便是與天地同體西銘備載此意顏子克己便是能盡此道

晁公武曰横渠易說繫辭差詳而今無之

朱子曰横渠云吾學既得于心則修其辭命辭命無差然後斷事斷事無失吾乃沛然看來理會道理須是說得出一字不穩便無下落

所以橫渠中夜便筆之于紙只要有下落而今理會得有下落底臨事尚腳忙手亂況不曾理會得下落橫渠如此若論道理他卻未熟然他地位卻要如此高明底則不必如此

又曰橫渠之學是苦心得之乃是致曲與伊川異

又曰明道之學從容涵泳之味洽橫渠之學苦心力索之功深

又曰曾子剛毅立得牆壁在而後可傳之子思孟子伊川橫渠甚嚴游楊之門倒塌了若天資大段高則學明道若不及明道則且學伊川橫渠

又曰橫渠說做工夫處更精切似二程二程資稟高明潔淨不大段用工夫橫渠資稟有偏駁夾雜處大段用工夫來觀其言曰心清時少亂時多其清時視明聽聰四體不待羈束而自然恭敬其亂時反是說得來大段精切

梓材謹案此條從晦翁學案移入

又曰橫渠教人道夜閒自不合睡只爲無可應接他人皆睡了己不得不睡他做正蒙時或夜裏默坐徹曉他直是恁地勇方做得因舉曾子任重道遠一段曰子思曾子直恁地方被他打得透

又曰學者少有能如橫渠輩用功者近看得橫渠用功最親切直是

可畏

或云諸先生說話皆不及小程先生雖大程亦不及朱子曰不然明道說話儘高邵張說得端的處儘好且如伊川說仁者天下之公善之本也大段寬而不切如橫渠說心統性情這般所在說得的當又如伊川謂鬼神者造化之迹卻不如橫渠所謂二氣之良能也

問橫渠似孟子否朱子曰橫渠嚴密孟子宏闊又問孟子平正橫渠高處太高僻處太僻曰是又曰橫渠之于程子猶伯夷伊尹之于孔子

問西銘仁孝之理朱子曰他不是說孝是將這孝來形容這仁事親底道理便是事天底樣子

朱子又曰橫渠西銘初看有許多節卻似狹充其量是甚麼樣大合下便有箇乾健坤順意思自家身已便如此形體便是這箇物事性便是這箇物事同胞是如此吾與是如此主腦便是如此尊高年所以長其長慈孤弱所以幼其幼又是做工夫處後面節節如此于時保之子之翼也樂且不憂純乎孝者也其品節次第又如此橫渠說這般話體用兼備豈似他人只說得一邊問自其節目言之便是各正性命充其量而言之便是流行不息曰然

劉剛中問張子西銘與墨子兼愛何以異朱子曰異以理一分殊一者一本殊者萬殊脈絡流通真從乾坤父母源頭上聯貫出來其後支分派別井井有條隱然子思盡其性盡人性盡物性孟子親親而仁民仁民而愛物微旨非如夷之愛無差等且理一體也分殊用也墨子兼愛只在用上施行如後之釋氏人我平等親疏平等一味慈悲彼不知分之殊又烏知理之一哉

梓材謹案此條從滄洲諸儒學案移入

朱子贊先生像曰早悅孫吳晚逃佛老勇撤皐比一變至道精思力踐妙契疾書訂頑之訓示我廣居

張南軒曰西銘謂以乾爲父坤爲母有生之類無不皆然所謂理一也而人物之生血脈之屬各親其親各子其子則其分亦安得而不殊哉是則然矣然即其理一之中乾則爲父坤則爲母民則爲同胞物則爲吾與若此之類分固未嘗不具焉龜山所謂用未嘗離體者蓋有見于此也似更須說破耳

又曰人之有是身也則易以私私則失其正理矣西銘之作惟患夫私勝之流也故推明理之一以示人理則一而其分森然自不可易惟識夫理一乃見其分之殊明其分殊則所謂理之一者斯周流而

無弊矣此仁義之道所以常相須也學者存此意涵泳體察求仁之要也

又與朱元晦書曰近讀繫辭益覺向者用意過當失卻聖人意脈如橫渠亦時未免有此 補

魏鶴山師友雅言曰嘗疑人不獨親其親不獨子其子近乎兼愛之意朱文公亦云然及見橫渠說惟不獨親其親子其子故知能親親而子子與孟子老幼及人同意不費辭而義足 補

真西山曰張子有言為天地立心為生民立極為前聖繼絕學為萬世開太平又云此道自孟子後千有餘歲若天不欲此道復明則不使今日有知者既使人有知者則必有復明之理此皆先生以道自任之意

黃東發日鈔曰橫渠先生精思力踐毅然以聖人之事為己任凡所議論率多超卓至于變化氣質謂形而後有氣質之性善反之則天地之性存焉故氣質之性君子有弗性焉此尤自昔聖賢之所未發警教後學最為切至者也學者宜何如其遵體哉若夫篤信周官謂可舉行于今日則未知先生見用果何如似恐世變推移自昔聖人亦不過隨時立制而治要亦不在制度之細爾至若測陰陽造化談

清虛一大初學未當過而問不敢盡鈔類云補

薛文清曰讀西銘有天下為一家中國為一人之氣象又曰讀西銘知天地萬物為一體又曰西銘立心可以語王道

宗羲案橫渠氣魄甚大加以精苦之工故其成就不同伊川謂其多迫切而少寬舒考亭謂其高處太高僻處太僻此在橫渠已自知之嘗言吾十五年學箇恭而安不成所謂寬舒氣象卽安也然恭而安自學不得正以迫切之久而後能有之若先從安處學起則蕩而無可持守早已入漆園籬落

橫渠學侶

御史張天祺先生戩

張戩字天祺橫渠先生季弟也其為人篤實寬裕儼然正色喜慍不見于容接人無貴賤親疏未嘗失色樂道人善不及其惡終日無一言不及于義任道力行常若不及小有過必語人曰我知之矣公等察之後此不復為矣關中學者稱為二張橫渠嘗語人曰吾弟德性之美有所不如其不自假而勇于自屈在孔門之列宜與子夏相後先及與之論道曰吾弟全器也然語道而合乃自今始有弟如此道其無憂乎伊川曰天祺有自然德器以進士歷知靈寶流江金堂諸

縣誠心愛人養老恤窮民有小善皆籍記之月吉召老者飲勞使其子孫侍以勸孝弟民化其德所止獄訟稀少熙寧初召爲御史裏行神宗將大有爲先生每進對以堯舜三代之事進大要謂反經正本當自朝廷始已而累章論王安石亂法乞罷條例司及追還常平使者劾曾公亮陳升之趙抃依違不能救正韓絳左右附從與爲死黨李定以邪諂竊臺諫呂惠卿刻薄辯給假經術以文姦言豈宜勸講君側章數十上又詰中書爭之安石舉扇掩面而笑先生曰戩之狂直宜爲公笑然天下之笑公者不少陳升之解之曰察院不須如此先生顧曰相公得爲無過邪退而謝病不朝待罪出知公安縣徙知夏縣先生之在靈寶也采稍歲用民力久爲困擾先生訪其利害纖悉得之乃計一夫之役采稍若干以計其直請使民得納市于有司而罷其役止就河壖爲場立價募民采伐給用太守監司不聽及爲御史卒言于朝行之晚知夏縣靈寶之民遮使者車請曰吾昔日之賢令也願使君哀吾民還吾舊治使者以聞于朝詔徙鳳翔府司竹監夏縣之民遮道泣送不能行至于舉家不復食筍監以每歲發旁縣夫伐竹一月先生以爲無名之役乃籍監中園夫課伐而免旁縣之被役者會暴病卒年四十七橫渠哭之如不欲生將葬手疏哀辭

十二納于壙中呂與叔稱其力之厚任天下之重而不辭其氣之強篤行禮義而無倦其忠之感使死者復生而無憾伊川又曰天祺在司竹嘗愛用一卒長及將代見其人盜筍皮遂治之無少貸罪已待之復如初略不介意其德量如此

附錄

橫渠理窟氣質曰愼喜怒此只矯其末而不知治其本宜矯輕警惰若天祺氣重也亦有矯情過實處

純公程明道先生顥別爲明道學案

正公程伊川先生頤別爲伊川學案

侍講呂原明先生希哲別爲滎陽學案

橫渠同調

正愍呂微仲先生大防別見范呂諸儒學案

橫渠門人高平再傳

龍學呂晉伯先生大忠

教授呂和叔先生大鈞

正字呂與叔先生大臨

學士范巽之先生育並爲呂范諸儒學案

梓材謹案橫渠弟子又有九人並見呂范諸儒學案

橫渠私淑

詹事晁景迂先生說之別爲景迂學案

橫渠續傳

蔡牧堂先生發附見西山蔡氏學案

宋元學案卷十八

范呂諸儒學案表

范鎮 — 從子百祿 — 從孫祖述

附師龐直溫 從孫祖禹 別爲華陽學案

呂公著 — 子希哲 別爲滎陽學案

子希績

子希純

邢居實 別見安定學案

李常 並涑水同調 — 黃庭堅 — 王庭秀 別見龜山學案

韓維 — 從孫璀 別見元城學案

從孫璜 別見武夷學案

元孫元吉 別見和靖學案

王巖叟

並明道同調

呂大防 父蕡 橫渠同調
　子 安常
　　曾孫 誼 別見象山學案

豐稷 王鄞江樓西湖門人
　陳瓘 別爲陳鄒諸儒學案
　李朴 見下君行家學案
　張庭堅

李潛 附師劉師正 清敏同調
　子 朴
　子 格
　呂好問 別見滎陽學案
　呂切問 別見滎陽學案

龔夬
　弟 大壯
　龔節亨

上官均
　子 愔

曾孫諡別見滄洲諸儒學案

杜純 父彭壽

從子恢

從子憕

弟紘

子欽禹

晁補之

常安民

子同

李深 父誥 附弟勉 並元祐之學

子階

子郁別見龜山學案

鄞縣全祖望補本
後學慈谿馮雲濠校刊
鄞縣王梓材重校
道州何紹基重刊

范呂諸儒學案

祖望謹案慶歷以後尙有諸魁儒焉于學統或未豫而未嘗不于學術有功者范蜀公呂申公韓持國一輩也呂汲公王彥霖又一輩也豐相之李君行又一輩也尙論者其敢忽諸述范呂諸儒學案梓材案是卷謝山所特立惟李君行李進祖傳其稿尙存餘多以史傳參補

涑水同調

忠文范景仁先生鎭附師龐直溫

范鎭字景仁華陽人舉進士第一爲新安主簿薦試擢館閣校勘四年當遷宰相龐籍言鎭有異材不汲汲于進取超授直祕閣判吏部南曹開封府推官遷起居舍人知諫院疏請二府通知兵民大計與三司同制國用陳執中爲相先生論其無學術非宰相器及執中嬖妾笞殺婢御史劾奏先生言今陰陽不和民困賊熾執中當任其咎

閨門之細非所以責宰相識者韙之仁宗在位三十五年未有繼嗣中外莫敢言者先生獨奮曰天下事尚有大于此者乎疏十九上待命百餘日鬚髮爲白罷知諫院改集賢殿修撰同修起居注遂知制誥先生雖解言職無歲不申前議至是入謝曰陛下許臣今復三年矣願早定大計其後韓魏公卒定策立英宗遷翰林學士判太常寺論定濮王典禮改侍讀學士出知陳州神宗即位復爲翰林學士兼侍讀知通進銀臺司王荆公爲政變更法令先生力爭之不報即上疏曰臣言青苗不見聽薦蘇軾孔文仲不見用宜去疏五上其後指安石用喜怒爲賞罰疏入荆公大怒持其疏至手顫自草制極詆之以戶部侍郎致仕凡所得恩典悉不與先生表謝略曰願陛下集羣議爲耳目以除壅蔽之姦任老成爲腹心以養和平之福天下聞而壯之荆公雖詆之深切人更以爲榮既退東坡往賀曰公雖退而名益重矣哲宗立賜以龍茶存勞甚渥累封蜀郡公卒年八十一贈金紫光祿大夫諡曰忠文先生少時爲薛公奎招入幕府與子弟講學有問奎入蜀何所得曰得一偉人當以文學名世與司馬溫公相得甚驩議論如出一口且約生則互爲傳死則作銘溫公生爲先生傳服其勇決先生復銘溫公墓平生清白坦夷遇人必以誠恭儉慎默

口不言人過臨大節決大議色和而語壯篤于行義奏補先族人而後子孫鄉人有不克婚葬者輒爲主之兄鎡卒于隴城無子聞其有遺腹子在外徒步求之兩蜀閒二年乃得之少受學于鄉先生龐直溫直溫子昉卒于京師先生娶其女爲孫婦養其妻子終身其學本六經口不道佛老申韓之說契丹高麗皆傳誦其文少時賦長嘯卻胡騎晚使遼遼人目曰此長嘯公也雲濠案先生著有文集正言樂書國朝韻對國朝事始東齋記事凡百餘卷猶子百祿從孫祖禹參史傳

梓材謹案謝山學案劄記言北宋宰輔家登學案者范蜀公家六世八人蜀公及從子資政百祿見是卷從孫正獻祖禹從曾孫龍圖沖爲華陽學案資政後仲黼及從子子長子該又大冶則華陽後人見二江學案共八人凡六世

附錄

司馬溫公傳家集曰客有問今世之勇于迂叟者叟曰有范景仁者其爲勇人莫之敵客曰景仁長僅五尺循循如不勝衣奚其勇叟曰何哉而所謂勇者而以瞋目裂眥髮上指冠力曳九牛氣陵三軍者爲勇乎是特匹夫之勇耳勇于外者也若景仁勇于內者也自唐宣

宗以來不欲聞人言立嗣萬一有言之者輒切齒疾之與背畔無異而景仁獨唱言之十餘章不已視身與宗族如鴻毛後人見景仁無恙而繼爲之者則有矣然景仁首冒不測之淵無勇者能之乎人之情孰不畏天子與執政親愛之至隆者孰若父子執政欲尊天子之父而景仁引古義以爭之無勇者能之乎祿與位皆人所貪或老且病前無可冀猶戀戀不忍舍去況景仁身已通顯有聲望視公相無跬步之遠以言不行年六十三即拂衣歸終身不復起無勇者能之乎

邵氏聞見錄曰或曰司馬溫公范蜀公同以清德聞天下其初論新法不便若出于一人之言而晚乃出處不同何也伯溫曰熙寧初溫公蜀公坐言新法蜀公致其仕溫公不拜樞密副使請宮祠者十五年元豐末神宗升遐哲宗宣仁太后首用溫公爲宰相蜀公既致政于熙寧之初義不爲元祐起也此二公出處之不同其道則同也

葉水心習學記言曰司馬范氏論鍾律按律止于寸固不能生尺度律異物其用各殊尺又安能生律也凡物度數皆由分寸起乃自然之數故宮繫于分分不繫于宮黃鍾繫于寸寸不繫于黃鍾也謂度量權衡皆生于黃鍾而以黍起分劉歆妄說古無是也古之制律自

分而九之以爲宮自寸而九之以爲黃鍾樂或未和則反之數術以求其分寸必得其和而後止今用千二百黍之管因其所至遂以爲律斷取其三以爲空徑其說易至是乎㮚氏爲量量之以爲鬴深尺內方尺而圜其外其實一鬴其臀一寸其實一豆其耳三寸其實一升重一鈞聲中黃鍾之宮考工雖非周官然歆以前書也王莽之量左耳爲升右爲合龠而重二鈞其說曰起于黃鍾之龠而又謂千二百黍重十二銖亦起于黃鍾之龠歆之妄說也其他象類諸說怪妄尤甚司馬范氏不惟古義是求而譏譏焉相與論莽歆之制作終身不已何哉

正獻呂晦叔先生公著

呂公著字晦叔東萊人幼嗜學至忘寢食父文靖公夷簡異之曰此子公輔器也恩補奉禮郞以進士通判潁州郡守歐陽文忠公與爲講學之友後文忠使契丹契丹主問中國學行之士首以先生對判吏部南曹仁宗獎其恬退賜五品服除崇文院檢討同判太常寺壽星觀營眞宗神御殿先生言先帝已有三神御而建立不已殆非祀無豐昵之義進知制誥不拜改天章閣待制兼侍讀英宗親政加龍圖閣直學士方議追崇濮王言者多罷先生言陛下卽位以來納諫

之風未彰而屢絀言者何以風示天下不聽遂乞補外出知蔡州神宗立召爲翰林學士知通進銀臺司馬温公以論事罷中丞還經幄先生封還其命曰光以舉職賜罷是爲有言責者不得盡其言也詔以告直付閤門先生又言制命不由門下則封駮之職因臣而廢願理臣之罪以正紀綱帝諭之曰所以徙光者賴其勸學耳非以言事故也先生竟解銀臺司熙寧初知開封府二年爲御史中丞時王荆公方行青苗法先生極詆其非荆公怒舉呂惠卿爲御史先生曰惠卿固有才然姦邪不可用帝以語荆公荆公益怒誣以惡語出知潁州八年彗星見詔求直言起先生知河陽召還累遷端明殿學士知審官院帝從容與論治道遂及釋老先生問曰堯舜知此道乎帝曰堯舜豈不知先生曰堯舜惟以知人安民爲難所以爲堯舜也帝又言唐太宗能以權智御臣下對曰太宗之德以能屈己從諫爾帝善其言未幾同知樞密院事奏止肉刑元豐五年以疾丐去除資政殿學士定州安撫使俄永樂城陷帝臨朝嘆曰邊民疲弊如此獨呂公著爲朕言之耳徙揚州加大學士將立太子帝謂輔臣當以呂公著司馬光爲師傅哲宗卽位以侍讀還朝至則上言曰人君初卽位當修德以安百姓修德之要莫先于學學有緝熙于光明則日新以

底至治者學之力也陳十事曰畏天愛民修身講學任賢納諫薄斂省刑去奢無逸拜尚書左丞門下侍郎元祐初拜尚書右僕射兼中書侍郎與司馬温公同心輔政民讙呼鼓舞咸以爲便温公卒獨當國除吏皆一時之選時科舉罷詞賦專用王氏經義且雜以釋氏之說學者至不誦正經唯竊新經義以干進精熟者轉上第故科舉益弊先生始令禁主司毋以老莊書出題舉子不得以申韓佛書爲學經義參用古今諸儒說毋得專取王氏復賢良方正科帝宴近臣于資善堂出所書唐人詩分賜先生乃集所講書要語明白切于治道者凡百篇進之以備聖學之助三年四月懇辭位拜司空同平章軍國事宋興以來宰相以三公平章重事者四人而先生與文靖居其二卒年七十二帝極悲感親臨賜奠贈太師申國公謚曰正獻御書碑首曰純誠厚德紹興初章惇爲相削贈謚毀碑蔡京擅政入先生黨籍紹興初悉還贈謚先生自少講學即以治心養性爲本平居無疾言遽色于聲利紛華泊然無所好簡重清靜識慮深敏量閎而學粹不以私利害動其心好德樂善見士大夫以人物爲意者必問其所知與其所聞參互考實以達于上每議政事博取衆善以爲善至所當守則毅然不回始與王荊公善荊公嘗曰疵吝每不自勝一詣

長者卽廢然而反所謂使人之意消者于晦叔見之後荆公得志意其必助己而先生數列其過失以故交情不終于講說尤精語約而理盡司馬温公曰每聞晦叔講便覺己語爲煩其爲名流所敬如此

子希哲希純 參史傳

梓材謹案謝山劄記呂正獻公家登學案者七世十七人攷正獻子希哲希純爲安定門人而希哲自爲滎陽學案滎陽子切問亦見學案又和問廣問及從子稽中堅中弸中別見和靖學案滎陽孫本中及從子大器大倫大猷大同爲紫微學案紫微之從孫祖謙祖儉祖泰又別爲東萊學案共十七人凡七世然滎陽長子好問與弟切問歷從當世賢士大夫遊以啓紫微不能不爲之立傳也

附錄

呂氏家塾廣記曰正獻公每事持重近厚然去就之際極于介潔其在朝廷小不合便脫然無留意故歷事四朝無一年不自列求去

梓材謹案此條與文靖公尹京時一條尚書公爲閫領監司一條乃滎陽所記東萊輯官箴述之非卽東萊之說也黃氏學案補本徑入東萊學案誤矣

呂紫微童蒙訓曰正獻公爲樞副年六十餘矣嘗問太僕寺丞吳傳正安詩己之所宜修傳正曰無傚精神于蹇淺滎陽公以爲傳正之對不中正獻之病正獻清淨不作爲病于太簡也本中思之傳正公所獎進年才三十餘而公猶相講究切磋後來所無也不必問其答之當否

又曰正獻公每時節必問諸生有作進益

梓材謹案童蒙訓之自溯家學者各爲分列滎陽學案倣此

龍學李公擇先生常

李常字公擇建昌人少讀書廬山白石僧舍既擢第留所鈔書九千卷名舍曰李氏山房調江州判官宣州觀察推官發運使楊佐將薦改秩先生推其友劉琦佐曰世無此風久矣幷薦之熙寧初爲祕閣校理王荆公與之善以爲三司條例檢詳官改右正言知諫院荆公立新法先生預議不欲青苗收息至是疏言條例司始建已致中外之議至于均輸青苗斂散取息傳會經義人且大駭荆公遣所親密諭意先生不爲止又言州縣散常平錢實不出本勤民出息神宗詰荆公荆公請令先生具官吏主名先生以非諫官體落校理通判滑州歲餘復職知鄂州徙湖齊二州齊多盜先生得黠盜刺爲兵半歲

閱誅七百人姦無所匿徙淮南西路提刑元豐六年召爲太常少卿遷禮部侍郎哲宗立改吏部進戶部尚書或疑其少幹局慮不勝任質于司馬温公温公曰用常主邦計則人知朝廷不急于征利聚斂少息矣先生轉對上七事曰崇廉恥存貢舉別守宰去贓貪慎疑獄擇師儒修役法拜御史中丞兼侍讀加龍圖閣直學士論取士請分詩賦經義爲兩科以盡所長諫官劉安世以吳處厚繳蔡確詩爲謗訕因力攻確先生上疏論以詩罪確非所以厚風俗安世併劾先生徙兵部尚書辭不拜出知鄧州徙成都行次陝暴卒年六十四有文集奏議六十卷詩傳十卷元祐會計錄三十卷先生長孫莘老覺一歲始與覺齊名俱受知于呂正獻公其論議趣舍大略相同所終官職又同其死先後一夕云參史傳

附錄

呂滎陽曰李公擇有樂正子之好善

呂紫微曰李公擇尚書嘗與滎陽公諸賢講論行己須先誠實只如書帖言語之類不情謬敬盡須削去如未嘗瞻仰而言瞻仰未嘗懷渴而言懷渴須盡去之以立其誠

又曰李公擇每令子婦諸女侍側爲說孟子大義

明道同調

少師韓持國先生維

韓維字持國穎昌人忠憲公億第五子以父任爲將作監主簿閉門不仕宰相薦其好古嗜學安于靜退召試學士院辭不就富鄭公辟河東幕府史館修撰歐陽兗公薦爲檢討知太常禮院禮官議祫享東向位不行乞罷禮院以祕閣校理通判涇州神宗封淮陽郡王穎王先生爲記室參軍嘗與論天下事語及功名先生曰聖人功名因事始見不可有功名心王拱手稱善時爲王擇妃先生上疏曰王孝友聰明動履法度方嚮經學以觀成德今卜族授室宜歷選勳望之家謹擇淑媛考古納采問名之義以禮成之不宜苟取華色而已遷起居注侍邇英講英宗初免喪簡默不言先生疏邇英爲陛下燕閑之所侍于側者皆獻納論思之臣陳于前者非經則史可以博咨訪之義窮仁義之道究成敗之原今禮制終畢臣下傾耳以聽玉音臣請執筆以俟進知制誥知通進銀臺司御史呂誨等以濮議得罪先生疏救不從遂闔門待罪穎王爲皇太子兼右庶子神宗卽位除龍圖閣直學士論御史中丞王陶罷職事不行求去知汝州數月召兼侍講判太常寺熙寧二年遷翰林學士知開封府明年爲御史中丞

以兄獻肅絳在樞府力辭王荆公亦惡其言保甲事復使爲開封府轂下清肅時吳充爲三司使帝曰維先以文學進及任煩劇而皆稱職可謂得人矣兼侍讀學士充羣牧使孔文仲對策入等以切直罷歸先生言陛下毋謂文仲爲一賤士黜之何損臣恐忠良結舌阿諛苟合者將窺隙而進爲禍不細荆公益惡之先生以言不用請郡帝曰當留以輔政對曰使臣言得行賢于富貴若攀附舊恩以進非臣之願也遂出知襄州改許州七年召爲學士承旨時天久不雨先生言畿內諸縣督索青苗錢甚急往往鞭撻取足旱災之際重罹此苦
上感悟卽命先生草詔求直言詔出是日乃雨王荆公罷會絳入相加端明殿學士知河陽復知許州帝幸舊邸進資政殿學士曾子固當制稱其純明亮直帝令改命詞先生知帝意請提舉嵩山崇福宮
帝崩起知陳州未行召兼侍讀加大學士執政欲廢王氏新經義先生以當與先儒之說並行論者服其平拜門下侍郎處東省踰年有忌之者密爲讒愬詔分司南京尚書右司王存抗聲簾前曰韓維得罪莫知其端臣竊爲朝廷惜乃還大學士知鄧州兄絳爲之請改汝州久之以太子少傅致仕轉少師紹聖中入元祐黨籍降左朝議大夫再謫崇信軍節度副使均州安置諸子乞納官爵聽父里居許之

元符初復左朝議大夫是歲卒年八十二徽宗初追復舊官所著有南陽集三十卷雲濠案先生嘗封南陽郡公故以名集○參史傳

附錄

程伊川上先生求撰明道墓誌曰家兄學術才行爲世所重自朝廷至于草野相知何啻千數然念相知者雖多也能知其道者則鮮矣有文者亦衆也而其文足以發明其志意形容其德義者則鮮矣能言者非少也而名尊德重足以取信于人者則鮮矣頤竊謂智足以知其道義文足以彰其才德言足以取信後世莫如閣下

雲濠謹案先生誌明道墓言予方守潁昌遂得從先生遊先生不以老耄鄙我周旋啓告所以爲益良厚云

梓材謹案先生從孫德全瓘爲元城門人叔夏璜爲武夷門人元孫无咎元吉爲和靖門人小東萊呂氏即无咎之壻而无咎之子濰又爲清江門人故謝山于叔夏傳云北宋公相家之盛莫如呂氏韓氏也

恭簡王彥霖先生巖叟

王巖叟字彥霖大名清平人仁宗初置明經科先生年十八鄉舉省試廷對皆第一調欒城簿涇州推官聞弟喪棄官歸養熙寧中韓魏

公留守北京辟爲屬韓獻肅絳代魏公復欲留用先生謝曰巖叟魏公之客不願出他門也士君子稱之後知安喜縣有治聲定守呂正獻公著歎曰此古良吏也有詔近臣舉御史舉者意屬先生而未及識或謂可一往見先生笑曰是所謂呈身御史也卒不見哲宗立用劉忠肅摯薦爲監察御史極陳時事之弊是時下詔求疾苦先生言役錢斂法太重願復差法如嘉祐元祐初遷左司諫蔡確以定策自居先生劾之言陛下之立以子繼父百王不易之道且太皇太后先定於中而確敢貪天之功並劾章惇讒賊狠戾罔上蔽明由是二人相繼退斥兼權給事中時並命執政其閒有不協時望者先生即繳錄黃旣而命不由門下省出先生請對言之益切遷侍御史坐乞還張舜民職任事改起居舍人不拜以直集賢院知齊州明年復以起居舍人召侍邇英講讀仁宗知人事先生曰人主常欲虛心平意無所偏係觀事以理則事之是非人之邪正自然可見又申洪範三德之義上疏風諫一日侍講奏曰陛下退朝無事不知何以消日哲宗曰看文字曰陛下以讀書爲樂天下幸甚聖賢之學非造次可成須在積累積累之要在專與勤屏絕宅好始可謂之專久而不倦始可謂之勤願陛下特留聖意哲宗領之進權吏部侍郎天章閣待制樞

密都承旨請築定遠據要害以扼西夏定遠遂城拜中書舍人權知開封府奸猾斂跡慈聖之族曹氏隸韓絢與同隸訟事連其主就逮先生言部曲相訟不當論其主今不惟長告訐之風且傷孝治詔竄絢而絕其獄元祐六年拜樞密直學士簽書院事入謝太皇太后少進而西奏哲宗曰陛下今日聖學當深辨邪正又進曰聞有以君子小人參用之說告陛下者乃深誤陛下也此不可不察哲宗選后既定太皇太后曰帝得賢后有內助功先生對曰內助雖后事其正家須在皇帝聖人言正家而天下定當慎之於始太皇太后以是語哲宗者再先生退取歷代后事可爲法者類爲中宮懿範上之宰相劉忠肅摯右丞蘇文定轍以人言求避位先生曰元祐之初排斥姦邪緝熙聖治摯與轍之功居多願深察讒毀之意無輕其去就兩宮然之後忠肅竟爲御史鄭雍所擊先生連疏論救忠肅去位御史遂指爲黨罷爲端明殿學士知鄭州明年徙河陽數月卒年五十一贈左正議大夫紹聖初坐元祐黨籍追貶雷州別駕爲文語省理該深得制誥體有易詩春秋傳行世 參史傳

附錄

朱子伊洛淵源錄曰王端明彥霖元祐中爲臺諫官登政府正直不

撓當世稱之墓碑本傳紀其行事甚詳然不及其學問源流也惟遺書前篇有其答問而其集中亦有記先生語數條又祭明道文有聞道於先生之語及伊川造朝亦有兩疏推挽甚力蓋知尊先生者然恐其未必在弟子之列也

橫渠同調

正愍呂微仲先生大防 父蕡

呂大防字微仲其先汲郡人太常博士通孫父蕡比部郎中祖葬京兆藍田遂家焉由進士及第調馮翊主簿永壽令遷著作佐郎知青城縣韓獻肅絳鎭蜀稱其有王佐才入權鹽鐵判官英宗卽位除監察御史裏行首言紀綱賞罰未厭四方之望京師大水先生曰雨水之患至入宮城廬舍殺人害物此陰陽之沴也卽陳八事曰主威不立臣權太盛邪議干正私恩害公遼夏連謀盜賊恣行羣情失職刑罰失平會執政議濮王典禮先生言宜以至公大義厭服天下不得顧私恩而違公義章數十上出知休寧縣神宗立通判淄州熙寧初知泗州爲河北轉運副使召直舍人院韓獻肅宣撫陝西命爲判官又兼河東宣撫判官除知制誥四年知延州會環慶兵亂宣撫坐黜先生亦落知制誥以太常博士知臨江軍數月徙知華州華嶽摧先

生援經質史以驗時事除龍圖閣待制知秦州元豐初徙永興時用兵西夏調度百出有不便者輒上聞務在寬民及兵罷民力比他路爲饒進直學士居數年知成都府哲宗卽位召爲翰林學士遷吏部尙書元祐初拜尙書右丞進中書侍郎封汲郡公呂正獻告老超拜先生尙書左僕射兼門下侍郎修神宗實錄先生見哲宗年益壯曰以進學爲急請敕講讀官取仁宗邇英御書解釋上之寘於坐右又摭乾興以來四十一事足以爲勸戒者分上下篇標曰仁祖聖學使人主有欣慕不足之意哲宗御邇英閣召宰執講讀官讀寶訓至漢武帝籍南山提封爲上林苑仁宗曰山澤之利當與衆共之何用此也丁度謂此蓋祖宗家法先生因推廣祖宗家法自事親治內以至寬仁示儉累數百言哲宗甚然之先生樸厚惷直不植黨朋與范忠宣並相王室立朝挺挺百官不敢干以私不市恩嫁怨以邀聲譽凡八年始終如一懇乞避位宣仁后曰上方富於春秋公未可卽去少須歲月吾亦就東朝矣未果而后崩爲山陵使復命以觀文殿大學士左光祿大夫知潁昌府尋改永興軍紹聖初以言者落職知隨州貶祕書監分司南京居郢州言者又以修神宗實錄直書其事爲誣詆徙安州兄晉伯自渭入對哲宗詢大防安否且曰執政欲遷諸嶺

南朕獨令處安陸爲朕寄聲問之大防樸直爲人所賣三二年可復相見也晉伯泄其語于章惇惇懼繩之愈力再貶舒州團練副使安置循州疾作語其子景山曰吾不復南矣卒年七十一晉伯請歸葬許之後復故官職贈太師宣國公謚正愍先生身長七尺眉目秀發聲音如鐘自少持重無嗜好過市不左右游目燕居如對賓客每朝會威儀翼如神宗常目送之與晉伯及弟與叔同居相切磋論道考禮冠昏喪祭一本于古關中言禮學者推呂氏云 參史傳

王樓門人

清敏豐相之先生稷

豐稷字相之鄞縣人舉進士爲穀城令以廉明稱從安燾使高麗海中大風檣折舟幾覆衆惶擾莫知所爲先生神色自若燾嘆曰豐君未易量也知封邱縣神宗召對問卿昔在海中遭風波何以不畏對曰巨浸連天風濤固其常耳憑仗威靈尚何畏帝悅擢監察御史章惇請託無所移撓出知陳州累遷殿中侍御史上疏哲宗曰陛下明足以察萬物之統而不可用其明智足以應變曲當而不可用其智願以洪範爲元龜祖訓爲寶鑑除右司諫揚荊二王爲天子叔父尊寵莫並密令蜀道織錦茵先生于正衙論曰二聖以儉先天下而宗

王僭修官吏奉承皆宜糾正既退御史趙屼謂曰聞君言使屼汗流浹背既爲祭酒車駕幸太學命講書無逸篇賜四品服除刑部侍郎兼侍講旋以集賢院學士知潁州江寧府拜吏部侍郎又出知河南府加龍圖閣待制章惇欲困以道路連歲亟徙六州徽宗立以左諫議大夫召道除御史中丞入對與蔡京遇京越班揖曰天子自外服召公今日必有高論先生正色答曰行自知之是日論京姦狀既而陳瓘江公望皆言之未能動先生語陳師錫等曰京在朝吾屬何面目居此擊之不已京遂去翰林又乞辨宣仁誣謗之禍時宦官漸盛先生懷唐書仇士良傳讀于帝前讀數行帝曰已諭先生爲若不聞者讀畢乃止曾布由內侍進將拜相先生約其僚共論之俄轉工部尚書兼侍讀布遂相先生謝表有佞臣之語帝問爲誰對曰曾布也陛下斥之外郡則天下事定矣改禮部先生盡言守正帝待之厚將處之尚書左丞而積忤貴近不得留竟以樞密直學士守越蔡京得政修故怨貶海州團練副使道州別駕安置台州除名徙建州稍復朝請郎卒年七十五建炎中追復學士謚曰清敏初文潞公嘗品先生爲人似趙清獻及賜謚皆以清得名先生三任言責每草疏必密室子弟亦不得見退多焚稿未嘗以時政語人所薦士如張庭堅馬

涓陳瓘陳師錫鄒浩蔡肇皆知名當世云參史傳

孟子注

因民之所惡而去之非有心于殺之也何怨之有因民之所利而利之非有心于利之也何庸之有輔其性之自然使自得之故民日遷善而不知誰之所爲也殺之而不怨節

智不急于先務雖徧知人之所知徧能人之所能徒弊精神而無益于天下之治矣仁不急于親賢雖有仁民愛物之心小人在位無由下達聰明日蔽于上而惡政日加于下此孟子所謂不知務也不能三年之喪節

言禹之樂過于文王之樂追鐘紐也周禮所謂旋蟲是也蠡者齧木蟲也言禹時鐘在者鐘紐如蟲齧而欲絶蓋用之者多而文王之鐘不然是以知禹之樂過于文王之樂也奚足言此何足以知之也軌車轍迹也兩馬一車所駕也城中之途容九軌車可散行故其轍迹淺城門惟容一車車皆由之故其轍迹深蓋日久車多所致非一車兩馬之力能使之然也言禹在文王前千餘年故鐘久而紐絶文王之鐘則未久而紐全不可以此而議優劣也高子曰禹之聲章

中丞胡簡修公宗愈侍御史王明叟覿薦公復爲殿中侍御史蘇子由當制有曰有德者必有言爾頃爲御史直諒不私人以爲公論國子監西門稍僻閉有潛出者皆由于此前是長貳杜關以防猶不能止及公爲祭酒命闢門撤去詗伺而士莫能出呂丞相大防聞之嘆曰士可以德服不可以法制如豐相之可謂以德服人也

公天性嗜學逮老不衰方在朝廷退朝還第與在藩屏公事餘閒每燕坐一靜室前後書史終日觀閱所至唯以書籍自隨衣衾之外他無一物年方強仕喪其夫人遂不復娶不畜妾媵膳食或進重品輒命撤去卒前一月預戒後事將易簀猶與陳瑩中語如平日（以上清敏遺事）

呂紫微曰豐公相之清節自守一意直道而未嘗絶物與滎陽公同在經筵有女之喪嘗問之曰以公定力如此定無過慼相之云正爲未能如此

朱子序清敏遺事曰仲尼亟稱于水曰水哉水哉其詞約而旨微矣而孟子論其所取之意乃直以源泉混混不舍晝夜盈科而後進放乎四海者言之非其深造默識有以得乎聖人之心孰能知其所說之如此而有志之士欲有爲于此世者又豈可以不察乎此而先立

其本哉然自聖賢既遠道學不明士大夫不知用心于內以立其本而徒恃其意氣才力之盛以能有為于世者蓋亦多矣彼其見聞之博詞氣之美論議之偉節概之高一時之閒從其外而觀之豈不誠有以過人者然探其中而責其實要其久而待其歸求其充然有以慰滿于人心而無一瑕之可指者則什伯之中未見其可以一二數也嗚呼若公者其眞所謂有本者歟觀其平居暇日所以治心養氣而修諸身者蓋天下之物無足以累其志是以為子則孝為吏則廉進而立乎本朝則上自宗廟以及人主之身內自禁掖近幸之私而外及乎朝廷卿相之重知無不言言無不盡蓋有當時法家拂士所為低回遷就而詭詞以幸濟者公獨正色誦言無少顧避未嘗以語乎家而其計慮之明諫說之切所以不諧于時而卒驗于後者乃反因深文巧詆之筆而後顯及其出而賦政于外退處于鄉以至流放轉徙于荒寒寂寞之濱而遂奄然以沒其世則其所以處乎巨細顯微之閒者又皆清明純潔而無一毫之歉是非所謂源泉混混而放乎四海者邪

袁絜齋記清敏祠堂曰嘗誦公之詩有曰日往月來無成期好把心源蚤夜思而後知公之所以特立者原乎是心而已大哉心乎天地

同本精思以得之兢業以守之則亦可以與天地相似

又曰公之踐履非有意爲之也眞積力久德盛仁熟自頂至踵全體精明循而行之亦不自知其所以然也蓋有本者如是無本于中襲取于外雖有小善的然可觀豈能日進無疆老而彌篤哉

王深寧困學紀聞曰詩言志秀幹終成棟精鋼不作鉤包孝肅之志也人心正畏暑水面獨搖風豐淸敏之志也

淸敏同調

宗學李君行先生潛附師劉師正

李潛字君行虔之興國人也年二十餘有安退處士劉師正者善解春秋先生從之學後于楚州見之問曰足下久居此何所需先生對曰大人令去應舉待及第後歸今次以期服礙卻欲且就此處修學以待來科安退笑曰誤矣夫不可得而久者在父母之左右也何待先生瞿然竟歸安退因爲先生言今之爲學者皆非所以爲學先生遂有省自是篤行自守不交當世治平中成進士年五十餘監泗州僧伽塔人弗知也范純禮爲發運使始深知之力薦于朝除太學博士校書郎紹聖中力求去知蘄州遂請老其學簡而易明以行己爲本不以空言讀書專以經書論語孟子爲正舍此皆非所取嘗言經

書論孟如稱所以稱量衆說其輕重等者正也不等者不正也嘗自虔州入京至泗州其子弟請先往先生問故曰科場期近欲先至京得寄貫開封戶籍先生不許曰汝虔人而貫汴欲求事君而先欺君不可行也元祐末羣賢咸在朝而先生安靜自守羣賢亦以其不附己不甚引之趙君錫薦御史訪士于呂希哲以楊應之與先生告君錫不能用反薦楊畏畏竟叛入邪黨希哲嘆曰使楊李爲臺官安有此乎蘇文定轍罷知汝州先生歸往見之與論當世事太息以爲知先生晚元符庚辰諸公既皆還朝先生亦驛召賜對管句宗學比國子司業蓋有陰阻之恐在要地者伊川聞之謂學者曰君行何以復出學者對曰司業承朝廷美意不得不出然即歸矣先生既至京果引疾不久歸呂好問兄弟以其父希哲之命嚴事之嘗曰今衆人所作事皆非楊十七丈應之及李丈所爲也子朴格

李先生說 呂紫微居仁述

學問以去利欲爲本利欲去則誠心存

每日只多讀易詩書春秋論語孝經閑讀孟子

讀書不要看別人解看聖人之言易曉看別人解則愈惑

郊社不修宗廟不享歷觀諸書皆以郊對社郊以祭天社以祭地南

郊北郊五帝之類皆出于周禮聖人書中不見
嚴父配天之禮蓋始自周公若自古有之孔子何以言周公其人也
列爵爲五分土爲三蓋至周始定若夏商以前俱如此則尙書爲妄
矣
學聖人者但自用意經書中心既有所主則散看諸書方圓輕重皆
爲規矩權衡所正
史書尙可最是莊老大段害道
七世之廟見尙書其他言廟數不同者皆無取
昊天有成命是合祭無疑

元祐之學

諫議龔先生夬

龔夬字彥和瀛州人徽宗立召拜殿中侍御史上殿抗疏辨忠邪又
乞正元祐后冊位號已而元祐后冊再廢言者論先生首尾建言詔
削籍編管房州徙象州化州逢赦得歸政和元年卒紹興中累贈右
諫議大夫參史傳

附錄

呂紫微曰龔彥和貶化州徒步徑往以扇乞錢

待制上官先生均

上官均字彥衡邵武人熙寧三年進士第二除監察御史裏行上疏忤蔡確謫宰光澤哲宗立擢開封府推官元祐初復爲御史論青苗以爲有惠民之名無惠民之實累改提點河北東路刑獄紹聖初召拜右正言遷工部員外郎累知越州徽宗立入爲祕書少監累知永興軍徙襄州崇寧初與元祐黨籍奪職主管崇禧觀政和中復集賢院修撰提舉洞霄宮久之復龍圖閣待制致仕卒 參史傳

侍郎杜先生純 父彭壽

杜純字孝錫鄄城人父彭壽尙書虞部郎中以文學政事顯先生以蔭爲郊社齋郎未冠知彊學尙義理不妄笑言有成人之操兩預鄉書卽舍之調蘖氏主簿元祐元年詔舉直言士樞密范公門下韓公與尙書王存孫永皆薦其才任諫諍時已擢河北轉運判官矣累爲鴻臚卿光祿卿擢權兵部侍郎以集賢院學士提舉崇福宮改修撰卒年六十有四所爲詩文奏議二十卷爲人忠恕不欺學問以誠身爲本嘗曰士常不忘在溝壑則事無不可立好易中庸能釋其義至浮屠老莊皆探索微妙曰與吾學同出也與晁補之之父厚而補之爲之壻 參晁濟北雞肋集

梓材謹案宋史本傳謂先生以伯父蔭入官累擢侍御史言者詆其不由科第改右司又案晁濟北爲先生子進士寬伯墓誌云補之十歲餘時先君爲補之言宣德君君子也若人乃可事之蓋先生時爲宣德郎詳定官制所檢討官云

諫議常先生安民

常安民字希古邛州人紹聖初拜監察御史疏論蔡京內結中官外連朝士一不附己則誣以黨于元祐非先帝法必擠之而後已今在朝之臣京黨過半陛下不可不早覺悟而逐去之是時京之姦始萌芽人多未測獨先生首發之又言今大臣爲紹述之說皆借此名以報復私怨朋附之流遂從而和之章疏前後至數十百上度終不能回遂丐外會布章惇比而排之董敦逸再爲御史亦奏之出監滁州酒稅滿三歲通判温州徽宗立提點永興軍路刑獄蔡京用事入黨籍流落二十年政和末卒建炎四年贈諫議大夫參史傳

梓材謹案時二蔡爲元祐黨籍刻石召石工安民至則乞不刻安民鐫字于碑恐後世并以爲罪安民長安人邵氏聞見錄誤以爲常安民倪文正跋黨籍碑云石工安民乞免著名今披諸賢位中赫然有安民在蓋亦同此誤也

朝散李先生深 父誥附弟勉

李深字叔平光澤人父誥以進士官至太常博士陳了翁稱其眞率樂易有古人風先生第熙寧九年進士爲敕令所詳檢役法文字因與蔡京章惇廷爭奪一官已而敘復元官遷朝散郞以言事罷官崇寧中安置復州入元祐黨籍有杭州集二卷弟勉字安道元祐進士知尤溪順昌縣素負氣節多忤于時遂謝事休致亦入黨籍 參姓譜

范氏家學

資政范先生百祿 附子祖述

范百祿字子功忠文兄鍇之子也第進士又舉才識兼茂科歷知諫院論手實法曰造簿手實許令告匿戶令雖有手實之文而未嘗行蓋謂使人自占必不以實告而明許告訐人將爲仇則禮義廉恥之風衰矣轉起居郞哲宗立司馬溫公復差役法患慮受賕欲加流配先生固爭曰民今日執事受謝于人明日罷役則以財賂人茍繩以重典黥面赭衣必將充塞道路溫公悟曰微君言吾不悉也遂已累拜中書侍郞郊祀議合祭天地禮官以昊天有成命爲言先生曰此三代之禮柰何復欲合祭乎成命之頌祀天祭地均歌此詩亦如春夏祈穀而歌噫嘻亦豈爲一祭哉爭久不決質于帝前宰相曰百祿

之言禮經也今日之用權制也陛下始郊見宜以並事天地爲恭于是合祭右僕射蘇頌坐稽留除書免先生以同省罷爲資政殿學士知河中徙河陽河南卒年六十五贈銀青光祿大夫所著詩傳文集內外制奏議凡八十卷入元祐黨籍子祖述監潁州酒稅攝獄掾閱具獄活兩死囚州人以爲神知鞏縣鞏南山導水入洛縣無水患文潞公稱其能以先生墮黨籍監中嶽廟久之靖康多難避地至汝州守趙子櫟邀共守汝城得全官終朝議大夫參史傳

正獻范華陽先生祖禹別爲華陽學案

呂氏家學

侍講呂原明先生希哲別爲滎陽學案

庶官呂先生希績

呂希績字紀常申公次子與兄希哲弟希純皆師事康節故伯溫與之遊甚厚嘗以庶官入元祐黨籍紹聖四年光州居住參邵氏聞見錄

待制呂先生希純

呂希純字子進正獻三子登第爲太常博士元祐祀明堂將用皇祐故事並饗天地百神皆以祖宗配先生言皇祐之禮事不經見嘉祐

既已釐正至元豐中但以英宗配上帝悉罷從祀羣神得嚴父之義請循其式從之累遷中書舍人同修國史內侍梁從政劉惟簡除內省押班先生以初政錄二人無以示天下持不行由是閹寺側目或于庭中指示曰此繳還二押班詞頭者也章惇相出知亳州諫官張商英劾徙睦州歸州建中靖國初召爲待制知瀛州俄改潁州入崇寧黨籍卒年六十參史傳

附錄

呂紫微曰元符末叔祖待制坐元祐黨人貶道州未至先遣人賃屋兩閑時公挈家往既至屋陋窄甚更益一閑以公狀申郡守不敢往見時上皇即位已議褒用韓原伯川先貶道州公以俱在謫籍不敢相見已而俱復官內徙原伯先受命來見公亦不敢與先見以爲未受復官命也前輩慎事如此

又曰待制叔祖都不說夢云既妄也何用說爲

呂氏門人

邢先生居實別見安定學案

公擇門人

文節黃涪翁先生庭堅

黃庭堅字魯直分寧人幼警悟讀書數過輒成誦舅李公擇過其家取架上書問之無不通驚以為一日千里舉進士調葉縣尉文潞公才之留任教授北京國子監累遷起居舍人蘇文忠東坡見其詩文以為超軼絕塵獨立萬物之表由是聲名始震先生亦心契東坡與張文潛晁無咎秦少游並遊東坡之門天下稱為蘇門四學士先生性篤孝母病彌年晝夜視顏色衣不解帶及亡廬墓下哀毀得疾幾殆除服為祕書丞提點明道宮兼國史編修官紹聖初出知宣州改鄂州初先生預修神宗實錄章惇蔡卞等論實錄多誣俾前史官分居畿邑以待問摘證驗無據者三十二事先生書鐵龍爪治河有同兒戲至是首問焉對曰庭堅時官北都嘗親見之真兒戲耳聞者壯之貶涪州別駕黔州安置以親嫌移戎州蜀士慕從之遊講學不倦凡經指授下筆皆可觀徽宗立起監鄂州稅改知舒州旋以吏部員外郎召皆辭丐郡得知太平州至之九日罷主管玉龍觀先生嘗與趙挺之有隙陳舉承挺之風旨上其所作荊南承天院記指為幸災復除名羈管宜州三年徙永州未聞命而卒年六十一謚文節先生學問文章天成性得尤長于詩陳師道謂其詩得法杜甫又云學甫而不為者善行草書楷法亦自成一家當時人士以先生配東坡故

蘇黃並稱東坡爲侍從時舉先生自代其詞有瑰瑋之文妙絕當世孝友之行追配古人之語先生嘗遊灊皖山谷寺石牛洞樂其林泉之勝遂自號山谷道人云 參史傳

梓材謹案先生雖稱蘇門學士然攷其學行實本之李公擇故著錄于此又案先生嘗受學于范華陽見謝山所作正獻本傳

附錄

汪玉山跋山谷帖曰山谷詩示張氏子曰莫學今時新進士談說性命如懸河蓋當時學者之弊

劉剛中問黃魯直如何人朱子曰孝友行瑰瑋文篤謹人也觀其贊周茂叔光風霽月非殺有學問不能見此四字非殺有功夫亦不能說出此四字

豐氏家學

學正豐先生安常

豐安常清敏長子以儒行名太學魁南宮再任太學正年未三十而卒 參清敏遺事

豐氏門人 王樓再傳

忠肅陳了齋先生瓘 別爲陳鄒諸儒學案

祕監李章貢先生朴 見下君行家學

正言張先生庭堅

張庭堅字才叔廣安軍人繇進士調成都觀察推官歷判漢州入爲樞密院編修文字坐折簡別鄒浩免徽宗召對除著作佐郎擢右正言帝方銳意圖治先生與鄒浩龔夬江公望常安民任伯雨皆在諫列一時翕然稱得人先生在職踰月數上封事請復司馬光贈典以悅人心召還陳瓘言職以慰士論又士大夫多以繼志述事勸臣恐假名繼述而實自肆焉論甚深切是時議者往往指元祐舊臣在廷者太多先生爲帝言司馬光呂公著之賢又薦蘇軾蘇轍可用頗忤旨曾布因稱其所論不常帝命徙爲郎俄出爲京東轉運使判官任伯雨言先生立身有本末不應罷言職先生亦辭新命改知汝州又送吏部伯雨復爭之乞以先生章付外考其所言毋使言者爲三省所脅李清臣從而擠之改判陳州初蔡京守蜀先生在幕府與相好及京還朝欲引以爲己用先令鄉人諭意先生不肯往京大恨後遂列諸黨籍編管虢州再徙鼎州象州久之復故官卒年五十七紹興初詔贈直徽猷閣 參史傳

附錄

呂紫微曰張才叔專務以直道進退不求苟得

又曰張才叔貶象州所居屋才一間以箔隔之家人處箔內才叔處箔外上漏下溼躡屐端坐了無厭色鄒志完嘗稱曰是天地間和氣薰蒸所成欲往相近先覺和氣襲人才叔蓋師法豐公相之

君行家學

祕監李章貢先生朴

李朴字先之君行子登紹聖進士第調臨江軍司法參軍移西京國子監教授程伊川獨器許之移虔州教授嘗言隆祐太后不當廢處瑤華宮事有詔推鞫忌者欲擠之死先生泰然無懼色旋追官勒停會赦除汀州司戶徽宗立翰林承旨范彝叟謂先生曰某事不便于國某事不便于民先生曰承旨知而不言無父風也彝叟泣下陳了翁薦先生召對首言熙寧元豐以來政體屢變始出一二大臣所學不同後乃更執圓方互相排擊失今不治必至不可勝救又言今士大夫之學不求諸己而惟王氏之聽敗壞心術莫大于此願詔勿以王氏為拘則英材輩出矣蔡京惡其鯁直復以為虔州教授嫉言者論先生為元祐學術不當領師儒罷為肇慶府四會令改承事郎知臨江軍清江縣廣東路安撫司主管機宜文字欽宗在東宮聞其名

及即位除著作郎半歲遷至國子祭酒以疾不能至高宗立除祕書監趣召未至而卒年六十五贈寶文閣待制先生嘗自誌其墓曰以天爲心以道爲體以時爲用其可已矣蓋敘其平生云有章貢集二十卷行于世參史傳

梓材謹案直齋書錄解題章貢集三十卷且言先生教授西京國子監伊川與之甚厚然謂其太直以洛中風波爲戒先生笑曰不意此言發于先生之口伊川爲之改容愧謝其風節可畏伊洛淵源錄程門四十二人先生與焉謝山于陳鄒諸儒學案有云四明五先生講學一傳而豐氏再傳而得了翁先之二人是先生又爲豐氏門人豐清敏遺事一卷卽先生所輯題曰門人章貢李朴編次

雲濠謹案伊洛淵源錄云李先之贛上人爲西京學官因受學焉呂氏雜志云李先之周恭叔皆從程先生學問而學蘇公文辭以文之世多譏之者

縣令李先生格

李格君行次子篤行頗肖其父兼工文詞紹興中知上元縣早卒君行門人

右丞呂先生好問

縣令呂先生切問 並見滎陽學案

龔氏家學

龔先生大壯

龔大壯彥和弟彥和僉判瀛州與之同行先生尤特立不羣曾子宣帥瀛欲見不可得一日徑過彥和邀其出不可辭也遂相見即爲置酒從容終日子宣詩云自慚太守非何武得向河間見兩龔呂紫微曰近日貴人如子宣之下士亦難及也彥和爲御史先生力勸其早求罷彥和遂去先生不幸早卒

龔先生節亨

龔節亨字彥承呂紫微故人也嘗爲紫微言後生當官其使令人無乞丐錢物處即此職事可爲有乞丐錢物處則此職事不可爲蓋言有乞丐錢物處多蹈主人以利或致嫌疑也 從黃氏補本錄入

梓材謹案先生名字與諫議類蓋其兄弟行也前傳本謝山所節呂氏童蒙訓此則以黃氏補錄童蒙訓爲之傳云

上官家學

知州上官先生愔

上官愔字仲雍彥衡季子政和二年進士官吏部員外郎出知南劍州以剛介著政聲有尙書小傳論語孟子略解及史統史旨參姓譜

中大上官先生恢

上官恢字閎中彥衡從子元豐八年進士胡文定以先生與楊龜山並薦官至中大夫同上

縣丞上官先生憕

上官憕字正平彥衡再從子幼孤從彥衡學元豐八年與閎中同登進士官永城縣丞廉正明決同上

杜氏家學

侍郎杜先生紘

杜紘字君章鄄城人修撰純之弟少穎邁知自彊于學問一上中進士第調深州司法參軍累官刑部侍郎改差知應天府兼南京留守司公事感疾卒先生性至孝與修撰俱知名謂之二杜事修撰加于人數等修撰訃至時在汶上曰兄教我成我今亡不得臨死不瞑矣好讀書雖老不倦尤長于禮經好檀弓文有文集三十卷奏議十卷易說數十篇參雞肋集

進士杜先生欽㐫

杜欽禹字寬伯修撰子第進士讀書能知其意爲言語皆質直卒年十九孝弟人也同上

杜氏門人

知州晁濟北先生補之別見蘇氏蜀學略

常氏家學

知州常先生同

常同字子正臨邛人元祐黨人安民子政和進士紹興初知柳州召還首論朋黨之禍除殿中侍御史金使入見先生言先振國威則和戰常在我若一意議和則和戰常在彼累遷御史中丞後以顯謨閣學士知湖州請祠卒參史傳

朝散家學

承事李先生階

李階字進祖元祐黨人深之子西山先生郁之兄也崇寧二年南省第一特奏名安忱者惇之弟也對策言使黨人之子魁南宮多士無以示天下遂奪先生出身而賜忱第四年赦黨人子弟復官建炎元年攝臨安府比校務叛卒陳通作亂先生死之詔贈右承事郎

機宜李西山先生郁別見龜山學案

黃氏門人公擇再傳
檢正王彥穎庭秀別見龜山學案
韓氏續傳
知州韓先生璀別見元城學案
諫院韓先生璜別見武夷學案
尚書韓南澗先生元吉別見和靖學案
豐氏續傳
吏部豐先生誼別見象山學案
上官續傳
縣令上官先生謐別見滄洲諸儒學案

宋元學案卷十九

元城學案表

劉安世 涑水門人

- 呂本中 別爲紫微學案
  - 子 蒙正
- 孫偉
- 李光 父高
  - 劉芮
    - 張栻 別爲南軒學案
    - 張杓 別見趙張諸儒學案
  - 子 孟博
  - 子 孟堅
  - 子 孟珍
  - 子 孟傳
  - 曹粹中
  - 潘時 父良佐
    - 子 友端 別見嶽麓諸儒學案
    - 子 友恭 別見滄洲諸儒學案
    - 從子 友文 別見槐堂諸儒學案
- 胡珵

馬大年

韓瓘

劉勉之別為劉胡諸儒學案

曾恬別見上蔡學案

曾幾別見武夷學案

顏岐別見滎陽學案

石子植

韓擴則並元城學侶

陳瓘元城同調

宋元學案卷二十

鄞縣全祖望補本

後學慈谿馮雲濠校刊
鄞縣王梓材重校
道州何紹基重刊

元城學案

祖望謹案涑水弟子不傳者多其著者劉忠定公得其剛健范正獻公得其純粹景迂得其數學而劉范尤為眉目忠定之語錄譚錄道護錄今皆無完本然大略可攷見矣述元城學案梓材案是卷謝山所特立故棃洲主一父子皆無案語

涑水門人

忠定劉元城先生安世

劉安世字器之大名人父太僕卿仲通與温公為同年契故遣師事之熙寧初舉進士不就選徑歸洛温公曰何為不仕先生以漆雕開吾斯之未能信對復從學者數年一旦避席問盡心行己之要可以終身行之者温公曰其誠乎吾生平力行之未嘗須臾離也先生問其目温公曰自不妄語始自此力行七年而後言行一致表裏相應擢右正言時差除頗多政府親戚先生言祖宗以來執政大臣親戚

子弟未嘗敢受內外華要之職自王安石秉政盡廢累聖之制專用親黨務快私意數年間廉恥掃地今廟堂之上猶習故態太師彥博司空公著僕射大防純仁侍郎固左丞存右丞宗愈堂除子弟親戚凡數十人而中書侍郎摯未見所引私親而依違其間不能糾正雷同循默豈得無罪願出臣此章徧示三省俾自此以往勵精更始又論奏蔡確與梁燾同上疏力爭貶確新州又言蔡確黃履邢恕章惇四人者在元豐之末號爲死黨今聖上嗣位伏望明正四凶之罪布告天下由是三人亦皆得罪先生正色立朝知無不言言無不盡其爲諫官面折廷諍至雷霆之怒赫然則執簡恪立俟天威稍霽復前極論一時奏對目前目卻者或至四五殿廷觀者皆汗縮竦聽目之曰殿上虎先生徧歷言路以辨是非邪正爲先進君子退小人爲急宣仁后晏駕呂范二相用調停之說有李鄧之除二人皆熙豐舊黨先生謂微仲堯夫不知君子小人勢不兩立如冰炭卒如所料而二相亦深有愧于先生所守凜然死生禍福不變蓋其生平喜讀孟子故剛大不枉之氣似之紹聖初黨禍起惇卞用事必欲致先生于死以先生嘗論禁中雇乳母事移梅州安置凡二廣遠惡州軍無所不至建中間始自嶺外歸宣和季年元日以後謝絕賓客四方書問皆

不啓封家事無鉅細悉不問夏六月忽大風飛瓦驟雨如注雷電晝晦于其正寢人皆駭懼而走及雨止辨色先生已終矣楊龜山以文弔之曰劫火洞然不爇惟玉搢紳傳誦以爲切當學者稱元城先生

雲濠案謝山學案劄記云劉元城謚忠定見讀書附志

元城語錄

明皇卽位焚錦繡珠玉于前殿己不好之則不用何至焚之焚之必于前殿此好名也故有末年之弊若仁廟則不然非大臣問疾則無由見其黃絁被漆唾壺

人主之去宰相必積怒非一日奸臣則交結佞倖纔覺怒卽急急收救故不至積怒而去李林甫作相二十年正緣得高力士安祿山陳希烈等內外贊助

太祖卽位造薰籠數日不至而怒左右對以事下尚書省尚書省下本部本部下本局覆奏得旨方依式製造太祖怒曰誰做此條貫曰可問宰相乃召普至對曰此自來條貫不爲陛下設爲陛下子孫設後代若有非禮製造奢侈之物經諸處行遣必有臺諫理會此條貫深意也上大喜曰此條貫極妙無薰籠是小事其後法壞自御前直下後苑作更不經由朝廷

太祖未嘗文談蓋欲激勵將士之氣太宗未平晉已爲平晉詩賦未平燕山已爲平燕山詩賦羣臣屬和將士歆豔而于武事反不競澶淵之役渡河橋至半高瓊曰此處好喚丞相吟兩首詩蓋平日有感于此故作此語

左傳襄二十年同宗于祖廟註始封之廟同族于禰廟註父廟然則宗遠而族近也政和中大臣不學以郡主爲宗姬以縣主爲族姬又姬周姓也自漢初取爲嬪嬙之號已可笑今乃以嬪嬙之號名其女尤可笑

漢藩王入繼必親信本國之臣霍光立宣帝正以其無黨

國初錢王入朝晉王以下皆欲留之上曰我平生不曾欺善怕惡

啖助春秋作怪

左氏非邱明論語孔子所引乃前世人如老彭類

仁宗時番商沒官眞珠入禁中張貴妃乞和買得之一日賞牡丹貴妃以爲首飾夸同輩上以袖掩面曰滿地白紛紛地更沒些忌諱貴妃慚赧起易之乃大說命人各簪牡丹自是宮中不戴珠珠價大賤

公孫宏雖詐其以卜式輸財助邊爲非人情以睚眦殺人而郭丹不知爲甚于知此是宏長處

曹操遺令至分香賣履無不處置無一語及禪代事是直以天下遺子孫而身享漢臣之名溫公偶窺破有喜色安世謂操生平事無不如此夜枕圓枕啖野葛飲酖酒

本朝名相惟李公沆諸臣上利害一切不行而日奏四方盜賊水旱在漢惟魏相爲然後之爲相者喜變祖宗法度惡聞天下災異

高辛遷閼伯于商邱主辰今爲應天府實我宋受命之地遷實沈于大夏主參今爲太原府參辰不相能物莫能兩大故國初但謂河東爲幷州不加府號本朝初收河東在戊寅年重午日乃火土旺日參水神所忌故克之時宋興已十九年䧏則後服衰則先陷靖康元年丙午歲重九日太原陷其屬本朝纔一百四十九年丙午爲天水故火最大忌九爲陽數之極故太原以重九日陷又淵聖爲第九世而卽位之年正一百六十六年此漢書所爲陽九之戹百六之會

祖望謹案此近乎京房李尋翼奉之說元城未必作此言恐是記者之附會其謂太原以避應天不稱府尤不覈別有考證○

又案宋史謂元城卒于宣和七年據此則誤也

卜世卜年蓋王孫滿當楚問鼎假天命神告之事以拒之故史記王使王孫滿設應以辭

漢四家詩各有長短

酷吏傳班氏不入杜張蓋張湯之後至後漢猶盛班氏以張純之故幷貸杜周

漢武用兵勝負皆以實聞不爲左右欺罔

漢元封五年初置刺史部十三州分行郡國秩六百石而縣令萬戶以上秩反千石至六百石然刺史權極重按察六條其五條皆謂二千石不法秩卑則其人激昂權重則能行志至成帝綏和元年更名秩二千石其法隳矣

唐制諸道帥司兼觀察之權故藩鎭擅權無人糾舉本朝官制多循唐舊獨前宰執侍從爲帥監司得糾之故不敢爲非

宗周鎬京地方八百里八八六十四爲方百里者六十四雒京地方六百里六六三十六爲方百里者三十六合之是謂千里平王東遷方八百里者失之僅六百里耳襄王又以河內賜晉其地益小原爲天子之邑自不肯屬晉晉伐之乃不美事而左傳反稱之

熙寧殿試改用策謂比詩賦有用不知士人討校得失豈敢極言時政自取黜落是初入仕已教之諂也況登科之初未見人材及後仕宦則材智聲名君子小人貴賤分矣不須試策以別人材人主燕閒

時于其等輩廣訪備問然後博記而審察之天下自無遺才

祖望謹案謂不必于試策時別人材則亦稍偏謂試策教人以譎則詩賦不教人以浮華乎温公十科取士亦何嘗專用詞賦其謂人主當廣訪而審察則至論也

新唐書好簡略事多鬱而不明其進表云事增于前文省于舊病正在此

漢所傳六經與今不同如今尚書云無教逸欲有邦王嘉奏封事曰無傲逸欲有國恐傲字轉寫作教字

蕭望之傳元帝八九年當深知元帝爲人及帝即位欲逐恭顯爲其譖帝至不省其爲下獄不知八九年間傅之者何事

太宗嘗飛白題翰林學士院曰玉堂之廬此四字出李尋傳玉堂者殿名也而待詔者有直廬在其側李尋時待詔黄門故曰久汙玉堂之廬英廟嗣位乃撤去及元豐中有學士上言乞摘玉堂二字榜院門以爲光寵詔可是以殿名名其院也不遜甚矣師古曰玉堂在未央宮又翼奉言文帝時無玉堂則武帝所造也

蕭何治未央宮高祖都長安之心方定何之意深矣

後生未可遽立議論以褒貶古今蓋見聞未廣涉世淺也孔子年六

十三歲始刪定羣經

文言未必皆孔子之作孔子生于襄二十二年而襄三年穆姜言元體之長也云云時孔子未生又左氏以解隨卦周易以解乾卦

魏徵傳言停婚仆碑其家衰矣鄭公之德何賴于碑而停婚乃天以佑魏氏也房氏尙主始敗其家法終滅其族鄭公之後有蕃其家再振

楊綰爲相纔一百八日而名望如此

絳縣老人云四百有四十五甲子矣其季于今三之一也史趙曰亥有二首六身下二如身是其日數士文伯曰然則二萬六千六百有六旬也亥字二畫在上其下六畫如算子三箇六數也如者往也移下亥上二畫往亥字身仄則當如移寫其左豎二畫則二萬也其右六畫乃三箇算子六數則六千六百六旬也季末也已得四百四十全甲子其末一甲子六十日今纔得二十日故曰三之一也

易取諸益取諸睽之類非謂當時已有此卦也伏羲造書契取其義耳

梓材謹案謝山所節元城語錄四十五條今移入高平學案者三十條移入涑水學案者三條移入濂溪學案者一條移入新學

略者五條

元城談錄

爲學惟在力行古人云說得一丈不如行得一尺說得一尺不如行得一寸故以行爲貴

元豐末京東劇寇欲取掊克吏吳居厚投鑄冶中居厚覺早遁去

梓材謹案謝山所節元城談錄九條今移爲附錄者三條移入高平學案者一條移入古靈學案者一條移入陳鄒諸儒者一條移入蜀學略者一條

元城道護錄

元祐黨人只七十八人後來附益者不是

若象數可廢則無易矣若不說義理又非通論兩者兼之始得

學者所守要道只一勤字則邪僻無自而生纔有閒斷便不可謂勤

獄貴初情每一行若干人分牢異處親往偏問私置簿記之其後結正無出初情者

至誠之道無處不在著一事便是曲致曲以通之也

安世從温公學與公休同業凡三四日一往以所習所疑質焉公欣然告之無倦意凡五年得一語曰誠安世問其目公喜曰此問甚善

當自不妄語入予初甚易之及退而隱括日之所行與凡所言自相掣肘矛盾者多矣力行七年而成自此言行一致表裏相應遇事坦然常有餘裕

温公謂安世平生只是一箇誠字更撲不破誠是天道思誠是人道天人無兩箇道理因舉左右手顧之笑曰只爲有這軀殼故假思以通之及其成功一也

安世自從十五歲以後便知有這箇道理也曾事事著力畢竟不是只有箇誠字縱橫妙用無處不通以此杜門獨立其樂無窮凭怎生也動安世不得

梓材謹案謝山所節元城道護錄十條今移爲附錄者一條移入本卷李莊簡傳後者一條移入龜山學案者一條

元城語

某之學初無多言舊所學于老先生者只云由誠入某平生所受用處但是不欺耳今便有千百人來問某只此一句

梓材謹案此李莊簡所稱元城先生語其子孟珍述之

附錄

先生登第與二同年謁李若谷參政三人同起身請教曰若谷自守

官以來嘗持四字勤謹和緩其閒一後生應聲曰勤謹和旣聞命矣緩之一事某所未聞李正色曰何嘗教賢緩不及事且道世閒甚事不因忙錯了呂氏雜錄

元城終身未嘗草字書尺未嘗使人代

介甫求去潞公謂後人如何可爲元城對曰相公當之去所害與所利反掌閒耳

祖望謹案時元城年尚少已能爲此

呂相微仲不樂元城范忠宣公由元城章疏而出已而復拜微仲遂擬元城眞定宣仁曰如此正人且留朝廷以上談錄

先生父太僕卿仲通幕司馬溫公呂獻可之賢方溫公志獻可墓仲通自請書石溫公文出直書王介甫之罪不隱仲通有懼色先生代其父書自此益知名

溫公入相元祐薦先生爲館職謂先生曰足下知所以相薦否先生曰某獲從公遊舊矣公曰非也某閑居足下時節問訊不絕某位政府足下獨無書此某所以相薦也

先生遠謫嶺外盛夏奉老母以行途人皆憐之先生不屈也抵郡聞使者自京師來人爲先生危之郡將遣其客來勸先生治從事客涕

泣以言先生色不動談笑自若對客取筆書數紙徐呼其僕從容告曰聞朝廷賜我死卽死依此數紙行之笑謂客曰死不難矣客取其所書紙閱之則皆經紀其家與經紀其同貶當死者之家事甚悉客驚嘆以爲不可及也更數日乃知使者本入海島杖殺內臣陳衍章惇故令迂往諸郡逼令流人自盡耳

謝山書宋史元城傳後曰朱子曰忠臣殺身不足以存國讒人搆禍無罪就死劉莘老死不明今其行狀似云死後以木匣取其首或云服藥皆不可攷國史此事是先君修正云劉摯梁燾相繼死嶺表天下至今哀之又云范淳夫死亦可疑雖子孫載其死事詳細要之深可疑又云當時多是遣人恐嚇之監司州郡承風旨皆然諸公多因此自盡予初猶疑其語今觀元城傳中所載蔡京累遣人脅害之事乃知朱子之言不盡出傳聞之過也嗚呼元祐黨人竟何罪至此

先生一日扶其母籃輿行山中憩樹下有大蛇冉冉而至草木皆披靡樵夫皆驚走先生不動也蛇若相向者久之乃去村民羅拜曰官異人也蛇吾山之神見官喜相迎耳官遠行無恙乎 聞見錄

先生與東坡同朝東坡勇于爲義或失之過則先生必約之以典故

東坡怒曰何處得一劉正言來知得許多典故先生聞之曰子瞻固所畏然恃其才欲變亂典章則不可元符末各歸自嶺海相遇于道先生喜曰浮華豪習盡去非昔日子瞻也東坡則曰器之鐵石人也

同上

元城初除諫官以母老辭母勉使爲之乃供職論胡宗愈二十四章又論章子厚十九章子厚欲殺之嶺南人言春循梅新與死爲鄰高竇雷化說著也怕而元城歷其七道護錄

先生謂當官處事須權輕重務合道理無使偏重夫是之謂中元祐閒嘗謁見馮當世當世言熙寧初與陳暘叔呂寶臣同任樞密暘叔聰明少比遇事迎刃而解而呂寶臣尤善稱停事每事必稱停輕重令得所而後已事經寶臣處者人情物理無不允當稱停二字吾輩當今最宜致力童蒙訓

梓材謹案謝山所錄紫微童蒙訓有一條云劉公器之嘗爲予言馮當世宣徽稱呂寶臣樞密善稱停事每事之來必稱停輕重莫使有偏事經其處畫者無不允當稱停二字最吾輩當今所宜致力寶臣惠穆公也惠穆蓋紫微從祖父公弼其語複出故刪彼存此

建中閒公自嶺外歸至宣和年閒內侍梁師成得幸令吳可雲濠案吳可宋史作吳默自京師至家欲引公以爲重致書許大用可至三日然後敢出之且道公諸孫求仕以動之公謝曰吾若爲子孫計則不至是矣且吾廢斥幾三十年未嘗有點墨與當朝權貴吾欲爲元祐完人不可破戒還其書而不答言行錄

公在家杜門屛迹不妄交遊人罕見其面然田夫野叟市井細民以謂若過南京不見劉待制如過泗州不見大聖及公歿耆老士庶婦人女子持薰劑誦佛經而哭公者日數千人後二年敵人驅墳石發棺見公顏貌如生咸驚曰必異人也一無所動蓋棺而去同上

呂紫微曰劉丈器之與顏夷仲石子植韓擒則及予相得暮年同城而居以便講習之益

又曰劉器之論當時人物多云弱實中世人之病承平之久人皆偷安畏死辟事因循苟且而致然耳

曾茶山曰劉器之學問門戶自與伊川不同伊川說話極精微劉丈祇理會篤信力行亦自有省要處嘗言勿忘勿助長不思善不思惡但願空諸所有愼勿實諸所無

祖望謹案此元城雜禪學處

王深寧困學紀聞曰元城歲晚閑居或問先生何以遺曰公正色曰君子進德修業惟日不足而可遺乎

黄東發曰先生事温公五年而後教之以誠思之三日不知所從入而後教之不妄語七年而後能言行相應故能不動如山當宣和大觀間鷸然獨爲善類宗主至今誦其遺言無不篤實重厚使人鄙吝之心爲消嗚呼豈不誠大丈夫哉獨因篤信之深而佛氏之說先入爲主至謂儒釋道神其心皆一又謂法華經臨刑刀壞之說爲說性而證以楞嚴經云使衆生六根消後臨刑刀如割水且幷以其師温公詆佛爲非若自程門講明聖人之學觀之雖温公之詆佛猶未免于鹵莽而元城幷以爲未然何哉或者知終終之之勇冠卓一世而知至至之之知尚差毫釐邪此中庸之必貴于自明而誠也雖然先生他日亦言釋老之言皆未免入邪則其本心固未嘗不明也學者宜審焉

元城學侶

侍郎顔夷仲岐別見滎陽學案

石先生子植

石子植佚其名嘗說呂申公哲宗賜御筆白樂天詩與二蘇及進詩

表謝申公遂集古經句作一冊進云比以寫唐人無益詩不如寫聖人語曰君子作事婉而成章詩也須進但中間有說爾此恐非申公所爲參晁氏客語

梓材謹案晁氏書作石子殖而元城語錄作子植蓋一人也

韓先生撝則

韓撝則

元城同調

忠肅陳了齋先生瓘別爲陳鄒諸儒學案

元城門人涑水再傳

文清呂東萊先生本中別爲紫微學案

判監孫先生偉

孫偉字奇甫江陵人也少負奇氣初爲靜州幕官劉元城再謫夷陵先生自靜求沿檄至峽求見元城待之無甚異也先生請曰偉以求見先生而來非沿檄也元城問所以願見之意對曰生長南方竊聞司馬温公北方賢士大夫之冠先生受業温公是以求見非敢言從學但願就先生求五日飯尋一宿處聽先生五日話元城嘉之因與共飯五日與之言温公所以傳習者先生請曰受教不在多言願掇

其所當致力者爲直截言之元城曰諾既五日先生已錄成一卷請曰願更住半日求先生諦視之無差謬否元城爲之閱畢先生辭歸自是踐履一宗元城每對學者言平生只從得劉先生五日終身受用只此五日所聞張魏公之初仕也在山南幕府先生常從其帥領至夜分帥尙命繼酒魏公謂其使曰此何時也而酣宴無已乎先生整冠起曰此賢屬也予其罪人矣遽謝之先生善誘迪學者嘗有投所業請益者先生置諸架上不視徐曰每日所讀何書其人惘然莫知所對再三問之乃漫應曰近喜讀新唐書先生問曰三百年唐室最愛何人其人又不能對逡巡引退次日復來因言向來汨沒科舉實未知所以讀書之方先生乃諄諄誨之且曰讀本紀而不知一代之興衰治亂讀列傳而不知諸人之賢否邪正又奚以史爲又奚以學爲其人自此從學卒爲善士先生本用世才以爭和議不勝不復求用官終判監晚遊衡山與胡文定公父子遊論學甚契手批留侯諸葛武侯二傳字極大朝夕披視一過太息篋中惟論語一部所著有奏議數卷胡五峯跋之曰是乃上蔡所云不爲一身之謀而爲天下之慮者

祖望謹案元城之得統于溫公大抵不出剛健篤實一語元城

門下其最顯者爲李莊簡公泰發其厄于下寮者爲先生其骨力皆得之元城宋史不爲先生立傳沈埋六百餘年予稍求其大略登之學案而當年奏議諸文字不可得見矣爲之三嘆先生之高弟曰劉芮

莊簡李讀易先生光 父高

李光字泰發上虞人童穉不戲弄父高稱曰吾兒雲間鶴其興吾門乎親喪哀毀如成人有致賻者悉辭之及葬禮皆中節以進士歷知開化常熟吳江改京東西學事司管句文字元城居南京先生以師禮見之元城告以所聞于温公者曰學當自無妄中入先生欣然領會除太常博士遷司封王黼惡之令部注桂州陽朔縣元城聞其以論事貶貽書偉之李忠定綱亦以論事去國居義興先生伺于水驛自出呼曰非越州李司封船乎留數日定交而別及還侍御史時言者猶主王介甫之學詔榜廟堂先生言祖宗規模宏遠安石欲盡變法度則謂人主當制法而不當制于法欲盡逐元老則謂人主當化俗而不當化于俗蔡京兄弟祖述其說五十年閒毒流四海今又風示中外鼓惑民聽豈朝廷之福彗出寅艮閒耿南仲輩皆謂應在外夷不足憂先生奏孔子作春秋不書祥瑞者蓋欲使人君恐懼修省

未聞以災異歸之外夷也疏奏監汀州酒稅紹興中累擢吏部侍郎尙書參知政事時秦檜初定和議將揭榜欲藉先生名鎭壓高宗亦意不欲用之先生又面折檜檜大怒明日丐去知紹興府万俟卨論其陰懷怨望責瓊州安置呂愿中又告先生與胡澹庵詩賦倡和譏訕朝政移昌化軍論文考史怡然自適年踰八十筆力精健後以郊恩復左朝奉大夫任便居住至江州而卒孝宗卽位復資政殿學士賜諡莊簡 參史傳

李泰發語 其子孟珍所述

汝輩居家惟是盡一孝字居官惟是盡一廉字他日立朝事君惟是盡一忠字但守得此一字一生受用不盡

凡後生所至處且須從賢士大夫遊

梓材謹案謝山節錄本四條今移元城語一條于元城道護錄後移一條于和靖學案

附錄

元城道護錄曰李光好官員可惜爲蔡攸所引此人撥著便醒紹興中以忤秦檜謫海外著易說自號讀易老人

董眞卿曰先生之學本元城元城學于司馬公 以上黃氏補本

知州胡先生珵

胡珵字德輝毗陵人也詩文墨隸皆精好學于楊文靖公龜山尋以文靖之命學于劉忠定公元城入太學成進士南渡初李公伯紀爲相先生在其幕中汪黃甚之以陳少陽之上書也先生實視其草竄蒼梧已而東歸趙豐公入相直翰林兼史館校勘與張嵲同入書局未幾豐公去國張魏公以爲元祐未必全是熙寧未必全非遂擢何掄仲李似表爲史官欲有改定先生與嵲不可遂皆求去豐公再相復召二人書成講和之役先生與同館朱松凌景夏常明范如圭合疏爭之其稿出于先生手略曰敵人方據中原吞噬未厭何憂何懼而一旦幡然與我和蓋其狃于荐食之威動輒得志而我甚易恐故常喜爲和之說以侮我又慮我訓兵積粟畜銳俟時而事有不可知者故不得不爲和之說以撓我蓋今之和使即秦之衡人兵家用之百勝之術也六國不悟衡人割地之無厭以亡其國今國家不悟敵使請和之得策其禍可勝言哉而執事者顧方以吾爲母后爲梓宮爲淵聖天屬之故遂不復顧祖宗社稷二百年付託之重而輕從之使彼得濟其不遜無稽之謀而藉躪以逞將焉避之哉昔楚漢相持之際項羽嘗置太公俎上而約高祖以降矣使爲高祖者信其詐謀

而遽爲之屈則自其一身且無處所尚何太公之可還哉惟其不信不屈而日夜思所以圖楚者以故卒能蹙羽鴻溝之上使其兵疲食盡勢窮力屈而太公自歸此其計之得失亦足以觀矣疏上秦檜大怒然是時和議尚未定公議尚張但出之知嚴州而已已而李莊簡公去國遂以先生爲其黨罷之飢寒困窮而死所著有蒼梧集

梓材謹案黄氏補本先生傳兩載龜山元城學案謝山已爲此傳故並刪之

附錄

汪玉山與呂逢吉曰胡德輝言温公日記極有可疑如記富鄭公惑一尼之言至願爲蛆蟲食其不潔富公雖所見不同何至于此温公平日最推富公不應如此此記事德輝以爲必後來所增加蓋當時介甫嘗奏富弼無見惑一妖尼之言則所謂後來增加者當有之

主簿馬先生大年

馬大年字承卿 雲濠案廣信志作馬承卿字大年 揚州人元城弟子也大觀三年進士聞元城謫亳州寓永城縣之回車院先生時赴永城主簿其舅高郵張桐薦使求教既至見元城雄偉闓爽談論踰時體無欹側肩背聳直身不稍動手足亦不移自是從學二十六年當

紹興六年追錄其語爲元城語三卷

知州韓先生瓘

韓瓘字德全開封人也參政億曾孫累官知秀州所至興利除害甚敏吏莫能欺時以爲有家法先生官浙中久其往來必維舟河梁侍元城談錄其繫邪正得失者二十一條爲元城談錄

簡肅劉白水先生勉之 別爲劉胡諸儒學案

舍人曾先生恬 別見上蔡學案

文清曾茶山先生幾 別見武夷學案

孫氏家學 涑水三傳

孫先生蒙正

孫蒙正字正孺江陵人奇甫先生偉之子先生少稟家學得元祐諸公之傳而于五峯兄弟爲故人子從之問道嘗告五峯曰歲入不贍旣可憂然稍親生業便近俗柰何五峯答曰古人有名高天下躬自鉏菜如管幼安者隱居高尚灌畦粥蔬如陶靖節者使顏子不治郭內郭外之田則饘粥絲麻將何以給又如孔子猶且會計升斗看視牛羊亦可以爲俗乎豈可專守方冊口談仁義然後謂之清高哉正孺當以古人實事自律不可作世俗虛華之見也五峯又嘗謂曰子

資稟過人大要學問擴充之須日知其所亡月無忘其所能然後可又曰行貴精進言貴簡約欽夫之言眞有益于左右初欽夫累求見五峯不得莫解其故因託先生微叩之五峯笑曰渠家學佛先生以告欽夫涕泣求見遂得湖湘之傳欽夫嘗嘆曰栻若非正孺幾乎迷路

孫氏門人

提刑劉順寧先生芮

劉芮字子駒東平人也忠肅公摯之曾孫學易先生跂之孫南渡後居湘中劉氏自學易以來三世守其家學不求聞達雖閥閱亞于韓呂而節行與之埒先生學于孫奇甫其後徧游尹和靖胡文定之門所造粹然其爲永州獄掾與太守爭議獄謂今世法家疏駮之設意殊與古人不同古人于死中求生不聞生中求死遂以疾求去會太守遺屬來乃紹聖權臣之後先生嘆曰吾義不與雠人接投檄竟歸初先生十喪未葬意欲得中原之復返葬嶺北既不遂貧日甚太尉劉錡重之爲之佽助乃得葬于湘中盡屏陰陽之說曰吾大事已畢死亦瞑矣罷官無屋可居乃卽其先人之墓而廬之是時秦氏之勢漲天先生客于桂林桂林帥者秦氏私人也因一日賓客寮屬集府

中謂曰前日之夜去城一舍其驛曰秦城者有光屬天願與諸君賦之皆曰唯唯所謂秦城王氣詩者也是日不賦者二人曰先生曰李成叔已而張魏公卜居長沙之二水授先生室宣公兄弟嚴事之又以薦入官以言去國汪文定公玉山貽書當路曰如劉賓之劉子駒縱未還朝豈應置之閒散乃復以刑部員外郎召出爲湖南提刑卒先生自述其先世之言謂孝經孝弟之至通于神明光于四海無所不通學者當從此悟入故先生雖在千里外親有疾痛皆知之又述孫公澤之言曰學者有志于道且須看古人長處于其長處唯恐不及于其短處唯恐自家做到此處嘗教學者曰言此行此謂之君子言此行彼謂之小人所著有順寧集二十卷楊誠齋爲之序誠齋論先生之爲人曰子駒長于嗜古短于諧今工于料事拙于售世遇合之詘而幽獨之伸流靡之憎而強毅之悅故其人落落其心優優初若不可親而久乃不可離可以想見先生矣

李氏家學

進士李先生孟博

李孟博字文約莊簡長子紹興五年進士從莊簡謫卒于瓊

提舉李先生孟堅

李孟堅字文通莊簡子以學行舉官至知秀州從莊簡謫嶺南竄陝州更化後召用累官淮東提舉

參議李先生孟珍

李孟珍字文潛莊簡子累官至沿海制置參議

直閣李磐溪先生孟傳

李孟傳字文授莊簡幼子宋史有傳雲濠案史傳先生累官知江州以朝請大夫直寶謨閣致仕著盤溪集宏詞類稿左氏說讀史雜志

李氏門人

通守曹放齋先生粹中

曹粹中字純老號放齋定海人也李莊簡公光之壻宣和六年進士釋褐黃州教授秦氏欲因莊簡見之先生辭焉私語婦曰尊公其能終爲首揆所容乎已而莊簡果被出嘆曰吾媿吾壻先生自是隱居終秦氏之世未嘗求仕莊簡退居著讀易老人解說而先生箋詩各以其所長治經可謂百世之師矣世有修改宋史者當附之莊簡傳中也張魏公晚年入相薦于朝通守建寧不久乞身而歸贈侍講

祖望謹案深寧王氏四明七觀其于經學首推先生之詩自先生詩說出而舒廣平楊獻子出而繼之爲吾鄉詩學之大宗慈

湖之詩傳相繼而起咸淳而後慶源輔氏之傳始至甬上則論
吾鄉詩學者得不推先生爲首座與

顯謨潘先生時父良佐

潘時字德鄜金華人父良佐始以儒學教授諸弟皆從受學而中書良貴遂以清直致大名先生生穎悟少長莊重如成人既孤叔父中書愛而收教之欲使後己先生以親沒無所受命辭乃任以爲登仕郎爲娶李莊簡女莊簡亦器許焉調分宜簿未嘗求薦而當路爭知之改通直郎知興化軍時即學宮召諸生而教飭之無敢以事至庭中者已而召還賜對先生言郡縣者朝廷之根本而百姓又郡縣之根本也今不計郡縣之事力而一切取辦又不擇人材之能否而輕以畀之欲本固而邦寧其可得乎上善其言官至安撫進直顯謨閣除尚書左司郎中不就卒年六十三子友端友恭皆力學有志操先生少從中書學長壻李氏又得莊簡爲依歸中年遊張敬夫呂伯恭閒切劘不倦晚歲讀書厲志彌篤其治郡皆有成績自言爲治主于寬而不使有寬名輔以嚴而不使有嚴迹所至必問人材興學校潭之嶽麓衡之石鼓皆一新之學者用勸雅不信浮屠詭異之說嘗著石橋錄以斥其妄其卒也朱晦翁志其墓言某從公游雖不久然相

知爲最深友端等又來受學云參朱子文集

梓材謹案謝山原稿僅標潘時李莊簡光之壻而未爲之傳特據文公大全集以補之又案先生朱張呂之講友也萬氏儒林宗派以爲張呂門人誤

順寧門人涑水四傳

宣公張南軒先生栻別爲南軒學案

端明張定叟先生杓別見趙張諸儒學案

潘氏家學

學博潘先生友端別見嶽麓諸儒學案

撫幹潘先生友恭別見滄洲諸儒學案

提舉潘先生友文別見槐堂諸儒學案

宋元學案卷二十

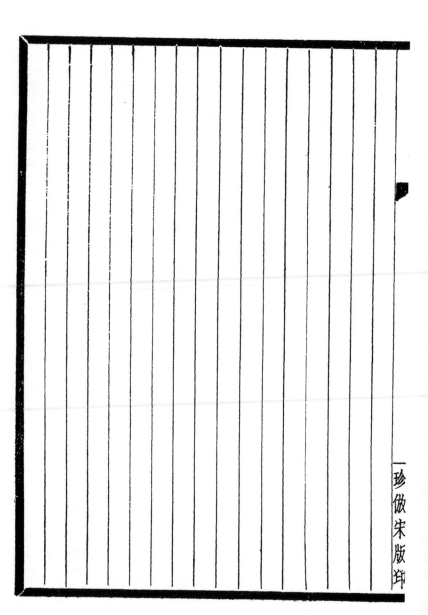

華陽學案表

范祖禹 蜀公從孫 涑水門人

- 子 沖

范仲黼 范氏續傳 別見二江諸儒學案

- 從子 子長
- 從子 子該 並見二江諸儒學案

司馬康 別見涑水學案

黃庭堅 別見范呂諸儒學案

呂希哲 別爲滎陽學案

劉恕 別見涑水學案

並華陽講友

宋元學案卷二十一

鄞縣全祖望補本

後學慈谿馮雲濠校刊
鄞縣王梓材重校
道州何紹基重刊

華陽學案

祖望謹案范正獻公之師涑水其本集可據也其師程氏則出自鮮于綽之譌伊洛淵源錄既疑之而又仍之誤矣陳默堂答范益謙曰向所聞于龜山乃知先給事之學與洛學同則其非弟子明矣述華陽學案梓材案是卷亦謝山特立爲學案又案澗泉日記云淳夫乃呂晦叔壻從溫公遊又師二程其說與鮮于氏同

涑水門人

正獻范華陽先生祖禹

范祖禹字淳夫一字夢得華陽人忠文公之姪之子也其生也母夢異人入寢室曰漢將軍鄧禹因名焉登進士甲科從溫公編修資治通鑑在洛十五年不事進取書成溫公薦爲祕書省正字時王荆公當國尤愛重之先生竟不往謁哲宗立累遷著作郎兼侍講先生言

陛下今日之學與不學係他日治亂如好學則天下君子欣慕願立于朝以直道事陛下而致太平不學則小人皆動其心務爲邪諂以竊富貴且凡人之進學莫不于少時今聖質日長數年之後恐不得如今日之專竊爲陛下惜也拜右諫議大夫首上疏論正心修身之要迨紹述之論興有相章惇意先生力言其不可用言者攻之連貶徙賓化卒年五十八蘇子瞻稱爲講官第一嘗進唐鑑十二卷帝學八卷仁宗政典八卷雲濠案四庫書目稱先生遺文爲太史集五十五卷 建炎二年追復龍圖閣學士先生燕居正色危坐未嘗不冠出入步履皆有常處几案無長物墨硯刀筆終歲不易平生所觀書如手未觸衣稍華者不服十餘年不易衣亦無垢汙履雖穿如新皆出于自然未嘗有意寡言語不問即不言元祐末洛蜀黨人互相攻詆先生師温公獨不立黨並遊洛蜀之閒皆敬之東坡唐突伊川至先生則肅然每與他人諧謔屬曰勿使范十三知也尤服先生之文曰公皆不刊之作軾不過涉獵爲文耳山谷在史院日聽先生講左傳受其學先生嘗令撰呂申公遺表司馬康謝恩表文成或不用或改竄秖餘數字山谷毫無忤色論者以爲先生能馴坡谷二人尤同時所難從遊温公十五年温公家事無大小令先生商之雖公子康不

敢專也令康從先生學蜀公之被召也亦以書問之先生則對以當辭蜀公是之謂人曰吾幾欲造朝而三郎勸我遂不行然先生爲文深不欲人知諫草多自焚去弗存并欲毀京師所刊唐鑑子沖固請得免宣仁太后知之最深先生久在經筵十上章引疾得請以待制知梓州矣翌日宰相奏事簾前太后諭曰范侍講求去甚力故勉徇其請昨日孩兒再三留他相公可傳老身意且爲孩兒留前降指麾莫行于是先生不敢復請太后崩先生益數上疏論時事言尤激切無所顧避感太后之知也張文潛秦少游稍勸先生以爲宜少巽詞子沖亦乘閒言之先生曰吾出劍門一范秀才耳今復爲布衣有何不可其後遠謫亦由此其造邇英也過押班御藥閣子都知以下列行致恭卽退不假以辭色御藥陳衍之園與先生鄰至不敢高聲謂同列曰范諫議一言到上前吾輩不知死所矣顧子敦嘗與都知梁惟簡一言先生大以爲非體其後孝宗嘗曰讀資治通鑑知司馬太師自是宰相手段讀唐鑑知范內翰自是臺諫手段世以爲知言其薦士也多至並位然人無知之者至有請屬則必拒之知咸平縣游冠卿之滿任也請于先生欲乞一言以是時先生叔百祿方在中書也先生曰足下審當爲監司朝廷必須除授家叔從居政府某未嘗

與人乞差遣冠卿衝阻而退子沖進曰不爲之地可也何必面斥之先生曰凡此是欺之也吾以誠告之嘗舉蜀公之言曰仕宦不可廣求人知受恩多則難立朝其移賀州謫詞云朕于庶言無不嘉納至于以訐爲直則在所不赦先生曰吾論事多矣皆可以爲罪不知所坐也後乃知坐言乳媼事惇卞以爲上疏宣仁所以離間哲宗也然不知先生先上哲宗後上宣仁勸上以愛身宣仁以保護上躬而已又是時雇乳母實爲劉氏故劉后亦恨之而先生與劉忠定公皆不免其自賓移化也朝旨嚴峻有司不敢相聞先生出城父老居民皆出送持金帛來獻先生謝遣之一無所受皆感泣而去化州城外寺一夕見大星隕中夜聞傳呼開門是夕先生卒三日殯于寺中次年許歸葬化人祀之北山雲濠案謝山學案劄記有云范淳夫謚正獻見讀書附志

中庸論

聖人之道必始于小而後至于大必始于微而後至于顯其始也入乎毫末而不足以爲小其至也塞乎天地而不足以爲大此道之所以難言也中庸者聖人言性之書也出於孔子而傳於子思其爲言也精微其爲道也閎深嘗試言之記曰君子戒慎乎其所不睹恐懼

乎其所不聞君子之道盡於此而已乎是不然君子於其不睹不聞之閒出處語默無愧乎吾心然後於其可睹可聞之閒動靜周旋無愧乎天下故君子之道必始於慎其獨也人之不睹也如其欲睹之也人之不聞也如其欲聞之也此非有所難雖匹夫匹婦而可知也始於修身而終於治人至於治天下國家可以育萬物而配天地則雖聖人有所不知也故曰君子之道費而隱夫婦之愚可以與知焉及其至也雖聖人有所不知焉夫婦之不肖可以能行焉及其至也雖聖人有所不能焉又曰君子之道造端乎夫婦及其至也察乎天地此所謂始於小而後至於大始於微而後至於顯也天下之所甚易莫若衆人之所能者也其所甚難莫若聖人之所不能者也以衆人之所能而教人是使易之而可勉也以聖人之所不能而教人是使難之而不爲也聖人既曰難行之又曰易行之既曰易知之又曰難知之易者所以喻於人難者所以喻於己蓋誘於人者不可以不易責於己者不可以不難也始於易終於難而不可以過乎中是故謂之中庸開之以易使天下可得而入也嚴之以難使天下不得而輕也制之以中使天下不得而過也夫中庸有衆人之所易行者焉有聖人之所難行者焉有聖人與衆人之所同行者焉子曰人皆曰

子知驅而納諸罟擭陷阱之中而莫之知辟也人皆曰予知擇乎中庸而不能期月守也言中庸之易而人不守也天下國家可均也爵祿可辭也白刃可蹈也中庸不可能也言中庸之難而人鮮能也道之不行也我知之矣知者過之愚者不及也道之不明也我知之矣賢者過之不肖者不及也言中庸之不可過中也口之於味也酸鹹甘苦有偏好其一者是不知味之人焉唯其五味均齊而得其節然後適於口而和於心君子之於道也亦然不可以過亦不可以不及故曰人莫不飲食也鮮能知味此中庸之大略也

中庸者言性之書也既舉其略矣而未及乎性也夫誠者聖人之性也誠之者賢人之性也聖人生而知之者故其性自內而出自內而出者得之天而不恃乎人賢人學而知之者也故其性自外而入自外而入者得之人而後至於天故曰誠者天之道誠之者人之道也又曰自誠明謂之性自明誠謂之教誠者所以成性也明者所以求誠也誠者不勉而中不思而得從容中道者聖人之性也誠之者擇善而固執之者賢人之明也目之視乎色耳之聽乎聲鼻之別乎臭口之識乎味此四者有諸內而無待於外聖人之性猶此也譬之則勸非之則沮順之則喜逆之則怒此四者動乎外而應之於內賢人

之性猶此也聖人先得於誠而後有明者也賢人先得於明而後至誠者也夫中庸所以使賢者學爲聖人也故欲誠者莫若明欲明者莫若知夫所謂知者何也致其知也故曰致知在格物又曰物格知至物至而後有知也知然後好惡形焉有知而後有好惡也君子則好善而惡惡小人則好惡而惡善此君子小人之所以分也夫明者有善未嘗不知焉有不善未嘗不知焉擇其善者而執之其不善者而拂之昭昭乎知所以爲善所以爲不善此所謂明也此所謂致知也是知之至也知至而后意誠意誠而后心正心正而后身修身修而后家齊家齊而后國治國治而后天下平此大學之道賢人所以學而成聖者也子曰回之爲人也擇乎中庸得一善則拳拳服膺又曰有不善未嘗不知知之未嘗復行夫顏子豈無不善哉惟能知而不行也故曰欲誠者莫若明用明者莫若知致知者是所以學爲聖人之端也

聖人之治天下未嘗不以誠也誠者存乎其心不可得而見之故其說曰惟天下之至誠爲能盡其性能盡其性則能盡人之性能盡人之性則能盡物之性能盡物之性則可以贊天地之化育可以贊天地之化育則可以與天地參矣夫性者何也仁義是也聖人以爲仁

義者生於吾之性而不生於外是故用之以誠仁焉而必出於誠義焉而必出於誠不誠於仁則人不親不誠於義則事不成誠仁者不施而親誠義者不爲而成誠在內者形於外是所以貴誠也是故不賞而人勸不怒而人威不動而人化不言而人喻此所謂盡其性也是故爲人子者誠於孝爲人臣者誠於忠爲人弟者誠於恭舉天下之性莫不誠於爲善此所謂盡人之性也是故天地爲之誠化日月爲之誠明四時爲之誠行風雨爲之誠節草木爲之茂鳥獸爲之蕃凡在天地之閒者莫不安其性命此所謂與天地參也聖人有其德有其時有其位而行其道堯舜禹湯文武周公是也有其德無其時無其位而言其道孔子是也是故欲觀賢人之道聖人是也欲觀聖人之道天地是也天不言而四時行焉地不動而萬物生焉天地所以不言而人喻不動而物成者何也誠之至也聖人所以無爲而天下治亦誠之至也故天者高之積也地者厚之積也聖人者誠之積也天積於高及其遠則人不能知也地積於厚及其廣則人不能窮也聖人積於誠及其神則人不能測也高不積不足以爲天厚不積不足以爲地誠不積不足以爲聖人聖人者明並乎日月德配乎天地惟積於誠也

聖人之德既與天地參然而孜孜焉常有不已之心記曰不勉而中不思而得從容中道此聖人之性也其行之也蓋未嘗不勉不思而終身以爲不足夫聖人之所不可及者其在此乎昔者堯舜之爲君思天下有一夫不獲其所則其心恥之有一物不得其養則其心憂之夫恥之憂之者何也恐其德之有所不至也聖人之德固無所不至矣然而常以不至爲心故仁矣而曰未足以爲仁義矣而曰未足以爲義是以有一物不被其澤者聖人之恥也其責己也如此其待人也則不然夫人或生而知之或學而知之或困而知之此三者之異衆人之所知也聖人必曰及其知之一也或安而行之或利而行之或勉強而行之此三者之異亦衆人之所知也聖人必曰及其成功一也此所以引天下不肖者而爲賢也生而知者不可以人人而求也有學而能知者焉有困而能知者焉則與夫不學者異矣是故進而一之於聖使天下皆由困而知者亦可以爲聖而聖亦與我同類如此則孰不欲知聖人之道此所以爲教也安而行者亦不可以人人而求也有利而能行者焉有勉強而能行者焉則與夫不能勉強者有閒矣是故進而一之於聖使天下皆由勉強而行者亦可以爲聖而聖亦與我同類如此則孰不欲行聖人之道此所以爲教也

聖人所以待人者如此而其責己者未嘗不重也子曰何事於仁必也聖乎堯舜其猶病諸又曰舜好問而好察邇言隱惡而揚善執其兩端用其中於民夫其仁足以博施濟衆而猶以爲病此其所以責己也好問而好察邇言隱惡而揚善此其所以待人也夫其責己也則爲善而不足其待人也則恐其不得爲君子二者皆出於其性推之以治天下聖人之道未嘗有過於此者也夫子亦何爲哉知所以責己知所以待人則雖欲爲堯舜而無難也

聖人不以己能而責天下之人故擇其近於中庸者而行之曰忠恕忠恕者所以爲中庸也何謂忠曰推己之心之謂忠何謂恕曰如己之心之謂恕夫聖人者天下一人而已矣衆人之所不能爲也以聖人之所能而責衆人是率天下而爲一人之行也記曰聖人之制行也不以己使民有所勸勉愧恥以行其言故不爲人之所不能不行人之所不及動則思天下之可法言則思天下之可道要以使人皆可以爲善此所謂忠也己所不欲勿施於人人常欲爲君子而不欲爲小人此天下之情也以己欲爲君子之心而使人皆得爲君子以己不欲爲小人之心而使人皆不爲小人此所謂恕也仁義禮智四端之用未有不由於忠恕之道而可行也仁者過乎仁聖人不以爲

能也義者過乎義聖人不以爲行也禮者過乎禮聖人不以爲教也智者過乎智聖人不以爲法也仁義禮智非獨以善一人也必使天下皆可以行之不惟使天下皆可以行之又將使後之人皆可以繼之如是而後可以爲中庸之道此所以貴乎忠恕也故曰忠恕違道不遠而曾子曰夫子之道忠恕蓋堯舜三代之治天下與夫孔子六經之道莫不由於忠恕也若夫以己能而責天下之人此老莊所以肆其放蕩虛空之論而不能自反也聖人者爲天下而言者也故己可用而人亦可行老莊者爲一人而言者也故己獨可言而人不可用是欲以一人之私論而率天下以行之也其意曰治身者曷不爲我之等貴賤齊生死治天下者曷不爲太古之爲無爲事無事是以言之而不可行也聖人之言其自爲也過少而爲人也過多老莊之言其自爲也過多而爲人也過少此其所以異也老莊之說如此而好之者或以爲治性之書是不然夫治性者莫如中庸而亂性者莫如老莊故學中庸以治其性則性可得而見也學老莊以亂其性則性不可得而反也惟不惑乎老莊之言則可與由中庸以入於堯舜之道也

梓材謹案中庸論五篇謝山學案底本自爲一帙而未有所屬

查朱氏經義考先生有中庸論五篇篇數適合入之

古之士與君言言使臣與人臣言言事君與幼者言言孝悌與居官者言言忠信自童子以至於成人自洒掃應對以入於道德學不陵節教不躐等有非其所問而問者鄉先生君子不以告也譬如拱把之桐梓長之養之至於成材無不適於用如其未至而曰至未能而曰能則是賊夫人之子非先王長育之意也蓋孔子之教曰文行忠信興於詩立於禮成於樂孟子曰謹庠序之教申之以孝悌之義其所教者皆以明人倫也以孔子之聖四十而不惑五十而知天命雖曰知之猶罕言之性與天道自子貢不得而聞況其下者乎近世學士大夫自信至篤自處甚高未從師友而言天人之際未多識前言往行而窮性命之理其弊浮而無實鍥薄而不敦雖然十室之邑必有忠信天下之大豈無豪傑不待文王而興者然聖人之教必為中人設也比年以來朝廷患之詔禁申韓莊列之學流風寖息而猶未絕夫申韓本於老而李斯出於荀卿學者失其淵源極其末流將無所不至故秦之治文具而無惻隱之實晉之俗浮華而無禮法之防天下靡然卒之大亂此學者之罪不可以不戒也　省試策問

昔隋氏窮兵暴斂害虐生民其民不忍共起而亡之唐高祖以一旅之衆取關中不半歲而有天下其成功如此之速者因隋大壞故也以治易亂以寬易暴天下之人歸往而安息之方其君明臣忠外包四荒下遂萬物此其所由興也及其子孫忘前人之勤勞天厭於上人離於下宇內圮裂尺地不保此其所由廢也其治未嘗不由君子其亂未嘗不由小人皆布在方策顯不可揜然則今所宜監莫近於唐書曰我不可不監於有夏亦不可不監於有商唐鑑序

雲濠謹案謝山通鑑分修諸子攷云貢父所修一百八十四卷淳夫所修八十一卷道原所修二十七卷又云至于三子所修愚最以唐鑑爲宂後人以伊川許之遂有范唐鑑之目而以其書孤行其實裁量未爲簡淨也

附錄

淳夫每誦董子之言正其誼不謀其利明其道不計其功曰君子行己立朝正事如此若夫成功則天也補

朱子伊洛淵源錄曰淳夫家傳遺事載其言行之懿甚詳然不云其嘗受學於二先生之門也獨鮮于綽傳信錄記伊川事而以門人稱之又其所著論語說唐鑑議論亦多資於程氏

葉水心習學記言曰范祖禹布衾銘記其清如水而澄之不已其直如矢而端之不止故其居處必有法其動作必有禮此言有益於學者

華陽講友

侍講呂原明先生希哲別爲滎陽學案

祕書劉道原先生恕別見涑水學案

華陽家學涑水再傳

龍圖范元長先生沖

范沖字元長正獻長子也登紹聖進士第高宗卽位以虞部員外郎出爲兩淮轉運副使紹興中隆祐皇后誕日上置酒宮中從容語及前朝事后曰吾老矣有所懷爲官家言之吾逮事宣仁聖烈皇后聰明母儀古今未見其比而史錄未經刪定無以傳信後世上悚然亟詔重修神哲兩朝實錄召先生爲宗正少卿兼直史館元祐中正獻嘗修神宗實錄盡書王安石之過以明神宗之聖其後安石壻蔡卞惡之正獻坐謫死嶺表至是復以命先生上謂之曰兩朝大典皆爲姦臣所壞故以屬卿先生因論熙寧創置元祐復古紹聖以降弛張不一本末先後各有所因又極言王安石變法度之非蔡京誤國之

罪上嘉納之遷起居郎俄開講筵升兼侍讀上雅好左氏春秋先生與朱漢上震專講先生敷衍經旨因以規諷上未嘗不稱善會皇子建國公瑗出就傅首命先生以徽猷閣待制提舉建隆觀爲資善堂翊善而漢上兼贊讀時張浚在長沙亦薦先生與漢上可備訓導謂沖震皆一時名德老成極天下之選上命建國公見翊善贊讀皆納拜俄遷翰林學士兼侍讀先生力辭改翰林侍讀學士用正獻故事也尋以龍圖閣直學士奉祠卒年七十五先生之修神宗實錄也爲考異一書明示去取舊文以墨書刪去者以黃書新修者以朱書世號朱墨史及修哲宗實錄別爲一書名辨誣錄先生性好義樂善司馬温公家屬皆依先生撫育之爲温公編類記聞十卷奏御請以温公族曾孫倧召主温公祀又嘗薦尹和靖以自代參史傳

梓材謹案兩浙名賢錄趙丞相鼎聞喜人高宗即位除權戶部員外郎遂卜居衢州范元長沖建炎四年守衢因請祠與趙丞相同居

華陽門人

諫議司馬先生康別見涑水學案

文節黃涪翁先生庭堅別見范呂諸儒學案

范氏續傳

知州范月舟先生仲黼

知州范雙流先生子長

范先生子該 並見二江諸儒學案

宋元學案卷二十一

景迂學案表

晁說之（涑水姜氏楊氏門人　泰山徂徠百源再傳）
- 朱弁
- 王安中（別見荊公新學略）

晁詠之
- 邵溥（別見劉李諸儒學案）

劉羲仲（別見涑水學案）

汪革（別見滎陽學案）

並景迂學侶

吳棫

景迂同調

宋元學案卷二十二

鄞縣全祖望補本　後學慈谿馮雲濠校刊
鄞縣王梓材重校
道州何紹基重刊

景迂學案

祖望謹案涑水嘗令景迂續成潛虛景迂謝不敢然易玄星紀之譜足以紹師門矣景迂又私淑康節惜其晚年之好佛也然元城亦不免此呂成公曰景迂雖駁其學有不可廢者述景迂學案梓材案是卷學案亦謝山所特立

涑水門人孫邵再傳

詹事晁景迂先生說之

晁說之字以道一字伯以父澶州人也參政宗愨曾孫元豐五年進士東坡稱其自得之學發揮五經理致超然不踐陳迹嘗以文章典麗可備著述薦之范公淳夫亦以博極羣書薦之會文昭公亦薦之先生慕司馬文正公之爲人故以景迂生自號文正著潛虛未成而病屬先生補之先生遜謝不敢然文正之門傳其太玄之學者惟先生又從康節弟子楊賢寶傳其先天之學和劑斟酌以窮三易之旨

其于泰山孫氏之門從姜至之講洪範不名一家元符三年知無極縣應詔上書言十事其一曰祗德其二曰法祖其三曰辨國疑其四曰歸利于民其五曰復民之職其六曰不用兵其七曰士得自致于學其八曰廣言路其九曰貴多士其十曰無欲速無好名高凡數十萬言大抵指荊公政事之非紹述諸臣之謬入邪等奉嵩嶽祠監陝州集津倉再請奉華嶽祠監明州船場通判鄜州提舉南京鴻慶宮知成州先生氣質剛毅不以貶錮屈其在關中留心橫渠之學其在甬上與豐尚書相之相唱酬及守成州歲旱先生盡蠲其稅轉運使大怒欲滅其分先生持不可遂丐致仕去靖康初召至京除祕書少監兼諭德已而以中書舍人兼詹事淵聖以宿儒待之先生學于温公守其疑孟之說又惡荊公而荊公最尊孟先生請去孟子于講筵欽宗從之太學之士譁然言者紛起又力言三鎮不可割兼諫止欽宗不可棄汴京出狩皆與當國者不合又言荊公不應配享神宗安得配享孔子于是耿南仲既傾吳敏李綱遂言先生與許景衡二人視大臣升黜爲去就懷姦徇私落職提舉西山崇福宮胡文定公爭之不報高宗卽位馳驛召許翰楊時及先生三人卽赴行在未至卽授以徽猷閣待制兼侍讀先生少長承平至是流離喪亂避兵于高

郵于海陵于建康病甚其在海陵嘆曰平生著述悉爲灰燼惟易不可以已力疾追述舊作建炎三年卒于舟中竟未得入見遺言無得志墓先生粹然儒者惜乎晚年頗信佛氏之說日誦法華自稱國安堂老法華又稱天台教僧論者謂其感時欲詆孟子而老不自振然其遺命令子孫訪類遺文當以嵩山景迂生目之則未敢背師門之傳也所著有易商瞿大傳易商瞿小傳商瞿易傳商瞿外傳京氏易式易規易玄星紀譜晁氏詩傳詩論晁氏書傳書論晁氏春秋傳春秋辯文春秋年表中庸傳古論大傳論語講義壬寅孝經及五經小傳歷譜凡十九種皆經學餘書尚十餘種晚年海陵著周易太極傳六卷因說一卷外傳一卷今惟易玄星紀譜易規中庸傳見景迂生集中雲濠案先生所著文集又名嵩山集別有儒言一卷謝山學案劉記載先生古易十二卷易規一卷京氏易式一卷其太極傳外傳因說與傳同

祖望謹案昭德晁氏兄弟大率以文詞遊坡谷閒如補之詠之沖之皆感有名獨景迂湛深經術親得司馬公之傳又爲康節私淑弟子其攻新經之學尤不遺餘力世但知推龜山了翁而不知景迂更過之宋史乃爲補之詠之作傳而景迂失焉陋矣

儒言

六藝之志在春秋紛然雜于釋老申韓而不知其弊者不學春秋之過也

祖望謹案儒言中所述大抵爲新經而發

皇道帝德出于尙書中候緯書也嘉祐學者未嘗道也孔子定書斷自二帝何皇之貴武陵先生劉道原皆云然

祖望謹案武陵先生龍昌期

克己之言則嘗聞之矣勝物之言未之聞也苟志以勝物則枯木朽株皆吾仇也其爲有位之害則又大

極高明而道中庸一物也或者旣以一事極高明又以一事道中庸不亦戾乎廣大精微亦然

凡變律亂常則不當乎人心昔公孫祿斥國師秀顛倒五經毀師法宜誅以慰天下侯景陳梁武之失曰敷演六經排擯前儒王莽之法也當彼時猶有是言彼乘勢怙力以肆說者果誰欺

溫公曰經猶的也一人射之不若衆人射之其中者多此公天下之言顧肯伸己而屈人必人之同己哉

害辭未至于害義害義未至于害敎害敎則三綱五常絕矣謂天不

足畏凶德不足忌百姓或可咈之類其害教奈何
指鹿爲馬一時跋扈之言也顛倒破壞先王之格言以天下爲鹿而指之也不亦甚乎
經言體而不及用其言用則不及體體用所自乃本乎釋氏
博學而不闕疑則誣先哲而欺後生
崔浩威震宇內其五經之注學者尚之至勤爲石經浩誅之後無一人稱道其說者則前之所傳者非經也
荀卿之弟子與叔孫通之弟子皆以其師爲聖人范陽祀安史亦曰二聖

祖望謹案此詆蔡卞之以荆公爲聖也

貞觀詔修五經正義用以取士而兩漢以來諸儒之說存而傳者不過十之二三逮今新義之行而所傳十之二三者又不知何在矣于詩書自爲一說以授學者觀其向背而寵辱之使之靡然趨己較之焚書坑儒其術更有善焉

梓材謹案儒言與晁氏客語謝山稿底雜入景迂集中今各表而出之

景迂生集

使周禮而尙完王者猶損益之況殘僞之物乎辯誣

祖望謹案景迂謂周禮爲新室之書曰詩書但稱四嶽新室稱五嶽周禮亦稱五嶽類此不一

惟通人有蔽夫三先生者亦豈無蔽哉明道取人太吝橫渠輕視先儒伊川時出奇說亦不可不知也

今之配享孔子者以講說文字爲功謂劉向于漢強聒商鞅能必行其令釋老申韓之說雜然並傳六藝中以上皆答袁季皐

鄭康成說中庸曰用中爲常道也質諸安定先生溫公皆然新學始析中庸爲二端伊川亦畔二先生之說他人何望哉答朱仲髦

梓材謹案儒言晁氏客語之外謝山所節文集七條今移入廬陵學案者一條移入新學略者二條

晁氏客語

志于道德功名不足論也志于功名富貴不足論也志于富貴則其與功名背馳亦遠矣

事固有其理照然而橫辯之勝不可折者人皆以辯勝者爲然未可謂知言也

古人顧是非不顧利害若顧利害者古人所恥今人幷利害亦不顧

古人責名必責實但責名者古人所恥今人名亦不責

君之視臣如土芥則臣事君如國人此爲君而言也非爲臣者所以責君父子之閑不責善此爲父而言也非爲子者所以責父

無爲其所不爲能正其行而已無欲其所不欲則能正其心者也

聞見之知非德性之知

禮記除中庸大學惟樂記爲最近道表記亦近道

名數之學君子學之而不以爲本

論理論己之所當爲須從根本上論論事論人之所當爲須就事勢上論

古之學者爲己其終至于成物今之學者爲物其終至于喪己

杞柳荀子之說也湍水楊子之說也

事上之道莫若忠待下之道莫如恕

中庸之書學者之至也其始曰戒慎恐懼蓋言誠也

必井田必封建必肉刑非聖人之道也善得聖人之意者不取其迹

古者卜筮以決疑也今校其窮通聞達亦惑矣

梓材謹案謝山所節晁氏客語二十條今移入高平學案者二條移入滎陽學案者一條移入陳鄒諸儒者一條又一條引陳

述古云人不可爲人所容與古靈學案複出刪之

易玄星紀譜

初斗十二度星紀丑吳

大雪兌上六鶡旦不鳴復初九復初九 ☰ 難人陽上下火七蹇初火水二火火

溫公康節同

未濟九二初一日入斗十三度范望三火木四火金

蹇六二初一三百五十二日自冬至至此郭元亨五火土六火水

頤六二七火火八火木

中孚九二九火金

☷ 勤陰上中木八蹇初木水

虎始交復六三復六二初一日入斗十七度初一三百五十大日二木火三木木

未濟六三四木金五木土

蹇九三六木水七木火

頤六三八木木九木金

中孚亖 ☷ 養上陽上金九頤初金水二金火
荔挺出 復亖復六三 初一日入斗二十二度 三金木四金金
未濟九四 初一三百六十一日次九三百六十五日 五金土六金水
蹇六四 之晝九之末天度氣餘猶 七金火八金木
頤六四 有六十分二十四秒蹄當四十分一十六 九金金 蹄水閏贏火閏
秒贏當二十分八秒温公
中孚六四 ☰ 中 天陽下下 水 一 守初水水二水火
兼準坎温公

牛八度
冬至坎初六 蚯蚓結 復六四復六四 初一日起牛一度冬至 三水木四水金
未濟六五 一之初日舍牽牛初度冬至氣應斗指子 五水土六水水
蹇九五 黃鍾用事 七水火八水木
頤六五 九水金

𝌇 周 陰 下中 火 二 復 初火水

中孚九五 初一日入牛五度 初一五日之夜次八 二火火三火木

麋角解 復六五復六五 日舍婺女 四火金五火土

未濟上九 六火水七火火

蹇上六 八火木九火金

女十二度

頤上九 𝌈 礥 陽 下上 木 三 屯 初木水二木火

中孚上九 初一日舍女二度 初一十日 三木木四木金

水泉動 復上六復上六 五木土六木水

屯初九 七木火八木木

謙初六 九木金

𝌉 閑 陰 中下 金 四 屯 初金水

睽初九 初一日入女六度次 三冬至氣絕次四小 二金火三金木

升初六寒初一十四日之夜次四金金五金土

元榪子齊

小寒坎九二雁北鄉臨初九臨初九〇四十八分二十三秒梓材案溫公作二秒六金水七金火

屯六二十四秒許翰傳太玄歷亦然八金木九金金

日次元榪小寒氣應北斗建丑律中大呂

謙六二𝌊少陽中中土五謙初土水二土火

睽九二初一日入女十一度初一十九日次五日三土木四土金

升九二舍虛五土土六土水

虛十度

鵲始巢臨九三臨九二七土火八土木

屯六三九土金

𝌋戾陰中上水六睽初水水

謙九三初一日入虛三度初一二十三日之夜二水火三水木

睽六三　四水金五水土
升九三　六水水七水火
雉始雊　臨六三臨六三　八水木九水金
屯六四　☲上陽上下火七　升初火水二火火
謙六四　初一日入虛八度次六小寒終次七大寒　三火木四火金
睽九四　初一二十八日次八日舍危三十六分十　五火土六火水
升六四　四秒〇梓材案温公次八作次七十四作　七火火八火木
危十七度
大寒坎六三　雞始乳　臨六四臨六四　十五許翰傳本亦作十五　九火金
大寒氣應
☶干陰上中木八升　初木水
屯九五　初一日入危二度初一三十二日　二木火三木木
謙六五　四木金五木土

睽六五　六木水七木火

升六五　八木木九木金

鷩鳥疾　臨六五臨六五　≡　狩陽上上金九　臨初金水二金火

屯上六　初一日入危七度　初一三十七日　三金木四金金

謙上六　五金土六金水

睽上九　七金火八金木

升上六　九金金

≡　羨陰下下水一小過　初水水

范準臨郭又準解非

水澤腹堅　臨上六臨上六　初一日入危十一度　初一四十一日　二水火三水木

小過初六　四水金五水土

蒙初六　六水水七水火

益初九　八水木九水金

漸初九 𝌐 差 陽 下中 火 二 小過初火水二火火

諏訾 亥 衞

立春坎六四 東風 解凍 泰初九泰初九 初一日入危十六度 初一四十六日次三 三火木四火金

小過六三 十三分二十一秒○ 梓材案温公與許翰 五火土六火水

室十六度

蒙九二 傳本二十一並作二 十二 七火火八火木

益六二 日次諏訾立春氣應 斗建寅律中太蔟次 九火金

五日舍營室

𝌑 童 陰 下上 木 三 蒙 初木水

漸六二 初一日入室三度 初一五十日 二木火三木木

蟄蟲 始振 泰九二泰九二 四木金五木土

小過九三 六木水七木火

蒙六三 八木木九木金

益六三 增陽中下金四 益初金水二金火

漸九三 初一日入室八度初一五十五日 三金木四金金

魚上冰 泰九三泰九三 五金土六金水

小過九四 七金火八金木

蒙六四 九金金

銳陰中中土五 漸 初土水

益六四 初一日入室十二度次二立春終次三雨 二土火三土木

漸六四 水次四斗指寅太簇用事 四土金五土土

雨水坎九五 獺祭魚 泰六四泰六四 初一五十九日次五三十一分十二秒〇 六土水七土火

小過六五 梓材案温公與許翰傳十二作十三 八土木九土金

驚蟄氣應

蒙六五 達陽中上水六 泰初水水二水火

壁九度

益九五 初一日入壁一度 初六十四日 三水木四水金

漸九五 初一日舍東壁 五水土六水水

鴻雁來 泰六五泰六五 七水火八水木

小過上六 九水金

☷交 上下 陰 火 七 泰 初火水

蒙上九 初一日入壁五度 初六十八日 二火火三火木

益上九 四火金五火土

漸上九 六火水七火火

草木萌動 泰上六泰上六 八火木九火金

需初九 ☰夾 上中 陽 木 八 需初木水二木火

奎十六度

隨初九 初一日入奎一度次 七雨水終次八驚蟄 三木木四木金

晉初六 初一七十三日 初一日舍奎次七八 五木土六木水

解初六分十九秒〇梓材案溫公與許翰次七作七木火八木木

降婁戌魯

驚蟄坎上六桃始華大壯初九大壯初九次九十九作二十日舍降婁雨水氣應九木金

斗建卯律中夾鍾

𝌗傒陽上上金九需初金水

需九二初一日舍奎五度初一七十七日二金火三金木

隨六二四金金五金土

晉六二六金水七金火

解九二八金木九金金

倉庚鳴大壯九三大壯九三𝌘從陽下下水一隨初水水二水火

需九三初一日入奎十度初一八十二日三水木四水金

隨六三五水土六水水

晉六三七水火八水木

解六三 九水金

☳進陰下中火二晉 初火水

鷹化為鳩大壯九三大壯九三初一日入奎十四度初一八十六日次六二火火三火木

需六四日舍婁四火金五火土

隨九四 六火水七火火

婁十二度

晉九四 八火木九火金

解九四☳釋陽上下木三解初木水二木火

兼準震溫公

春分震初九玄鳥至大壯九四大壯九四初一日入婁三度次二驚蟄終次三春分三木木四木金

需九五斗指卯夾鍾用事初一九十一日次三五木土六木水

隨九五二十六分一十秒〇梓材案溫公與許翰七木火八木木

晉六五一十作十一春分氣應 九木金

𝌛格陰中中金四大壯　初金水

解六五初一日入婁七度初一九十五日　二金火三金木

雷乃發聲大壯六五大壯六五　四金金五金土

需上六　六金水七金火

隨上六　八金木九金金

晉上九𝌜夷陽中中土五豫初土水二土火

準豫溫公同準范大壯郭準解非

解上六初一日入婁十二度初一一百日次三日　三土木四土金

胃十四度

始電大壯上六大壯上六舍胃　五土土六土水

豫初六　七土火八土木

訟初六　九土金

𝌝樂陰中上水六豫 初水水

蠱初六 初一日入胃四度次四春分終次五清明 二水火三水木

萃初九 初一一百四日次七三分一十七秒〇梓 四水金五水土

大梁西趙

清明震六二 桐始華 夬初九夬初九 材案一十七許輸作十八温公與 六水水七水火

豫六二 日次大梁穀雨氣應斗建辰律中姑洗 八水木九水金

訟九二 𝌞爭陽上下火七訟 初火水二火火

蠱九二 初一日入胃九度初一一百九日 三火木四火金

革六二 五火土六火水

田鼠化爲鴽 夬九三夬九三 七火火八火木

豫六三 九火金

𝌟務陰上下木八蠱 初木水

訟六三 初一日入胃十三度初一一百一十三日 二木火三木木

蠱九三次四日舍大昴○梓材案大字疑衍四木金五木土

昴十一度

革九三六木水七木火

虹始見夬九三夬九三八木木九木金

豫九四☶事陽上上金九蠱初金水二金火

訟九四初一日入昴四度初一一百一十八日三金木四金金

蠱六四五金土六金水

革九四七金火八金木

穀雨震六三萍始生夬九四夬九四九金金

☰更地陰下下水一革初水水

豫六五初一日入昴八度次八清明終次九穀雨二水火三水木

訟九五斗指辰姑洗用事初一一百二十二日四水金五水土

蠱六五初一二十分十九秒○梓材案許翰十九六水水七水火

革九五作九一作八清明氣應次八日會天畢八水木九水金

畢十六度

鳴鳩拂其羽夬九五夬九五☱斷陽下中火二夬初火水二火火

豫上六初一日入畢二度初一一百二十七日三火木四火金

訟上九五火土六火水

蠱上九七火火八火木

革上六九火金

初木水

戴勝降于桑夬上六夬上六☵毅陰下上木三夬二木火三木木

旅初六初一日入畢六度初一一百三十一日四木金五木土

師初六六木水七木火

比初六八木木九木金

畜初九 ☰ 裝陽中下 金四 旅初金水二金火

實沈申晉

立夏震九四 螻蟈鳴 乾初九乾初九 初一日入畢十二度 穀雨終次二立夏 三金木四金金

旅六二 初一一百三十六日 次四三三十八分三三十 五金土六金水

師九二 一秒○梓材案温公作三 與許翰三三十一作三 七金火八金木

比六二 十二 日次實沈立夏氣應 九金金

斗建巳律中仲呂

☷ 衆陰中中 土五 師 初土水

畜九二 初一日入畢十五度 初一一百四十日次 二土火三土木

蚯蚓出 乾九三乾九二 四日舍觜觿次八日 舍參 四土金五土土

觜二度

旅九三 六土水七土火

師六三 八土木九土金

參九度

比六二 𝌦 密陽中上水六 比初水水二水火

小畜九三 初日入參二度 初一一百四十五日 三水木四水金

王瓜生 乾九三乾九三 五水土六水水

旅九四 七水火八水木

師六四 九水金

𝌧 親陰上下火七比 初火水

比六四 初一日入參六度次 六立夏終次七小滿 二火火三火木

畜六四 斗指巳仲呂用事 初一一百四十九日 四火金五火土

小滿震六五 苦菜秀 乾九四乾九四 次八日舍東井一十 六分六秒〇梓材案 六火水七火火

旅六五 六秒溫公作七秒許 翰一十六作八十六 八火木九火金

六作七 小滿氣應

井三十三度

師六五 ☱ 斂 陽 上中 木 八 畜初木水二木火

比六五 初一日入井二度 初一一百五十四日 三木木四木金

畜九五 五木土六木水

靡草死 乾九五乾九五 七木火八木木

旅上六 九木金

☶ 彊 陰 上上 金 九 乾 初金水

師上六 初一日入井六度 初一一百五十八日 二金火三金火

比上六 四金金五金土

畜上九 六金水七金火

小暑至 乾上九乾上九 八金木九金金

大有契 ☰ 晬 陽 下下 水 一 乾初水水二水火

家人契 初一日入井十一度 初一一百六十三日 三水木四水金

井初六 五水土六水水

咸初六　七水火八水木

鶉首未秦

芒種震上六螗蜋生　姤初六姤初六　九水金

䷞盛陰下中火二脊　初火水

大有九三初一日入井十五度小滿終次二芒種　二火火三火木

家人六三初一一百六十七日次二三十三分九秒　四火金五火土

井九二〇梓材案溫公與許翰九秒作三十　六火水七火火

咸六二日次鶉首芒種氣應斗建午律中蕤賓　八火木九火金

鷄始鳴　姤九三姤九二　䷫居陽下上木三家人初木水二木火

大有九三初一日入井二十度初一一百七十二日　三木木四木金

家人九三　五木土六木水

井九三　七木火八木木

咸九三　九木金

三三法(中下　陰)金(四)井　初金水

(反舌無聲)姤九三姤九三(初一日入井二十四度)二金火三金木

大有九四(初一一百七十六日)四金金五金土

家人六四　六金水七金火

井六四　八金木九金金

咸九四　三三應(陽　中中)土(五)咸初土水二土火

(兼準離溫公范準離皆非)

夏至離初九(鹿角解)姤九四姤九四(初一日入井二十九度次四芒種終次五)三土木四土金

大有六五(夏至斗指午蕤賓用事)五土土六土水

家人九五(初一一百八十一日次六一十一分四秒)七土火八土木

井九五(○梓材案溫公與許翰一十一作十八四作五)九土金

(夏至氣應)

迎 中上 陰 水 六 咸 初水水
咸九五 初一日入井三十三度 二水火三水木
鬼四度
蜩始鳴 姤九五姤九五 初一一百八十五日 次二日舍輿鬼 四水金五水土
大有上九 六水水七水火
家人上九 八水木九水金
井上六 遇 上下 陽 火 七 姤初火水二火火
柳十五度
咸上六 初一日入柳一度 初一一百九十日 三火木四火金
半夏生 姤上九姤上九 初一日舍柳 五火土六火水
鼎初六 七火火八火木
豐初九 九火金
竈 上下 陰 木 八 鼎 初木水

渙初六 初一日入柳五度次七夏至終次八小暑 二木火三木木

履初九 初一一百九十四日次九二十八分二十 四木金五木土

鶉火午周

小暑離六二 溫風至 遯初六遯初六 七秒○梓材案許翰亦作二十七二十八 六木水七木火

鼎九二 溫公作廿八日次鶉火小暑氣應 八木木九木金

斗建未律中林鍾

豐六二 ☳ 大 陽上上 金 九 豐初金水二金火

渙九二 初一日入柳十度初一一百九十九日 三金木四金金

履九二 五金土六金水

蟋蟀居壁 遯六二遯六二 七金火八金木

鼎九三 九金金

☳ 廓 陰下下 水 一 豐 初水水

豐九三 初一日入柳十四度初一二百三日次四 二水火三水木

星七度

渙九二 日舍七星 四水金五水土

履六三 六水水七水火

鷹乃學習 遯九三遯九三 八水木九水金

鼎九四 文 陽 下中 火 二 渙初火水二火火

豐九四 初一日入星四度 初一二百八日次九 三火木四火金

渙六四 日舍張 五火土六火水

履九四 七火火八火木

大暑離九三 腐草為螢 遯九四遯九四 九火金

禮 陰 下上 木 三 履 初木水

張十八度

鼎六五 初一日入張一度 初一二百十二日次 二木火三木木

豐六五 四六分二秒〇梓材 案許翰二秒作三 四木金五木土

渙九五　大暑氣應　六木水七木火

履九五　八木木九木金

土潤溽暑　遯九五遯九五　𝌶　逃　陽中下　金　四　遯初金水二金火

鼎上九　初一日入張六度　初一二百一十七日　三金木四金金

豐上六　五金土六金水

渙上九　七金火八金木

履上九　九金金

𝌷　唐　陰中中　土　五　遯　初土水

大雨時行　遯上九遯上九　初一日入張十度　初一二百一十一日　二土火三土木

恆初六　四土金五土土

節初九　六土水七土火

同人初九　八土木九土金

損初九　𝌸　常　陽中上　水　六　恆初水水二水火

鶉尾巳楚

立秋離九四涼風至否初六否初六初一日入張十五度次五大暑終次六立三水木四水金

恆九二秋初一二百一十六日五水土六水水

節九二次七二十三分二十五秒〇梓材案温公七水火八水木

同人六三與許翰二十五作二十六九水金

立秋氣應日次鶉尾斗建申律中夷則次九日舍翼

三度陰上下火七節初火水

翼十八度

損九二初一日入翼一度初二二百二十日二火火三火木

白露降否六三否六二四火金五火土

恆九三六火水七火火

節六三八火木九火金

同人九三 ☷ 永上中陽 木八同人初 木水 二 木火
準同人溫公同二宋
陸范王皆準恆非〇
梓材案許翰作永節
損六三 初一日入翼六度初一二百三十五日 三木木四木金
寒蟬鳴
否六三否六三 溫公曰吳曰常首象恆卦次六起立秋初 五木土六木水
恆九四 一當二百三十六日行張十五度于易朞 七木火八木木
節六四 日恆卦九四次度首象節卦初一已行翼 九木金
二度九度于易朞日同人卦今從之〇梓
材案今本溫公太玄解三十六作二十六
節卦初一作次二
☷ 昆上上陰 金九同人 初金水
同人九四 初一日入翼十度次丸立秋終 二金火三金木

損六四初一二百三十九日四金金五金土

處暑離六五鷹乃祭鳥否九四否九四六金水七金火

恆六五八金木九金金

節九五𝌼減人陽下下水一損初水水二水火

同人九五初一日入翼十五度處暑斗指申夷則用三水木四水金

損六五事初一二百四十五日五水土六水水

天地始肅否九五否九五初一一分〇梓材一案初一一分許翰作一七水火八水木

恆上六四十一十七溫公作初一四十一分一十九水金

七秒處暑氣應次九日舍

軫

𝌽唫陰下中火二否初火水

軫十七度

節上六初一日入軫一度初一二百四十八日二火火三火木

同人先　四火金五火土

損上九　六火水七火火

農乃登穀　否上九否上九　八火木九火金

巽初六　☷守陽下上木三　否初木水二木火

萃初六　初一日入軫六度初一二百五十三日　三木木四木金

畜初九　五木土六木水

賁初九　七木火八木木

壽星辰鄭

白露離上九鴻雁來　觀初六觀初六　九木金

☷翁陰中下金四　巽初金水

巽九二　初一日入軫十度次二處暑終次三白露　二金火三金木

萃六二　初一二百五十七日次五一十八分二十　四金金五金土

畜九二　三秒○梓材案許翰二十三作二十四溫　六金水七金火

賁六二公作三十四白露氣應日指壽星八金木九金金
斗建酉律中南呂
玄鳥歸觀六三觀六二聚陽中中土五萃初土水二土火
巽九三初一日入軫十五度初一二百六十二日三土木四土金
萃六三次七日舍角〇梓材案許翰云考軫角之五土土六土水
畜九三閉一度與太玄錯此歷蓋本漢志七土火八土木

角十二度

賁九三九土金
積陰中上水六畜初水水
羣鳥養羞觀六三觀六三初一日入角二度初一二百六十六日二水火三水木
巽六四四水金五水土
萃九四六水水七水火
畜六四八水木九水金

賁六四　𝍂　飾陽上下火七賁初火水二火火

兼準兌温公

秋分兌初九雷乃收聲觀六四觀六四初一日入角七度次五白露終次六秋分三火木四火金

巽九五斗指西南呂用事初一二百七十一日五火土六火水

萃六五次八三十六分一十四秒〇梓材案温公七火火八火木

畜六五與許翰一十四作十五九火金

秋分氣應

𝍃　疑陰上上木八賁初木水

準賁温公同宋陸王

郭象巽范象震非〇

梓材案許翰作疑觀

賁六五初一日入角十一度初一二百七十五度二木火三木木

蟄蟲坏戶觀九五觀九五次四日舍亢四木金五木土

亢九度

巽上九　六木水七木火

萃上六　八木木九木金

畜上九 ☷ 視上陽上金九觀初金水二金火

賁上九初一日入亢四度初一二百八十日　三金木四金金

水始涸觀上九觀上九　五金土六金水

歸妹䂓　七金火八金木

无妄䂓　九金金

☳ 沈下陰下水一觀　初水水

準觀溫公同諸家象

兌非〇梓材案許翰作沈歸妹

明夷䂓初一日入亢八度〇梓材案許翰作四氐　二水火三水木

困初六 初一二百八十四日 四水金五水土
氐十三度大火 卯宋
寒露兌九二 鴻雁來賓 剝初六剝初六 六水水七水火
歸妹九二 八水木九水金
无妄六三 ☵ 內 陽 下中 火 二 歸妹 初火水二火火
明夷六三 初一日入氐四度次 二秋分終次三寒露 三火木四火金
困九二 初一二百八十九日 次三一十三分二十 五火土六火水
豺入大水爲蛤 剝六三剝六三 一秒〇梓材案溫公 與許翰二十一作二 七火火八火木
歸妹六三 十二 日次大火寒露氣應 九火金
斗建戌律中無射
☵ 去 陰 下上 木 三 无妄 初木水
无妄六三 初一日入氐八度 初一二百九十三日 二木火三木木
明夷九三 四木金五木土

困六三 六木水七木火

鞠有黃華 剝六三剝六三 八木木九木金

歸妹六四 ☳ 晦 陽 中下 金 四 翼 初金水二金火

无妄九四 初一日入氐十三度 初一二百九十八日 三金木四金金

明夷六四 次七日舍房 五金土六金水

困九四 七金火八金木

房五度

霜降兌六二 豺乃祭獸 剝六四剝六四 九金金

☷ 瞢 陰 中中 土 五 翼 初土水

歸妹六五 初一日入房二度次二 四寒露終次五霜降 二土火三土木

无妄九五 斗指戌無射用事 初一三百二日次六 四土金五土土

明夷六五 三十一分二十二秒 ○梓材案許翰二十 六土水七土火

困九五 二作十三溫公作一 十三 八土木九土金

霜降氣應次八日舍心

心五度

艸木黃落剝六五剝六五 ☷ 窮陽中上水六困初水水二水火

歸妹上六初一日入心二度初一三百七日次九三水木四水金

无妄上九日舍尾五水土六水水

明夷上六七水火八水木

困上六九水金

☷ 剝陰上下火七剝初火水

尾十八度

蟄蟲咸俯剝上九剝上九初一日入尾一度初一三百一十一日二火火三火木

艮初六四火金五火土

既濟初九六火水七火火

噬嗑初九八火木九火金

大過初六 𝍌 止 陽 上中 木 八 艮初木水二木火

析木 寅燕

立冬兌九四 水始冰 坤初六坤初六 初一日入尾六度次八霜降終次九立冬 三木木四木金

艮六二 初一三百一十六日 五木土六木水

既濟六三 七木火八木木

噬嗑六三 九木金

𝍍 堅 陰 上上 金 九 艮 初金水

大過九三 初一日入尾十度初一三百二十日 二金火三金木

地始凍 坤六三坤六二 初一八分十九秒○梓材案溫公與許翰 四金金五金土

艮九三 十九作二十日次析木立冬氣應 六金水七金火

既濟九三 斗建亥律中應鍾 八金木九金金

噬嗑六三 𝍎 成 陽 下下 水 一 既濟 初水水二水火

大過九三 初一日入尾十五度初一三百二十五日 三水木四水金

雉入大水為蜃 坤六三坤六三 次九日舍箕 五水土六水水

艮六四 七水火八水木

既濟六四 九水金

☷ 闕 陰下中 火二蠱 初火水

噬嗑九四 初一日入箕一度 初一三百二十九日 二火火三火木

箕十一度

大過九四 四火金五火土

小雪兌九五 虹藏不見 坤六四坤六四 六火水七火火

艮六五 八火木九火金

既濟九五 ☷ 失 陽下上 木三大過 初木水二木火

噬嗑六五 初一日入箕六度立冬終次二小雪斗指 三木木四木金

大過九五 亥應鍾用事 初一三百三十四日 五木土六木水

天氣上騰地氣下降 坤六五坤六五 次四二十六分一十秒○梓材案溫公與 七木火八木木

艮上九許翰一十作十一小雪氣應 九木金

𝍑劇陰中下金四大過 初金水

既濟兵初一日入箕十度初一三百二十八日 二金火三金木

噬嗑兵九次四日舍斗 四金金五金土

斗二十六度

大過兵 六金水七金火

閉塞而成冬坤兵坤兵 八金木九金金

𝍒馴陽中中土五坤初一日入斗四度初一三百四十三日 初土水二土火三土木四土金

五土土六土水

七土火八土木

九土金

𝍓將陰中上水六未濟 初水水

未濟初六初一日入斗八度次二小雪終次三大雪二水火三水木

蹇初六初一三百四十七日次八〇梓材案許翰四水金五水土

頤初六次八作八三十八日次星紀大雪氣應六水水七水火

中孚初九斗建子律中黃鍾八水木九水金

其後序曰說之在嵩山得溫公太玄集解讀之益知楊子雲初爲文王易而作玄姑託基于高辛及太初二歷此二歷之斗分強弱不可下通于今亦無足議溫公又本諸太初歷而作玄歷其用意加勤矣然簡略難明繼而得康節先生玄圖布星辰辨氣候分晝夜而易玄相參于中爲極悉矣復患其傳寫駢委易亂歲月斯久莫知其躅手欲釋而意不置乃朝維夜思取歷于圖合而譜之于是知子雲以首準卦非出于其私意蓋有星候爲之機括不得不然古今諸儒之失則多矣如羨準小過而以準臨則失之是時水澤腹堅已終于臨上六而小過初六用事矣或者以羨準解尤非是夷準豫而以準大壯則失之是時始電終于大壯上六而豫初六用事矣應準咸而非離沈準觀而非兌惟震離兌坎是謂四正卦易所不用則玄亦無所準

矣且玄既不準坎震而乃獨準離兌邪永準同人而非恆先此涼風
至常已準恆繼之以白露降度乃準節今永當寒蟬鳴則準同人豈
可汩亂後先乃復準恆于後邪疑準賁而非巽蓋鴻鴈來而翕準巽
玄鳥歸而聚準萃羣鳥養羞而積準大畜雷乃收聲而飾準賁矣疑
當蟄蟲坏戶則又可汩亂後先乃復準巽邪或者以疑準震尤非是
此難與諸家口舌辯而案譜以視之則彼自屈矣此譜之所以作也
睟準乾而在地中則無當于乾沈準觀而在人中則無當于觀守再
準否而無當于否馴準坤而星窮候盡則無當于坤將準未濟而析
木之已終星紀之未見則火不能降以濟水水不能升以濟火此玄
又以明易之陰陽進退盈虛之幾者也惟坤既無當于卦則無當于
爻以示爲用者八十而一則虛也虛一者即虛五也易天地五十五
之數與夫大衍四十九之數復七日之數其所以虛而無用者坤以
藏之也陰虛無用而運行無疆陽則始終變化而不息故彊準乾而
爲冬至之終睟又再準乾而爲夏至之始與馴之準坤者不同也易
乾坤之闢闔乃著易以頤中孚爲一氣玄則始之于中終之于養通
而候之則養退乎一日中進乎一日易之歲功乃建中先乎周以明
中孚之生復迎先乎遇以明咸之生姤易之月紀乃正易三百八十

四爻以直日而夜藏其用玄之用百二十九贊則各分晝夜而用事易之日法乃全日中日更日減是謂三元而三易之相盪乃不誣凡此之類若玄之異乎易者而于易則深研幾之功則大矣如養爲陽而中不爲陰狩爲金而羨不爲土之類則又若玄之自相詭異者然變化之微于是乎在學者案譜以視之則皆易了矣圖歷所用斗分自有強弱不能同并古今諸家異同之說悉以著之學者可自考焉顧僕之愚何足以與此然用意專而私竊好之以俟將來之知易者嗚呼苟不明乎易則亦無以玄爲而不通乎玄者則又乃徒爲易也可不勉諸今之學者知尙其辭耳而莫知其辭之所自來寧顧此邪或曰歐陽公不讀玄而于易何如曰子非歐陽公奈何

梓材謹案易玄星紀譜謝山學案稿本謂宜全錄而未錄入初校時未得其譜秖從朱氏經義考錄其後序及余三入都門始得見之徐星伯儀部家而初刻之版旋燬于逆夷今因重校具載之

附錄

以道古易謂古經始變于費氏而卒大亂于王弼故用漢田何本以正之

太極傳外傳因說則康節之學其紹聖中所作商瞿傳本以兵火失去晚年居海陵復爲此書

易規自序曰山縣無事輒以所聞讀易自娛若著書則不敢而又未能忘言于斯世也作易規十有一篇

京氏易式自序曰元祐戊辰仲冬在兗州爲此書江淮閒有好事者頗傳去今三十年矣不得不修定惟是其已出者未容改易奈何昔人自期死而後傳其所著之書用意深矣

東坡盛時李公麟至爲畫家廟像及南遷遇其子弟障面過之以道以此薄其爲人盡棄其畫

呂紫微童蒙訓曰近世故家惟晁氏因以道申戒子弟皆有法度羣居相處呼外姓尊長未有敢舉其字者其餘皆不能如是

晁公武曰易玄星紀譜以溫公太玄歷及康節太玄準易圖合而譜之以見楊雄以首準卦非出私意蓋有星候爲之機括且辯正古今諸儒之說如羨不當準臨夷不當準大壯之類凡此難與諸家口舌爭觀譜則彼自屈矣

李巽巖曰晁氏專主北學凡故訓多取許叔重說文解字陸德明音義僧一行李鼎祚陸希聲及本朝王昭素胡翼之黃聱隅輩所論亦

時采掇呂汲公古易于文字句讀初無增損景迂則輯諸家異同或斷以己意有增有損蓋呂晁各有師承初不祖述而其指歸則往往暗合

汪玉山與呂逢吉書曰晁以道力闢王安石因安石尊孟子并孟子而非之不亦過乎

祖望謹案景迂不喜孟子蓋亦迂叟之派其說經不苟同于前儒

呂東萊與朱侍講書曰晁景迂其學固雜然質厚而少穿鑿可取者固多大抵北方前輩議論雖各有疵要可養忠厚革浮囂自當兼存

謝山景迂先生船場祠堂碑銘曰景迂先生以大觀之庚寅謫居甬上船場其後七十餘年而監官王季和為立祠放翁記之詳矣雲濠案季和名鉛襄陽人又案放翁于景迂為彌甥先生經學奧衍不肯苟同箋疏自成一家誠如放翁所言顧其謂諸經皆成于甬上則未然蓋先生經說皆早出其晚年易玄星紀譜則在船場先生最師法溫公故取其太玄歷及康節太玄準易圖合而譜之謂楊氏以首準卦皆有星候為之機括非出私意因歷辯諸家談玄之失亦奇作也先生自跋其尾曰今年始

見剛說明州令人意氣自倍蓋先生當百折之餘風節嶒崚若此固非窮愁著書者所可比也當是時甬上經學尚未盛先生首以正學之傳博聞精詣倡教于此于是陳文介公有諸經說而王茂剛以處士喜說易彬彬興起其有功于吾鄉爲甚侈先生之對漕使嘗有無船無木之誚則想見當日之場務蕭然無有故得布卦吞爻分辰列算其暇則終日一杯哦詩于超然亭畔而已

景迂學侶

太中晁先生詠之

晁詠之字之道以道之弟少有異材東坡爲揚州時先生從兄補之爲倅以先生詩獻東坡曰有才如此獨不令一識面乎舉宏詞第一元符末以黨籍廢斥後官終左太中大夫參姓譜

宣教劉漫翁先生羲仲別見涑水學案

教授汪青溪先生革別見滎陽學案

景迂同調

太常吳先生棫

吳棫字才老建安人舉重和元年進士召試館職不就除太常丞忤

時宰出通判泉州剛直有謀明恕能斷所著有書裨傳詩補音論語指掌考異續解楚辭釋音韻補又作字學補韻朱子謂近代訓釋之學唯才老爲優因據以叶三百篇之韻參閩書

梓材謹案景迂生答吳才老先輩書云以足下鄉里論之紫微陳舍人御人孫中丞祕書崔監皆高郵老成人也蓋陳謂陳希顏孫謂孫莘老崔謂崔伯益皆高郵人物又見答陳廷藻書則先生本高郵人景迂元豐五年進士先重和三十餘年猶稱先生爲先輩殆引爲同調矣

附錄

呂東萊與朱侍講書曰吳才老之說就解論語上看則有味原其所發則渠平生坐在記誦考究處故凡何必讀書之類辯之必力其發亦自偏

景迂門人孫邵三傳

直閣朱先生弁

朱弁字少章婺源人少穎悟讀書日數千言既冠入太學晁景迂見其詩奇之與歸新鄭妻以兄女新鄭介汴洛間多故家遺俗先生遊其中聞見日廣靖康之亂家碎于賊先生南歸建炎初議遣使問安

兩宮先生奮身自獻詔補修武郎借吉州團練使爲通問副使至雲中見黏罕邀說甚切黏罕不聽使就館守之以兵先生復與書言用兵講和利害甚悉紹興二年正使王倫歸先生曰古之使者有節以爲信今無節有印印亦信也願留印使弁得抱以死死不腐矣倫解以授先生先生臥起與俱金人迫先生仕劉豫且訹之曰此南歸之漸先生曰豫乃國賊吾嘗恨不食其肉又忍北面臣之吾有死耳金人怒絕其餼遺以困之先生固拒驛門忍饑待盡誓不爲屈金人亦感動致禮如初久之復欲易其官先生曰自古兵交使在其間言可從從之不可從則囚之殺之何必易其官吾官受之本朝有死而已誓不易以辱吾君也且移書邪律紹文等曰上國之威命朝以至則使人夕以死夕以至則朝以死又以書訣後使洪皓曰殺行人非細事吾曹遭之命也要當舍生以全義爾乃具酒食召被掠士夫飲半酣語之曰吾已得近郊某寺地一旦畢命報國諸公幸瘞我其處題其上曰有宋通問副使朱公之墓于我幸矣衆皆泣下莫能仰視先生談笑自若曰此臣子之常諸君何悲也金人知其終不可屈遂不復強王倫還朝言先生守節不屈帝爲官其子林賜其家銀帛會黏罕等相繼死先生密疏其事及金國虛實曰此不可失之時也遣李

發等閑行歸報其後倫復歸又以先生奉送徽宗大行之文爲獻其辭有曰歎馬角之未生魂消雪窖攀龍髯而莫逮淚洒冰天帝讀之感泣官其親屬五人賜吳興田五頃帝謂丞相張浚曰歸日當以禁林處之八年金使烏陵思謀石慶充至稱先生忠節詔附黃金三十兩以賜十三年和議成先生得歸入見便殿先生謝且曰人之所難得者時而時之運無已事之不可失者幾而幾之藏無形惟無已也故來遲而難遇惟無形也故動微而難見陛下與金人講和此皆知時知幾之明驗然時運而往或難固執幾動有變宜鑑未兆金人以黷武爲至德以苟安爲太平虐民而不恤民廣地而不廣德此皆天助中興之勢若時與幾陛下旣知于始願圖厥終帝納其言賜金帛甚厚先生又以金國所得六朝御容及宣和御書畫爲獻秦檜惡其言敵情奏以初補官易宣教郎直祕閣有司校考其十七年應遷數官檜沮之僅轉奉議郎十四年卒先生爲文慕陸宣公援據精博曲盡事理詩學李義山詞氣雍容不蹈其險怪奇澀之弊金國名王貴人多遣子弟就學先生因文字往來說以和好之利及歸述北方所見聞忠臣義士朱昭史抗張忠輔高景平孫益孫谷傅偉文李丹五臺僧寶真婦人丁氏晏氏小校閻進朱勣等死節事狀請加褒錄以

勸來者有聘遊集四十二卷書解十卷曲洧舊聞三卷續骫骳說一卷雜書一卷風月堂詩話三卷新鄭舊詩一卷南歸詩文一卷參史傳

祖望謹案景迂弟子可考者惟王太保安中朱奉使弁二人而已然安中當景迂令無極時修長牋執及門禮自言以新學竊一第爲親榮非其志也景迂曰爲學當謹初何患不遠到安中所以築室榜曰初寮者此也議論聞見多得之景迂及既貴顯遂諱景迂之學但稱成州使君四丈無復先生之號君子醜之且安中本由梁師成得大用則亦辱其傳矣故不爲立傳而但以曲洧附見梓材案初寮之傳當立于新學略而是卷第爲標目于門人之末可也

太保王初寮安中別見荊公新學略

太中門人

待制邵澤民溥別見劉李諸儒學案

滎陽學案表

呂希哲 申公子　徠江學侶　安定泰山百源伊川焦伯強王荊公門人　廬陵濂溪再傳

子 好問

子 切問

孫 本中 別為紫微學案

汪革 — 從子 大經

汪莘

黎確

謝逸 — 汪大經 見上青溪家學

謝薖

趙演 — 子 栩

饒節

顏岐

孫覺 別見安定學案

李常 別見范呂諸儒學案

宋元學案卷二十三

餘姚黃宗羲原本　　後學慈谿馮雲濠校刊

男百家纂輯　　鄞縣王梓材重校

鄞縣全祖望補定　　道州何紹基重刊

滎陽學案

祖望謹案滎陽少年不名一師初學于焦千之廬陵之再傳也已而學于安定學于泰山學于康節亦嘗學于王介甫而歸宿于程氏集益之功至廣且大然晚年又學佛則申公家學未醇之害也要之滎陽之可以爲後世師者終得力于儒述滎陽學案梓材案呂侍講傳及呂氏雜志附錄原在安定學案謝山序錄別定爲滎陽學案

胡程門人歐周再傳

侍講呂原明先生希哲

呂希哲字原明河南人梓材案呂氏世爲東萊人自文靖公始居京師爲河南人正獻公之長子也正獻相哲宗先生徧交當世之學者與伊川俱事胡安定在太學並舍年相若也其後心服伊川學問首師事之梓材案伊洛淵源錄先生家傳略云公始從安定胡先生瑗

于太學後遍從孫先生復石先生介李先生覯王公安石學又言師事程先生頤而明道程先生顥及橫渠張先生載兄弟孫先生覺李公常皆與公遊第攷先生之于徂徠盱江蓋在師友之閒與范忠宣同故謝山序錄特著學于安定學于泰山而不及石李二先生也王荆公謂士未官而事科舉者爲貧也有官矣而復事于此是僥倖富貴利達學者不由也先生聞之遂棄科舉以蔭入官荆公爲政將置其子雱于講官以先生有賢名欲先用之先生辭曰辱公相知久萬一從仕將不免異同則疇昔相與之意盡矣荆公乃止元祐中伊川歸洛貽書范內翰祖禹曰丞相久留左右所助一意正道者在原明爾父喪後祖禹始薦爲崇政殿說書言正心誠意天下自化身不能修雖左右之人且不能喻況天下乎擢右司諫累辭未獲蘇文忠戲之曰法筵龍象衆當觀第一義先生曰苟不得辭當以楊畏爲首以畏爲文忠所厚也會紹聖黨論起出知懷州謫居和州徽宗初復官知單州召爲光祿少卿直祕閣知曹州尋奪職知相州邢州奉祠流寓淮泗閒日讀易一爻默坐沈思政和中卒年七十八晚年嘗言十餘年前在楚州橋壞墮水時覺動心數年前大病已稍稍勝前今次疾病全不動矣其自力如此禮部尚書豐稷嘗舉先生自代詞云心

與道潛湛然淵靜所居則躁人化聞風則薄夫敦

雲濠謹案豐清敏公遺事載先生建中靖國閒爲祕書少監時

嘗布不樂其在朝諷侍御史陳次升言之以爲資淺望輕左遷

光祿少卿時公初除禮部尚書大不平之卽薦以自代云則先

生之見重于清敏者深矣

呂氏雜志

孝子事親須事事躬親不可委之使令也穀梁言天子親耕以供粢

盛王后蠶以供祭服非無良農工女以爲人之所盡事親其祖禰不

若以己所自親者也此說最盡事親之道

爲人子者視于無形聽于無聲未嘗頃刻離親也事親如天頃刻離

親則有時而違天天不可得而違也

後生初學且須理會氣象氣象好時百事自當氣象者辭令容止輕

重疾徐足以見之矣不惟君子小人于此焉分亦貴賤壽夭之所由

定也

攻其惡無攻人之惡蓋自攻其惡日夜且自點檢絲毫不盡卽不慊

于心矣豈有工夫點檢他人邪

梓材謹案梨洲所錄雜志六條今移爲附錄一條移入泰山學

案一條

滎陽公說 補

世人喜言無好人三字者可謂自賊者也包孝肅尹京時民有自言有以白金百兩寄我者死矣予其子其子不肯受願召其子予之尹召其子其子辭曰亡父未嘗以白金委人也兩人相讓久之觀此事而言無好人者可以少媿矣人皆可以爲堯舜于此知之

所在有鄉先生處則一方人自別蓋漸染使之然也人豈可不擇鄉就士

少年爲學惟檢書最有益記得精便理會得子細

讀書編類語言相似作一處便見優劣是非

治人事天莫若嗇修養家以此爲要術然事事保愼常令有餘持身保家安邦之道不越于此不止養生也老子之論亦當于理

惟王者爲能備物惟聖人爲備德

子產有數事失君子氣象如言民不可逞度不可改又曰子寧以他規我如此之類全無君子氣象

張良說漢祖詐秦卒大不類平日所爲

中人以下內無賢父兄外無嚴師友而能有成者未之有也

學者讀書須要字字分明

梓材謹案謝山節錄本十六條今移爲附錄一條移入廬陵學案二條涑水學案一條范呂諸儒一條新學略一條

附錄

正獻居家簡重寡默而申國夫人性嚴有法度雖甚愛先生然教之事事循規蹈矩甫十歲祁寒盛暑侍立終日不命之坐不敢坐日必冠帶以見長者平居雖天甚熱在父母長者之側不得去巾襪縛袴衣服惟謹行步出入不得入茶肆酒肆市井里巷之語鄭衛之音未嘗經耳不正之書非禮之色未嘗接目

正獻倅潁州歐陽文忠適知州事焦伯強千之客文忠所嚴毅方正正獻招之爲諸子師諸子少有過差伯強端坐召與相對終日竟夕不與之語時先生方十餘歲內則正獻與申國夫人教訓之嚴外則焦師化導之篤故先生之成就德器如此

正獻嘗語張文潛曰此子不欺闇室

守官京師不謁臺諫過選轉一謁執政過此不見也

監陳留稅務章樞密質夫知縣事雅敬愛之一日語次忽相陵折先生不爲動質夫笑曰誠厚德也適來相試耳

監稅時汪輔之居陳留恃才傲物獨重公橫渠聞曰是所謂蠻貊可行者也

正獻作相時弟希純已官省寺先生尙滯管庫正獻歎曰當世善士吾收拾略盡而獨以吾故置不用命也申國夫人笑曰是亦未知其子也是子豈以功名爲榮辱哉以上梨洲原本

百家謹案呂氏家教近石氏故謹厚性成又能網羅天下賢豪長者以爲師友耳濡目染一洗膏粱之穢濁惜其晚年更從高僧遊盡究其道斟酌淺深而融通之曰佛氏之道與吾聖人脗合夫聖人以盡倫理爲道種種相背不啻冰炭是先生于師門之旨不無差謬也

正獻廣用當世賢士人之有一善無不用也嘗以數幅紙書當世名士姓名既而失之後復見此紙則所書人悉用之矣嘗親書遺公曰當世善士無不用者獨爾以吾故不得用亦命也

張采謹案大臣事君此爲第一義然只須不當使知恩自己出

除諫官累辭未獲蘇子瞻在邇英戲謂之曰法筵龍象當觀第一義公笑而不答退謂范淳夫曰若辭不獲命必以楊畏爲首時畏方在言路以險詐自任頗爲子瞻所厚公故及之

晚居宿州真揚閑十餘年衣食不給有至絶糧數日者處之晏然靜坐一室家事一切不問不以毫髮事託州縣其在和州嘗作詩云除卻借書沽酒外更無一事擾公私閑居日讀易一爻徧攷古今諸儒之說默坐沈思隨事解釋夜則與子孫評論古今商榷得失久之方罷

晚年習靜雖驚恐顛沛未嘗少動自歷陽赴單父過山陽渡橋橋壞轎人俱墜浮于水而公安坐轎上神色不動從者有溺死者時徐仲車先生積年幾七十矣作我敬詩贈公曰我敬呂公以其德齒敬之愛之何時已已矣哉呂公文在其中見乎外者古人之風惟賢有德神相其祉何以祝公勿藥有喜

爲郡令公帑多畜鱐魚諸乾物及筍乾蕈乾以待賓客以減雞鴨等生命也

仙源嘗言與公爲夫婦相處六十年未嘗一日有面赤自少至老雖衽席之上未嘗戲笑以上黃氏補本

或問公爲小人所詈辱當何以處之曰上焉者知人與己本一何者爲詈何者爲辱自然無忿怒心也下焉者且自思曰我是何等人彼是何等人若是答他卻與此人等也如此自處忿心亦自消也呂氏

本中問兄弟之生相去或數日或數月其爲尊卑也微矣而聖人直如是分別長幼何也曰聖人重先後之序如天之四時分毫頃刻皆有次第物理自然不可易也補

晁氏客語曰原明初作侍講劄子陳所學云人君之學不在于偏讀雜書多知小事在于正心誠意補

紫微童蒙訓曰滎陽公嘗榜文中子數語于家中壁上曰子之室酒不絕注曰用有節禮不缺也補

又官箴曰滎陽公爲單州凡每月所用雜物悉書之庫門買民閒未嘗過此數民皆悅服黃氏補

朱子曰呂公家傳深有警悟人處前輩涵養深厚乃如此但其論學殊有病如云不主一門不私一說則博而雜矣如云直截勁捷以造聖人則約而陋矣舉此二端可見其本末之皆病此所以流于異學而不自知其非邪而作此傳者又自有不可曉者如云雖萬物之理本末一致而必欲有爲此類甚多不知是何等語又義例不明所載同時諸人或名或字非褒非貶皆不可攷至如蘇公則前字後名尤無所據豈其學無綱領故文字亦象之而然邪最後論佛學尤可駭

歎程門千言萬語只要見儒者與釋氏不同處而呂公學于程氏意欲直造聖人盡其平生之力乃反見得佛與聖人合豈不背戾之甚哉夫以其資質之粹美涵養之深厚如此疑若不叛于道而窮理不精錯謬如此流傳于世使有志于道而未知所擇者坐爲所誤蓋非特莠之亂苗紫之亂朱而已也黄氏補

滎陽講友

龍學孫莘老先生覺別見安定學案

龍學李公擇先生常別見范呂諸儒學案

滎陽家學歐周三傳

右丞呂先生好問

呂好問字舜徒滎陽先生希哲子也以蔭補官坐黨人子弟廢蔡卞得政諷之曰子少親我則列顯階先生笑而不答靖康元年以薦擢御史中丞先是徽宗將內禪詔解黨禁除新法而蔡京黨戚害其事莫肯行先生上疏言利害欽宗嚮納又疏蔡京過惡乞投海外削王安石王爵褒表江公望等除青苗之令章疏十上每奏對帝雖當食每使畢其說欽宗再幸金營先生實從已而金人立張邦昌以先生爲事務官因說邦昌以利害使亟還政且書白康王宜自立金人既

退高宗即位先生奉太后書詣行在高宗勞之曰宗廟獲全卿之力也除尙書右丞以恩封東萊郡侯避地卒于桂州參史傳

雲濠謹案紫微稱先生爲東萊公以其封東萊郡侯也又案呂氏世居東萊紫微當日並稱東萊先生其從孫伯恭亦稱東萊先生祖孫往往牽混學者不可不知

縣令呂先生切問

呂切問字舜從東萊公之弟也于紫微爲仲父守官會稽或譏其不求知者先生對曰勤于職事其他不敢不慎乃所以求知也紫微童蒙訓述之曰此語甚好補

附錄

紫微曰叔父舜從既與東萊公從當世賢士大夫遊嘗訓子弟曰某幸從賢士大夫遊過相與重然某自省所爲才免禽獸之行而已未能便合人之理也何得過相與邪前輩自警如此

梓材謹案先生兄弟嚴事李君行田明之田誠伯諸先生詳見安定學案范呂諸儒學案呂范諸儒學案所謂從當世賢士大夫遊者可見矣

文清呂東萊先生本中 別爲紫微學案

滎陽門人

教授汪青溪先生革

汪革字信民臨川人也紹聖四年進士官楚州教授呂侍講原明方居符離先生從之學稱高弟侍講嘗曰黃憲茅容之儔也分教長沙張侍郎舜民在焉相與講學極契蔡京當國召爲宗正博士力辭不就曰吾不能附名不臣傳復爲楚州教授以卒年止四十侍講爲志其墓晁景迂有詞哀之先生篤實剛直惜不免墮于禪學則侍講之所夾雜也故其詩云富貴空中花文章木上癭要知真實地惟有華嚴境不得入聖人之室矣然其言云咬得菜根則百事可做固名言也學者稱爲青溪先生雲濠案青溪一作清溪有論語直解青溪集謝逸與弟薖皆學于侍講當事以八行薦無逸力辭兄弟終身老死布衣其高節蓋得侍講之力信民貽之詩曰新年更勵於陵操妻子同鉏五畝蔬蓋不當唯以詞人目之以下補

附錄

呂紫微曰汪信民政和閒諸公孰聞其名除國博欲漸用之竟辭不受謝無逸以八行薦堅卻之諸公皆卓然自立不媿古人邇來流俗不復以爲貴矣

梓材謹案童蒙訓是條先言夏侯文旄唐文恕范文正平劉文跋蹈兄弟而卒以諸公云云今各散入學案不贅

推官汪歸愚先生莘

汪莘字叔野青溪先生革弟也方遊于侍講之門學行亞于其兄以詩名爲洪州推官其所著曰歸愚集

雲濠謹案休寧有汪布衣與先生同名字叔耕爲朱子講學之友

知州黎先生確

黎確字介然□□人也官至吏部侍郎龍圖閣待制知漳州崇寧閒汪信民革饒德操節與先生遊宿州呂侍講原明在焉皆往受學時頗賦詩詆及時事侍講不以爲然會侍講病先生輩朝夕侍疾既愈侍講爲作麥熟繰絲等曲歌詠當世以諷止先生輩諸人得詩皆慚懼詣侍講引咎因和其詩不欲作前語時謂其師弟之閒雍容感發有儒者氣象侍講之孫居仁稱先生特立勁氣如鐵石云

徵君謝溪堂先生逸

謝竹友先生薖 合傳

謝逸字無逸臨川人也學者稱爲溪堂先生少孤博學工文詞而操

履峻潔與汪信民爲學侶故得從呂侍講原明之門再舉進士不第遂不仕山谷嘗曰斯人在館閣又何減于晁張而李商老謂其文步趨劉向韓愈則世之僅以詩稱先生者尙方隅之見也然先生亦弁不僅以文侍講之孫居仁嘗曰無逸兄弟終身勵行在崇觀間一無所汚八行之薦力辭不赴劉後村亦嘗曰韓子蒼輩以詩得貴顯而二謝終身布衣不可及也斯其所以爲侍講之弟子與先生所著有春秋廣微樵談溪堂集雲濠案四庫書目溪堂集十卷弟薖字幼槃同學于侍講與兄齊名居仁稱其詩曰無逸似康樂幼槃似元暉有竹友集雲濠案陳直齋書錄解題竹友集十卷

趙先生演附子枏

趙演字仲長汝漢人也呂侍講原明之壻從侍講學侍講之謫符離也先生時時來省事侍講如嚴父疾病則執藥牀下屏氣兀立終日侍講命之去始去先生謹厚篤實動法古人侍講之子好問曰今世人之所言者趙丈口中從未嘗有此也侍講之孫本中曰先正獻公嚴重清靜出于天性范內翰淳夫公之壻酷似公而仲長亦似之先生子枏字才仲時稱其詩與蘇過齊名而文學柳州世其學

饒德操節

饒節字德操臨川人從學呂侍講以不合于曾布毅然棄去亦甚豎風節及其末路遂爲緇衣則可駴矣甚至貽呂居仁詩勸以胡牀趺坐專意學道何其謬也

侍郎顏夷仲岐

顏岐字夷仲魯人祭酒復之子也嘗從滎陽學故與紫微善累官門下侍郎阻李忠定之入相則有媿于師門矣然紫微與之通問終身不絕

附錄

呂舍人官箴曰予嘗爲泰州獄掾顏夷仲以書勸予治獄次第每一事寫一幅相戒如夏月取罪人早閒在西廊晚閒在東廊以避日色之類又如獄中遣人勾追之類必使之畢此事不可更別遣人恐其受賂已足不肯畢事也又如監司郡守嚴刻過當者須平心定氣與之委曲詳盡使之相從而後已如未肯從再當如此詳之其不聽者少矣

青溪家學 歐周四傳

汪先生大經

汪大經字淳夫青溪先生從子也能傳其家學又以溪堂謝氏爲師

博學多聞著臨川耆舊傳

溪堂門人

汪先生大經見上青溪家學

宋元學案卷二十三

上蔡學案表

- 謝良佐 明道伊川門人安定濂溪再傳朱學陸學之先
  - 朱震 別爲漢上學案
  - 曾恬
  - 詹勉
  - 鄭轂
  - 朱巽 別見漢上學案
- 謝襲
- 康淵 並上蔡續傳
  - 毛友誠
  - 李雄 別見滄洲諸儒學案
  - 李杞 別見滄洲諸儒學案
- 游酢 別爲廌山學案
- 胡安國 別爲武夷學案
- 鄒浩 別爲陳鄒諸儒學案
- 呂大忠 別爲呂范諸儒學案

宋元學案卷二十四

餘姚黃宗羲原本　後學慈谿馮雲濠校刊

男百家纂輯　鄞縣王梓材重校

鄞縣全祖望修定　道州何紹基重刊

上蔡學案

祖望謹案洛學之魁皆推上蔡晦翁謂其英特過于楊游蓋上蔡之才高也然其墮入葱嶺處決裂亦過于楊游或曰是江民表之書誤入上蔡語錄中述上蔡學案梓材案是卷梨洲本有作學案語略今移傳後

二程門人胡周再傳

監場謝上蔡先生良佐

謝良佐字顯道壽春上蔡人明道知扶溝事先生往從之明道謂人曰此秀才展拓得開將來可望元豐八年登進士第歷仕州縣宰德安之應城胡文定以典學使者行部不敢問以職事先修後進禮見入門見吏卒植立庭中如土木偶人肅然起敬遂問學焉建中靖國初上殿召對徽宗與之語有意用之先生退而曰上意不誠乃求監局得西京竹木場或謂建中年號與德宗同不佳先生云恐亦不免

一播遷坐口語下獄廢爲民先生記問該贍稱引前史至不差一字凡事理會未透其額有泚憤悱如此與伊川別一年復見問其所進曰但去得一矜字耳伊川曰何故曰點檢病痛盡在此處伊川歎曰此所謂切問而近思者也有論語說行世

宗羲案程門高弟子竊以上蔡爲第一語錄嘗累手錄之語者謂道南一派三傳而出朱子集諸儒之大成當等龜山于上蔡之上不知一堂功力豈因後人爲軒輊且朱子之言曰某少時妄志于學頗藉先生之言以發其趣則上蔡固朱子之先河也

祖望謹案謝楊二公謝得氣剛楊得氣柔故謝之言多踔厲風發楊之言多優柔平緩朱子已嘗言之而東發謂象山之學原于上蔡蓋陸亦得氣之剛者也梨洲先生天資最近乎此故尤心折于謝

語錄

問孟子言盡其心者知其性如何是盡其心曰昔有人問明道先生何如斯可謂之恕心先生曰充擴得去則爲恕心如何是充擴得去底氣象曰天地變化草木蕃充擴不去時如何曰天地閉賢人隱察此可以見盡不盡矣

心者何也仁是已仁者何也活者為仁死者為不仁今人身體麻痺不知痛癢謂之不仁桃杏之核可種而生者謂之仁言有生之意推此仁可見矣學佛者知此謂之見性遂以為了故終歸妄誕聖門學者見此消息必加功焉故曰回雖不敏請事斯語矣雍雖不敏請事斯語矣仁操則存舍則亡故曾子曰動容貌正顏色出辭氣出辭氣者從此廣大心中流出也以私意發言豈出辭氣之謂哉夫人一日閒顏色容貌試自點檢何嘗正何嘗動怠慢而已若夫大而化之出于自然則正動出不足言矣

仁者天之理非杜撰也故哭死而哀非為生也經德不回非干祿也言語必信非正行也天理當然而已矣當然而為之是為天之所為也聖門學者大要以克己為本克己復禮無私心焉則天矣孟子曰仁人心也盡其心者知其性也知其性則知天矣

所謂有知識須是窮物理只如黃金天下至寶先須辨認得他體性始得不然被人將鍮石喚作黃金辨認不過便生疑惑便執不定故經曰物格而后知至知至而后意誠所謂格物窮理須是認得天理始得所謂天理者自然底道理無毫髮杜撰今人乍見孺子將入于井皆有怵惕惻隱之心方乍見時其心怵惕卽所謂天理也要譬于

鄉黨朋友內交于孺子父母兄弟惡其聲而然卽人欲耳天理與人欲相對有一分人欲卽滅卻一分天理有一分天理卽勝得一分人欲人欲纔肆天理滅矣任私用意杜撰做事所謂人欲肆矣故莊子曰去智與故循天之理若在聖人分上卽說循字不著勿忘又勿助長正當恁地時自家看取天理見矣所謂天者理而已只如視聽動作一切是天天命有德便五服五章天討有罪便五刑五用渾不是杜撰做作來學者直須明天理爲是自然底道理移易不得不然諸子百家便人人自生出一般見解欺誑衆生識得天理然後能爲天之所爲聖門學者爲天之所爲故敢以天自處佛氏卻不敢恁地做大明道嘗曰吾學雖有所受天理二字卻是自家拈出來

梓材謹案原本此下有一條併入呂范諸儒學案晉伯附錄

今人學時將章句橫在肚裏怎生得脫莫道章句便將堯舜橫在肚裏也不得

不遷怒須是顏子始做得假使高聲一句便是罪過又曰任意喜怒都是人欲須察見天理含養始得

梓材謹案此下原有四條移入本卷曾天隱傳後

顏子欲要請事斯語今資質萬倍不如他卻便要一切掃除怎生得

目如乍見孺子底心生出來便是有自然底天理怎生掃除得去佛大概是自爲私心學佛者欲脫離生死豈不是私只如要度一切衆生亦是爲自己發此心願且看那一箇不拈香禮佛儒者直是放得下無許多事

百家謹案彼佛氏求心性于父母未生前故須掃卻惻隱等心何必與他較資質

梓材謹案此下二條其一移入附錄其一移入廌山學案

問色欲想已去多時曰伊川則不絕某則斷此二十來年矣所以斷者當初有爲之心多欲有爲則當強盛方勝任得故斷之又用導引吐納之術非爲長生如道家也亦以助養吾浩然之氣耳氣強則勝事然色欲自別當作兩般理會登徒子不好色而有淫行色出于心去不得淫出于氣又問勢利何如曰打透得此關十餘年矣當初大段做工夫揀難舍底棄卻後來漸漸輕至今日于器物之類置之只爲合要用卻並無健羨底心

知命雖淺近也要信得及將來做田地就上面下工夫余初及第時歲前夢入內廷不見神宗而太子涕泣及釋褐時神宗晏駕哲廟嗣位如此等事直不把來草草看卻萬事真實有命人力計較不得吾

平生未嘗干人在書局亦不謁執政或勸之吾對曰他安能陶鑄我自有命在若信不及風吹草動便生恐懼憂喜枉做卻閑工夫枉用卻閑心力信得命及便養得氣不挫折

謝子曰道須是下學而上達始得不見古人就洒掃應對上做起曰洒掃應對上學卻是太瑣屑不展拓曰凡事不必須高遠且從小處看只如將一金與人與將天下與人雖大小不同其實一也我若有輕物底心將天下與人如一金與人相似我若有吝底心將一金與人如天下與人相似又若行千尺臺邊心便恐懼行平地上心卻安穩我若去得恐懼底心雖履千仞之險亦只與行平地上一般只如洒掃不著此心怎洒掃得應對不著此心怎應對得故曾子欲動容貌正顏色出辭氣爲此古人須要就洒掃應對上養取誠意出來問求仁是如何下工夫曰如顏子視聽言動上做亦得如曾子容貌顏色辭氣上做亦得出辭氣者猶佛所謂從此心中流出今人唱一喏不從心中流出便是不識痛癢古人曰心不在焉視而不見聽而不聞食而不知其味不見不聞不知味便是不仁死漢不識痛癢了又如仲弓出門如見大賓使民如承大祭但存得如見大賓如承大祭底心在便是識痛癢

近道莫如靜齋戒以神明其德天下之至靜也心之窮物有盡而天無盡如之何包之此理有言下悟者有數年而悟者有終身不悟者

祖望謹案此段語意雖佳然亦近禪

或問呂與叔向常患思慮紛擾程夫子答以心主于敬則自然不紛擾何謂敬謝子曰事至應之不與之往非敬乎萬變而此常存奚紛擾之有夫子曰事思敬正謂此耳

梓材謹案此下有一條移入明道學案

動而不已其神乎滯而有迹其鬼乎往而不息神也摧仆歸根鬼也致生之故其鬼神致死之故其鬼不神何也人以為神則神以為不神則不神矣知死而致生之不智知死而致死之不仁聖人所以神明之也

禮者攝心之規矩循理而天則動作語默無非天也內外如一則視聽言動無非我矣

人不可與不勝己者處鈍滯了人

問太虛無盡心有止安得合一曰心有止只為用他若不用則何止吾丈莫已不用否曰未到此地除是聖人便不用當初曾發此口被伊川一句壞了二十年曾往見伊川伊川曰近日事如何某對曰天

下何思何慮伊川曰是則是有此理賢卻發得太早在問當初發此語時如何曰見得這箇事經時無他念接物亦應副得去問如此卻何故被一句轉卻曰當了終須有不透處當初若不得他一句救拔便入禪家去矣伊川直是會鍛鍊得人說了又卻道恰好著工夫也問聞此語後如何曰至此未敢道到何思何慮地位始初進時速後來遲十數年過卻如夢問何故遲曰如挽弓到滿時愈難開然此二十年聞見知識卻殺長

梓材謹案此下有一條併入明道學案附錄

予嘗學射到一把處難去半把尤難去到一把放了的多半把放了者尤多少有鏃齊放者人有學射模得鏃與把齊然後放因舉伯淳語曰射法具而不滿者無志者也學者纔少有所得便住人多易住伯淳嘗有語學者如登山平處孰不闊步到峻處便住佛家有小歇場大歇場到孟子處更一住便是好歇

祖望謹案慈溪黃氏曰此亦以禪言儒

惟顏子善學故孔子有見其進未見其止之歎須有百尺竿頭更須進步始得

學者且須是窮理物物皆有理窮理則能知天之所為知天之所為

則與天爲一與天爲一無往而非理也窮理則是尋箇是處有我不能窮理人誰識眞我何者爲我理便是我窮理之至自然不勉而中不思而得從容中道曰理必物物而窮之乎曰必窮其大者理一而已一處理窮觸處皆通恕其窮理之本與

釋與吾儒有非同非不同處蓋理之精微處纔有私意便支離了

學者未能便窮理莫須先省事否曰非事上做不得工夫也須就事上做工夫如或人說動中有靜靜中有動有此理然靜而動者多動而靜者少故多著靜不妨

梓材謹案此下有一條移入明道學案

或問或曰吾初學問事必不當人必笑然我未有所得須直情言之若掩藏畏人笑徒自欺耳此言何如曰是也謂同坐諸子曰亦須切記此語

默而識之與書紳者異矣

祖望謹案慈溪黃氏曰書紳是學者力行之事不可以默識爲賢而少此又默識是常在心亦與禪學廢棄言語者不同

天理也人之理也循理則與天爲一與天爲一我非我也理也理非理也天也唯文王有純德故曰在帝左右帝謂文王帝是天之作用

處或曰意必固我有一焉則與天地不相似矣曰然理上怎安得箇字易曰與天地相似故不違相似猶是自語

門人有初見請教者先生曰人須先立志志立則有根本譬如樹木須先有箇根本然後培養能成合抱之木若無根本又培養箇甚此學不可將以爲善後學爲人自是當爲人道人道不教人做卻教誰做

問一日靜坐見一切事平等皆在我和氣中此是仁否曰此只是靜中之工夫只是心虛氣平也須于應事時有此氣象方好

佛之論性如儒之論心佛之論心如儒之論意循天之理便是性不可容些私意才有意便不能與天爲一

誠是實理不是專一尋常人謂至誠至是爲專一如惡惡臭好好色不是安排來

鳶飛戾天魚躍于淵無些私意上下察以明道體無所不在非指鳶魚而言也若指鳶魚而言則上面更有天下面更有地在知勿忘勿助長則知此知此則知夫子與點之意

季路冉求之言志非大才做不得然常懷此意在胸中在曾點看著正可笑耳學者不可著一事在胸中纔著些事便不得其正且道曾

點有甚事列子御風事近之然易做只是無心近于忘

敬是常惺惺法齋是事事放下其理不同

問更有一病稱好則溢美稱不好則溢惡此猶是好惡使然且如今日泥滯只是五寸須說一尺有利害猶且得無利害須要如此此病在甚處曰欲以意氣加人亦是夸心有人做作說話張筋努脈皆爲有己立己于胸幾時到得與天爲一處須是克己纔覺時便克將去從偏勝處克克者勝之之謂也

梓材謹案此下有一條移爲附錄

爲學必以聖人爲之則志在天下必以宰相事業自期降此寧足道乎

心本一支離而去者乃意耳

梓材謹案此下有一條移入劉李諸儒學案

聽其言也厲須是有力某尋常才覺心不在時語便無力

氣能動其心和其氣所以和其心也喜怒哀樂失其節皆是病

或問天下多少事如何見得是處曰窮理便見得事不勝窮理則一也

富貴利達今人少見出脫得者所以全看不得難以好事期待也非

是小人切須勉之透得名利關便是小歇處然須藉窮理工夫至此方可望有入聖域之理不然休說

宗羲案上蔡在程門中英果明決其論仁以覺以生意論誠以實理論敬以常惺惺論窮理以求是皆其所獨得以發明師說者也朱子言其雜禪見解大端有三謂洒掃應對只是小子之始學上蔡不合說得大了將有不安于其小者夫必知其中有所謂大者方安爲之程子云道無精粗言無高下此與上蔡之言何殊必曰道理有小有大是道有精粗言有高下也謂知覺得應事接物底如何喚做仁須是知覺那理方是夫覺者澄然無物而爲萬理之所從出若應事接物而不當于理則不可謂之覺矣覺外求仁是覺者一物理又一物朱子所以終身認理氣爲二也謂上蔡說先有知識以敬涵養似先立一物了夫上蔡此言亦猶識仁篇所云識得此理以誠敬存之而已蓋爲始學者言久之則敬卽本體豈先有一物哉其言語小有出入則或有之至謂不得其師之說不敢信也以上梨洲原本

只如喜怒須逐日消磨任意都是人欲補

梓材謹案謝山補錄本四條其三條移入百源學案

論語解序

天下同知尊孔氏同知賢于堯舜同知論語書弟子記當年言行不誣也然自秦漢以來開門授徒者不過分章析句爾魏晉而降談者益稀既不知讀其書謂足以識聖人心萬無是理既不足以知聖人心謂言能中倫行能中慮亦萬無是理言行不類謂爲天下國家有道亦萬無是理君子于此盍闕乎蓋溺心于淺近無用之地聽明日就彫喪雖欲讀之顧不得其門而入也聖人辭近而指遠辭有盡指無窮有盡者可以索之于訓詁無窮者要當會之以神譬之觀人他日識其面今日見其心在我則改容更貌矣人則猶故也爲是故難讀今試以讀此書之法語諸君焉勿以爲淺近而忽勿以爲太高而驚勿以爲簡我而忿且怒勿以爲妄誕而直不信聖人之言不可以訓詁形容其微意今不復撰次成文直以意之所到辭達而已矣蓋此書存于世論其切于用而收近效則無之與道家使人精神專一之學西方見性之說並駕爭衡孰全孰駁未易以口舌爭也談天語命偉詞雄辯使人可駭可慕曾不如莊周列禦寇曼衍之言籠絡萬象葩華百出讀之使人亹亹不厭曾不如班馬雄深雅健之文正名百物分辨六氣區味別性可以愈疾引年曾不如黃帝岐伯之對問

神農之藥書可以資聽訟折獄可以飾簿書期會曾不如申韓之刑名陶冶塵思模寫物態曾不如顏謝徐庾流連光景之詩以至神怪卜相之書書數博弈之技其皆可玩獲售于人而此書乃一無有也欲使敏秀豪俊之士留精神于其間幾何其不笑且受侮與邈乎希聲一唱而三嘆誰其聽之淡乎無味酒元而俎腥誰其嗜之雖家藏人有不委塵埃者幾希矣余昔者供洒掃于河南夫子之門僅得毫釐于句讀文義之間而益信此書之難讀也蓋不學操縵不能安絃不學博依不能安詩不學雜服不能安禮唯近似者易入也彼其道高深溥博不可涯涘如此儻以淺智窺之豈不大有逕庭乎方其物我太深胸中矛戟者讀之謂終身可行之恕誠何味方其脅肩諂笑以言餂人者讀之謂巧言令色寧病仁未能素貧賤而恥惡衣惡食者讀之豈知飯疏食飲水曲肱而枕之未妨吾樂注心于利未得而已有顛冥之患者讀之孰信不義之富貴真如浮雲過此而往益高深矣可勝數哉是皆越人視秦人之肥瘠也唯同聲然後相應唯同氣然後相求是心與是書聲氣同乎不同乎宜其卒無見也是書遠于人乎人遠于書乎蓋亦弗思爾矣能反是心者可以讀是書矣孰能脫去凡近以游高明莫爲嬰兒之態而有大人之器莫爲一身之

謀而有天下之志莫爲終身之計而有後世之慮不求人知而求天知不求同俗而求同理者乎是人雖未必中道然其心當廣矣明矣不雜矣其于讀是書也能無得乎當不唯念之于心必能體之于身矣油然內得難以語人謂聖人之言眞不我欺者其亦自知而已矣豈特慮思之效乃力行之功至此蓋書與人互相發也及其久也習益深行益著知視聽言動蓋皆至理聲氣容色無非妙用父子君臣豈人能秩序仁義禮樂豈人能強名心與天地同流體與神明爲一若動若植何物非我有形無形誰其閒之至此蓋人與書相忘也則向所謂辭近而指遠者可不信乎宜其賢者識其大者不賢者識其小者好惡取舍人相遼也學者儻以此言爲可信則亦何遠之有以爲無隱乎爾則天何言哉夫子之言性與天道不可得而聞也以爲有隱乎爾則四時行焉百物生焉夫子之文章可得而聞也是豈眞不可得而聞哉詩云鳶飛戾天魚躍于淵此天下之至顯聖人惡得而隱哉所謂無行而不與二三子者也上天之載無聲無臭此天下之至賾聖人亦惡得而顯哉宜其二三子爲有隱乎我者也知有隱無隱之不二者舍此書其何以見之哉知有隱無隱之不二者豈非閎博明允君子哉諸君可無意于斯乎

附錄

上蔡初造程子程子以客肅之辭曰爲求師而來願執弟子禮程子館之門側上漏旁穿天大風雪宵無燭晝無炭市飯不得溫程子弗問謝處安焉踰月豁然有省然後程子與之語

先生習舉業已知名往扶溝見明道受學甚篤明道一日謂之曰爾輩在此相從只是學某言語故其學心口不相應盍若行之請問焉曰且靜坐

梓材謹案此條據伊川語錄補足末有伊川每見人靜坐便嘆其善學十二字以入伊川附錄不贅

朱公掞以諫官召過洛見伊川先生在坐公掞不語伊川指先生謂之曰此人爲切問近思之學

謝子與張繹說某到山林中靜處便有喜意覺著此不是伊川曰人每至佛廟神殿處便敬何也只是每常不敬見彼乃敬若還常敬則到佛殿廟宇亦只如此不知在鬧處時此物安在直靜處乃覺繹言伊云只有這些子已覺伊川曰這回比舊時殺長進這些子已覺固是若謂只有這些子卻未敢信

謝子見河南夫子辭而歸尹子送焉問曰何以教我謝子曰吾徒朝

夕從先生見行則學聞言則識譬如有人服烏頭者方其服也顏色悅澤筋力強盛一旦烏頭力去將如之何尹子反以告夫子夫子曰可謂益友矣

胡文定云先生初以記問爲學自負該博對明道舉史書不遺一字明道曰賢卻記得許多可謂玩物喪志謝聞之汗流浹背面發赤明道卻云只此便是惻隱之心及看明道讀史又卻逐行看過不差一字謝甚不服後來省悟卻將此事做話頭接引博學之士

先生爲學作課簿以記日用言動視聽之是禮與非禮者又舊多恐懼嘗于危階上習以消之

手柬胡文定曰儒異于禪正在下學處顏子工夫真百世軌範舍此應無入路無住宅三二十年不覺便虛過了

又曰春秋大約如法家斷例也折以中道耳恐因是及中庸因中有權與取兩者之中之說

又曰進學加功處若欲少立得住做自家物須要自用法術乃可得之

又曰某緣早親有道復爲克己之學遂于世味若存若亡昨經憂患仕意寖薄矣

胡子問矜字罪過何故恁地大謝子曰今人做事只管要誇耀別人耳目渾不關自家受用事有底人食前方丈便向人前喫只蔬食菜羹卻去房裏喫爲甚恁地

馮忠恕聞陳叔易言伊川嘗許艮佐有王佐才以是質于和靖和靖曰先生無此語先生晚年顯道授澠池令來洛見先生留十餘日先生謂焞如見顯道試問比來所得如何焞卽往問焉顯道曰艮佐每常聞先生語多疑惑今次見先生聞先生語判然無疑所得如此具以告先生先生曰某見得他也是如此雖甚喜之但不聞此語耳 記善錄

論顏子具體而微者合下來有恁地氣象但未彰著耳孟子強勇以身任道壁立萬仞誰敢正覷看非孟子恁地手脚也撐拄此事不去雖然猶有大底氣象未能消磨得盡不然藐大人等語言不說出來孔子云事君盡禮人以爲諂當時諸國君相怎生當得他聖人恁地禮數是他只管行禮又不與你計較長短與上大夫言便誾誾與下大夫言便侃侃冕者瞽者見之便作過之便趨蓋其德全盛自然到此不是勉強做出來與孟子全別

監西京竹木場朱子發自太學與弟子權往謁之坐定子發曰震願

見先生久矣今日之來無以發問乞先生教之先生曰好待與賢說一部論語子發私念曰刻如此何由親欵其講說已而具飲酒五行只說他話及茶罷乃掀髯曰聽說論語首舉子見齊衰者一章又舉師冕見一章夫聖人之道無微顯無內外由洒掃應對進退而上達夫道一以貫之一部論語只恁地看

朱子曰上蔡說仁說覺分明是禪

又曰論語上蔡解極多看得見時他只有一兩箇緊要底字

又曰上蔡所見透徹無隔礙處

又曰上蔡語錄上卷極親切暇日試涵泳之當自有味不必廣求愈令隨語生解不得脫灑爾

又曰伊川之門上蔡自禪門來其說亦有差

又曰如今人說道愛從高妙處說便入禪去自上蔡以來已然

又曰上蔡論語卻有啓發人處雖其說或失之過然識得理後卻細密商量令平正也

又曰上蔡說孝弟非仁也孔門只說爲仁上蔡卻說知仁只要見得此心便以爲仁上蔡之說一轉而爲張子韶子韶一轉而爲陸子靜上蔡所不敢衝突者子韶盡衝突子韶所不敢衝突者子靜盡衝突

又跋語錄曰先生學于程門篤志力行于諸公閒所見最爲超越
問上蔡議論莫太過朱子曰上蔡好于事上理會理卻有過處
問人之病痛不一各隨所偏處去上蔡才高所以病痛在矜字朱子曰此說是也然謝氏謂去得矜字後來矜依舊未去說道理好揚揚地
朱子又曰上蔡大率張皇不妥帖
又楊上蔡觀復齋記中說道理皆是禪底意思觀他說復與伊川異似以靜處如云見此消息不下工夫之類乃是謂儒佛不同而所以不同但是下截爾龜山亦如此
張南軒與朱元晦書曰上蔡論語解偏處甚多益知求道之難
又答劉宰書曰舊見謝上蔡謂透得名利關便是小歇處疑斯言太快透名利關亦易事耳如何便謂小歇處年大更事始知真透得誠未易世有自謂能擺脫者是猶未免爲他礙著耳前人之言不苟類如此用力乃知之
又答喬德瞻書曰惟二程先生說話完全精粹其次則尹又其次則曰方到謝上蔡後生何足以窺前輩但講論閒又不可含糊
黃東發曰上蔡信得命及養得氣完力去矜夸名利不得而動殆爲

百世師可也第因天資之高必欲不用其心遂爲禪學所入雖自謂得伊川一語之救不入禪學而終身常以禪之說證儒未見其不入也然上蔡以禪證儒是非判然後世學者尙能辨之上蔡既沒往往羞于言禪陰稽禪學之說託名於儒其術愈精其弊又甚矣

祖望謹案慈溪黃氏駁正上蔡之說尙有數條最精者如云荆公作宰相只喫魚羹飯擬除人不允便乞去是其養得氣完也奇特黃氏曰一言不合卽乞去伊川以山林士召入則可荆公大臣也如此乃執拗無禮耳喫魚羹飯自是儒生之常非要君之具且血氣何足尙而奇之如云四十萬人死長平可知皆是命只被人眼孔小黃氏曰此正因禪以覺爲仁而盡掃除作見孺子惻隱之心故不自知其言之忍殺人之事豈宜眼孔大邪如云温公欲變法伊川謂未可未幾變之果紛紛不能定黃氏曰温公若不變新法恐天下遂亂其後紛紛卻是温公不久而薨故耳未可以此少之如云荆公勝流俗之說人能用此以行其所學爲補不細黃氏曰天下之理一也荆公之說既不可施之政又豈可施之學此其弊蓋自告子不動心來矣黃氏又曰上蔡語錄第一條云問學佛者欲免輪迴超三界于意云何于

終一條云總老嘗問默識是識箇甚無入不自得是得箇甚以禪證儒錄者何人而注意如此蓋斥曾恬之妄也

謝山論上蔡應城事曰胡文定公爲湖北提舉時上蔡知應城縣文定因自楊文靖公求書見之既至湖北遣人先致書已而入境上蔡不迎吏民皆驚知縣何慢監司文定徑修後進之禮入謁愚謂文定之所以自處者是也若上蔡則執師道而過焉者也夫監司者天子所以治有司上蔡不爲知縣則雖閉戶可也布衣之于顯者分不相干而以道自重固不必因監司而屈既爲知縣則監司之得而屬我乃天子屬我于監司也監司之問道于知縣爲私交知縣之致禮于監司爲庸敬故監司可忘其尊而知縣不得自倨其學朱子謂上蔡既已得書自亦難于出迎然以知縣迎監司非必遽有貶于知縣之學乃爲天子尊監司也楊文元公當嘉定閒知溫州有契家子以奉使至郡譏察文元以天使禮出郊迎使者以父執故閒道走州入客位文元聞之不敢入往來傳送數次客固辭主人固請卒以賓主相見當時以爲各當其禮斯其視夫上蔡之事雖非一例至于卽此悟彼則固有可以旁通者或曰上蔡蓋有感于師道之不立

而抗古誼而爲之也然吾觀文定自交上蔡以後雖得其所學爲多究未嘗在弟子之列也然則上蔡之以師道自居而岸然不修屬吏之儀揆之于禮似尚有未安者朱子以上蔡天資高凡如此者殆亦賢知之過與

上蔡講友

文肅游廣平先生酢 別爲廌山學案

文定胡武夷先生安國 別爲武夷學案

忠公鄒道鄉先生浩 別爲陳鄒諸儒學案

龍學呂晉伯先生大忠 別爲呂范諸儒學案

上蔡門人 胡周三傳

文定朱漢上先生震 別爲漢上學案

舍人曾先生恬

曾恬字天隱晉江人公亮之曾孫少從上蔡龜山元城了翁遊上蔡語錄則先生所記也紹興中爲中書舍人哲宗實錄成加恩修史官高宗令前後是非載之制詞先生行詞模糊只泛作一修史轉官制高宗不悅以其嘗爲蔡京所引疑之乃改命呂本中已還太宗正丞秦檜當國先生丐外祠主台州崇道觀修

宗羲案天隱爲人樸實非小人也而有此委蛇由熙豐以來新經字說之類壞人心術非識見過人者不能破其籬落耳

記上蔡語

問從上諸聖皆有相傳處至如老子問如何謝子曰他見得錯了余問錯在甚處曰只如失道而後德失德而後仁失仁而後義失義而後禮是甚說話自然不可易底便喚做道體在我身上便喚做德有知覺識痛癢便喚做仁運用處皆是當便喚做義大都只是一事那裏有許多分別

莊周如何謝子曰吾曾問莊周與佛如何伊川曰莊周安得比他佛佛說直有高妙處莊周氣象大故淺近如人睡初覺時乍見上下東西指天說地怎消得恁地只是家常茶飯誇逞箇甚底謝曰吾曾歷舉佛說與吾儒同處問伊川先生曰恁地同處雖多只是本領不是一齊差卻余問本領何故不是謝曰爲他不循天理只將拈匙把筯日用底便承當做大小事任意縱橫將來作用便是差處便是私處余問作用何故是私曰把來作用做弄便是做兩般看當了是將此事橫在肚裏一如子路冉子相似便被他曾點冷眼看他只管獨對春風吟詠肚裏渾沒些能解豈不快活

慈溪黃氏曰孔子本以行道濟世爲心故使諸子言志三子之對皆正也曾點孔門之狂者無心于仕而自言中心之樂其說雖瀟灑出塵然非當時問答之正孔子當道之不行私相講明而忽聞其言獨異故一時歎賞之已卽歷舉三子之說皆足爲邦孔子之本心終在此而不在彼世學者必盡取一章玩味始末然後孔子本心可得而見自禪學既興黜實崇虛盡論語二十篇皆無可爲禪學之證獨浴沂數語迹類脫去世俗者遂除去一章之始末牽合影傍翕然附和上蔡又演爲獨對春風沒些能解之言曾點豈沒些能解者邪南軒作風雩亭詞曰希蹤兮奈何曷務勉乎敬恭斯可明聖門之本旨　補

余又問堯舜湯武做底事業豈不是作用謝子曰他做底事業只是與天理合一幾曾做作橫在肚裏見他做出許多掀天動地蓋世底功業如太空中一點雲相似他把做甚麼如子路願乘肥馬衣輕裘與朋友共敝之無憾亦是有要做好事底心顏子早是參彼己孔子便不然老者合當養底便安之少者不能立底便懷之君君臣臣父父子子自然合做底道理便是天之所爲更不作用

余問佛說直下便是動念卽乖如何謝子曰此是乍見孺子以前底

事乍見孺子底吾儒喚做心他便喚做前塵妄想當了是見得太高吾儒要就上面體認做工夫他卻一切掃除卻那裏得地位進步佛家說大乘頓教一聞便悟將乍見孺子底心一切掃除須是他顏雍以上底資質始得

慈溪黃氏曰此謂天資如孔子方可學禪子不曉其然否補

梓材謹案以上四條從上蔡語錄移入黃氏原本百家案云上蔡語錄曾恬所記其曰余者恬也

監場詹先生勉

詹勉字力行南劍州人從上蔡遊兼師了翁窮幽極微期于自得操履堅正于新經之學無浼焉晚以貧就一官監合同場不求苟合鮮有知者陳默堂嘗薦之以爲躬行無倦老成之人補

附錄

上蔡手柬胡文定曰學之所貴有諸己爲難聞詹君輩勇猛精進殊可喜能更覷得破一切物累尤佳若覷不破則未論行險僥倖而氣已弱志已喪矣有志于道者不可不戒真當朝夕點檢令了了也

祕書鄭先生轂

鄭轂字致遠建安人上蔡高第初就學能知聖人之道在中庸父鎮

奇之既冠入太學所爲文不尚時好執父喪有籲天止火之異第進士調御史臺主簿以祕書郎守臨江遂丐祠歸補

朱先生巽別見漢上學案

上蔡續傳

謝先生襲

謝襲字智崇陽夏人也徙建安能傳上蔡之學致堂與之同舍累稱之補

康先生淵

康淵字叔臨不知何所人也南渡後流寓巴陵講學極盛上蔡之傳始自胡文定公入衡湘朱文定公震振之荊門而先生稍晚出然亦其一宗也平江李雄李杞皆朱子弟子並質疑義于先生今作考亭淵源錄者以先生爲朱子之徒謬矣其高弟曰毛友誠補

康氏門人胡周四傳

掌教毛先生友誠

毛友誠字伯明平江人也由康氏以受上蔡之說謝棄科舉閉戶讀書尤邃于易太守延之入學掌教最久李敬子掌教猶及見之致敬焉平江後進受學于朱子者最盛皆先生有以爲之前導也補

李先生雄

李木川先生杞並見滄洲諸儒學案

宋元學案卷二十四

龜山學案表

楊時 明道伊川門人安定濂溪再傳

子 迪 — 孫 雲

子 安止

王蘋 別爲震澤學案

呂本中 別爲紫微學案

關治 別見陳鄒諸儒學案

陳淵 別爲默堂學案

羅從彥 別爲豫章學案

張九成 別爲橫浦學案

蕭顗 — 朱松 別見豫章學案

徐存 — 鄭升之

江介 — 程端蒙 別見滄洲諸儒學案

柴瑾

鄭雍
陸律
江泳
柴衛
周賁
周孚

胡寅 別為衡麓學案
胡宏 別為五峯學案
劉勉之 別為劉胡諸儒學案
潘良貴
從子時 別見元城學案

潘好謙
子景夔
子景尹 並見麗澤諸儒學案

王師愈
子瀚
子洽 並見麗澤諸儒學案

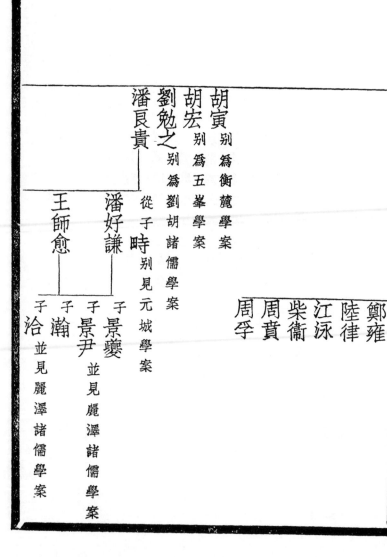

- 王居正
- 廖剛
- 趙敦臨
  - 魏杞
    - 陳居仁
      - 子卓
      - 孫允平
      - 張端義 別見慈湖學案
    - 張良臣
      - 子時
  - 汪大猷
  - 童大定
    - 舒璘 別爲廣平定川學案
  - 舒黻 持之講友
    - 子璘 別爲廣平定川學案
- 高閌 附蔣璯
  - 童大定 見上庇民門人
  - 高材 別見和靖學案
- 喻樗
  - 汪應辰 別爲玉山學案
  - 程迥
    - 高元之

宋元之

宋元龜

曹建 別見滄洲諸儒學案

尤袤

孫 焴 別見水心學案

徐俯

曾季貍 別見紫微學案

盧魁

廖衙

林宋卿

黃鍰

宋之才

李郁

從子 呂

子 閎祖

子 相祖

子 壯祖 並見滄洲諸儒學案

李似祖

曹令德

范濟美

陳彥

胡珵別見元城學案

鄒柄別見陳鄒諸儒學案

曾恬別見上蔡學案

章憲

章慤並見震澤學案

徐存見下子莊門人

柴禹聲

柴禹功

江琦別見武夷學案

翁谷

李德駿

童大定見下庇民門人
王師愈見下默成門人
王庭秀
范浚別爲范許諸儒學案
默成講友
黃櫄別見紫微學案
龜山續傳
胡安國別爲武夷學案
陳瓘
鄒浩並爲陳鄒諸儒學案
游復
鄭修
李夔——子綱
並龜山講友
許翰別爲范許諸儒學案

棃谿講友

餘姚黃宗羲原本　後學慈谿馮雲濠校刊
男百家纂輯　鄞縣王梓材重校
鄞縣全祖望修定　道州何紹基重刊

龜山學案

祖望謹案明道喜龜山伊川喜上蔡蓋其氣象相似也龜山獨邀耆壽遂爲南渡洛學大宗晦翁南軒東萊皆其所自出然龜山之夾雜異學亦不下于上蔡述龜山學案梓材案是卷學案盧氏所藏原底已佚而黃本有之亦謝山修補本也

二程門人胡周再傳

文靖楊龜山先生時

楊時字中立南劍將樂人熙寧九年進士調官不赴以師禮見明道于潁昌明道喜甚每言楊君會得最容易其歸也目送之曰吾道南矣明道沒又見伊川于洛先生年已四十事伊川愈恭一日伊川偶瞑坐先生與游定夫侍立不去伊川既覺則門外雪深一尺矣橫渠著西銘先生疑其近于兼愛與伊川辯論往復聞理一分殊之說始豁然無疑由是浸淫經書推廣師說始解褐徐州司法數轉知瀏陽

縣安撫張舜民禮之不以屬吏待而漕使胡師文惡而劾之舜民入長諫垣薦之除荊南教授改知餘杭縣簡易不爲煩苛遠近悅服蔡京方貴感葬母餘杭以日者言欲浚湖先生格之改知蕭山邑人重其名多畫像事之提點明道國寧二觀宣和四年年七十罷祠祿貧甚郭慎求在朝問其所欲先生曰求一管庫以爲貧差監常州市易務先生曰市易事吾素不以爲然豈可就乎有鼓山張覺者爲蔡京塾客一日令諸生習走諸生曰先生長者尋常令某等緩步若疾行非所聞命覺曰天下事被汝翁已壞旦晚賊發先及汝家苟能善走或可逃死諸生以張爲心疾告京京矍然曰此非汝曹所知出而問計于覺覺曰唯有收拾人才爲第一義京問其人遂以先生對會傳國華使高麗高麗王問龜山先生今在何處國華還以聞召爲秘書郎遷著作郎除邇英殿說書先生言近日蠲除租稅而廣濟軍以放稅降官是詔令爲虛文耳安土之民不被惠澤而流亡爲盜者獨免租稅百姓何憚而不爲盜嘉祐通商榷茶之法公私兩便今茶租如故而榷法愈急宜少寬之諸犯榷貨不得根究來歷今茶法獨許根究追呼蔓延犴狴充斥宜即革之東南州縣均敷鹽鈔迫于殿最計口而授人何以堪發運司宜給糴本以復轉搬之舊和預買宜損其

數而實支所買之直燕雲之軍宜退守內郡以省運輸之勞燕雲之地宜募邊民爲弓箭手使習騎射以殺常勝軍之勢衛士天子爪牙而分爲二三宜循其舊不可增損凡十餘事執政不能用而邊事告急則又言今日所急者莫大于收人心軍興以來免夫之役毒被海內西北聚斂東南花石其害尤甚宿奸巨猾借應奉之名豪奪民財天下積憤鬱而不得發者幾二十年欲致人和去此三者欽宗嗣立先生專對曰君臣一體上皇痛自引咎至託以倦勤避位而宰執敘遷安受不辭此何理也城下之盟辱亦甚矣主辱臣死大臣宜任其責而皆爲竄亡自全之計陛下孤立非有刑章不忠何戒童貫爲三路總帥喪師而歸置之不問故梁方平何灌效尤相繼大河不守敵人奄至城下而朝廷不知帥臣失職無甚于此閹人握兵二十餘年覆軍殺將馴至今日比聞防城仍用閹人覆車之轍不可復蹈疏上除右諫議大夫兼侍講敵兵初退議割三鎮以講和先生極言其不可李忠定綱罷太學生伏闕上書留忠定與种忠憲師道軍民集者數萬朝廷憂其致亂先生召對言諸生伏闕紛紛忠于國家非有他意但擇其老成有行誼者爲之長貳則將自定欽宗曰無逾于卿遂以先生兼國子祭酒上言蔡京以繼述神宗爲名實挾王安石以圖

身利故推崇安石加以王爵配享孔子廟廷然致今日之禍者實安石有以啓之也謹按安石昔爲邪說以塗學者耳目敗壞其心術者不可縷數姑卽一二事明之昔神宗皇帝稱美漢文罷露臺之費安石乃言陛下若能以堯舜之道治天下雖竭天下以自奉不爲過也夫堯舜茅茨土階其稱禹曰克儉于家則竭天下者必非堯舜之道後王黼以三公領應奉司號爲享上實安石自奉之說有以倡之也其釋鳧鷖之末章則曰以道守成者役使羣衆泰而不爲驕宰制萬物費而不爲侈詩之所言止謂能持盈則神祇祖考安樂之無後艱耳而安石獨爲異說後蔡京輩爭以奢僭相高輕費妄用以導人主實安石此說有以倡之也伏望追奪王爵明詔中外斥配享之像使邪說淫辭不爲學者之惑于是降安石于從祀毀三經板然王氏之學士子習之以取科第者業數十年不復知其非忽聞以爲邪說相與聚鬨先生亦謹避之耿南仲言或者以王氏學不可用陛下觀祖宗時道德之學人才兵力財用能如熙豐時乎安可輕信一人之言以變之批答前日指揮更不施行孫覿言先生曩與蔡京諸子遊今衆議攻京而時曰慎毋攻居安居安者京長子攸之字也先生遂罷以徽猷閣直學士提舉西京崇福宮高宗卽位除工部侍郎陛對言

自古聖賢之君未有不以典學爲務者以君德在是故也除兼侍講連章丐外以龍圖閣直學士提舉杭州洞霄宮尋致仕紹興五年四月二十四日卒年八十三給事中朱震上言先生嘗辯誣謗以明宣仁聖烈之功雪寃抑以復昭慈聖獻之位排邪說以正天下學術之謬爲之請卹詔謚文靖學者稱龜山先生所著有三經義辯等書子迪

雲濠案明林熙春刊定龜山集四十二卷

百家謹案二程得孟子不傳之祕于遺經以倡天下而升堂覩奥號稱高第者游楊尹謝呂其最也顧諸子各有所傳而獨龜山之後三傳而有朱子使此道大光衣被天下則大程道南目送之語不可謂非前識也

語錄

或曰以術行道而心正如何曰謂之君子豈有心不正者當論其所行之是否爾且以術行道未免枉己與其自枉不若不得行之愈也

人臣之事君豈可佐以刑名之說如此是使人主失仁心也人主無仁心則不足以得人故人臣能使其君視民如傷則王道行矣

梓材謹案原本此下有一條移入荆公新學略

理財作人兩事其說非不善然世儒所謂理財者務爲聚斂而所謂

作人者起其奔競好進之心而已易之言理財詩之言作人似不如此

梓材謹案此下有一條移爲附錄

物有圭角多刺人眼目亦易玷闕故君子處世當渾然天成則人不厭棄矣

溝洫之量不可以容江河江河之量不可以容滄海有所局故也若君子則以天地爲量何所不容有能捐一金而不顧者未必能捐十金能捐十金而不顧者未必能捐百金此由所見之孰與不孰非能真知其義之當與否也若得其義矣雖一分不妄予亦不妄取

知合內外之道則顏子禹稷之所同可見蓋自誠意正心推之至于可以平天下此內外之道所以合也故觀其誠意正心則知天下由是而平觀其天下平則知非意誠心正不能也茲乃禹稷顏回之所以同也

梓材謹案此下有二條其一爲李似祖曹令德二先生立傳于後其一移爲鄭季常先生附錄

易曰君子敬以直內義以方外夫盡其誠心而無僞焉所謂直也若施之于事則厚薄隆殺一定而不可易爲有方矣敬與義本無二所

主者敬而義則自此出焉故有內外之辨其實義亦敬也故孟子之言義曰行吾敬而已

毋意云者謂無私意爾若誠意則不可無也

問操則存如何曰古之學者視聽言動無非禮所以操心也至于無故不徹琴瑟行則聞佩玉登車則聞和鸞蓋皆欲收其放心不使惰慢邪僻之氣得而入焉故曰不有博弈者乎爲之猶賢乎已夫博弈非君子所爲而云爾者以是可以收其放心爾說經義至不可踐履處便非經義若聖人之言豈有人做不得處學者所以不免求之釋老爲其有高明處如六經中自有妙理卻不深思只于平易中認了會不知聖人將妙理只于尋常事說了

人性上不可添一物堯舜所以爲萬世法亦只是率性而已所謂率性循天理是也外邊用計用數假饒立得功業只是人欲之私與聖賢作處天地懸隔

梓材謹案此下一條移入劉李諸儒爲翟先生霖别立一傳

人各有勝心勝心去盡而惟天理之循則機巧變詐不作若懷其勝心施之于事必于一己之是非爲正其間不能無窒礙處又固執之以不移此機巧變詐之所由生也孔子曰不知命無以爲君子知命

只是事事循天理而已循天理則于事無固必無固必則計較無所用

孔子曰自古皆有死民無信不立今天下上自朝廷大臣下至州縣官吏莫不以欺誕爲事而未有以救之只此風俗怎抵當他謂學校以分數多少校士人文章使之胸中日夕只在利害上如此作人要何用

朝廷作事若要上下小大同心同德須是道理明蓋天下只是一理故其所爲必同若用智謀則人人出其私意私意萬人萬樣安得同因舉舊記正叔先生之語云公則一私則萬殊人心不同猶面其蔽于私乎

問易有太極莫便是道之所謂中否曰然若是則本無定位當處即是太極邪曰然兩儀四象八卦如何自此生曰既有太極便有上下有上下便有左右前後有左右前後四方便有四維皆自然之理也

梨洲答萬公擇曰統三百八十四爻之陰陽即爲兩儀統六十四卦之純陽純陰陽卦多陰陰卦多陽即爲四象四象之分布即爲八卦故兩儀四象八卦生則俱生無有次第

學者若不以敬爲事便無用心處致一之謂敬無適之謂一

大抵人能住得然後可以有為才智之士非有學力卻住不得字說所謂大同于物者離人焉曰楊子言和同天人之際使之無閒不知是同是不同若以為同未嘗離人又所謂性覺真空者離人焉若離人而之天正所謂頑空通總老言經中說十識第八庵摩羅識唐言白淨無垢第九阿賴邪識唐言善惡種子白淨無垢卽孟子之言性善是也言性善可謂探其本言善惡混乃是于善惡已萌處看荆公蓋不知此

若使死可以救世則雖死不足䘏然豈有殺賢人君子之人君子能使天下治以死救天下乃君子分上事不足怪然亦須死得是孟子曰可以死可以無死死傷勇如必要以死任事為能外死生是乃以死生為大事者也未必能外死生

道心之微非精一其孰能執之惟道心之微而驗之于喜怒哀樂未發之際則其義自見非言論所及也堯咨舜舜命禹三聖相授惟中而已孔子之言非略也以上梨洲原本

六經不言無心

古人寧道不行不輕去就

經綸本之誠意

管仲之功子路未必能之然子路範我馳驅者也管仲詭遇耳

象殺舜是萬章所傳之謬據書但云象傲

聰明憲天任理而已揣知情狀失君之道謂之不聰不明可也天下之習不能蔽正叔一人而已只自然不墮流俗以上謝山補

祖望謹案慈溪黃氏曰龜山氣象和平議論醇正說經旨極切論人物極嚴可以垂訓萬世使不閒流于異端豈不誠醇儒哉乃不料其晚年竟溺于佛氏如云總老言經中說十識第八庵摩羅識唐言白淨無垢第九阿賴邪識唐言善惡種子白淨無垢即孟子之言性善又云龐居士謂神通并妙用運水與搬柴此即堯舜之道在行止疾徐閒又云圓覺經言作止任滅是四作即所謂助長止即所謂不耘苗任滅即是無事又云謂形病色爲天性亦猶所謂色即是空又云維摩經云真心是道場儒佛至此實無二理又云莊子逍遙遊所謂無入不自得養生主所謂行其所無事如此數則可駭可歎黃氏之言真龜山之諍臣也故附于此

龜山文集

世之學者皆言窮達有命特信之未篤某竊謂其知之未至也知之

斯信之矣今告人曰水火不可蹈人必信之以其知之也告人曰富貴在天不可求亦必曰然而未有信而不求者以其知之不若蹈水火之著明也與楊仲遠

夫至道之歸固非筆舌能盡也要以身體之心驗之雍容自盡燕閒靜一之中默而識之兼忘于書言意象之表則庶乎其至矣反是皆口耳誦數之學也寄翁好德

爲是道者必先乎明善然後知所以爲善也明善在致知致知在格物號物之數至于萬則物蓋有不可勝窮者反身而誠則舉天下之物在我矣詩曰天生烝民有物有則凡形色具于吾身者無非物也而各有則焉反而求之則天下之理得矣由是而通天下之志類萬物之情參天地之化其則不遠矣答李杭

中庸曰喜怒哀樂之未發謂之中發而皆中節謂之和學者當于喜怒哀樂未發之際以心體之則中之義自見執而勿失無人欲之私焉發必中節矣發而中節中固未嘗忘也孔子之慟孟子之喜因其可慟可喜而已于孔孟何有哉其慟也其喜也中固自若也鑑之照物因物而異形而鑑之明未嘗異也莊生所謂出怒不怒則怒出于不怒出爲無爲則爲出于不爲亦此意也若聖人而無喜怒哀樂則

天下之達道廢矣一人橫行于天下武王亦不必恥也故于是四者當論其中節不中節不當論其有無也夫聖人所謂毋意者豈了然若木石然哉毋私意而已誠意固不可無也若所謂示見者則非誠意矣聖人不爲也故孟子論舜曰彼以愛兄之道來則誠信而喜之奚僞焉無誠意是僞也

致知必先于格物物格而後知至知至斯知止矣此其序也蓋格物所以致知格物而至于物格則知之者至矣所謂止者乃其至處也自修身推而至于平天下莫不有道焉而皆以誠意爲主苟無誠意雖有其道不能行中庸論天下國家有九經而卒曰所以行之者一一者何誠而已蓋天下國家之大未有不誠而能動者也然而非格物致知烏足以知其道哉大學所論誠意正心修身治天下國家之道其原乃在乎物格推之而已若謂意誠便足以平天下則先王之典章法物皆虛器也故明道先生嘗謂有關雎麟趾之意然後可以行周官之法度正謂此爾以上答學者

自致知至于慮而後得進德之序也譬之適四方者未知所之必問道所從出所謂致知也知其所之則知止矣語至則未也知止而至之在學者力行而已非教者之所及也答呂秀才

夫精義入神乃所以致用利用安身乃所以崇德此合內外之道也天下之物理一而分殊知其理一所以爲仁知其分殊所以爲義權其分之輕重無銖分之差則精矣夫爲仁由己爾何力不足之有顏淵之克己復禮仲弓之出門如見大賓使民如承大祭若此皆用力處也但以身體之當自知爾

夫通天下一氣也人受天地之中以生其虛盈嘗與天地流通寧非剛大乎人惟自梏于形體故不見其至大不知集義所生故不見其至剛善養氣者無加損焉勿暴之而已乃所謂直也用意以養之皆揠苗者也曲孰甚焉以上答胡康侯

學始于致知終于知至而止焉致知在格物物固不可勝窮也反身而誠則舉天下之物在我矣詩曰天生烝民有物有則凡形色之具于吾身無非物也而各有則焉目之于色耳之于聲口鼻之于臭味接于外而不得遁焉者其必有以也知其體物而不可遺則天下之理得矣天下之理得則物與吾一也無有能亂吾之知思而意其有不誠乎由是而通天下之志類萬物之情贊天地之化其則不遠矣則其知可不謂之至矣乎知至矣則宜有止也譬之四方萬里之遠苟無止焉則將焉歸乎故見其進未見其止孔子之所惜也古之聖

人自誠意正心至于平天下其理一而已所以合內外之道也世儒之論以高明處己中庸處人離內外判心迹其失是矣故余竊謂大學者其學者之門乎不由其門而欲望其堂奧非余所知也題蕭欲仁大學篇後

附錄

虔州有疑獄衆所不決者先生皆立斷虔守楚潛議法平允而通判楊增多刻深先生每從潛議增以先生爲附太守輕己及潛去後守議不持平先生力與之爭方知其有守

欽宗卽位先生疏言河朔朝廷重地三鎮又河朔要藩今一旦棄之與敵以十二州之地貫吾腹中距京城無藩籬之固戎馬疾驅不數日而至非經久之計也四方勤王之師逾月而後集使之無功而去厚賜之則無名不與則生怨復有急召之宜有不應命者不可不慮也傳聞三鎮欲以死拒之今若以兵躡其後使腹背受敵宜可爲也朝廷欲專守和議以契丹百年之好猶不能保況此狂敵乎夫要盟神不信宜審處之無至噬臍

又言聞敵人驅兵磁相劫掠無算誓書之墨未乾而叛不旋踵肅王初約及河而反今挾之以往此叛盟之大者臣謂宜以肅王爲問責

其敗盟必得肅王而後已三鎮之民以死拒之于前吾以重兵擁其後必得所欲若猶未從則聲其罪而討之師直爲壯是舉也直在我矣於是議者不一終失此機會太原諸郡皆告急矣

太學生伏闕之事執政懼其生亂引高歡事揭榜於衢且請以禮起李邦彥先生言士民出於忠憤非有作亂之心無足深罪邦彥首畫遁逃之策捐金割地質親王以主和議罷李綱而約誓書李鄴奉使失詞惟敵言是聽此二人者國人所同棄而敷告中外乃推二人平賊和議之功非先王憲天自民之意宜收還榜示以慰人心皆從之

伊川自涪歸見學者彫落多從佛學獨先生與上蔡不變因歎曰學者皆流於夷狄矣惟有楊謝長進

或勸先生解經曰不敢易也曾子曰吾日三省吾身爲人謀而不忠乎與朋友交而不信乎傳不習乎夫傳而不習以處己則不信以待人則不忠三者胥失也昔有勸正叔先生出易傳示人者正叔曰獨不望學之進乎姑遲之覺耄即傳矣蓋已耄則學不復進故也學不復進若猶不可傳是其言不足以垂後矣

劉元城道護錄曰龜山有除命不知何人薦曰聞是蔡攸曰不知肯來否補

胡文定曰吾於謝游楊三公義兼師友實尊信之若論其傳授卻自有來歷據龜山所見在中庸自明道先生所授吾所聞在春秋自伊川先生所發

又與先生書曰大諫初承詔命衆論猶疑安國獨以爲以明道先生之心爲心者裂裳裹足不俟屨而在途也

又與宰相書曰楊公時造養深遠燭理甚明混迹同塵知之者鮮知之者知其文學而已不知者以爲蔡氏所引此公無求於人蔡氏焉能浼之文定自註行年八十志氣未衰精力少年殆不能及上方嚮意儒學日新聖德延禮此老置之經席朝夕咨訪裨補必多至如裁決危疑經理庶務若燭照數計而龜卜又可助相府之忠謀也

又答胡應仲書曰楊先生世事殊不屑意雖袒裼裸裎不以爲浼

文定作先生墓志載先生奏安石爲邪說之事五峯問文定此章直似迂闊何以載之文定曰此是取王氏心肝底劊子手段何可不書書之則王氏心肝懸在肉案上人人見得而詖淫邪遁之辭皆破矣

呂紫微童蒙訓曰崇寧初本中始問楊中立先生於鬭止叔治止叔稱先生學有自得有力量常言人所以畏死者以世皆畏死習以成風耳如皆不畏則亦不畏也凡此皆講學未明知之未至而然補

朱子曰龜山過黃亭詹季魯家季魯問易龜山取一張紙畫箇圈子用墨塗其半云這便是易此說極好只是一陰一陽做出許般樣

問龜山何意出來朱子曰當此之時苟有大力量真能轉移天下之事來得也不枉既不能然又只隨衆鶻突

朱子又曰龜山之出人多議之惟文定之言曰當時若能聽用須救得一半語最當文定云先生誌銘備載所論當時政事十餘條當時宰執中若能聽用委直院輩畫一條具因南郊赦文行下必須救得一半不至如後來大段狼狽也蓋龜山當此時雖負重名亦無殺活手段若謂其懷蔡氏汲引之恩力庇其子至有慎勿攻居安之語則誣矣幸而此言出於孫覿人亦不信

張南軒答胡廣仲書曰龜山宣和一出在某之隂終未能無少疑恐自處太高磨不磷涅不緇在聖人乃可言高弟如閔子蓋有汶上之言矣至于以世俗利心觀之者則不知龜山者也何足辯哉補

宗羲案朱子言龜山晚年之出未免祿仕苟且就之然來得已不是及至又無可爲者只是說沒緊要底事所以使世上一等人笑儒者以爲不足用正坐此耳此定論也蓋龜山學問從莊列入手視世事多不經意走熟援而止之而止一路若使伊川于此等去

處便毅然斬斷葛藤矣故上蔡云伯淳最愛中立正叔最愛定夫二人氣象相似也龜山雖似明道明道卻有殺活手段決不至徒爾勞攘一番爲伊川易爲明道難龜山固兩失之矣雖然後人何曾夢到龜山地位又何容輕議也

黃東發日鈔曰橫渠思索高深往往杜後學之所宜先似不若龜山之平直動可人意然其精到之語必前此聖賢之所未發斥絕異端一語不流高明者多自立渾厚者易遷變此任道之有貴于剛大哉

補

龜山講友

文定胡武夷先生安國 別爲武夷學案

忠肅陳了齋先生瓘

忠公鄒道鄉先生浩 並爲陳鄒諸儒學案

游先生復

游復字執中建陽人定夫族父與龜山爲忘年友先生總角已知經學既壯學益富行益修鄉里旁郡多遣子弟從之遊其學以中庸爲宗以誠意爲主以閑邪寡慾爲入德之途 參龜山文集

附錄

龜山誌游執中曰嘗以晝驗之妻子以觀其行之篤與否也夜考之夢寐以卜其志之定與未也補

梓材謹案此從謝山所節深寧困學紀聞移入

提學鄭先生修

鄭修字季常不知何所人也龜山語錄中問答甚多嘗爲太學正補

梓材謹案北窗炙輠云龜山爲餘杭宰鄭季常本路提學季常特迂路見龜山執禮甚恭然不言是弟子當在師友之閒

附錄

龜山與季常言學者當有所疑乃能進德然亦須著力深方有疑今之士讀書爲學蓋自以爲無可疑者故其學莫能相當如孔子門人所疑皆後世所謂不必疑者也子貢問政子曰足食足兵民信之矣子貢疑所去荅之以去兵于食與信猶有疑焉故能發孔子民無信不立之說若今之人問政使之足食與兵何疑之有樊遲問仁子曰愛人問知子曰知人是蓋甚明白而遲猶未達故孔子以舉直錯諸枉能使枉者直教之由是而行之於知之道不其庶矣乎然遲退而見子夏猶申問舉直錯諸枉之義於是又得舜舉臯陶湯舉伊尹爲證故仁知兼盡其說子夏問巧笑倩兮美目盼兮直推至於曰禮後

乎然後已如使今之學者方得其初問之答便不復疑矣蓋嘗謂古人以爲疑者今人不知疑也學何以進季常曰某平生爲學亦嘗自謂無疑今觀所言方知古之學者善學

衛公李先生夔

李夔字師和邵武人經書一覽成誦文不停綴舅黃履器之與龜山友善登元豐進士第嘗爲華亭縣尉有政聲遷縣令累官右文殿修撰終龍圖閣待制以子忠定恩贈太師衛國公 參姓譜

龜山家學 胡周三傳

太學楊先生迪

楊迪字遵道文靖公長子爲髫兒已能力學指物卽賦凜然如成人旣冠益貫穿古今孝友和易中外無閒言平居無喜慍色至急人之困而樂其爲善則矯然敢爲必極其意而後已與人辯論綱振條析發微詰極冰解的破聞者欽聳退而察其私言若不能出諸口故無賢不肖愛敬之蓋度不身踐不苟言也里有辯訟不決者連年先生一言而兩家爲之平其誠信于人如此遊太學聲出等夷一旦棄而不顧抱經遊于伊川之門以窺然少年周旋羣公之閒同門之士咸歛手以推先伊川少然可雅器許之于易春秋尤精詣崇寧二年以

疾卒參朱韋齋集

判院楊先生安止

楊安止文靖子官判院其罷信幕赴調韓南澗送之詩曰白頭入幕府始與夫子親夫子龜山裔麏麚見祥麟參南澗甲乙稿

謝山跋宋史楊文靖傳後云楊文靖公之子安止本傳言其力學通經亦嘗師事程子然于其出處大節則不書不知其何意也朱子言胡和仲嘗勸秦丞相以相公當國日久中外小康宜請老以順消息盈虛之理秦曰我尚未取中原和仲曰若取中原必須用兵相公是主和議者曰敵自衰亂不待用兵可取也其後安止遂有劄子勸之去位秦大率如對和仲者于是不樂安止遂坐此去國不然安止亦須爲從官然則安止真不愧爲文靖子矣初汪聖錫在三山刊文靖集安止令姑弗入奏議于其中蓋以當時尚多嫌諱亦文靖所定道鄉先生集中之例也朱子謂文靖晚年出山一節世多疑之奏議尤不可不行于世安止聞之遽梓之于延平蓋程門四先生定夫後人嘗爲秦丞相所挽而其人不甚發揚至使其從昆弟竊取定夫所解論語以獻于秦上蔡三子一死楚一死閩秖克念者紹興中漢上奏

官之而遽卒與叔則無聞焉其有聲者惟楊氏耳安止官終判院而水心謂文靖卒于紹興丙辰七十年來無仕者又不可解也梓材案史傳所載文靖子力學通經嘗師程子者名迪太學遷道也卒于崇寧三年安止與秦丞相同時已在崇寧以後蓋別一人謝山似誤合爲一胡文定撰龜山墓誌云子五人迪早卒迥遹適造已任未知誰爲安止也

楊先生雲

楊雲遵道子也與朱韋齋善學業志操能世其家參朱韋齋集梓材謹案艾軒學案有與龜山之孫楊次山書未知即先生否也

龜山門人

著作王福清先生蘋別爲震澤學案

文清呂東萊先生本中別爲紫微學案

館職關澮先生治別見陳鄒諸儒學案

御史陳默堂先生淵別爲默堂學案

文質羅豫章先生從彥別爲豫章學案

文忠張橫浦先生九成別爲橫浦學案

主簿蕭先生顗

蕭顗字子莊浦城人天資質樸少孤事母以孝聞母喪廬墓有靈芝之異與李郁陳彥同受業于龜山嘗答范某書云士之所志舍仁義何爲哉惟仁必欲熟義必欲精熟則造次顛沛有所不違精則利用安身而德崇矣晚以累舉得官爲清流縣主簿終歲而歸徜徉閭里朱韋齋先生嘗師事之

文忠胡致堂先生寅 別爲衡麓學案

承務胡五峯先生宏 別爲五峯學案

簡肅劉白水先生勉之 別爲劉胡諸儒學案

待制潘默成先生良貴

潘良貴字義榮一字子賤金華人釋褐爲博士遷祕書郎時相蔡京方以爵祿鉤知名士先生屹然特立親故數爲京致願交意先生正色謝客累除左司諫黃潛善汪伯彥惡其侃直改除工部郎先生以不得其言求去及還左司呂頤浩從容謂先生曰旦夕相引入兩省先生謂宰相不得云私恩即日乞補外出知嚴州起爲中書舍人會戶部侍郎向子諲入見語言煩褻先生立殿上厲聲叱退者再閤門彈之以集英殿修撰提舉江州太平觀起知明州期年除徽猷閣待

制提舉亳州明道宮既歸不出者十年坐與李莊簡通書降二官卒年五十七先生嘗從龜山遊爲博士時王黼張邦昌俱欲妻以女拒之晚家居貧甚秦檜諷令求郡先生曰辭之于君父求之于宰相良貴不敢爲也其剛介類如此著有雜著十五卷朱子爲之序參史傳

梓材謹案謝山原底標目以先生與王先生居正廖先生剛高先生閎喻先生樗爲潘王諸子學案蓋龜山門下最盛默堂豫章橫浦而外諸子將別爲學案後又歸併龜山爾

雲濠謹案范許諸儒學案香溪傳引答潘默成書有云浙東永嘉九先生而後默成一輩多屬楊尹之徒攷香溪集作與潘左司書左司即先生默成其自號也又案浙江舊志云紹興閒龜山寓金華潘默成從之遊時王師愈方幼穎悟默成攜見龜山出論語傳相示師愈拜而受之

待制王竹西先生居正

王居正字剛中故蜀人高祖始遷揚之江都故學者稱爲竹西先生十六歲而孤嗜學荆公新經義盛行先生非之不肯作新進士語流落者十年在太學見知于司業建安黃齊已而齊同知貢舉事始登宣和三年進士丁內艱廬墓行古喪禮除服累有補調皆不就高宗

即位以薦再召不起避兵陽羨山谷間同年范宗尹爲相薦之趣召甚急始至行在責宗尹曰時危至此位宰相不出所學救民塗炭中尙誰待予分死溝壑勉出見公一道此意耳宗尹謝罪及入對以爲今日之事畏難而不復有所爲將以望天意之自回強鹵之自斃臣有所不忍聞因條仁宗聖訓十事上悅謂宗尹曰人才如王居正者歲月間得一人亦幸矣改太常博士除尙書禮部員外郎議宗祀明堂隆祐太后升遐冊禮撫州守以甘露降上聞先生請卻其圖進太常少卿疏上數千言其論省費尤詳謂宋興一百七十三年百司庶府朝夕之所行蓋多彌文之事今海內鼎沸陛下行宮行在一二日少駐蹕之頃以數路數十州土地之所出欲盡爲向者一百七十三年之事不忍暫有所廢革以爲能奉行祖宗之故事而但以減半之說爲隨事以省費亦已拙矣願詔大臣計百事之費而論定之其不在當爲之例者罷之而不必計秋毫之費以示弱以右文殿修撰知婺州舊貢羅萬匹崇寧後至五萬匹建炎中詔蠲其二萬八千匹未幾主計者復徵之先生三上章不報遣屬吏詣政事堂爭之又不得乃竟置其檄不行而手疏五不可爭之上感悟如其請御爐炭有獻胡桃文鶉鴿色者先生報轉運使書曰深山窮谷之民安知所謂胡

桃文鶉鴿色者且上方簡儉以移風俗顧以浮侈敗之邪及還朝爲上言之上曰朕未嘗有此也已而以起居舍人權中書舍人上欲遷宗室令廣爲太中大夫先生言此侍從所轉官令廣庶寮不得遷此祖宗法也大將張俊部卒至彭澤無狀彭澤令郭彥恭械之帝罷彥恭以俊訴也先生言彥恭無可罪又斥俊乞免徭役之非又以和州被兵宜蠲其進奉大禮絹除目有自中出者先生謂近習請託進擬不自朝廷所繫非輕因錄皇祐詔書以進上嘉納之除兵部侍郎北邊解嚴力言防江之備不可撤時上眷先生甚其扈車駕親征也甫次平江羽檄狎至大臣有爲進退計者上曰王居正必不肯爲且將授以政而異意者忌之先生不自安連章請郡以徽猷閣直學士知饒州改知台州陛辭諭以將大用御史謝祖信以危語劾之下除待制未幾奉祠屏居括蒼者三年而上不忘也其弟駕部居修入對上問之曰汝兄安在行大用矣嘗與御史論民牧上舉先生守婺免貢羅爭貢炭二事曰守臣若皆如此朕更何憂又嘗稱先生制誥得詞臣體起知温州秦檜之參知政事也與先生善閒論天下事銳甚及爲相所言皆不酬先生疾之嘗言于上曰檜嘗語臣中國之人惟當著衣噉飯共圖中興又自謂使檜爲相必有以聳動天下願陛下以

臣所聞問檜使行其平昔之言檜怒甚至是再當國先生自知不爲所容半年以目疾請祠歸陽羨絶口不及時事書祠官之考十二檜忌之不置猶奪其徽猷閣待制先生晏如也紹興二十一年卒檜死有詔復官先生自少攻新經及見龜山楊文靖公于陽羨出所著三經義辯示之曰吾舉其端子成吾志先生益感厲首尾十年爲毛詩辯學二十卷尙書辯學十二卷周禮辯學五卷三經辯學外集一卷其在兵部時因入對上偶及安石新學爲士大夫心術之害先生進曰臣側聞陛下深惡安石之學久矣不識聖心灼見其弊安在上曰安石之學雜以霸道取商鞅富國強兵之說今日之禍人徒知蔡京王黼之罪而不知天下之亂生于安石先生對曰禍亂之源誠如聖訓然安石所學得罪于萬世者不止于此爲上陳安石訓釋經義無父無君者一二條上作色曰是豈不害名教孟子所謂邪說者正謂是于是請以辯學進呈先生卽序上語于書首先生他所著書有春秋本義十二卷竹西論語感發十卷孟子疑難十四卷竹西集十卷西垣集五卷兵民條例一卷修

尙書廖高峯先生剛

廖剛字用中順昌人嘗從陳了翁遊已受學龜山崇寧五年進士宣

和中爲監察御史時蔡京當國先生論奏無避出知興化軍紹興元年召爲吏部員外郎歷起居舍人侍講給事中刑部侍郎知漳州秦檜當國方主和議召先生先生咨于鄭邦達邦達曰和亦是好事先生至闕拜御史中丞助成和議改工部尚書終與檜不合而去十三年卒嘗與龜山說義利先生曰義利卽是天理人欲龜山曰只怕賢錯認以利爲義也朱子言剛非詭隨者但見道理不曾分曉龜山之言正爲是也雲濠案先生著有高峯文集十二卷子四遲過遂蘧皆秉麾節邦人號爲萬石廖氏

附錄

橫浦曰新曰善者天理也利者人欲也舜跖之分特在天理人欲之閒而已然天理明者雖居勢利之中而不爲人欲所亂人欲亂者雖居仁義之中亦無一合于天理者此又不可不辨昔廖剛尚書問龜山先生以治心修身之術先生以舜跖一章使剛求之剛既退謂先生門人曰此亦易曉耳先生乃以此爲問何也門人曰何不以子意之所解者爲先生言之剛卽入求見先生曰子何來之數也曰適先生所問剛已得之矣先生喜曰子何其敏也盍爲我言之剛曰自朝至暮孜孜爲美事者舜之徒也自朝及暮孜孜爲不美事者跖之徒

也先生曰子其詳之不可忽也吾正恐子誤以利作善會耳其愼思之剛悃然利善之難辨如此吾黨試以此求之爲善者心平易爲利者心險巇

教授趙庇民先生敦臨

趙敦臨字庇民鄞縣人少入太學見楊龜山于京師得其指授紹興五年第進士授蕭山簿郡守使者交薦之改湖州教授魏丞相杞汪敷文大猷皆其門人也王尙書應麟嘗葺其遺文爲之序曰斯文黄收純衣之製太羹元酒之味也（參延祐四明志）

憲敏高息齋先生閌（附蔣璯）

高閌字抑崇鄞縣人紹興元年以上舍選賜進士第爲祕書省正字擢禮部員外郎遷著作佐郎以言者論罷後召爲國子司業帝幸太學秦熺執經先生講泰卦胡五峯以書責之曰閣下爲師儒之首不能建大論明天人之理乃阿諛柄臣希合風旨求舉太平之典欺天罔人平生志行掃地矣除禮部侍郎出知筠州卒贈少師諡憲敏先生從龜山于太學胡文定訪士于龜山以先生爲首稱由是知名和靖將卒先生執弟子禮求見和靖辭以疾及卒門人王時敏呂稽中等問師服于先生以從宜答之著有春秋集注（梓材案集注十四卷）

先生仲子得全知黃州始取遺稿刻之而屬樓攻媿以序是時有蔣處士瑺字季莊者隱居慈溪力排王氏新經獨窮遺經不入城市先生每積所疑如干條則造訪之季莊不輕與人相接聞先生至倒屣迎之小廬促膝竟夕不倦先生告辭則季莊送之數里而遙論者交重之修

雲濠謹案謝山爲長春書院記云楊文靖公在太學吾鄉人從之者多而高氏兄弟五人與焉所造之大憲敏其渠也讀憲敏春秋集注其發明聖人褒貶義例遠過于胡文定公至今說春秋者以爲大宗其所集厚終禮則朱子多采用之是時秦氏當國思陵臨太學憲敏講易之泰五峯疑焉及秦梓守明州求婚于憲敏不得卒以見忤罷官五峯始釋然蓋大儒之砥礪名節一步不苟而憲敏之無愧良友卽其所以得統師門者也吾鄉學派導源慶歷諸公至于伊洛世系則必自憲敏始又案憲敏兄弟五人長進士安世次憲敏次進士閶特進開其一人名無考

附錄

施氏北窗炙輠曰高抑崇始封進劄子以爲非和氣不足以治天下

上首肯之抑崇乃問上曰陛下以爲如何是和氣上爲愕然乃曰今疾厲不作螟蝗不生年穀豐熟百姓安康即和氣也抑崇曰此萬物和氣陛下和氣安在上乃默然

又曰高抑崇說修其天爵而人爵從之以爲修其天爵而人爵來從其不來柰何若不來是天爵無驗若欲其來則與修天爵以要人爵何以異也所謂從者非此之從也從者任之而已矣

提舉喻湍石先生樗

喻樗字子才號湍石其先南昌人後徙嚴陵建炎末第進士先生質直好議論謁趙忠簡鼎曰公之事上當使啓沃多而施行少啓沃之際當使誠意多而語言少忠簡奇之引爲上客後都督川陝荆襄辟爲屬多所裨益即薦授祕書省正字兼史官校勘以忤秦檜出知懷寧縣通判衡州致仕檜死復起歷提舉浙東常平以治績聞玉山汪氏應辰其壻也門人知名者有程迥尤衮

玉泉語錄 補

天下事只要消平不要激作

六經數十萬言只有十字能盡其義便足要之不出乎君臣父子夫婦長幼朋友而已

仕而優則學學而優則仕則者卽也仕而優便是學有民人焉有社稷焉何必讀書然後爲學非仕而優則學乎學而優便是仕孝乎惟孝友于兄弟施于有政是亦爲政非學而優則仕乎

春秋無褒貶聖人只如一面鏡相似是非善惡各因其實

附錄

陳唯室步里客談曰喻子才道王侍郎剛中語云文字使人擊節歎賞不如使人肅然起敬補

簽樞徐師川先生俯

徐俯字師川分寧人以父禧死國事授通直郎累官至司門郎張邦昌僭位遂致仕時工部侍郎何昌言與其弟昌辰避邦昌皆改名師川故名婢昌奴每令驅使客前建炎初召爲右諫議大夫紹興二年賜進士出身兼侍讀尋簽樞密院事四年兼權參知政事與趙忠簡鼎議事不合出知信州十年卒先生之歸洪州也欲不復來龜山謂之曰公免得仕宦否先生曰不能龜山曰如此則當復來供職仕宦處處一般逃此至彼彼亦有不安處是無地可以自容也先生曰來此恐復爲人所陷龜山曰顧吾所自爲者何如耳苟自爲者皆合道理而無愧然而不能免者命也不以道理爲可憑依而徒懼其不免

則無義無命矣先生受教

運判盧毋我先生魁

盧魁雲濠案儒林宗派先生名奎字公圭邵武人政和初進士仕至江西運判嘗作毋我論爲衆所推號盧毋我其學多得于龜山晚寓黔中所著筆錄十卷

廖先生衙

廖衙字仲辰□□人龜山之姪壻也在龜山門下與羅豫章爲友聚生徒于羅源南齋議論得其壼奧

知州林先生宋卿

林宋卿雲濠案一作宗卿字朝彥仙遊人嘗從了翁龜山學崇寧中登第後知恭州奏罷貴州役請蠲削下戶軍需絹秩滿以治行薦留再任自受俸非祿令所著者一介不取恭人祠之南渡後張忠獻浚建督先生啣命起督府稟議因條湖北兵籌五利又有湖北事宜一集督撫集議一集及忠獻視師江上辟宣府判官不赴補

提刑黃先生鍰

黃鍰字用和浦城人政和五年進士龜山甚器重之調西安丞李忠定宣撫河東辟爲屬高宗拜監察御史出提點江西刑獄乞祠

文簡宋雲海先生之才

宋之才字廷佐瑞安人舉進士教授京兆府每言士負卓犖材皆可入聖賢之域患速售爾故深務韜養積十八年不易初官召試除正字丁母憂服除入爲校書郎遷考功郎言不可以講和忘進取歷司業權禮部侍郎乞去以敷文閣待制奉祠所著有雲海㩻帚集五卷

宗羲案林艾軒與楊次山書云龜山先生有一徒弟在永嘉不知其存否今考之當是宋之才也是在當時已多不識況至于後世乎他如范濟美李似祖曹令德名皆不可知矣

雲濠謹案瑞安縣志載先生起知衢州卒謚文簡

機宜李西山先生郁

李郁字光祖邵武人元祐黨人深之子龜山之壻也嘗謂之曰學者當知古人之學何所用心學之將何以用若曰孔門求仁則何爲而謂之仁若曰仁人心也則何者而謂之人心邪先生退求其說累請而累不合湛心者十有八年然後渙然若有得也故其語學者亦曰學者于經讀之又讀而于其無味之處益致思焉至于羣疑並興寢食不置始當驟進耳紹興初以遺逸召對便殿除敕令所删定官秦檜用事先生自度不能俯仰祿仕遂遁迹西山久之起家福建帥司

機宜旋移病告歸二十二年卒著有易傳參同契論孟遺稿及詩文集朱子言龜山之徒如蕭子莊李西山陳默堂皆說禪龜山沒西山嘗有佛經疏追薦之

李先生似祖

曹先生令德合傳

李似祖曹令德皆龜山弟子嘗問何以知仁龜山曰孟子以惻隱之心爲仁之端平居但以此體究久久自見因問二子尋常如何說隱似祖曰如有隱憂勤恤民隱皆疾痛之謂也曰孺子將入于井而人見之者必有惻隱之心疾痛非在己也而爲之疾痛何也似祖曰出于自然不可已也曰安得自然如此若體究此理知其所從來則仁之道不遠矣二子退或從容問曰萬物與我爲一其仁之體乎曰然

祖望謹案李似祖當是光祖之弟光祖兄弟皆從龜山遊

梓材謹案西山有兄名階字進德傳見范呂諸儒學案豈亦龜山弟子耶又案龜山文集有樞密曹公墓誌銘樞密名輔字載德沙縣人其弟名軝當卽曹先生令德之名也

檢討范先生濟美

范濟美佚其名建陽人成童時從師友肄業于郡庠敝衣菲食與貴

游子弟居不少屈以苟合由進士調除宿州教授學者造門請業皆虛往而實歸用薦者改從事郎始薛右丞自負學有師承聞先生名令諸子從遊會右丞被旨編集王荆公遺文辟先生爲檢討官逾月卒于京師年六十一參龜山文集

陳先生彥

陳彥

梓材謹案先生與蕭子莊同事文靖見上子莊傳其事未詳

知州胡先生珵別見元城學案

州守鄒先生柄別見陳鄒諸儒學案

舍人曾先生恬別見上蔡學案

章復軒先生憲

章先生哲並見震澤學案

隱君徐逸平先生存見下子莊門人

史館柴先生禹聲

柴先生禹功合傳

柴禹聲字元振江山人也同徐逸平學于毗陵見龜山鄒給事可久爲作潛心室銘高抑崇在太學嘗薦之曾充史館其兄禹功字懋續

晚歲亦登楊門

教授江先生琦別見武夷學案

縣令翁子靜先生谷

翁谷字子靜南劍人政和三年進士權知崇安縣曰惟仁得民未半年百敝一新有幹濟才睦寇起閩以鄰境戒嚴先生團練鄉兵守分水嶺岌嶪竹嶺二寨屹然時閩部三循吏齊名曰黃端陳麟而先生爲之首大吏怙勢自恣反以城守事齮齕之先生抗辭不屈逮繫圜扉遠謫道卒龜山哭之慟謂其少而力學惟善是爲積厚而施薄默堂亦哭之曰天下共冤渠不恨平生憂國自忘身先生爲龜山高弟顧學錄皆失其本末略見默堂文集補

縣令李先生德駿

李德駿在龜山之門以唐縣令死賊補

梓材謹案謝山稿底于是條接云翁子靜亦龜山高弟而無從考其名時蓋未見默堂集也

通判童先生大定見下庇民門人

說書王先生師愈見下默成門人

檢正王彥穎庭秀

王庭秀字彥穎慈溪人政和二年進士歷御史臺檢法官高宗立臺臣言僞楚時庶官中如虞譔王庭秀者初非疾病毅然而歸願褒擢之拜遷侍御史與鄭瑴力爭明受降封事出知瑞州以右正言呂祉疏諫召爲吏部郎改左司遷檢正中書門下省諸房公事與黃潛善不合引疾奉祠歸彥穎從學龜山其爲學旁搜遠紹不苟趨時好造詣深遠操持堅正發爲文辭俊邁宏遠焜如也有女嫁任賢臣廉淑賢臣攝武昌有奉饋告其夫曰異時貧甚宜不聊生亦且至今日矣今日幸麤足奈何以此自汚說者以爲彥穎之教也

謝山跋四明志王檢正傳曰檢正爲黃涪翁詩弟子諸志爲作傳皆排比其善行而困學紀聞撮其磨衲集論議之妄以鄭介夫爲妄言陳少陽爲鼓變是熙豐之法度非元祐之紛更謂黨人子孫爲謬賞謂蘇黃文章爲末藝甚者擬程子之學于墨釋而以易傳成于楊謝之删潤詆趙張二相尤力有是哉其謬妄也

默成講友

賢良范香溪先生浚 別爲范許諸儒學案

衞公家學

忠定李梁溪先生綱

李綱字伯紀待制夔之子其祖自邵武居無錫先生登政和二年進士仕徽欽高三朝積官至太常少卿徽宗內禪欽宗卽位除兵部侍郎金兵渡河以爲東京留守累除資政殿大學士領開封府事先生被命勤王入援未至而都城失守高宗卽位拜尙書右僕射兼中書侍郎罷爲觀文殿大學士復落職居鄂州移澧州萬安軍次瓊州放還任便紹興二年除觀文殿學士湖廣宣撫使兼知潭州三年復祠祿居福州九年除知潭州荊湖南路安撫大使力辭次年卒年五十八贈少師淳熙十六年賜謚忠定先生負天下之望以一身用舍爲社稷生民安危雖身或不用用有不久而其忠誠義氣凜然動乎遠邇每宋使至燕山必問先生與趙鼎安否其爲遠人所畏服如此著有易傳內外篇論語詳說文章歌詩奏議諸集百餘卷參史傳

梓材謹案龜山爲先生父執龜山年譜紹興五年龜山八十三歲四月二十三日與先生論性善之旨翼日龜山卒是先生嘗聞道于龜山矣

梁溪講友

右丞許崧老先生翰 別爲范許諸儒學案

子莊門人胡周四傳

獻靖朱韋齋先生松別見豫章學案

隱君徐逸平先生存

徐存字誠叟江山人隱居教授學者稱爲逸平先生從學者至千餘人所著有五經講義林艾軒朱子皆敬之江山向無儒宿其學統自正介先生周穎受之胡安定而先生繼之

梓材謹案柴元振傳言其同先生見龜山衢州府志亦言先生從龜山學然攷袁蒙齋爲先生集序云逸平自言其學得于蕭先生蕭先生得于龜山楊先生蓋出于伊洛之學者也樓攻媿爲江元適墓誌云聞南塘徐誠叟之名其學本于伊川據此則先生殆由蕭氏從龜山因以得伊川之傳者也

默成家學

顯謨潘先生時別見元城學案

通判潘矯齋先生好謙

潘好謙字伯益松陽人于默成爲同宗默成爲作矯齋記而受教焉性嗜文史恂恂而馴飭歷官自麗水尉至通判紹興府以卒參宋文憲集

默成門人

說書王先生師愈

王師愈字與正金華人紹興閒登第官至崇政殿說書補

梓材謹案朱子爲先生神道碑云潘舍人義榮奇之召致門下教視均子姪與見龜山楊公受易論語之說公又自從東萊呂舍人居仁問知中朝諸老言行之懿二公皆器許之是先生本以潘氏門人受教龜山而又及紫微之門也

雲濠謹案萬歷金華府志載先生乾道中除金部郎官召見言事御札俾奏嘗稱其有諫官才罷知饒州後除浙江提點刑獄丐祠卒其爲政仁恕而綱目整齊朱子爲作墓誌稱其有本有文德望隱然爲東州之重云

庇民門人

文節魏碧溪先生杞

魏杞字南夫壽春人趙庇民高弟也紹興二年進士以廕擢太府寺主簿累遷參知政事右僕射兼樞密使先生嘗爲金通問使正敵國禮損歲幣以不辱命由庶官一歲至相位帝方銳意恢復先生左右其論會郊祀冬雷用漢制災異策免出知平江府後以端明殿學士

奉祠告老復資政殿大學士卒謚文節參史傳

謝山碧溪魏文節公祠堂碑銘曰文節本家焦山以受經于趙公庇民來鄞定居溪上既退休東閣之客最多若張武子王季彝之詩葛天民之怪柴張甫之俠無所不集溪上風流于斯為盛文節于孝皇時最稱重臣其使金不屈卒正國書用敵國禮功尤大秉鈞西府惜乎未見其用及投閒溪上絕口不道時事飄然人外宏獎風流不特吾鄉十八宰執之傑也

莊靖汪適齋先生大猷

汪大猷字仲嘉號適齋鄞縣人贈少師思温子也登紹興進士第累官至敷文閣待制謚莊靖先生生而岐嶷四歲誦孝經能對客問學中所講論語孟子輒述口義以示同舍一日千里儕輩皆畏之登第後嘗習宏辭科應用之文足以行意出為州縣守將多委以箋奏南宮名表一出士林誦之孝宗朝為給事咨訪時政陳奏無隱經筵講義進故事論治道之要務為實用先生父少師深仁厚義稱于世嘗曰事事上行方便物物上有利益此吾志也先生實能推廣之居鄉學校寖圮勸率巨室且為之文謂崇釋老之居以邀福澤不如新夫子之宮以助風化凡里中義事多自先生倡舉晚以白太傅自況真

率之約未嘗以爵齒上人樓攻媿謂其內行修飭名節純全放于古之完人先生庶幾無憾焉有適齋存稿二十冊手鈔書曰適齋備忘十七冊取唐宋名公詩集編爲詩韻四十冊又有漫錄訓鑒等書參樓攻媿集

附錄

汪玉山與敷文兄書曰諸子失學非細事此正是著力時若半路上落下他日悔之無及浮屠家比之如抱雞子須暖不斷補

梓材謹案此條從玉山學案移入敷文卽適齋先生三江汪氏皆一家故稱敷文兄而以家學相勉云又謝山所錄玉山文集又有與汪叔嘉一條叔嘉疑卽仲嘉之異

通判童持之先生大定

童大定字持之奉化人事鄉先生趙庇民總角入鄉校會舍法罷遊京師中左學選所交皆一時名士高侍郎抑崇以其天資粹美盡以所聞相授復從楊龜山先生遊就正所學靖康之亂歸徧取古今書讀之造詣益邃紹興癸亥再入太學尋以母憂去起復獨不謁時相登進士第調漢陽尉親履畎畝正其經界收漁戶稅不私一錢調永嘉丞轉江東漕屬所至有善政改宣教郎授徽州教授轉奉議郎通

判靖江軍事解秩歸參四明舊志

持之講友

通直舒德觀先生黻

舒黻字德觀奉化人廣平先生璘之父也最與童持之講學相睦陸文達復齋謂其温恭足以警傲惰之習粹和足以消鄙吝之心蓋亦學有原本者持之故龜山弟子也遂爲廣平婦翁補

息齋門人

通判童持之先生大定見上庇民門人

高國任先生材別見和靖學案

湍石門人

文定汪玉山先生應辰別爲玉山學案

朝奉程沙隨先生迥

程迥字可久號沙隨由寧陵徙居餘姚登隆興元年進士第知上饒縣已而奉祠嘗受經學于嚴陵喻氏著古易章句十卷易傳外編古易考古占法各一卷又有春秋傳顯微例目論語孟子章句文史評經史說諸論辯太玄補贊戶口田制貢賦書乾道振濟錄等書卒官朝奉郎朱子稱其博聞至行追配古人釋經訂史開悟後學當世之

務又所通該其高第曰高元之

文簡尤遂初先生袤

尤袤字延之無錫人入太學以詞賦冠多士尋冠南宮紹興閒登進士第官至禮部尚書年七十贈金紫光祿大夫謚文簡先生少從喻湍石游乾淳閒程氏學稍振忌之者目為道學將攻之先生時在掖垣首言夫道學者堯舜所以帝禹湯武所以王周公孔孟所以設教近立此名詆訾士君子故臨財不苟得所謂廉介安貧守分所謂恬退擇言顧行所謂踐履行己有恥所謂名節皆目之為道學此名一立賢人君子欲自見于世一舉足且入其中俱無得免此豈盛世所宜有孝宗曰道學豈不美之名正恐假託為姦使真偽相亂爾付出戒敕之先生卒數年韓侂胄擅國于是禁錮道學賢士大夫皆受其禍識者以先生為知言嘗取孫綽遂初賦以自號光宗書扁賜之有遂初小稿六十卷內外制三十卷 雲濠案先生著作甚夥久佚無存今惟遂初書目及梁溪稿一卷行世

梓材謹案宋史先生本傳云少從喻樗汪應辰遊則先生又及玉山之門

尤延之語

仕而報怨私也仕而報恩亦私也補

附錄

孝宗將內禪先令皇太子議事遂初以常少兼諭德上書太子曰大權所在天下之事所趨甚可懼也願殿下事合大小一啓上旨而後行情無厚薄一付衆議而後定且利害之端常伏于思慮之所不到疑閑之萌每開于隄防之所不及儲副之位止于侍膳問安不交外事撫軍監國自漢至今多出權宜事權不一動有觸礙乞俟祔廟之後便行懇辭以章令德太子答曰可謂見愛之深補

師川門人

隱君曾艇齋先生季貍別見紫微學案

西山家學

隱君李澹軒先生呂

李呂字濱老一字東萊西山先生郁之再從子也學于西山年四十即棄科舉讀易六十四卦皆爲義說百家無所不觀而尤留意通鑑手鈔至數四于其中興衰得失論著又數百篇聚族千指昕夕擊鼓集衆致禮享堂前後聚揖自少至老不以寒暑廢或勸少休先生曰身率猶怠況自怠邪爲會宗法歲時設遠祖位合族薦獻聚拜飲福

秩然可觀學務躬行深惡口耳之習教人循循善誘故不喜言貨財苟可用物利人則勇爲之如立社倉養下戶不舉之子創屋療旅病朱子嘗爲之記歎其負經事綜物之才而不遇也所著有澹軒集十五卷子閎祖見朱子弟子學案修

附錄

先生晚與朱子契其學甚著有周易義說每言易在識時權之以義苟非真知義之所在而喜言變則反害易矣

龜山續傳

宣教黃先生櫄 別見紫微學案

逸平門人 胡周五傳

州守鄭先生升之

鄭升之字公明江山人也師事逸平以進士除學官嘗言學術之害莫甚于老莊乞勿命題召試館職累官吏部郎守賀州所著有鄭賀州集

通判江玉汝先生介

江介字邦直德興人少讀程子書至水清性善之說喟然太息視平日所學不過爲利祿爾亟走謁徐逸平于常山而師之官進賢令以

旱賑卹有勞旁縣吏多受賞先生曰子饑而母乳之何賞爲會詔蠲民田半租先生以爲輸租之弊雖合勺必取盈若但蠲其半僅有利于大戶彼輸一升者名減五合而仍一升也不若取貧民三升以下者悉蠲之部使者程大昌以聞從之大昌喜曰君雖官止百里而惠加一路隆興帥守龔茂良尤重之改興國令陳其邑五事時不能用轉四川總領司主管文字東川大饑總領主餉不豫民事先生請以庫之羨錢賑之遂昌守李燾亦亟稱之通判恭州卒所著有玉汝堂集先生誠慤敦重有得于龜山之傳其于逸平諱曰爲不御酒食者終身兩宰縣可比古之循吏門人以程端蒙爲最

漕使柴退翁先生瑾

柴瑾字懷叔江山人也師事逸平以進士倅番陽歲飢便宜以常平米發賑太守難之荅曰設有咎下官當自受之入爲殿中侍御史福建漕使有退翁集

鄭先生雍

陸先生律合傳

隱君江先生泳合傳

柴先生衞合傳

鄭雍字德和陸律字子通西安人也江泳字元適柴衛字元忠江山人也皆師逸平補

雲濠謹案樓攻媿誌江元適墓云世居衢之開化元適蓋在南塘之門得其傳而不仕者南塘謂逸平也

周先生賁

周先生孚合傳

周賁字彥約與其弟孚字彥信亦事逸平補

梓材謹案萬氏儒林宗派載二周先生皆江山人

矯齋家學

潘先生景夔

潘先生景尹並見麗澤諸儒學案

說書家學

朝奉王定庵先生瀚

縣令王先生洽並見麗澤諸儒學案

碧溪門人

文懿陳菊坡先生居仁

陳居仁字安行興化軍人父特進膏娶鄭汪氏女因家焉建炎三年

生先生于奉化少長穎悟十歲能屬文登紹興二十一年進士由管庫兼檢討官丞相壽春魏公使金先生嘗學事之辟先生爲書狀官時和戰未決先生以身許魏公魏公察無懼色嘖曰仁者之勇也卒成禮而還爲御史奏言李燾莫濟宜召用又上選武臣恤士卒寬逋負省叢脞諸疏凡有所聞抗言無避先生五綰郡組仕至華文閣直學士提舉太平興國宮事君臨民自信無媿慶元三年卒于家諡文懿先生學問深醇文辭溫潤周益公尤愛重之嘗薦于孝宗曰臣交遊多矣耐歲寒者惟陳居仁一人歷仕中外惜官物如己物治公事如私事公退則便坐蕭然凝塵滿室澹如也遂以澹名室喜讀故書尤熟于班左摘其精要爲一編名曰擷芳有奏議制稿二十卷詩文雜著十卷學者稱菊坡先生 參樓攻媿集

管庫張雪窗先生良臣

張良臣字武子一字漢卿襄邑人家于四明篤學好古擢隆興進士第從魏文節史忠定遊二公薦士如林先生獨芒鞵藤杖日與高逸往來其閒不復以名宦爲念淳熙末始管庫行都朝士稍稍知而愛之而病不可爲矣著有雪窗集先生試南省文節爲參詳官擕二策以見知舉張燾曰此文拙古必故人張武子所作使欲得士願以進

壽許之撤試果先生也文節晚居小溪山中日從酬唱參延祐四明志

持之門人

文靖舒廣平先生璘別爲廣平定川學案

舒氏家學

文靖舒廣平先生璘別爲廣平定川學案

沙隨門人

高萬竹先生元之

高元之字端叔武烈王瓊之七世孫也建炎間衣冠南渡父寓籍明州因家焉家貧無書得易一編口誦不輟數日忘盥櫛後受易春秋學于沙隨程氏時傅伯成爲郡教授少許可折節與之交由是鄉學者數百人師事之作變離騷九篇五上禮部卒不第而門人俱顯仕將死屬書樓攻媿以歐陽子南省白欄求誌文貧不能葬門人會葬立祠歲時祀之號萬竹先生先生事親孝貧能輕財復喜言兵凡陰陽方技九流之說悉能究其指歸參延祐四明志

祖望謹案萬竹先生遇老校退卒與之談中原及兵家事抵掌慷慨有封狼居胥之志故論兵法尤精

謝山高氏春秋義宗序曰端叔受學于沙隨程氏學日以博故其于周易于毛詩于論語皆有撰著而捃拾之富至三百餘家者春秋也爲書百五十卷先是高憲敏公息齋曾有春秋集注而端叔繼之故吾鄉稱爲春秋二高不以名位甲乙也

御史宋先生元之

宋先生元龜合傳

宋元之字伯允餘姚人也與弟元龜同受易于沙隨舉進士光宗受禪求直言先生極言官爵冗濫士風不競宰相倚阿佛老蠹民武事廢弛皆切中時弊召赴行在賜對請得劇邑自效知弋陽輔臣薦其可任臺諫乃自廬州判擢御史抗章言蘇師旦不法以中旨罷補

曹无妄先生建別見滄洲諸儒學案

澹軒家學

帥幹李綱齋先生閎祖

李先生相祖

縣尉李先生壯祖並見滄洲諸儒學案

玉汝門人胡周六傳

太學程蒙齋先生端蒙別見滄洲諸儒學案

菊坡家學

清敏陳先生卓

陳卓字立道文懿公菊坡第五子壯歲登進士第宦意泊如也其守寧國以中書舍人補外道由臨安丞相史彌遠欲見之先生謝不往爲翰苑官草詔告中外讀者咸感動端平二年簽書樞密院事未幾丐祠還里平生不營產業以贊書所酬金築世綸堂退居十六年卒年八十六謚清敏樓攻媿稱菊坡精力德量舉不可及立道則于再世見之矣參延祐四明志

參議陳西麓先生允平

陳允平字君衡文懿之孫清敏之弟之子也德祐時授沿海制置司參議官祥興元年先生與蘇劉義書期九月以兵船下慶元當內應爲怨家所訐且言禮部尚書高衡孫等三十餘人皆聯署時張宏範督師南下遣招討使王世強圍捕同官袁洪解之得釋後以人才徵至北都不受官放還善詩辭與吳文英翁元龍齊名參袁清容集

梓材謹案謝山原底標題陳西麓監丞入慈湖然考其事略絕不言其師承不如附列陳氏家學爲得

菊坡門人

直言張荃翁先生端義別見慈湖學案

雪窗家學

張先生時

張時一名鄘字居卿雪窗先生亘臣子謫于徽補

遂初續傳

尚書尤木石先生焴別見水心學案

宋元學案卷二十五

廌山學案表

游酢 附兄醇 明道伊川門人 安定濂溪再傳

呂本中 別爲紫微學案

曾開 從孫集

陳侁 子長方 子少方 並見震澤學案

江琦 別見武夷學案

胡安國 別爲武夷學案

陳瓘 別爲陳鄒諸儒學案

並廌山講友

宋元學案卷二十六

餘姚黃宗羲原本　　後學慈谿馮雲濠校刊
男百家纂輯　　鄞縣王梓材重校
鄞縣全祖望修定　　道州何紹基重刊

廌山學案

祖望謹案廌山游文肅公在程門鼎足謝楊而遺書獨不傳其弟子亦不振五峯有曰定夫爲程門罪人何其晚謬一至斯與予從諸書稍搜得其粹言之一二述廌山學案梓材案謝山序錄刊本稱游肅公而盧氏所藏稿底作文肅公肅公或因下卷序錄尹肅公而譌

二程門人胡周再傳

文肅游廣平先生酢附兄醇

游酢字定夫建州建陽人與兄醇俱以文行知名於世所交皆天下英豪先生雖少當時老師宿儒咸推先之伊川以事至京師一見謂其資可進道時明道知扶溝縣兄弟方以倡明道學爲己任設庠序聚邑人子弟教之召先生來職學事先生欣然往從之得其微言因受業焉元豐六年第進士調越州蕭山尉侍臣薦爲太學錄除博士

乞外以便養得知河陽范忠宣純仁判河南待以國士有疑輒咨之忠宣移潁昌辟自隨爲學教授及入相復以爲太學博士忠宣罷先生亦請外簽判齊州丁憂服除移泉州徽宗立擢監察御史出知和州歲餘主祠後知漢陽軍再乞祠後知舒州再知濠州罷歸家寓歷陽宣和五年卒年七十一先生性穎悟有治劇才時修奉祠館編氓困於征調所至騷然先生更數郡處之裕如民不勞而事集所著有易說詩二南義中庸義論語孟子雜解各一卷雲濠案楊龜山集有先生墓誌稱所著易說等書外復有廌山集十卷攷之年譜亦合久無完本世所行者乃掇拾各書合爲四卷

廌山遺文

易之爲書該括萬有而一言以蔽之則順性命而已陰陽之有消長剛柔之有進退仁義之有隆汚三極之道皆原于易而會于理其所遺者時也其所託者義也其所致者用也知斯三者而天下之理得矣斯理也仰則著于天文俯則形於地理中則隱於人心而民之迷日久不能以自得也冥行于利害之域而莫知所尚聖人有憂之此易之所爲作也伏羲象之而八卦成文王重之而六爻具周公繫之辭仲尼訓其義自伏羲至于仲尼則易之書不遺餘旨矣蓋將領天

下于中正之塗而要于時措之宜也居則觀象而玩辭動則觀變而玩占以研心則慮精以應物則事舉天且助之人且與之而何凶咎之有故曰是與神物以前民用又曰因貳以濟民行此四君子之用心也孫莘老易傳序

梓材謹案謝山序錄云從諸書搜得其粹言之一二知是書原底必有鴈山粹言而今亡矣姑錄其遺文一條

附錄

筮仕之初縣有疑獄十餘年不決公攝邑事一問得其情而釋之精練如素宦者人服其明雲濠案此條爲楊文靖語

伊川曰游酢非昔日之游酢也固是穎然資質溫厚又曰游酢讀西銘已能不逆于心言語外立得箇意思便能道中庸矣

又曰游酢楊時先知學禪已知向裏沒安泊處故來此卻恐不變也

游子問謝子曰公于外物一切放得下否謝子謂胡子曰可謂切問也胡子曰何以答之謝子曰實向他道就上面做工夫來胡子曰如何做工夫謝子曰凡事須有根屋柱無根折便倒樹木有根雖翦枝條相次又發如人要富貴要他做甚必須有用處尋討要用處病根將來斬斷便沒事上蔡語錄

呂紫微曰定夫後更學禪大觀閒某以書問之云儒道以爲順此父子君臣夫婦朋友兄弟則可以至于聖人佛道去此則何以至于聖人吾丈既從二程學後又從諸禪遊則二者之論必無滯閡敢問所以不同何也游答云佛書所說世儒亦未深攷往年嘗見伊川云吾之所攻者迹也然迹安所從出哉要之此事須親至此地方能辨其同異不然難以口舌爭也定夫言前輩往往不曾看佛書故詆之如此之甚而其所以破物者自不以爲然也

朱子記先生祠堂曰先正忠肅公之與先生遊也笑談論議書疏詞章皆所親見而聞之者至今尚能誦之其雍容俯仰之閒又能併得其深微之意使聞者怳然若將復見其人焉

問定夫記程先生語中一物不該非中也一事不爲非中也一息不存非中也何哉爲其偏而已矣朱子曰便是此說中字不著中字之義不如此他說偏字却是一偏一偏便不周偏却不妨如定夫記此語不親切不似程先生每常說話緣他夾雜王氏學當時王氏學盛行薫炙得甚廣

廌山講友

文定胡武夷先生安國別爲武夷學案

忠肅陳了齋先生瓘 別爲陳鄒諸儒學案

廌山門人 胡周三傳

文清呂東萊先生本中 別爲紫微學案

侍郎曾先生開

曾開字天游吉甫之兄也其先贛人徙河南崇寧進士官至刑部侍郎從學廣平日讀論語求諸言而不得則反求諸心每有會意欣然忘食先生天性孝友厚于九族信于朋友立朝遇事臨大節而不可奪師友淵源蓋有所自云

錄事陳先生侁

陳侁字復之長樂人也進士 雲濠案先生嘗爲洪州錄事卒于官 與陳了翁善了翁謫嶺外先生以書賀之凡數千言由此得罪先生有志伊洛之學乃從廣平游氏受業得其治氣養心行己接物之要故雖以了翁故被譴不改其節晚年遣其二子與王信伯遊所稱唯室先生者也 補

教授江先生琦 別見武夷學案

曾氏家學 胡周四傳

知軍曾先生集

曾集字致虛雲濠案謝山學案劄記有云曾正中字致虛又一條云曾中節致虛並與此異俟攷吏部尚書楙之孫也紹興閒累官知南康軍勤理庶務篤信仁賢先生承其從祖天游吉甫二先生之學而于東萊爲中表又從南軒

梓材謹案是傳從南軒學案移入以其本承家學也

陳氏家學

講官陳唯室先生長方

陳先生少方並見震澤學案

宋元學案卷二十六

和靖學案表

尹焞 材從子 伊川門人 安定濂溪涑水百源再傳

呂和問——李縉——子李札 別見滄洲諸儒學案

呂廣問

呂本中 別爲紫微學案

呂稽中

呂堅中

呂㶚中——子大器 子大倫 子大猷 子大同 並見紫微學案

馮忠恕

祁寬

王時敏

劉芮 別見元城學案

徐度——林憲

陸景端——林光朝 別爲艾軒學案

虞仲琳

高材——子公亮 別見槐堂諸儒學案

高選

韓元吉——子淲 別見清江學案

邢純

程瞱

蔡迨——子武子

蔡仍

徐正夫

黄循聖

沈晦

□伯充

羅靖

羅竦
並二呂講友

滕愷
節夫學侶

高閌
私淑
別見龜山學案

蘇昞
別見呂范諸儒學案

張繹

馮理
並見劉李諸儒學案

王蘋
別爲震澤學案

並和靖講友

宋元學案卷二十七

餘姚黃宗羲原本　　後學慈谿馮雲濠校刊
男百家纂輯　　鄞縣王梓材重校
鄞縣全祖望修定　　道州何紹基重刊

和靖學案

祖望謹案和靖尹肅公于洛學最爲晚出而守其師說最醇五峯以爲程氏後起之龍象東發以爲不失其師傳者良非過矣述和靖學案梓材案是卷黃氏本有作和靖學案語略今移于和靖傳後

伊川門人胡邵再傳

肅公尹和靖先生焞

尹焞字彥明一字德充祖源字子漸與弟洙並有名世爲洛人叔材亦以學行顯游于司馬温公邵康節之門梓材案此下原有温公入相材以遺逸薦爲學官康節所謂洛中三賢之一也二十三字以已爲材立傳于涑水學案節之先生既家世耆宿少聞長者之教年二十爲舉子因蘇季明以見伊川紹聖元年發策有元祐邪黨之問先生曰噫尚可以干祿乎哉不對而出告伊川曰焞不復應進士舉矣

伊川曰子有母在先生歸告其母陳母曰吾知汝以善爲養不知汝以祿養伊川聞之曰賢哉母也大觀元年諫官范致虛攻其爲程頤羽翼靖康元年五十五歲种師道薦其學行可備講說召至京師賜號和靖處士放還明年金師陷洛闔門被害先生死復甦轉徙長安山谷中劉豫僭號以禮聘先生不至夜渡渭水流離至蜀張公浚宣撫川陝館之張公曰人有不爲也而後可以有爲此孟子至論先生曰不然好善優于天下乃爲至爾蓋規張公之自是也紹興五年侍講范公沖舉先生自代高宗謂侍臣曰昔召程頤自布衣除崇政殿說書焞可依例令宣撫司津遣赴行在所先生累辭不得設祭于伊川乃上道其辭有曰有補于時則未也不辱其門則有之至九江諫官陳公輔有疏攻程學先生止不進上奏曰焞師程頤垂二十年學之既專自信甚篤使焞濫列經筵其所敷繹不過聞于師者舍其所學是欺君父時張公入相上章復薦詔江州津遣入見力辭高宗曰知卿從學程頤待卿講學不敢有他也加祕書郎八年除祕書少監每當赴講前一日必沐浴更衣置所講書于案上朝服再拜齋于燕室學者問之先生曰吾言得入則天下蒙其利不能則反之欲以所言感悟人主安得不敬一日高宗問先生曰紂亦是君孟子何故謂

之一夫先生曰此非孟子之言武王誓師云獨夫紂洪惟作威高宗又曰君視臣如土芥則臣亦便可視君如寇讎乎先生曰此亦非孟子之言書云撫我則后虐我則讎高宗謂丞相趙鼎曰朕嘗以此問張九成九成曰才不爲君便是獨夫不如尹焞之明白也解論語以進高宗又謂趙鼎曰尹焞日閱所行全是一部論語鼎曰陛下可謂知人矣高宗又問先生卿之粹厚何以臻此先生曰臣但一生不敢作過高宗笑而然之高宗好看黃山谷詩先生曰此人詩有何好處陛下看他何用未幾求去高宗語參知政事劉大中曰焞學問淵源足爲後學矜式班列中得老成人亦是朝廷氣象以直徽猷閣主管萬壽觀仍侍經筵除試大理少卿權禮部侍郎秦檜獨相力主和議先生上疏言其不可又遺書于檜檜大怒既除徽猷閣待制先生言職在勸講蔑有發明當去一貪戀寵榮遂移素守當去二不量分守言及國事識見迂陋當去三以病乞去更獲超遷當去四國典禮經七十致仕當去五疏上提舉江州太平觀尋遷一官致仕十二年十一月五日卒于會稽年七十二疾革門人稱遺表先生曰某一部孟子解便是遺表伊川嘗言尹彥明他時必有用于世又曰我死而不失其正者尹氏子也程門學者龜山與先生最後死先生窮居講論

不肯少自貶屈拱手斂足卽醉後未嘗別移一處在平江累年所用止有一扇用畢置架上凡百嚴整有常一僧見之曰吾不知儒家所謂周孔如何恐亦只如此也先生在經筵每自不安曰只講兩行書如何做得致君澤民事業故急急求去然則先生之用于世者固未盡也所著有論語孟子解雲濠案陳直齋書錄解題稱先生著有孟子解而無論語解其門人王時敏別編所著爲和靖集八卷

百家謹案和靖在程門天資最魯而用志最專嘗自云某不逮張思叔如凡請問未達三四請益尙未有得處久之乃得如思叔則先生纔說便點頭會意往往造妙然某雖愚鈍他日持守思叔恐不及某伊川然之朱子云和靖直是十分鈍底被他只就一箇敬字做工夫終做得成又云和靖不觀他書只是持守得好他語錄中說持守涵養處分外親切可知學不在多只在功專志一林拙齋紀問紀尹和靖先生家居終日竦然家人問饑渴飮食然後唯阿應之不爾不言可想見其專功靜度矣其後林拙齋之後有東萊陸子正之後有艾軒皆名世大儒也

和靖說

學者切不可以富貴爲大事富貴儻來之物纔役心于此則不可爲

學矣

操則存舍則亡出入無時莫知其鄉此孟子說心非說性也

某一日侍坐于伊川請曰某看曾子三省誠而已伊川曰不意賢看到此緊要處

孟子說三樂處極好玩味一歸之天二歸之己三歸之人王天下則果在外也

鄉黨一篇門人弟子寫出一箇聖人之德容學者當潛心焉

中庸自仲尼祖述而下至無聲無臭至矣言孔子之大鄉黨一篇自始至終言孔子之小子思曰天地之大也人猶有所憾故君子語大天下莫能載焉語小天下莫能破焉詩曰鳶飛戾天魚躍于淵言其上下察也

梓材謹案此與鄉黨云云本作一條今畫爲二條

某昔在涪陵千佛寺居扁坐處曰三畏齋至此復取舊額扁坐榻之前聊以自警後因看人編伊川師說說三畏處曰畏天命不負所畀付畏大人亦以自畏畏聖人之言以自進德也某不覺愧于中者累日蓋平日以是名齋自謂有深得且如畏聖人之言只是謂道之所在而已又何嘗推得到此乃知伊川凡語言必推用于己自此亦當

少戒輕爲人解釋聖言也畏大人時且如端莊而坐亦所以自畏也

某昔在伊川席下有學者來問六十四卦以某觀之皆不須得只乾坤足矣伊川曰要去誰分上使其人曰聖人分上使伊川曰聖人分上一字也不須得

讀聖人之書須是有所自得且如論孟從少知是孔子孟子之書不敢說爾非真知也要如不知有孔孟而知爲孔孟之說乃所謂真知爾

梓材謹案原本和靖師說二十四條今別標和靖文集者一條移爲附錄者五條移爲祁氏師說者二條移爲王氏師說者八條

和靖文集

程先生遺書雖以講說而傳亦以誦解而陋況其所論所趨不無差誤豈惟無益害又甚焉 進論語序

慈溪黃氏曰程門之傳惟先生最得其正其餘率染異論先生此語蓋有爲而發

宗羲案和靖只就敬字上做工夫故能有所成就晦庵謂其只明得一半蓋以伊川涵養須用敬進學在致知和靖用得敬一半闕

卻致知一半也愚以謂知之未致仍是敬之未盡處也以識仁篇論之防檢似用敬窮索似致知然曰心苟不懈何防之有則防檢者是敬之用而不可恃防檢以爲敬也曰存久自明安用窮索則致知之功即在敬內又可知也今粗視敬爲防檢未有轉身處故不得不以窮理幫助之工夫如何守約若和靖地位謂其未到充實則可于師門血脈固絕無走作也

附錄

先生因蘇昞見伊川自後半年方得大學西銘看

伊川教人專以敬以直內爲本先生獨能力行之先生言伊川先生教只是專令用敬以直內若用此理則百事不敢輕爲不敢妄爲不愧屋漏矣習之既久自然有所得也往年伊川先生自涪陵歸焞日見之一日讀易至敬以直內處因問不習无不利時則更無睹當更無計較也邪伊川深以爲然且曰不易見得如此且更涵養不要輕說

明道嘗曰天下事只是感與應爾先生初聞之以問伊川伊川曰此事甚大當自識之先生曰綏之斯來動之斯和是亦感與應乎曰然嘗請益于伊川先生曰某謂動靜一理伊川曰試喻之適聞鐘聲某

曰譬如鐘未撞時聲固在也伊川喜曰且更涵養

論動靜之際聞寺寺叩鐘和靖曰說著靜便多一箇靜字說動亦然伊川頷之和靖每日動靜只是一理陰陽死生亦然

伊川與和靖論義命和靖曰命爲中人以下說若聖人只有一箇義伊川曰何謂也和靖曰行一不義殺一不辜而得天下者不爲也奚以命爲伊川大賞之

溫州鮑若雨與鄉人十輩從伊川伊川遣之見和靖次日伊川曰諸人謂子靳學不以教渠果否先生曰某以諸公來先生之門受學某豈敢輒爲他說萬一有差便是悞他一生伊川頷之

初奔蜀止于涪涪爲伊川讀易之地闢三畏齋以居邦人不識其面

先生嘗言學者所以學爲人也又語人曰放教虛閑自然能見道

先生在從班時朝士迎天竺觀音于郊外先生與往有問何以迎觀音也先生曰衆人皆迎某安敢違衆又問曰然則拜乎曰固將拜也問者曰不得已而拜之與抑誠拜也曰彼亦賢者也見賢斯誠敬而拜之矣

邢叔端一日歸謂先生曰府中諸公謂先生官已四品雖小衫自當用紅鞓帶先生笑曰某已致仕自是無官何用此爲皂帶不足又要

紅鞓紅鞓不足又要兼金孟子曰人少則慕父母知好色則慕少艾有妻子則慕妻子仕則慕君不得于君則熱中心一而已移來移去至于熱中則無不爲矣

李泰發曰和靖之學眞所謂絜靜精微補

朱子曰和靖日看光明經一部有問之曰母命不敢違如此便是平日缺卻諭父母于道一節便致得如此

黃東發曰和靖雖亦以母命誦佛書而絕口未嘗談禪斯道之碩果不食者也

祖望謹案慈溪黃氏極尊先生謂其能守師門之說而不變也獨其論先生之辭官則曰天生人才分量各殊如先生者實德有餘歷死生患難不變惟兢兢然保其身于無過使當承平羽儀天朝表厲風俗可矣南渡何時忠臣勇將廢置不用坐觀中原之傾覆一時大臣方且連年趣迫強致先生以文太平建武投戈講藝之實恐不其然然是豈先生之所樂聞哉故其第十五辭免狀有曰方今國步尙艱中原未復進退人才當明緩急宜先俊傑以濟艱難白首書生何益事功嗚呼此先生痛心之言豈尋常辭免之云讀之令人太息是黃氏頗以先生之短于

經世爲惜也予則謂不然先生之才未必肆應然使高宗果用先生爲相必不斥趙忠簡張忠獻李莊簡及韓劉諸驍將而殺鄂王矣則于恢復何難之有朱子之論龜山與黃氏之論先生大略相同夫欽宗何嘗能用龜山若能用之則龜山便能用李忠定种忠憲而于攘復何難之有惟其用之不固而但欲置之朝列希太平之自致是則可爲太息者也

和靖講友

博士蘇先生昞 別見呂范諸儒學案

張思叔先生繹

馮東臯先生理 並見劉李諸儒學案

著作王福清先生蘋 別爲震澤學案

和靖門人 胡邵三傳

呂節夫先生和問

呂和問字節夫文靖公夷簡從曾孫弟廣問仁夫主婺源簿奉先生以俱又有維揚羅靖仲恭竦叔恭亦來客焉于是李仲參父子得從之遊而滕戸曹愷南夫亦受學焉 參朱子文集

知州呂仁夫先生廣問

呂廣問字仁夫和問之弟南渡始家寧國之太平先生自少儁拔能文年二十即貢太學登宣和七年進士第授宣州士曹掾屢辟主管機宜文字尋罷屏居黃山之隅怡然若無意于世者以流寓恩監西京中嶽廟選主德安招輯流亡建學舍以教其子弟官至權禮部侍郎除集賢殿修撰知池州徽州先生少時家貧兄弟奉親至孝聚族數百指無閒言賓客過之蔬食菜羹講論道義終日不厭參南澗甲乙稿

文清呂東萊先生本中別爲紫微學案

計議呂先生稽中

呂稽中字德元本中兄弟行也張公浚宣撫川陝辟爲計議官尹和靖入蜀先生是依和靖謂之曰吾老矣此事當屬之子學者來問和靖以屬之先生曰不殊于吾和靖卒爲誌其墓

縣令呂景實先生堅中

呂堅中字景實本中兄弟行也其官祁陽令胡致堂爲作學宮記稱其服勤和靖左右有年今試之政事先生與馮忠恕祁寬同記和靖語

駕部呂仁武先生𥊍中

呂弸中梓材案弸中原作朋中誤字仁武東萊郡侯第三子累官駕部員外郎嘗從其兄遊于和靖之門東萊之大父也

知軍馮先生忠恕

馮忠恕字貫道汝陽人也其父東皋處士理與和靖同學于洛至必同處靖康初和靖被召赴闕先生從之遊紹興中先生爲黔州節度判官和靖寓涪遂畢所學後知梁山軍

隱君祁先生寬

祁寬字居之均州人雲濠案均州一作均陽南渡後寓廬山隱居不仕和靖作論語解稱先生與王呂諸公與有力焉王樞密庶與之善

祁氏師說

先生曰初見伊川時教某看敬字某請益伊川曰主一則是敬當時雖領此語然不若近時看得更親切寬問如何是主一願先生善諭先生言敬有甚形影只收斂身心便是主一且如人到神祠中致敬時其心收斂更不著得毫髮事非主一而何又曰昔有趙承議從伊川學其人性不甚利伊川亦令看敬字趙請益伊川曰整衣冠齊容貌而已趙舉示先生先生于趙言下有箇省覺處

梓材謹案此段前後統載伊川學案百家案云此條爲祁居之

所記內稱先生則尹和靖也今併歸于此

先生嘗書數句說易曰易之道如日星但患于理未精失于機會則暗于理者也聖人復生恐不易吾之言寬問之先生曰吾看易逆數也故有是說正在未到泰之上六便要知泰之將極未到否之上九便要知否之欲傾也

隱君王先生時敏

王時敏字德修上饒人有師說三卷記和靖之語和靖卒先生爲之立後其教人云學者要識一媿字與恥字一日問難紛然先生曰不必多問但去行取且如理會惟精惟一允執厥中只管說如此是精如此是一臨了中卻不見朱子嘗以書問和靖之學于先生

王氏師說

先生每與時敏講書必具衣冠或深衣講畢則曰盡誠及物者我也誠之者其在子乎或引呂與叔中庸後曰諸君有意今日之講猶有望焉無意則不肖自爲嘵嘵無益不幾于侮聖言者乎

先生曰學者不可無師友師道嚴須是友觀易兌卦全說朋友公且看樊遲問仁孔子告以愛人問知告以知人孔子竭始終言之當時樊遲無所進故又告以舉直錯諸枉能使枉者直遲復無所進及退

而見子夏且以舜湯之事言之然後釋然不復問朋友之得可謂多
矣因言某昔從伊川問不切只是不答若要切切偲偲是朋友
時敏欲學讀孟子問曰孟子不知誰解得好先生曰無出趙氏公且
看趙氏注因曰某被旨解孟子孟子逐段自說分明今更不復解但
與逐段作一說提其要而已
時敏因侍坐語及孟子先生曰近來看得如何對曰數日看得無爲
其所不爲無欲其所不欲先生大聲曰如斯而已矣既而曰盡得此
便是聖人
先生謂時敏曰賢在此飲食恐粗糲時敏起謝曰時敏田家子本無
食祿分今來分先生祿食大段僭越豈問其粗糲先生大笑曰士志
于道而恥惡衣惡食者未足與議也今士大夫好事治飲食所謂養
其小體爲小人因目其左右云
有新第人來見先生退先生爲時敏講論語第七篇呂憲又送改官
文字邢叔端舉家甚喜先生曰人之心固不足秀才望得解得解望及
第綠衫望緋衫緋衫望紫衫何時是已此所謂小人長戚戚因曰前
輩各別歐陽公及第後棄其所業與伯祖師魯習古文近來如謝顯
道楊中立皆因及第後來歸伊川時敏歸語呂丈呂曰先生長者說

話有益某祖父侍講在家亦有新第人來見是親戚不欲言其名久之曰某待將三經新義編成門類以便學者侍講曰公更待應舉邪其人大慚

呂紫微書問釋氏輪迴之說先生謂時敏曰居仁泥于生死輪迴某已作書喻之引潮以喻輪迴賢他日見渠作某拜意問渠今世既做了中書舍人後世更要做宰相輪迴之說佛家之愛便宜也未幾呂再書至云既無輪迴人何苦爲善而不爲惡先生笑曰只這裏便是私心經曰天地之性人爲貴人生天地中其本甚善幾曾教你爲惡作賤他來得之太虛還之太虛我在何處

先生愛潔淨地有汚穢必去之嘗說某只有這些克不去時敏問孔子告顏子克己復禮若非禮之視聽言動亦須如此克邪先生曰是也因言伊川亦如此一領黃衲道服至破亦潔淨嘗曰衣不欲異欲其潔食不欲異欲其精

雲濠謹案諸條所謂先生皆謂和靖蓋德修與韓尚書元吉同師和靖尚書子淲著澗泉日記謂德修云先公友也從呂居仁學居仁篤之尹和靖江西通志云嘗從東萊呂氏遊謂大東萊爾儒林宗派以爲小東萊門人誤矣

提刑劉順寧先生芮別見元城學案

侍郎徐惇立先生度

徐度字惇立睢陽人太宰處仁子也太宰在政府晚釁不終先生獨刻意爲學嘗問和靖曰某有意于學而未知所以爲問和靖曰果有此意歸而求之有餘師又嘗以蘇氏戰粟之說爲問和靖怫然曰訓經而欲新奇則亦何所不至矣先生官至吏部侍郎寓居吳興之弁山嘗與汪文定公諫上光堯尊號長于典故之學

雲濠謹案先生嘗著卻埽編三卷陸放翁劍南集有是書跋語

梓材謹案先生又有國記五十八卷陳直齋曰其書詳明頗得中而不大行于世鄞學有魏邸舊書傳得之是吾鄞藏書之最先者

監稅陸子正先生景端

陸景端字子正本海寧人其後居吳父韶之任察官以風流文采爲時所宗先生學于和靖學問精深造履清白橫浦極稱之其任監稅時嘗以書託之常中丞同曰謂稅場體例多貪饕此郎乃能孤立其閒中丞試引之座末問以利害當知其所存矣先生官位所至無可攷晚年以和靖之學傳林艾軒見于宋史艾軒傳而失載其名予讀

施彥執北窗炙輠乃得之因并得其說經之言二條亟喜而傳之補

梓材謹案謝山于艾軒學案序錄言陸氏亦從信伯遊是先生亦震澤門人

附錄

施氏北窗炙輠曰子正謂予曰孟子論浩然之氣至大至剛以直養而無害伊川則以至大至剛以直爲句其下止曰養而無害介甫則以至大至剛爲句以伊川爲句止能形容浩然之氣于直字毫無功用以介甫爲句直字方有力予深喜其說

又曰子正論易曰習坎有孚惟心亨未得其說偶一日閒晝臥乃聞隔壁兩腳夫當渡江其一曰錢塘江甚險汝託得此心否某乃撫席而起曰此有孚惟心亨說也舊說君子雖處險而其心常亨其實不然甚與予合

教授虞先生仲琳

高國任先生材合傳

節推高德舉先生選合傳

虞仲琳餘姚人爲永嘉教授和靖云虞君鄉論甚美于此道信之極篤每相見多言及此同邑高材字國任高選字德舉皆登和靖之門

梓材謹案孫燭湖集有云吾鄉有古君子曰高國任及登和靖尹公思齋高公之門思齋當作息齋傳寫之譌爾

雲濠謹案高先生選與弟邁皆紹興閒登第先生官武當軍節推

尚書韓南澗先生元吉

韓元吉字无咎開封人少師維之元孫學于和靖而友朱子東萊其壻也徙居上饒前有澗水自號南澗翁累官守建州大興學校召爲吏部尚書龍圖學士潁川郡公符離之役南澗以長書上魏公言不可輕舉略云和固下策然今日之和與前日之和異至于決戰夫豈易言今舊兵憊而未蘇新兵弱而未練所恃者一二大將其權謀智略素不外見有前敗于尉橋矣有近衄于順昌矣況渡淮而北千里而攻人哉非韓信樂毅不可也若是則守且有餘然彼復來攻何得不戰戰而勝也江淮可守戰而不勝其誰守之故愚願朝廷以和爲擬議之策以守爲自強之計以戰爲後日之圖自亮賊之沒彼嘗先遣使于我今又一再遺我書矣其信其詐固未可知而在我亦當以信與詐之閒待之魏公不聽所著有南澗集其輯河南師說以和靖居卷首雲濠案先生著南澗甲乙稿二十二卷子淲別見清江學案

補

梓材謹案先生子澗泉日記云張子韶在道山時先公得遊其門是先生嘗從橫浦遊矣

安撫邢先生純

邢純字叔端和靖壻也爲浙東安撫官時和靖依之因卒于會稽

縣令程先生暐

程暐梓材案先生乃伊川之孫和靖壻也爲桐廬令和靖嘗依之

縣令蔡先生迨附子武子

蔡迨字肩吾許昌人文忠公齊之孫流落川蜀韓南澗典銓日以文卷相訪南澗奇之既薦之又作鼎說以送之議論從容有故家典則爲桂陽令以卒其子武子亦俊爽好文參澗泉日記

蔡先生仍

徐先生正夫合傳

黃先生循聖合傳

蔡仍與蔡迨爲二蔡及徐正夫黃循聖不可攷或曰皆從和靖于虎邱補

直閣沈先生晦

沈晦字元用錢塘人翰林學士遘之孫宣和閒進士廷對第一除校書郎遷著作佐郎金人攻汴京借給事中從肅王樞出質斡離不軍金人再攻也與之俱南京城陷張邦昌僞立請金人歸馮澥等因得還眞爲給事中高宗卽位歷知信州明州處州移守婺州又知宣州建康鎮江兩浙西路安撫使尋提舉臨安府洞霄宮起爲廣西經略兼知靜江府進徽猷閣直學士召赴行在除知衢州改潭州提舉太平興國宮卒蓋其膽氣過人不能盡循法度然其當官才具亦不可掩云參史傳

附錄

朱子曰熹記頃年汪端明說沈元用問尹和靖伊川易傳何處最切要尹云體用一源顯微無閒此是最切要處後舉問李先生先生曰尹說固好然須是看得六十四卦三百八十四爻都有下落處方始說得此話若學者未曾子細理會便與他如此說豈不誤他余聞之悚然始知前日空言無實全不濟事自此讀書益加詳細

梓材謹案朱子此語則知元用之于和靖固在答問之列故爲補其傳云

□先生伯充

伯充佚其氏嘗問學道緊要于和靖和靖曰只要閑邪存誠他日又問亦曰閑邪存誠而已他日又問和靖正色責之曰公要許多言語做甚只待要資談柄若只恁做將去自然有所入

附錄

林拙齋紀問曰伯充嘗作小詩道其欲學問之意貼壁閒舍人見之曰莫只做說話了

二呂講友

教授羅仲恭先生靖

羅叔恭先生竦合傳

羅靖字仲恭其弟竦字叔恭故開封人也徙居江都私淑程氏之學南渡初東萊呂和問廣問兄弟以和靖弟子講學婺源先生兄弟適往從焉淵源相合以河洛微言共相發明婺源人呼爲四先生仲恭嘗官教授子讀周少隱太倉稊米集與二羅倡和詩極多且備述其避兵遇賊被毀諸事李似之竹谿集亦有與二羅往還詩然究之莫知先生所以私淑程氏者自何人也而攷之志乘竟無有及之者向非朱子之文則先生兄弟泯然矣補

節夫學侶

司戶滕溪堂先生愷

滕愷字南夫婺源人幼穎悟好學邑簿呂廣問兄和問尹和靖高弟也客于此先生與爲師友紹興五年進士調信州司戶參軍以漕檄差考南康軍假道歸迎母就養卒于道朱子稱其才智傑然遠過流輩甚惜之參姓譜

和靖私淑

憲敏高息齋先生閌別見龜山學案

節夫門人胡邵四傳

隱君李鍾山先生繒

李繒字參仲婺源人絕意科舉築室鍾山朱子嘗與程洵過之講論極稱其文卒表其墓著有論語西銘解子季札從朱子學參江南通志

仁武家學

倉部呂先生大器

奉議呂先生大倫

呂先生大猷

呂先生大同並見紫微學案

惇立門人

林雪巢先生憲

林憲字景思魯人也初寓吳興後寓臨海從徐惇立遊工詩學韋蘇州尤延之楊廷秀嘗極稱之所著雪巢小集二卷先生貧甚壻于賀氏顧辭奩田不受則有得于和靖之教者矣補

子正門人

文節林艾軒先生光朝 別為艾軒學案

國任家學

高先生公亮 別見槐堂諸儒學案

南澗家學

庶官韓澗泉先生淲 別見清江學案

南澗門人

成公呂東萊先生祖謙 別為東萊學案

鍾山家學 胡邵五傳

李先生季札 別見滄洲諸儒學案

宋元學案卷二十七

兼山學案表

郭忠孝 伊川門人 安定濂溪再傳

子雍

謝諤

蔣行簡

歐陽朴

孟程

左揆

曾震

子克己

子克允

子克寬

子克家

曾機

曾雩

黎立武 二郭續傳

邵伯温

宋元學案卷二十八

鄞縣全祖望補本

後學慈谿馮雲濠校刊

鄞縣王梓材重校

道州何紹基重刊

兼山學案

祖望謹案兼山以將家子知慕程門卒死王事白雲高蹈終身和靖所記黨錮後事恐未然也郭門之學雖孤行然自謝艮齋至黎立武綿綿不絶述兼山學案梓材案兼山白雲父子及謝先生傳黃氏補本附列伊川學案謝山則別爲兼山學案

伊川門人胡周再傳

提刑郭兼山先生忠孝

郭忠孝字立之河南人受易中庸于小程子以蔭補官第進士不忍去親側多仕于河南管庫閱宣和中爲河東路提舉忤宰相王黼免靖康初召爲軍器少監入對斥和議陳追擊之策謂兵家忌深入若不能擊其歸他日安能禦其來復條上戰守十餘事不用改永興軍路提點刑獄措置保甲金人犯永興與經略使唐重分城而守城陷與重俱死之贈太中大夫子雍

附錄
朱子伊洛淵源錄曰郭立之忠孝宣徽使逵之子事見伊川年譜祁寬記尹和靖語云忠孝每見伊川問論語伊川皆不答一日語之曰子從事于此多少時所問皆大且須切問近思外書云郭忠孝議易傳序曰易卽道也又從何道或以問伊川伊川曰人隨時變易爲何爲從道也今觀忠孝所著易書專論互體卦變與易傳殊不同然其子雍辯年譜所記事甚詳未知孰是
黎立武曰楊氏曰不偏之謂中不易之謂庸中者天下之正道庸者天下之定理游氏曰以德行言曰中庸以性情言曰中和郭氏中庸說謂中爲人道之大以之用于天下國家又云極天下至正謂之中通天下至變謂之庸蓋兼山深于易故得中庸之義焉兼山登程門終始中庸之道體用之說實得于心傳面命者也程子嘗爲中庸作注至是焚稿而屬兼山以書傳之乃知游氏楊氏所得于師者初年之論也
兼山同調
修撰邵子文先生伯溫別見百源學案

兼山家學胡周三傳

隱君郭白雲先生雍

郭雍字子和兼山之子幼傳父學隱居峽州號白雲先生乾道中峽守任清臣湖北帥張孝祥薦徵召不起賜號沖晦處士孝宗稔知其賢問侍講謝諤曰郭雍學問甚好向曾見程頤否諤奏雍父忠孝嘗事頤雍所傳蓋得于父于是命所在州郡歲時致禮存問淳熙中封頤正先生又令部使者就問先生所欲言時年八十有三學者述其言曰易貫通三才包括萬理包犧氏之畫得于天文王之重得于人犧畫爲天天君道也故五之在人爲君文重爲地地臣道也故二之在人爲臣以上下二卦別而言之如此合六爻而言則三四皆人道也故謂之中爻乾元亨利貞初曰四德後又曰乾元者始而亨者也利貞者性情也又觀利牝馬之貞利君子貞則是以四德爲二義也乾陽物也坤陰物也由乾一卦言之則元亨陽之類利貞陰之類也是猶春夏秋冬雖爲四時由陰陽言之則春夏爲陽秋冬爲陰也天之所謂元亨利貞者如立天之道陰與陽之類也地之所謂元亨利貞者如立地之道柔與剛之類也人之所謂元亨利貞者如立人之道仁與義之類也又坤之六五坤雖臣道五實君位雖以柔德不害其爲君猶乾之九二雖有君德不害其爲臣故乾有兩君德而無兩

君坤有兩臣德而無兩臣六五以柔居尊下下之君也江海所以能爲百谷王者以其善下也下下本坤德黃中色也色之至美也裳下服也是以至美之德而下人也其發明精到如此卒年九十七

郭氏傳家易說自序

易道冥昧于鴻荒之世包犧氏始畫而明之歷數千年槩見于聖人行事而述作無聞焉文王重之然後煥然成章此文王之所以爲文也迨春秋時大道不行獨卜筮行于世孔子于是作傳大明其道然後天下復知文王之易爲大道之書故自開闢以來力舉斯道而明之者三聖人而止耳觀三聖人之爲心所以曉天下萬世者亦可謂至矣自孔子歿微言復絕至秦漢閒斯道大否漢興諸儒僅能訓詁舉大義或復歸于陰陽家流大失聖人言易之旨正始中王輔嗣一切革去易以高尙之言然輔嗣祖述虛無其辭雖美而無用于天下國家于是易爲空言矣又非三聖人所謂易之道也虛無之學流弊至今卒無以正之茲大道所以不明歟大抵自漢以來學者以利祿爲心明經秪欲取青紫而已責以聖人之道固不可得而聞也宋興百有餘載有明道伊川二程先生橫渠張先生出焉監前世儒者之弊力除千餘載利祿之學直以聖人爲師斯道爲己任豈非古之所

謂豪傑之士也哉其于孟氏之功聖智巧力之閒而已先人受業伊川先生二十餘年雍始生之時橫渠明道久已謝世甫四歲而伊川歿獨聞先人言先生之道其所學所行所以教授多見于易與春秋中庸論語孟氏之書是以門人悉于此盡心焉且自周公歿大道不五百行餘歲而得孔子孔子歿百有餘歲而得孟子去聖人世如此未遠而道之難明亦已甚矣況于孔子歿後千五百餘年而二先生欲力復聖人之道其難矣哉夫先知先覺之士曠世無有將使百世之下聞者莫不興起豈非二先生之力也歟雍不肖無聞甘與草木同腐久矣重念先人之學殆將泯絕先生之道亦因以息惟懼無以遺子孫于是潛稽易象以述舊聞用傳于家使毋忘先生之業道雖適足志則有餘矣孟子所謂嘐嘐然曰古之人古之人者其庶幾歟

傳家易說總論

上下二經自序卦已分其來尚矣傳者謂今之周易乃孔子所傳文王易也易者體常盡變其用不窮之義經曰易窮則變變則通通則久蓋言常道之窮必繼之以變是以通久故易以變通爲義大抵道不變則可用可用則通久而爲易未適變則不可用非易也太極之道初不可有而易能有而用之者包犧文王之力也是故易者用也

用之之書也舉而用之大小不同斯則在人然則變而通之然後盡其利是以論其道則未始繫于聖人及書之有無惟聖人憂患後世之深恐不復聞也故明其道而載之于此自包犧畫八卦而卦之名立文王重之爲六十有四卦然後易之名出焉易之名出然後謂是道爲易之道也是則卦名始于包犧而易名始于文王卦也爻也聖人能畫之重之名之耳因其畫之重之名之故爲作易之聖人作易者作是書也是書之道具于未有天地之初非包犧文王所能作也後世聖人又因文王之易以周題之所以別夏商二代夏曰連山商曰歸藏而不名曰夏商易者時未有易之名故也連山以艮爲首主名山川禹之功也歸藏以坤爲首成湯黜夏命造攻自鳴條之義也故孔子曰我欲觀殷道是故之宋而不足徵也吾得坤乾焉周易以乾爲首文王三分天下有其二以服事殷之道也故繫辭首曰天尊地卑乾坤定矣卑高以陳貴賤位矣此繫文王周易之辭也易之皇道簡于帝帝之道簡于王非聖人有意于其閒時焉而已書契之作始自八卦而後世不勝其繁者蓋惟天地有萬古不易一定之體而人則生生無窮故自簡至繁是爲人事必然之理上古之時天道勝人人知有天而不知其他也故包犧氏始畫八卦其意若曰是

道之一列而有三如是而天如是而地如是而人天道主覆故畫于上地道主載故畫于下人道財成輔相故畫于中于是自任以財成輔相之道而配天地焉者包犧畫卦之道也然天道不以天高而大于地地道不以地廣而大于人人道不以人微而小于天地故三畫皆無差殊要其至也混而爲一復于太極故名曰卦然則卦者太極之一耳或八或六十有四曰道曰事大小不同其于太極名易而實存也非若三才之分太極名實俱易矣是以聖人經以三才而太極分緯以八卦而太極復一經一緯而六十四卦由之以備天下之能事畢矣所以太極爲易之體而易者用太極之名太極之道方其混然一成物莫能破人安得而用之及乎包犧判而三之才之離爲八文王重而六之離爲六十四然後天下後世以之修身齊家治國平天下始可得而議矣非天下之至聖其孰能與于此

八卦之時天道純全故其名卦必備三才之義曰乾坤震巽坎離艮兌爲八卦之名與八者之名所以總謂之卦者凡九字不可以常義膚淺訓釋蓋出于上古之言文王孔子能通之者也雖因孔子以卦之才德言之知爲乾健坤順震動巽入終莫能究其義而後世或謂卦者掛也其言如此豈能盡聖人之意哉大抵易之爲義易通而卦

之爲義難得卦也畫也象也蓋自道而一變爲畫因而成象畫象具而成卦使萬世之下復由卦以知象由象以知畫由畫以明道此聖人之意也然終莫知上古之時卦爲何訓乾坤八字出于包犧卦之一字出于包犧之後聖人名之其餘五十六卦及易與元亨利貞皆命于文王凡六十一名可以意義訓釋其卦名或具三才或在人物或以道德或寓時事命名不同皆可攷而知蓋中古之言後世之所通也上古中古之名于是較然可見則知包犧之畫八卦而已而文王重卦又何疑焉包犧氏之前有聲而無畫包犧之時有畫無字三卽乾也文王之時畫字具有六十四卦之畫卽六十四卦之字後世以易字明故于畫之下重字以明之且包犧氏以天地人之三而其道一故三畫而成一卦畫有奇耦故有乾坤窮則盡變故有六子乾坤六子包犧初不能加損益也天以是示之因以是明之耳故包犧之畫得于天而明天文王之重得于人而明人得于天者亦知地道人道之一也是以三奇爲乾而地道存焉三耦爲坤而天道存焉一奇一耦終不可以成卦也得于人者知太極生天地天地生人有天而無地人無得而生也故以包犧之畫在上爲天文王之重在下爲地天地設位而後聖人成能于其中天有氣地有形人得天之氣以

生得地之形以成必兼三才而兩之然後人因天地以生矣此文王重卦之義也揲蓍者分而爲二以象兩然後掛一以象三蓋因于重卦之義且包犧之畫爲天天君道也故五之在人爲君文王之重爲地地臣道也故二之在人爲臣以上下二卦別而言之如此合六爻而言之則三四皆人道也是則謂中爻繫辭曰雜物撰德辨是與非則非其中爻不備故盡人事之變以二三四五爲主初上終始之而已然終始之亦位也故曰六位時成六位成章以上卦

包犧氏畫卦之始其畫雖具三才而卦之天地未判無九六六位之別文王重卦之後然後天地判而有九六人道成而著六位此周公明六爻之義也何謂天地判而有九六繫辭曰天一地二天三地四天五此天地之生數也合一三五爲九天數也天本乾故乾稱九合二四爲六地數也地本坤故坤稱六此列六爻之後聖人稱九六之旨也是以揲蓍之法老陽三十有六揲以四象而得九老陰二十有四揲以四象而得六故九爲乾爻三十六爲乾策六爲坤爻二十四爲坤策此後世聖人衍九六之道也包犧肇三才之微獨畫天卦方知三才爲一道故必文王重卦之後天地上下二卦既具而後九六可生焉九六既生而後大衍之法立此聖人作易之序也何謂人道

成而著六位一卦之象雖備三才而六畫之後聖人道在成能欲用于天下萬世故舍天地而獨明人道是以六爻皆人位其辭皆人事故文王之治同天之載而周公之禮樂法度粲然具備者盡人道也此聖人著六爻之義也繫辭曰二多譽四多懼三多凶五多功此後世聖人以人道明六爻之說也是則有畫而後可重重而後有九六有九六而後有六位有六位而後可繫辭彖象文言故方畫重九六之際皆統明三才及六位繫辭彖象之後一以人道爲主人道至此而後明矣此四聖成始成終之道也然前乎周公畫卦之時爻具于畫不復重見也至周公列之于下而繫以辭焉易于是始備矣而明其道傳其教者孔子也故必一聖人畫之一聖人重之一聖人列于爻一聖人垂其教則道無餘藴矣使包犧重之非包犧也三王之道也使文王爻之非文王也周公之道也聖人隨時之義蓋不然矣故自太極之始包犧象三才之道文王盡三才之義周公列三才之事孔子著三才之教皆隨時之義也然孔子之于文王猶文王之于包犧也周公特終文王之一事耳故古人獨稱三聖者以此 爻

繫辭曰彖者言乎象者也又曰彖者才也乾之象六奇是也乾之彖言六奇之義也乾之才大而健是也乾之彖言大健之義也故觀乎

彖辭則一卦之義思過半矣然先儒以文王卦辭爲彖辭蓋以孔子不當自言觀乎彖辭則思過半也此大不然孔子之彖正論一卦之象及釋文王之辭非孔子之彖則卦象與文王辭不可通矣蓋文王之辭旨意深隱出于憂患之言雖使知者觀之豈能思過半哉必觀孔子彖辭然後一卦之義有思過半之理孔子作彖本以垂法後世欲學者先盡心于象然後可明重卦之象及通文王之辭則思過半之言乃孔子自明作彖之意及示學文王易之要法也彖

繫辭曰易者象也又曰聖人立象以盡意蓋以易之意不可得而盡故有象以盡之也意不可盡徒玩其辭皆空言耳如是則不可以訓天下後世而作易之道絕矣此聖人立象之旨也經曰見乃謂之象然則使斯道之可見者無非象也故象非一義四聖人之象不同卦之三畫包犧之象也重之爲六文王之象也次爲六位剛柔周公之象也在乾則自天行健至于天德不可爲首孔子之象也三六之象以卦爲主六位剛柔之象以爻爲主孔子之象以辭爲主所主不同其爲盡意一也故辭有不能盡者求之爻爻有不能盡者求之卦則易之意無餘蘊矣然則象也者豈爲天爲地爲馬爲牛而已乎天地牛馬有乾坤之象者也非乾坤之象止于天地牛馬而已也故知易

之爲書其意其辭皆由象出未有忘象而知易者如首腹馬牛之類或時可忘此象之末者也

歐陽文忠公言彖象文言雜入卦中者自費氏始王弼爲註亦用彖象相雜之經考費氏傳曰徒以彖象繫辭十篇文言解說上下經觀今之易十篇未嘗盡入卦中則非費氏明矣孔穎達言孔子象辭在六爻經辭之後及王輔嗣以爲象者本釋經文宜相附近其義易了故分爻之象辭各附其當爻下言之猶如杜元凱注左傳分經之年與傳相附觀此則小象固已先在卦中弼又雜之爻中也其彖與大象文言終莫可考 以上象

易有彖所以明成卦之才有象所以盡作易之意又爲文言所以釋一卦之辭然獨著于乾坤二卦者言辭在聖人道之易明者也學者考諸彖象智之可及也孔子曰舉一隅不以三隅反則不復又謂賜也告諸往而知來蓋有不勝其言者言之終不可盡學者觀乾坤二卦文言觸類而長之可也 文言

包犧畫卦初無繫辭文王孔子之言皆繫辭也故孔子曰繫辭焉以斷其吉凶繫辭焉以盡其言則卦爻之辭皆是也今獨以此上下二篇稱繫辭者蓋卦辭爻辭文王周公之繫辭也此上下二篇孔子之

繫辭也又于十翼之中獨此二篇泛論大道爲諸卦之統要與彖象文言之辭異故獨曰繫辭所以尊崇孔子之辭與文王等也觀其言廣大而備變通而神无思而精皆彖象文言序卦說卦之所不能盡者非聖人孰能與于此哉微此則易道絕矣

何氏謂上篇明无下篇明幾或以上篇論易之大理下篇論易之小理孔穎達言上下無異義直以簡編重大是以分之今觀上篇自天尊地卑至存乎德行篇章相次事理大小皆有條理不可紊亂次章之言皆前章所未盡至存乎德行則易道備矣下篇復起其說前後相次復如上篇是則初爲二篇非後人妄分也

諸儒分章不一孔穎達定以上篇十二章下篇九章然章有甚大甚小有可分不可分者似不止此二十一章故有文意未斷而章分有才一二句而文意斷不相續者豈能拘以二十一章也

上篇所言多易道之大者與其精微神變之用下篇多卦義及上所未終粗顯之說又不可不明之者則上下二篇略有辨也且上篇言天尊地卑乾坤定矣卑高以陳貴賤位矣以其有是言故下篇可言八卦成列象在其中因而重之爻在其中也上篇言乾以易知坤以簡能至易簡而天下之理得以其有是言故下篇可言夫乾確然示

人易矣夫坤隤然示人簡矣也孔穎達謂天地之道貞觀者也日月之道貞明者也此豈復爲易之小事然貞觀貞明特引天地日月以明吉凶貞勝之辭非在易之義又不若廣大配天地變通配四時陰陽之義配日月易簡之善配至德爲易之道也觀此數義則二篇精粗略可見矣以上繫辭

說卦論八卦之道德與其象義情性也然則六十四卦亦有是乎蓋六十四卦各具于文言彖象雜卦之中矣至萬物象類如履之爲虎漸之爲鴻中孚之鳴鶴小過之飛鳥井之爲井鼎之爲鼎皆是也其象不可盡言故于是數卦略明之繫辭曰以言乎天地之閒則備矣斯其所以難言也故曰書不盡言說卦

孔穎達曰六十四卦二二相耦非覆卽變覆者表裏視之遂成兩卦屯蒙需訟之類皆是也變者反覆惟成一卦則變以對之乾坤坎離大過頤中孚小過八者皆是也此蓋卦變反對之象先天之學詳矣雖出于變象豈無其序哉故聖人所以序之也八卦之序有二帝出乎震一章八方之序也乾天也一章成卦先後之序也先序八卦于上故序六十四卦于此八卦序包犧之道六十四卦序文王之道也道至難明也聖人判之爲三才離之爲八卦使有目者可見有耳者

可聞亦云至矣于是又為之說為之序三才八卦之道纖介不遺而言易者尚或滯于空言而乖亂正道或溺于術數之用不明三聖人之大旨斯學者所宜深戒也序卦

卦之性情與其為德之不同八卦則見于說卦六十四卦則見于雜卦孔子于包犧之道詳盡于說卦皆文王所未嘗明之者故不得不詳也于文王之道則具于序卦雜卦之中其象則見于諸卦大小象而繫辭上下則兼統之雜卦

附錄

葉水心為蔣行簡志曰郭白雲言艮者限也夫艮有止而無限苟慮其未至于無欲也而限以止焉則或可矣然非止之正也

白雲門人胡周四傳

學士謝艮齋先生諤

謝諤字昌國新喻人也幼敏慧而愿愨過目不忘有志聖賢之學成紹興進士攝樂安尉境內多盜先生條上二十策大要使其徒相糾而以信賞隨之羣盜盡散移吉州錄事參軍初吉囚死者裹以鞂先生請取船官棄材為櫝以斂之吉囚無暴骨自此始陳氏訴其童竊財匿民家辭頗過實帥龔茂良怒欲坐以罪先生列其不然陳氏得

免而茂良亦以是知先生乾道四年廬陵饑老幼萬餘守譙門求振廩官吏失措先生植五色旗分部給糶頃刻而定知分宜縣縣負郡十萬緡而歲常賦外又征月樁緡錢二萬先生請于監司免之未得報以丁艱去服除三遷至監察御史卒請免分宜月樁弁秀之華亭亦減之力陳義役之便湖州安吉稅絹向用粗絲名曰屑絹有司欲更之先生言安吉已輸綢又輸綾宜稍寬其絹得如故遷殿中侍御史言士大夫習貪恣而廢廉謹習刻薄而鮮寬厚習汰侈而恥節儉習輕率而昧詳審習詐僞而罕眞實習隱蔽而忘忠純宜如成湯制官刑以儆之淳熙十四年除侍御史淮湘夏旱條政事十二失如繫獄之淹如征商之苛如榷酤之羨如經總月樁之算緡如越州廣德軍之和買又陳論已然之惡爲易見未然之奸爲難知奸者冥于心而晦于迹者也上賑濟七策時孝宗重言路嘗曰學術正則議論正議論正則是非公于是以先生恬靜正大除右諫議大夫次年兼侍講先生奏帝王之學稽古爲先六經皆古也而尙書爲先可以證後世得失上曰人君不知學則自怠如唐太宗功非不高恨不知學先生因言事無大小在乎立本救弊而已陛下每言執中果中則自然本立而弊除上曰朕最喜伊尹傳說所學得事君之道先生曰伊傅

固善然非成湯武丁信用之亦安能致治嘗因夕對及邊事上有乘機會之諭先生對曰機會雖不可失亦戒輕舉上再三稱善一日與先生論性上曰朕每愛孔子相近及上智下愚不移之說簡而易明知卿嘗從郭雍有得于此郭雍曾見程頤乎對曰雍父忠孝嘗事頤時雍尚幼蓋得其傳于父耳于是加賜雍爲頤正先生光宗登極獻十箴一曰業成而難其敗或易兢兢保之常恐失墜二曰道甚簡易在尊所聞帝王之學匪藝匪文三曰畏天之威立德爲最水旱雷風天之仁愛四曰存心公正治之所起毫釐之私患及千里五曰妄賞不勸妄罰不畏賞罰大權以妄爲忌六曰貪吏虐民戒在莫聽獎廉以激捷于號令七曰民之疾苦幽遠難知日訪月問猶恐或遺八曰財在天下理之以義未聞刻斂其罪在吏九曰亂之所生非止夷狄姦回謟諛尤害于國十曰自治十全可以理外重乃馭輕輕動爲害又論治天下必有家法乃爲長久之計時李后尚未有形迹彰著而先生若有以默識其微者又乞舉人望以聳民聽又陳二節三近之說所當節者宴飲也妄費也所當近者執政大臣也舊學名儒也經筵列職也遷御史中丞會薛叔似等補卿監因言壽皇復置補闕拾遺之官用意甚遠今名遷之而實棄之非新政所宜權工部尚書力

請祠以煥章閣直學士知泉州又辭得請奉祠紹熙五年卒先生慈祥孝友助以學力志于仁勇于義躬自厚而不責于人雖臧獲亦以忠恕待之嘗曰吾自得頭正先生簡易之說終身用之不盡其在言路務持大體不輕言人過而名德之重人自服之楊公誠齋少許可其所重者晦庵南軒之外必曰艮齋先生是時伊洛之說盛行各有門牆先生爲郭氏世嫡顧不言而躬行弟子數百人隨材教之而未嘗與世之講學者角異同然學者無不稱爲艮齋先生周益公嘗于孝宗前薦先生上曰是所謂艮齋者邪對曰陛下何以知之上曰朕見其聖學淵源五卷而知之其爲文得歐曾之法所著有艮齋集四十卷詩書解各二十卷論語解二十卷左氏講義三卷柏臺諫坦奏議各五卷經筵總錄三卷孝史五十卷其餘百數十種晚年嘗居桂山學者或亦稱爲桂山先生朱子嘗過之見其破屋蕭然歎息以爲不可及

艮齋先生語

艮者聖人之止无妄聖人之動

人之立志要以聖賢自期毫末私意不介胸中然後能與聖賢相似

有直諫有寓諫直諫者言之難受之尤難寓諫則易

無逸嗣王其監于茲監之一字帝王治功根本由三代以監戒之辭爲常所以治多而亂少

艮齋二銘

仁義忠信蓋無常名由近而推則勇于行

出門萬里其塗蕩蕩用震以乾是曰无妄

知州蔣先生行簡

蔣行簡字仲可永嘉人也于薛公艮齋爲寮壻在婦翁孫汝翼帥幕中亦嘗聞袁氏之學而其後歸于郭氏以進士累官滁州判完顏亮南下督運天長或言敵兵至矣同行者欲棄芻茭而逝先生曰毋遽走急燔之敵見火大起不進已而有以擅焚糧劾之者制使劉錡曰此真知兵也知海鹽縣太守謂曰縣壞久應輸州用經總數巨萬得材令儻補足乎先生正色拒之已而一切節省舊欠竟補而新錢亦且有餘及季年餘錢逾萬通判行縣知之促令具鈔先生曰此夏稅錢代者事耳通判曰使君方以善理財薦君何必留錢爲後人先生䛕曰善理財豈美名耶通判慚而止還朝上所著樞言五十篇通判興國大旱且疫空常平以救之徧施醫藥嘗夜半宿村舍累官知沅辰澧靖峽五州王周兩丞相皆知其惠政欲留爲郎先生辭曰重內

輕外今之陋也吾老矣不任朝謁知常德府入對爲光宗言百姓困悴可哀果閬大軍錢比他郡獨重峽州茶租均之客戶與國馬料敷于五等衡袁歲取麴引贛吉日較贓罰江東白收板帳湖南倍折冬苗夏絹和買已非正賦復有軍衣和買糯米科折止爲省務復有覆紐價錢此類聞一知十民何以堪今大吏無不言州縣窘迫以臣所見誠有窘迫之縣會無窘迫之州占吝公事視同己物狠心不厭雖與數州窘自若也臣欲擇朝士曉暢民事者先于一路考財賦所從孰經常孰橫斂某創支者一切論奏蠲除光宗首肯之令送中書會留衛公去不行已而知處州以忤權貴人貶二秩罷論者謂使先生入對之言得行不僅一方之利也而幷一州亦不得伸其志可悲矣初郭白雲隱長陽先生將出峽邀之相見于白羊問以得于兼山最要者曰所得在艮艮者限也限立而內外不越天之命我限之內也不可出人欲限之外也不可入先生謝教有白羊問答

艮齋門人 胡周五傳

縣令歐陽先生朴

歐陽朴新喻人也艮齋高弟知衡陽縣嘗作艮齋事實者也

孟先生程

孟程豐城人也少時筆力豪俊艮齋諭之曰詩辭特游士之雄耳先生卽改事經術卒爲儒者

左先生揆

左揆字正卿永新人也嗜學進進艮齋爲作務本齋銘

司戶曾東老先生震

曾震字東老吉水人也結髮不弄不妄艮齋雅稱許之晚以試集英得官艮齋勉之曰官無小政無不可爲君臣之義不可廢也累調廣州司戶而卒所著有羣玉集

梓材謹案楊誠齋志先生墓云曾其姓括其名禹任其字也一字伯貢後更名震字東老據此則伯虞名機者當卽其弟需之原名蓋伯虞仍以原名行耳

曾靜庵先生機

曾機字伯虞吉水人也艮齋嘗稱之曰靜敏寡言不事表襮既累試未有遇曰學之弗殖則我咎殖而弗稔復誰咎哉所居對玉笥諸峯怡然觴詠揭其居曰靜庵周益公銘之曰不出戶庭能定能應晚得末疾謂來問者曰大塊勞我以生逸我以疾所著有靜庵集十卷最稱艮齋高弟云

曾先生雩

曾雩與霈皆東老震之弟東老築文友詠歸二堂旁招明師躬率二弟與其子問業楊誠齋稱其父子兄弟講晝醲郁誦音弦聲洋洋如也惟先生早卒參楊誠齋集

梓材謹案霈蓋靜庵之改名謝山稿底于艮齋傳節末標云三曾兄弟當是弟子司戶靜庵而外其一即先生也

東老家學胡周六傳

曾先生克己

曾先生克允合傳

曾先生克寬合傳

曾先生克家合傳

曾克己克允克寬克家東老子皆嗜學參楊誠齋集

二郭續傳

司業黎所寄先生立武

黎立武字以常新喻人擢進士第三人歷國子司業官祕省時閱官書愛二郭氏中庸郭遊程門新喻謝尚書艮齋仕武夷嘗傳其學先生由謝溯郭以嗣其傳號元中子

雲濠謹案江西通志先生咸淳四年進士累官文華閣待制考試臨川得吳澄時稱其知人自號寄翁學者稱爲所寄先生與文山疊山相友善建金鳳書院以淑後學

宋元學案卷二十八

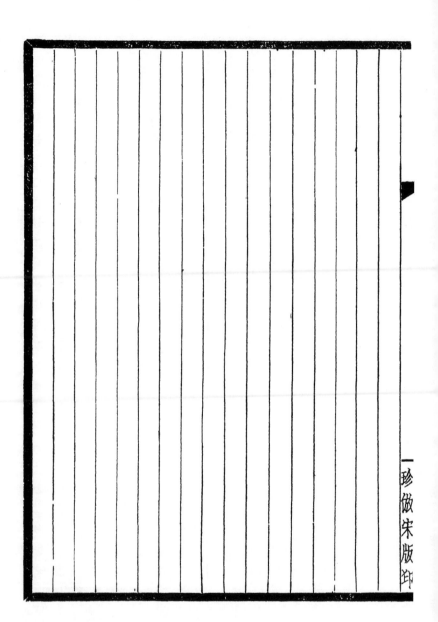

西元二〇二一年六月一日重製一版

宋元學案 冊二

（清黃宗羲撰 全祖望補訂）

平裝六冊基本定價伍仟伍佰元正
（郵運匯費另加）

發行人：張敏君
發行處：中華書局
臺北市內湖區舊宗路二段一八一巷八號五樓（5FL., No. 8, Lane 181, JIOU-TZUNG Rd., Sec 2, NEI HU, TAIPEI, 11494, TAIWAN）
客服電話：886-8797-8396
公司傳真：886-8797-8909
匯款帳戶：華南商業銀行西湖分行
179100026931
印刷：維中科技有限公司
海瑞印刷品有限公司

No. N2044-2

國家圖書館出版品預行編目(CIP)資料

宋元學案/(清)黃宗羲撰 ; 全祖望補訂. -- 重製一
版. -- 臺北市 : 中華書局, 2021.06
冊 ; 公分
ISBN 978-986-5512-60-6(全套 : 平裝)

1.宋元哲學 2.學術思想

125 110009152